www.ingramcontent.com/pod-product-compliance
Ingram Content Group UK Ltd.
Pitfield, Milton Keynes, MK11 3LW, UK
UKHW020145250726
13967UKWH00002B/881

کابوس اوین

خاطرات بازداشتگاه اوین، (بند ۳۵۰)

کابوس اوین، خاطرات بازداشتگاه اوین، بند ۳۵۰

عرفان قانعی فرد

با مقدمه‌ای از پرفسور نادر انتصار

چاپ نخست: ۲۰۱۳ میلادی - ۱۳۹۲ خورشیدی - ۲۵۷۲ ایرانی خورشیدی

ناشر: شرکت کتاب

موضوع: خاطرات زندان

Nightmare of Evin

Memoirs of a Political Prisoner at Evin, Ward 350

Erfan Qhaneei Fard
With Introduction of Prof. Nader Entessar

I S B N: 978-1-59584-379-1

Library of Congress cataloging-in-publication Information

Subject: Memoir's of a Political Prisoner at Evin, Ward 350

Ketab Corp.
1419 Westwood Blvd.
Los Angeles, CA 90024 U.S.A.
Tel: (310) 477-7477
Fax: (310) 444-7176

www.Ketab.com
Ketab1@Ketab.com

کابوس اوین

خاطرات بازداشتگاه اوین، بند ۳۵۰

عرفان قانعی‌فرد

خرّم آن روز کزین منزل ویران بروم
راحت جان طلبم وز پیِ جانان بروم

چون صبا با تنِ بیمار و دلِ بی‌طاقت
به هواداریِ آن سرو خرامان بروم

گر چه دانم که به جایی نبرد راه غریب
من به بوی خوش آن زلف پریشان بروم

دلم از وحشتِ زندان سکندر بگرفت
رخت بربندم و تا ملک سلیمان بروم

به هواداریِ او ذرّه صفت رقص‌کنان
تا لبِ چشمهٔ خورشیدِ درخشان بروم

در رهِ او چو قلم گر به سرم باید رفت
با دلِ دردکش و دیدهٔ گریان بروم

نذر کردم گر ازین غم به در آیم روزی
تا در میکده شادان و غزلخوان بروم

تازیان را غم احوال گرانباران نیست
پارسایان مددی تا خوش و آسان بروم

ور چو حافظ نبرم ره ز بیابان بیرون
همرهِ کوکبهٔ آصفِ دوران بروم

به "یاد رنگین رفیقانم[1]" که روزهای حبس، همدم و مونسم بودند:

عبدالفتاح سلطانی،

دکتر قاسم شعله سعدی،

دکتر رضا مولوی،

احمد هاشمی،

و

دکتر علیرضا رجائی

۱- برگرفته از شعر ارغوان (هوشنگ ابتهاج):

یاد رنگین رفیقان مرا،

بر زبان داشته باش!

بند سیصد و پنجاه زندان اوین را آئینه تمام نمای مردم ایران می دانم که در آن از هر گرایش، قوم، دین، مکتب ... یافت می شود و مجموعه ای از تضادها، شخصیت های گوناگون و رفتارهای مختلف را میتوان دید افرادی یافت می شود که از شهرت بالائی برخوردارند اما بوئی از تربیت نبرده اند و برعکس افراد گمنامی هم هستند که تندیس تربیت و عظمت روح و علو طبع می باشند خلاصه در ۳۵۰ طالب هر چه باشی می یابی آمار عرفانها و فرقه ها را در آنجا دیدم علیرغم اختلاف نظر نسبت به بعضی از مواضع ایشان برایشان احترام قائلم البته در خصوص اختلاف نظر هم امری طبیعی است زیرا "املاء ننوشته نمره ۲۰ میگیرد" و هرکس اقدام به کاری کند مخصوصاً کار تحقیقی و فرهنگی و سیاسی باید منتظر تهاجم از سوی کسانی باشد که کاری نمی کنند و منتظرند که دیگران کاری کنند و آنها تهاجم خود را علیه او آغاز کنند...

با آرزوی موفقیت بند ۳۵۰ زندان اوین ۹۱،۵،۲۵

قاسم شعله سعدی

آقای هاشمی فرد عزیز

زندان هر بدی که داشته باشد، این حسن را دارد که دایره دوستان گسترش پیدا می کند و این برای شما که یک محقق تاریخ هستید، سرمایه ای خواهد بود تا با نگاه و پهنای کارهای تاریخی خود را تکمیل کنید.

امیدوارم این فرصت فراهم شود تا در بیرون از زندان هم با یکدیگر گفتگو کنیم

با آرزوی سلامتی و توفیق

علیرضا رجائی

۹۱/۵/۲۵

از اینکه در زندان نظام جمهوری اسلامی ایران فرصت ملاقات و آشنایی با افراد زیادی پیدا کرده‌ام، مسرورم، بویژه دوست پژوهشگر و توانایم جناب آقای دکتر عرفان قانعی‌فرد را که انسانی دلسوز برای وطن و سرنوشت آن می‌باشد و فارغ از تعلقات شخصی به نگارش تاریخ همت می‌گمارد.

آرزومندم همواره در تحقیقات خویش، بی‌طرف، منصف، دلسوز و فعال باقی بماند.

خداوند ایشان را سالم، آزاده و وطن‌دوست حفظ نماید.

سید احمد هاشمی

۹۱/۵/۲۵

بند ۳۵۰ - اوین

---

۲۵ مرداد ماه ۱۳۹۱

دوست ارجمند جناب آقای عرفان قانعی‌فرد

امیدوارم در دل یادداشت‌هایت در مورد [illegible] کوتاهی که در کنارتان بودم بسی لذت‌بخش و الهام‌آور بوده باشد. روزها در سکوت مطلق در حیاط چندان خلوت "زندان سیاسی اوین" گفتمان‌های "تغییر گرایش" بعضی شکل همه دهه [illegible] را امیدوار کننده بودند.

با امید دیدار در خارج از محیط "زندان" و روزی که تحمل سکوت بر ما سر آمده باشد!

ارادتمند، رضا مولوی

جناب آقای عرفان قانعی فرد

آنچه که حاصل کنکاش و کندوکاو من در اندیشه‌ها و آئین‌های گوناگون بوده در دو عبارت خلاصه می‌شود: نخست خدمت به خلق و دیگری خودداری از مردم آزاری که فردوسی گرانقدر به زیبایی چنین گفته است:

بترس از خدا و میازار کس   ره رستگاری همین است و بس

و خواجه شیراز که درود خدا بر او باد چنین سروده است:

مباش در پی آزار و هر چه خواهی کن
که در طریقت ما غیر از این گناهی نیست

بدین سان به فراخور حال خویش و به اندازه توان تلاش می‌کنم که در تحقق آرمان‌های والای بشری و رعایت موازین حقوق بشر - نه تنها در شعار بلکه در عمل - گامی هر چند ناچیز بردارم. گمان می‌کنم که شما نیز که گام‌های نخستین خود را در پژوهش و کندوکاو در گذشته این سرزمین اهورایی برداشته‌اید در سر سودایی جز خدمت به مردم و روشنگری و ساختن آینده‌ای بهتر، نداشته‌اید.

امید است در این راه پر پرتگاه، گام‌هایتان استوارتر، اندیشه‌هایتان پربارتر و رهاورد قلمتان ژرفتر و خردمندانه‌تر باد

به امید پیروزی و سرفرازی شما و آینده‌ای بهتر برای نوع بشر و سرزمین عزیزمان ایران

کوچکترین ایرانی آزادیخواه

دوست شما: عبدالفتاح سلطانی

۲۵/امردادماه/۱۳۹۱

زندان اوین - بند ۳۵۰ (اندرزگاه ۳)

حسب حال

بنا به پیشــنهاد هم‌بندی مهربانم، دکتر رضا مولوی، تصمیم داشتم که اســم این خاطرات را «سکوت بره‌ها» بگذارم، اما قبل از چاپ اسمش را تغییر دادم.

ســال ۱۳۷۰ بود که در دبیرســتانی، در شهر سنندج تحصیل می‌کردم. آن ایام فیلمی منتشــر شده بود که نامش «ســکوت بره‌ها» بود، فیلمی وحشــتناک و هیجان‌آور و مملو از نمادها... این فیلم آمریکایی، داستان دانشجوی جوانی بود که مأموریت می‌یابد با روان‌شناسی که روان‌پریش شده و تبدیل به فردی آدم‌خوار و قاتل زنجیره‌ای شده و در یک تیمارستان است دیدارکرده و اطلاعاتی کسب کند. این روان‌شناس که به طور سریالی و فجیع دختران جوانی را به قتل رسانده و پوست‌شان را از تن جدا می‌کند و به جویدن گردن و رگ‌های قربانی نیز دســت می زند. روان‌پریشی که با استفاده از علم روانپزشــکی می‌تواند محیط اطراف خود و انسان‌ها را تحت تأثیر قرار دهد و خیلی راحت بر آن‌ها مســلط شود وکمترکسی

می‌توانســت که جلوی او طاقت بیــاورد و علی‌رغم کارهایش، تظاهر به آزادی‌خواهی می‌کرد و می‌خواست مانند بقیه انسان‌ها زندگی کند ولی پلیس، مسأله را بسیار خطرناک دانســته و می‌خواست وی را در زندان امنیتی نگهداری کند.

اما راقم این ســطور، نه این که از طرف کسی مأموریت داشته باشم و به زندان اوین رفته باشــم، اما ناخواسته میهمان آقایان و حضرات نابغه وزارت اطلاعــات شــدم و مرا به بند ۳۵۰ زنــدان اوین، مخوف‌ترین و مشهورترین زندان خاورمیانه، بردند و فرصتی برایم پیش آمد تا از تنهایی به‌در آیــم و در معرض دیگران قرارگیرم. هر چند نگذاشــتم خبر زندان رفتن، رســانه‌ای شود زیرا اعتقاد و باوری به آن نداشتم که به نوعی برایم پروفایل و سابقه شــود، اصولاً از سیاسی نامیده شدن فراری بوده‌ام، اما چه کنم که اسمم درکنار «زندانیان سیاسی» قرارگرفت... از عالم سیاه و پر فریب سیاســت ایران و بازار مکاره‌اش، همیشه غافل بوده‌ام وگریزان، اما این بار، ۴۵ روز طوق لعنت‌اش برگردنم آویخته شــد!... به قول پوپر: «آن‌هایی که می‌خواهند بهشتی بر روی زمین بنا کنند، آن‌ها دوزخی دیگر را بنا می‌نهند». هر چند همیشه حس تنهایی داشته و شاید درآن، فرصت اندیشیدن و مطالعه و یا جُستن وکاویدن یافته‌ام... تابع بازار مکاره سیاست ایرانیان و نان به قــرض دادن به این و آن هم نبوده‌ام و برایم آن تنهایی، نوعی نعمت برای خود ساختن بوده... با یک حس آسودگی در تنهایی و بی‌توجه به قیل و قال دیگران و یا آلودگی به این و آن، به‌کار مورد علاقه خودم پرداخته‌ام!... اما این بار فرصت مُغتنمی بود بلکه بتوانم حکایت پر پیچ و خم آن روزها را به طرزی وفادارانه بازگویم... افکار ساعت‌های خلوتم را... و شــاید زمزمه‌های بیداری‌ام را و یا تلنگرهایی که دوســتان همدمم در زندان به ذهن و اندیشــه‌ام، زدند و نواختند... البته دوستانی به نام «محمد، احمد، مسعود و امیری» دارم که همان روزهای اول آزاد

شدن از مخمصه اوین از من خواستندکه حتماً بدون هیچ دخل و تصرفی خاطرات پریشان احوالی را بنویسم... هر چند ۴-۳ نفر آن‌ها در طی چند سال اخیر، پاسخگوی پرسش‌های ذهنی‌ام و هم در کارهایم خیلی مشفق بودند، و مرا به صبوری، آرامش و تحمل دعوت می کردند...

این نخستین تجربه مستقیم شخصی من بودکه بتوانم به شرایط حقیقی زنـــدان پی بـــبرم و آرزو می کردم که آخرینش هم باشـــد. در مقام یک پژوهشـــگر تاریخ، فرصتی دســـت دادکه ببینم افراد درگیر در ماجراهای سیاسی سرزمینم چه می کنند و زندان چیست. چون تصویری ذهنی داشتم که بســـیار غیر واقعی بود و مشکلاتی را دیدم که گاهی باورکردن خیلی مسایل برایم مشکل می‌نمود. به‌هیچ‌وجه قصد ندارم ادعاکنم که زندانیان سیاسی تافته‌ای جدابافته هستند آن‌ها هم درست مانند دیگر شهروندان ایران هستند اما این نوشته من سراسر شرح قهرمانی نیست و اگرکسی به دنبال ان است متأسفانه باید هواداران چنین نظری را مأیوس کنم.

اما خالی از فایده نخواهد بود اگر بگویم این که چرا اسمش را «کابوس اوین» گذاشته‌ام؟ یکی از زندانیان سیاسی دوران شاه، در دوران انقلاب که مردم به زندان اوین می ریزند و درها را می‌شکنند، یکی از زندانیان که سال‌ها در آن‌جا محبوس بوده، ناگهان مردمان جو زده انقلاب و غریبه‌ای را داخل اتاقش می‌بیندکه دستش راگرفته‌اند و می‌خواهند خارج شود، اما او به سلول و تنهایی‌اش خوگرفته بود با همان قیچی و سوزن و قلاب و قاشـــق و قلم داخل ســـوراخ دیوارش... مادرش از غصه دق کرده بود، همســـر و تنها فرزندش در تصادف مرده بودند، دیگر هیچ دلخوشـــی از فضای بیرون از زندان نداشـــت، و آمدن به خارج از زندان در آن زمستان ۱۳۵۷، برایش حکم کابوس را داشت... بعدها در سال ۱۳۸۷ در آلمان، که در یک ســـرای سالمندان بستری بود، با وی دیدار داشتم و به خاطر او، اسم این کتاب را «کابوس اوین» گذاشتم... زیراکه می گفت، «برای

دیکتاتورها و خودکامگان تاریخ، دمکراسی و آزادی ملت، یک کابوس است، زیرا آنگاه اضمحلال و نابودی خود را شاهد خواهد بود»... و اسمش «کابوس اوین» شد...

حکم زندان مرا، قاضی صلواتی با پوزخندی بر لب امضا کرده بود... قاضی صلواتی که خودش می‌بایست به تیمارستان اعزام شود زیرا انسان‌هایی شریف را به بند و دام، آن هم در دخمه‌ای به نام زندان اوین گرفتار ساخته، یک عروسک کوکی روان‌پریش، فاقد شخصیت که گربه رقصانی‌اش، به حکم و نطق آدمکان دیگری است. یادم هست به همراه وکیل‌هایم، در سال ۱۳۸۵ که به دادسرا رفته بودم، بنا به توصیه جناب بهمن کشاورز، سعی داشتم موضوع را ختم به‌خیرکنم، چون بیشتر مقرون به صرفه بود و به انتشارکارهایم به‌ویژه کتاب «پس از شصت سال ـ خاطرات جلال طالبانی» می‌پرداختم که از انجام هرکاری برای من، ضروری‌تر بود تا ادعای مبارزه سیاسی داشتن و مُفت خوردن و حرف مُفت زدن... تنها توقعی که از خود داشتم و به عبارتی تنها دل‌خوشی زندگی‌ام، همان نوشتن بود تا در آینده شرمنده هم‌نسل‌های خودم و بعد وجدانم، نباشم و به قول آرتور میلر، نویسنده آمریکایی، اثر انگشتی به جا بگذارم!... به همین دلیل وقتی در محضر صلواتی نشستم، بعد ازکلی اخم و تخم و... گفت تقاضای عفو بنویس!... وکیل هم چشمکی به من زد که زیاد سخت نگیرم. من هم خودنویس را از جیب، درآوردم و نوشتم: «بنا به فرموده حاج‌آقا، تقاضای رأفت اسلامی دارم و...» خلاصه هر چه گفت و خواست، من نوشتم و بعد همان انشای کلمه به‌کلمه‌ی دیکته شده خودش را خواند و گفت: به‌به!، ببین چه خطی!، چه انشائی!... پسر!، حیف نیست با این خط و ربط، در جهت اسلام و مسلمین و نظام نباشی؟!... شرح خنده من و وکیلم از آن شامورتی بازی، هم بماند!... دیگر این نامه، طبعاً در پرونده‌ام بود و شاید نیازی به دوباره نوشتن هم

نبود که بی‌فایده می‌نمود، همواره این پرونده را مانند شمشــیر دموکلس بالای سرم گذاشته و دنبال بهانه‌ای بودند، تا روزی مرا به بهانه آن پرونده موهوم مربوط به سال ۱۳۸۲، در هر جایی لازم دیدند، به زیر اخیه ببرند... و انگار انتشارکتاب «در دامگه حادثه، گفتگوی با پرویز ثابتی» هم بهانه لازم را به دســت داده بود! و شاید هم آشــی با دو وجب روغن بود که کردهای تروریست و وحشی قبیله بارزانی و طرفدارانش در ایران و بنا به رابطــه آن‌ها با اداره امنیت، برایم پخته بودند!... نمی‌دانم!... و واقعاً هر وقت به یاد آن جلســه‌های خنده‌دار و شتابزده با صلواتی می‌افتادم، از ته دلم به حال وضعیت قضا و دادرسی در مملکت، غصه می‌خورم!

شاید روایت من از آن روزهای حبس، ۵٪ حکایت و حقیقت "جنایت و مکافات یا خشونت نهفته" در زندان اوین باشد که نگفتن آن رفتارهای کینه‌توزانه و ســنگدلانه برای من گناهی نابخشودنی است... حتی اگر ۴۵ روز در آن دخمه، گذرانیده باشم، آن‌هم در میان جوانان به بندکشیده شده اما جزوکمترین اهل قلم بودم و نوشتن و ثبت آن، ضروری می‌نمود. ماجرا از ۱۳۸۲ شروع شد و به ۴۵ روز حبس و زندان در ۱۳۹۱ کشید، اما چون به دوستان نازنینی که سال‌ها در آن بند بودند، وعده کردم که خواهم نوشــت آن شرح پریشانی را، بدان خاطر این دســت نوشته‌ها را امروزه منتشر می‌کنم که شاید تصویری درست و حقیقی از آن در اختیار خواننده بگذارم.

بسیاری از داســتان‌ها درباره زندانیان سیاسی از دوران قبل از همهمه ۱۳۵۷ بارها و بارها منتشر شده، اما از افرادی که درون اوین پس از ۱۳۵۷ را تجربه کرده‌اند شایدکمتر چیزی منتشر شده باشد و اگر هم منتشر شده قطعاً استمرار در آن در روشنگری اذهان ایرانیان مؤثر خواهد بود. هرچند برای من این دوران کوتاه بود اما یک کلاس درس بود.

هر چندکه خیلی دوست داشتم در آب و خاک کشور خودم (ایران) این

کتاب را منتشرکنم و مثل هر نویسنده دیگری، عکس‌العمل خوانندگان را در داخل مُلک و مملکتم بدانم، اما حوصله گذراندن هفت‌خان مافیایی وزارت فخیمه و جلیله وزارت فرهنگ و ارشاد اسلامی را نداشتم که پس از ۴ سال نامه‌نگاری و تقاضا، صرفاً بگویند: «غیرقابل چاپ»... و تنها حسرتش بر دلم بماند.

صادقانه بگویم که در این روایات نخواسته‌ام کسی را زخمی کنم، بلکه هــر آن چه در آن روزها اتفاق افتاده و شــنیده و دیده‌ام را به روی کاغذ آورم، از داستان‌های اعتصاب غذا، ضرب و شتم، قطع ملاقات تا تبعیض و توهــین و ترور و خبر مرگ (مانــند اکبر محمدی، امیررضا میرصیافی، محسن روح‌الامینی، امیر جوادی‌فر، محمد کامرانی، هدی صابر و...) که هرکدامش، نقض حق یا تجاوز به حقوق یک انســان است، حالا با هر مرامی و اندیشه‌ای.

این کتاب، بخشــی از درگیری‌های ذهنی من است با تاریخ سرزمینم، نه این که شــتابزده، چیزی بنویسم که تاریخ مصرف داشته باشد یا دچار توهم باشــم و برای خودم یک نقش‌آفرینی در نظرگرفته باشــم و بدون شــناختن واقعیات به قول عوام «به جاده خاکی بزنم و سیم ترمز ببرم»، هر چند در آزادترین کشــور جهانم!... برای من، زندان اوین مانند افکار عامه مردم نه "قلعه عقاب و قهرمانان" است و نه مانند ادبیات حکومتی "جای تبهکاران و محکومان"... تنهــا دوربینی بوده‌ام که چه می‌بینم و چه می‌شــنوم را ضبط کنم که گرفتاران سیاســت در امروز، مملکت من، چگونه‌اند؟... درکنار انســان‌هایی شریف و بعضاً خبیث، نفس به نفس هم، دیوارهای اوین را می‌نگریستیم و شاید بودن درکنارشان (خصوصاً جوانانی گمنام که ســرمایه و استعداد آب و خاکم بودند) در آن فرصت کوتاه، نعمت و شرافتی بود که نصیبم گشت... شرافت بدان معنی که دامن و قلم به بی‌شرمی و فرصت طلبی و عوامفریبی نیالوده‌ام، برخلاف آن‌چه

که تجزیه‌طلبان و دشمنان ایران و ایرانی علیه من پس از انتشارکتاب‌های جلال طالبانی، عیسی پژمان و پرویز ثابتی، ساخته و پرداخته و زیرکُرسی بافته بودند! ترور اخلاقی و شخصیتی‌ام کردند، در رسانه‌های‌شان با ادعای آزادی و دمکراسی و حقوق بشر، به من تهاجم کردند و به حقوق من به مثابه یک انسان، تجاوز نمودند و حتی اجازه یک کلمه دفاع و توضیحی هم ندادند... اما حلال‌شان باد، سر تسلیم در برابرکسی خم نمی‌کنم... هر چه باشدکُرد زبانم و فرزند زاگرس!... شاید این نوشته هم مانند دیگر نوشته‌های من، به نوعی اُسطوره شکنی و تقدس‌زدایی در آن شکل گرفته باشد، اگر هم نقدی مشفقانه کرده‌ام، تصورم بر آن است تلنگری برای شناخت و تفکر خواننده هم‌وطن و هم‌زبانم باشد...

در این کتاب، نه دسته‌بندی و جناح بندی سیاسی کرده‌ام، نه جهت گیری، نه دخل و تصرفی در واقعیتی، نه درجه «مبارز بودن» بر دوش کسی گذاشتن و نه فعالیت کسی را ندیدن و... تنها آن‌چه در پیرامونم بود و در ذهنم یا در برابر دیدگانم گذشت را نوشته‌ام و هر چند زیاد با افراد، دمخور نبودم و تنها همدم‌ها و مونس‌هایم از انگشتان دست نیز فراتر نمی‌رفت... گرچه متأسفانه بنا به جو مسموم در رسانه‌های محفلی داخلی و خارجی ازکشور، تنها برای برخی تندیس درست می‌شود، اما چه بسیارند زندانیان گمنامی که الگوی ادب و انسانیت و مرام هستند وکسی هم حتی شاید پس از مردن‌شان نیز، نشناسد... این درد بیات شده فرهنگ بیمار ایرانی است...

با انتشار این کتاب، امیدم آن است که روزگاری در مملکت و سرزمینم، ناجوانمردانی تندرو (مانند خلخالی، مرتضوی، لاجوردی و صلواتی) در مسند قضاوت ننشینند وکسی هم به خاطر تفاوت عقیده و مرام و یا بیان و ابرازش، در زندان نباشد، چه رسد به شکنجه وکتک و داغ و درفش که به‌دور ازکرامت و حق هر انسانی است... هرچندگاهی هم فکر می‌کنم

در جماعت ایرانیان، این قافله تا به روز حشر لنگ است... «نقد در ایران، دوران طفولیت را می‌گذراند»...

آخرالامر، به امید بازیافت آزادی و حکمفرما شدن آزادی اندیشه و قلم و بیان و این که ورق پاره‌های این کتاب، برای آیندگان به یادگار بماند... آخرالامر سپاس بســـیار از بیژن خلیلی عزیز و جوانمردی‌اش که اسباب انتشارش را فراهم آورد.

کالیفرنیا، زمستان ۱۳۹۱

۱

دوشنبه ۱۲ تیرماه ۱۳۹۱

مریم تازه، به بیمارستان رفته است که پاسخ آزمایش شیمی‌درمانی‌اش را اعلام کنند و من نگرانش بودم که تا ۱۲ ظهرکمی خیالم را راحت کند. شاید سرطان برای آن موجود مهربان و نازنین و با وفا، از عجایب دست تقدیر و دستمزد بی‌رحمانه جهان فانی به او باشد... من هم چای تازه‌دم را در لیوان می‌ریزم، کم‌کم قرار است ساعت ۱۰، یکی از دوستانم به اسم بهناز، از راه برسد تا هدیه تولدش را بدهم. اما بعد از نوشیدن چای به زیر دوش رفتم تا صفایی به صورتم بدهم که وقتی او می‌آید، آثار خستگی روی چهره‌ام پیدا نباشد و شاداب باشم؛ هرچند با سیلی، صورتم را سرخ نگه داشته‌ام. حس غریبی دارم...

هنوز موی سرم خیس و ادکلن را به صورتم نزده‌ام. یادداشتی درباره یکی ازکارهایم برای مسعود آماده‌کرده و به این دوست هم اس‌ام‌اس زده‌ام که برای دریافتش، یکی را بفرستد. اما دیدم که ساعت ۱۰ و نیم صبح، صدای زنگ در به صدا درآمد و چهره‌ای ناشناس، مرا از پشت آیفون فراخواند و خواست که باکارت ملی یا هر نوع کارت شناسایی دیگری به

دم در بروم. اما وقتی که رفتم و در را بازکردم، فوراً سرش را به سمت چپ برگرداند و داد زد "برادر، بیا این رو ببر!"... بدون آن‌که بدانم چرا، نفهمیدم اصلاً چه شد... سپس حکمی را به من نشان داد که ظاهراً «مرکز عملیات وزارت اطلاعات» صادرکرده بود و به جای واژه «منزل» داخل متن نوشته بودند «مخفی‌گاه»!... اما من چه مخفی‌گاهی داشتم؟... مگر تروریست یا قاچاقچی مواد مخدر بودم؟

پسرک بی‌ادبی، خواهان آن شد که با من به طبقه بالا بیاید و مرتباً می‌گفت «می‌دانم آن خانم بالاست»، اما کدام خانم؟!... نمی‌دانم! در کشور خرافی امامزاده سیار و...، لابد همه فاحشه‌اند و فاسد...، به هر حال، حضرات آمدند به طبقه ۴ و فیلم‌برداری هم می‌کردند که اصلاً نمی‌دانم درکجا و برای چه کسی می‌خواهند به نمایش بگذارند و یا اصولاً دیدن این فیلم مزخرف از هراسیدن یک انسان، چه فایده‌ای یا لذتی برای بیننده دارد؟... و در این حین بود که بهناز به دم در رسید و از همان آیفون از او خواستم هرچه سریع‌تر برود و او هم که نمی‌دانست موضوع چیست، پذیرفت و رفت و هدیه‌اش ماند و شاید با صدها سوال بی‌پاسخ در ذهن‌اش!... اما در خانه چه دارم جز مهر درویش.

در آپارتمانم را بستم و سوار پژوی کهنه و مشکی رنگی شدم که ۳ مأمور بی‌ادب هم همراهم نشستند... راننده کوچه یک‌طرفه را برعکس پیمود تا زودتر خود را به اتوبان برساند، سرکوچه هم از دور هم بهناز را دیدم که به خاطرکفش پاشنه بلندش روی زمین افتاد و براستی از افتادنش ناراحت شدم و قلبم دردگرفت... هر چند مأموران مرتباً اصرار داشتندکه مبادا همسایه‌ای متوجه سوار شدن من داخل آن خودرو شود و یا این که دوستم مرا ببیند...

بعد از چند دقیقه‌ای که گذشت، به اوین رسیدیم. می‌گویندکه زندان اوین سابقاً خانه سید ضیاءالدین طباطبائی، روزنامه‌نگار و از نخست‌وزیران

مشهور ایران بوده، همان که در آزادی زندانیان همیشه تلاش می کرد!... دم در با مبایل زنگ زدندکه با حاج آقا «نمی دانم کی» هماهنگی شود تا به قول خودشان، ورود کنم!... ابتدای امر، یکی از مأموران گفت، سرت را پایـــین ببر!، گویا حیاط و درخت و پارکینـــگ را دیدن، جرم وگناهی نابخشـــودنی است... به بند ۲۰۹ بردند، دم درِ آن‌جا، چشم‌بند زدند و مرا در دمِ در نشاندند. اما ظاهراً در آن‌جا، اسمم نبود یا پشیمان شدند. دوباره دســـتم را گرفت و مرا با همان اتوموبیل که البتـــه از رادیو هم آهنگی از همایون شـــجریان و شعر هوای گریه از سیمین بهبهانی، پخش می‌شد، به دادسرا برگرداندند...

دلم گرفته ای دوست،
هوای گریه بامن،
ستاره‌ها نهفتند در آسمان ابری،
دلم گرفته ای دوست،
هوای گریه با من!

البته قبل از ورود به حیاط اوین هم یکی را ســـوارکردندکه قیافه‌اش به بازجو می‌خورد و روی پیشـــانی‌اش داغ شده بود، تا وانمود کنند جای مُهر است و به خاطر عبادات فراوان و نماز خواندن، چنین شده است، که نشـــانه برخی مدعیان شرع و مذهب بود و البته در داخل جامعه چندان خریدار هم نداشت! در مسیر برگشـــت از ۲۰۹ به دادسرا، وقتی چشم‌بند را روی چشـــمم حس کردم، هنوز باورم نشـــده بود و تصور می کردم که شاید نوعی شوخی احمقانه توسط حضرات نابغه وزارت اطلاعات است برای نوعی ترساندن و یا زهره‌چشـــم گرفتن. اما داستان چه بود؟. واقعاً نمی‌دانم.... هرچه بود، خیلی تلخ بود... حســـی وحشتناک و دردآلود! و وضعیتی مشمئزکننده...

به همراه مأموران، داخل دادسرا شدم. دیگر چشم‌بند در چشمانم مانده

بود... اسم قاضی، نصیری‌پور بود. انسانی خشک و به ظاهری رسمی و متشـــرع اما طبعاً روستایی، بی‌فکر و بی‌سواد، با یقه پیرهن بسته که البته داشـــت خفه‌اش می‌کرد... هرچه گفتم که آقا! اجازه بدهید به کســـی و جایی، تلفنی بزنم، استمدادی بطلبم وکاری بکنم... اما نگذاشت... گفتم لااقل بگذار به شـــاکی پرونده که وزارت اطلاعات اســـت، تلفن کنم و ببینم داستان از چه قرار است، بدانم چه گناهی کرده یا چه جرمی مرتکب شده‌ام... اما نشنید و با حالت تحکمی گفت: ما را به وزارت اطلاعات چه‌کار؟، ما اینجا مستقل هستیم! اصلاً به خودمان مربوط است!... انگار این یاردانقلی بیک، کر بود وکور... هر چند در آن خر تو خر، واقعاً از این حرفش خنده‌ام گرفته بود... اما چیزی به زبان نیاوردم. به قول برشـــت: انسانی زیردست بود، زیردست هم نگه داشته خواهد شد تا بالادست‌ها با او، هر رفتاری را قالب‌کنند... بالادســـت‌هایی که او را استثمارکرده‌اند تا همانند همکارش، قاضی صلواتی، قاضی مقیســـه و قاضی حداد و... هر جنایت و توحشی را امضا کنند، اصلاً مغزش شستشو داده شده بود و دیگر جای بحث نبود... شـــاید ملعبه دست وزارت اطلاعات بود، شاید هم زبانم لال، واقعاً مستقل بود!...

خلاصه مرا بدون پاســـخ رها گذاشـــت، اما وقتی اصـــرارکردم، کمی بـــا مبایلش بازی کرد و ســـپس گفت: دیدی که، جـــواب نمی‌دهند!... حرف‌هایش با هیچ منطقی، راست نمی‌آمد و به تعجبم افزوده می‌شد... بعد حاج‌آقا، با خانم گوشتالوی فربهی که کارمندش بود، دل می‌داد و قلوه می‌گرفت و هر ازگاهی هم به مبایل پاســـخ می‌داد و صدای مبایل او نیز آهنگ «خمینی ای امام» بود!، یعنی در ریا و تملق، اصلاً کاندید برنده جایزه نوبل بود!... و بعد از یک ساعتی که انگار امور قضاوتش بر اساس قانون و شـــرع، تمام وکمال انجام داده بود، نمی‌دانم شاید مردد بود اما هرچه بود تصمیمی تازه و ریشـــه براندازگرفت و خودکارش را برداشت

و تسبیح رِیایش را گذاشت و سپس خطاب به مامور گفت: ببرید ۳۵۰! مرا همراه گروهبانی به طرف بند ۳۵۰ زندان اوین روانه کرد و او هم با چه احترامی به من می‌نگریست، الحق انسان با معرفتی بود... در وسط راه، یک درجه‌دار دیگر می‌خواست مرا به ۳۵۰ ببرد، گفت که "حاجی فرموده خودم ببرم!" اما حاج‌آقا، چنین فرمایش نکرده بود!... بعد از تصمیم نصیری‌پور، بود که نگهبان مرا با خود برد. درِ سنگین ورودی باز شد و راهروی درازی را پیش روی خود یافتم و سپس در سرسرا، درِ دیگری هم باز شد. نامه دادستان را گرفتند و بعد مبایلم وکلیدم را... هر دو را بررسی کرد وگفت که برو تحویل بده که البته به جای من آن سرباز رفت و به من دستور داد که منتظر بمانم... لحظه‌ای بعد سربازی دیگر آمد و اسم مرا خواند و امضایی از من گرفتند. خیلی عصبی شده بودم، مرا به اتاق تفتیش بردند... اتاق بزرگی نبود، نور ملایمی از مهتابی قدیمی چسبیده به سقف می‌تابید و سکوت حکمفرما بود. سربازگفت که لباس‌هایت را در بیاور... لخت شدن در همین دم درِ اوین دیگر نشان از سفری دراز داشت... اما همین که نگفت لباس زیر را بیرون بیاور، جای شکرش باقی بود... از پنجره هم تنها یک درخت پیدا بود و انگار پرنده‌ای در آن حوالی پر نمی‌زد. پس از وارسی شلوار و پیرهنم، وقتی شلوارم را روی خاک انداخت و با همان لهجه اردبیلی‌اش گفت، بپوش... حالت عصبی‌ام شدت بیشتری گرفت... در مقابل عکس خامنه‌ای که شیشه‌اش درز داشت، شلوارم را پوشیدم و زیپ آن را هم بالا کشیدم... شاید شرم حضور داشتم! لااقل در کشورهای اروپایی و آمریکایی مثلاً در فرودگاه یا جاهای مخصوص بازرسی بدنی، عکس رؤسا و رهبران را ندیده‌ام... سپس رسیدِ مبایل را آوردند که امضا کنم و بعد مرا به دست همان مأمور اولیه سپردند... مرا به اتاق انگشت‌نگاری برد، پسری با چهره‌ای خصمانه درکنار میزی جوهرآلود و سیاه نشسته بود...

گفتم: ســلام عرض می‌کنم... بدون آن‌که پاسخ مرا دهد، به صندلی اشاره‌کرد وگفت: بنشین! و بعد از لحظه‌ای گفت: بلند شو بیا و انگشت بزن!... لحن کلامش مایه تعجبم نبود، طرز رفتارش روســتایی مأبانه بود و بعد نگاهی به برگه‌ای که در مقابلش روی میز بود، انداخت و امضایی کرد و من و مأمور را به اتاق عکس روانه کرد... از این بابت کوچک‌ترین تردیدی نداشــتم که انگار در آن‌گونه مواقع، باید مراقب رفتار بود وگرنه افتضاح برپا می‌شود.

از وســط حیاط اوین که گذشــتیم و مرا به بخش پذیرش بردند و بعد عکسی هم گرفتند... یارو عکاس هم وقتی فهمید، پژوهشگر تاریخ‌ام، کمی دور و بر اتاق را نگاه‌کرد و پرسید آقا!، ایران تنگه هرمز را خواهد بست؟... گفتم خیر!، خاطر عالی آسوده!... یک بلوف کودکانه است... عکس هم گرفتیم و تحویل دادیم... ظاهراً همه چیز به نحو شایسته‌ای انجام گرفت. تشــریفات مهمل اداری... مثلاً اجرای احــکام... با آن نگاه‌های نافذ و حق به جانب... به همراه مأمور دوباره راه افتادیم. هر چند اول تابســتان و هوا آفتابی بود، اما دلم آشــوب بود و درونم سرمایی شدید می‌وزید... کم‌کم تردیدهایم، جای خود را به تشــخیص واقعیت تازه‌ای می‌داد... بی‌ارعاب و تهدید... اما هر چه بود تصورش هم برایم وحشــتناک بود و نمی‌دانســتم به چه مرتبط کنم... سرباز همراهم، به دستانم دست‌بندی نزد. حتی کلاهش را هم نیاورده بود و از نگهبانی دیگر، کلاهی نظامی قرض کرد که مبادا در بین راه، کسی ببیند و جریمه شود انسانی بی‌خیال، می‌نمود. خلاصه پس از چند دقیقه راه‌پیمایی، مرا به دم ساختمانی دیگر بــرد وگفت "این بند ۳۵۰ زندان اســت، رئیس جدید زندان اوین، حاج اشرف رشیدی است... از اوناست! ازکرمانشاه آمده!"... در ذهنم دنبال معنی «از اوناست» بودم تا این که دکمه زنگ را فشار داد و وارد بند ۳۵۰ شدم!... (البته چندی بعد فهمیدم «از اوناست» یعنی چه وکدام معنی را

به ذهن متبادر می‌کند) کمی دم در، که یک میز نگهبانی بود، نشستم، در انتهای راهرو ورودی قرار داشت و افسر نگهبان، بنا به لهجه‌اش، شمالی بود. سپس وقتی که پرینت وضعیتم را دادند، دیدم‌که به یک سال و نیم محکوم هستم و چه خبر خوشـــی!... برای خودم دل سوزاندم!... اما در قیاس با آنان که حکم ۱۳ سال داشتند یا ۱۹ سال، شاید مال من، زیاد طول نمی‌کشد... اما چون همیشه مشغول کاری بوده‌ام و برای هرکاری گفته‌ام، وقت ندارم، یک‌سال و نیم برایم نوعی فاجعه می‌نمود... نمی‌دانستم ازکه بپرســـم چه خبر است، اما آیا کسی کوچک‌ترین خبری داشت؟... سؤالی هم می‌پرسیدی، همه سربسته و بی‌در و پیکر، پاسخ می‌دادند. اما من مرتباً در ذهن خودم، وقایع و حقایق را زیر و رو می‌کردم...

انگار تصمیمی بود که کارشناســـان نابغـــه‌ی وزارت اطلاعات گرفته بودند... «خودشـــان می‌بُرند و خودشان می‌دوزند» این جمله‌ی یکی از زندانی‌ها بود که تکانم داد... هنوز هم در جامعه عامی، هر چیز وحشتناکی که رخ می‌دهد به وزارت اطلاعات مرتبط می‌دانندکه همه افراد جامعه در معرض تعرض آن‌ها هســـتند و آن‌ها هم با تجســـس کامل در احوال مردم و قتل‌های پنهان و استراق سمع و... شایعه یا واقعیت‌هایی که دوران ک‌گ‌ب و زندگی مردم عادی شـــوروی را بـــه خاطر می‌آورد که گاهی مأمورانش در برابر اعتراض مردم می‌گفتندکه «کار ما افتخارآمیز و برای سعادت هم‌میهنان ماست و تواناترین و شریف‌ترین مردمان در این‌جا کار می‌کنند» و داد سخن از تجلیل و تحسین ک‌گ‌ب بود که انگار افتخاری است که نصیب هرکس نمی‌شود...

همین لحظه در باز شد. مثل لبو سرخ شده بودم. مرد خوشروی جوانی که ۴۰ ســـاله به نظر می‌رسید و یک پیراهن ورزشی به تن داشت نشسته بود. قیافه‌اش مهربان و دوستانه بود. لبخندی زد و سلامی کرد وگفت که اسمش رضا است و مرا به نشستن دعوت کرد و این رفتارش در من اثری

مطبوع داشـــت اما مأمور مرا به ادامه راه رفتن واداشت و لحظه‌ای که از کنارم فردی ترش‌رو عبور می‌کرد، دم در اتاق ۸ رســیدم و داخل شدم و سلامی کردم....

وارد اتاق ۸ شدم و با ۲۲ نفری، سلام و علیک کردم و تنها یکی از افراد که ظاهراً اهل روزنامه شرق بود و ریشی حزب الهی داشت وکاملاً مسخره می‌نمود، وانمودکردکه مرا می‌شناسد، به هرحال در خلال سال‌های اخیر، چند مصاحبه‌ای را در شرق منتشرکرده بودم (کسینجر، جیمز بیکر، رابرت آرمائو، چامسکی، گری سیک و...) به همه، خودم را معرفی کردم و در عین ناباوری و هاژ و واژ بودن، در بین آنان نشستم... یکی جلویم ۷-۸ روزنامه روز راگذاشت که شاید کمی سرگرم شوم... یکی از حکمم پرسید، یکی دلگرمی داد و یکی تشــویق به مقاومتــم می‌کرد، یکی می‌گفت که آدم عاقل از آمریکا می‌آید و خودش را می‌اندازد در اختیار ماشــالله قصاب و مش قاســم چاقوکش؟ و... یکی نصیحتم می‌کرد که ســند بگذارم و قاچاقی از مرز خارج شــوم و... یکی می‌گفت: همین الان برو یک عفو بنویــس مثل تواب‌های قدیم. بیکاری آمدی ایران که چه؟... در عفو با زندانی و افکارش کاری نداشتند و فقط از وی می‌خواستندکه تعهدنامه ســکوت را امضا کندکه اصطلاحاً امان‌نامه می‌گفتند، در دوران پس از انقلاب ۱۳۵۷ این خصیصه تواب سازی توسط لاجوردی، به راه افتاده است... یکی به راز داری تشویق‌ات می‌کنند اما لحظه‌ای فرا می‌رسدکه خودشان رازهایی راکه گفته‌ای درگوشه حیاط برملا می‌سازند.

هر چند حکمی به من یا وکیلم، بهمن کشاورز، ابلاغ نشده بود. راستی، درکاخ دادگســتری این مملکت، امروزه چه کسانی وزیر قضا شده‌اند... قبل‌ها علی‌اصغر حکمت، علی‌اکبر داور، اللهیار صالح، مجید آهی، محمد باهری، یحیی صادق وزیری و... وزیر بودند اما امروزه مهدوی کنی، حسن حبیبی، غلامحســین الهام!... روی تابلوی زندان، اسمم را به عنوان تازه

وارد نوشتند و نفر۲۰۱ در بند ۳۵۰ شده بودم. می گفتند حکم من مربوط به سال ۱۳۸۲ است و اقدام علیه امنیت ملی و توهین به مسئولان و رهبری... امـــا کدام اقدام؟، کدام اهانت؟... در این ۱۰- ۹ اخیر ســـال هم با این که آهسته آمده و آهسته رفته بودم و شعار و تفکر من به شدت محافظه کارانه بود و می‌دانســـتم پرونده‌ای ساخته و پرداخته در سایه دارم، همیشه برای خودم محذوریت و محدودیتی قائل شـــده بودم و تفکرم را چندان بروز نمی‌دادم تا چنین افتخاری نصیب من مجنون شـــود... اما نمی‌دانســـتم چرا پس از ۱۰ ســـال، حضرات مرا به زندان افکنده بودند، یعنی این قدر عقده‌ای، کینه‌توز و زبان نفهـــم؟!... هرچند نصف افراد داخل اتاق ۸، جرم‌شان جاسوسی بود!

امـــا در آن لحظه، تمام نگرانی‌ام، وضع مـــادرم بود و حال و روزش... ســـردرد گرفته بودم که ناگهان تا نیم‌ســـاعتی بدون آن که حس کرده و یا خواسته باشـــم، به خواب رفتم... یکی از بچه‌های اتاق، همان خبرنگار روزنامه شرق، لباس راحتی به من داد که مثلاً احساس راحتی کنم. وقتی از خواب بیدار شدم، یکی می گفت: بزودی آزاد می‌شوی!، بزودی عفو می گیری!، و... هرچه که می گفتند، قید «بزودی» در آن تکرار می‌شد... یکی هم می گفت تا روز آخر حکم یک و نیم ســـال، در این‌جا خواهی ماند!... چه تشویق بی‌رحمانه‌ای!

به حیاط رفتم، در بـــین راه یکی می گفت ۷-۸ میلیون پرونده تعلیقی هست و الان قوه قضائیه تصمیم گرفته همه حکم‌های معلق را اجرایی کند و با وزارت اطلاعات هم اختلاف دارند و... اما مگر حکم مرا حضرات نابغـــه وزارت اطلاعات صادر نکرده بودند؟ هر دودی بود ازکُنده آن‌جا بلند می‌شد!

داخل حیاط که نزدیک بند «۲ الف» و « اندرزگاه ۴» بود، می گفتند در زیر نظر سپاه پاسداران اداره می‌شود و افرادی مانند تاج‌زاده و رمضان‌زاده

و بهزاد نبوی و... آن‌جا هستند... بسیاری چهره‌ها را دیدم: قدیانی، عرب سرخی (مجاهدین انقلاب اسلامی)، عبدالفتاح سلطانی (کانون مدافعان حقوق بشر)، قاسم شعله سعدی (وکیل دادگستری)، علیرضا رجائی (از فعالان ملی – مذهبی)، رئیس دانا، محققی (داماد مهدی بازرگان)، میردامادی (حزب مشارکت)، علیرضا بهشتی (مشاور موسوی)، حمزه کرمی (از نزدیکان باند هاشمی رفسنجانی)، محمد علی ولایتی (از کارمندان سابق وزارت اطلاعات)، عبدالله مومنی (دفتر تحکیم)، اسدی زیدآبادی، امیدکوکبی (فیزیکدان)، قربانی (روزنامه‌نگار)، ملیحی (اعتماد ملی)، دکتر مولوی (از دانشگاه Durham) و... در آن بند، چندان از صاحب منصبان حکومتی خبری نبود، اما در آن میان می‌توانستی معاون سفیر، معاون وزیر، نماینده مجلس، دبیرکل حزب و... را هم بیابی... نمی‌دانستم وسط این آدم‌ها من چه می‌کنم؟ وسط این همه چهره و حتی ۱۰ نفر محکوم به اعدام و... اما ورود دکتر شعله سعدی با یک کراوات شیک قهوه‌ای و سرحال و قبراق بودنش به داخل حیاط، نظرم را جلب کرد...

در حیاط، چند روز قبل، در سالروز ۲۲ خرداد و مرگ هدی صابر، سرود «ای ایران ای مرز پرگهر» را خوانده بودند و به دنبال آن، بهمن احمدی امویی (شوهر ژیلا بنی‌یعقوب، زن و شوهر روزنامه‌نگار؛ امویی یکی از اتهاماتش، انتشار شعر حماسی از فردوسی بوده و ژیلا هم از فعالان جنبش زنان محسوب می‌شد) را به زندان رجائی شهر برده بودند... در این افکار بودم که چند نم باران آمد و بعد همه به دنبال رنگین‌کمان می‌گشتند، یک شادی کودکانه و زودگذر!...

دیگر غروب شده بود، زندانیان شمارش شدند. هرچه نزد افسر نگهبان رفتم و تلاش کردم به خانواده‌ام خبر بدهم و از حال و روز مادرم بپرسم اما کسی پاسخ نداد و توجهی نمی‌کرد و البته برخی از چهره‌های سن

و ســال‌دار داخل بند هم وعده دادند تا واســطه شوند و صحبتی کنند، اما ظاهراً افاقه نکرد!... بعد از بســته شــدن در هواخوری، روی راه‌پله، ســیگاری‌ها می‌نشستند و ســیگاری دود می‌کردند... هر چند از سیگار کشیدن و بوی سیگار متنفر بودم، اما کاری نمی‌شدکرد... معمولاً درایران نمی‌شود به فرد سیگاری اعتراض کرد!

دستور این بودکه به محض تاریک شدن هوا، در هواخوری بسته شود. هــوا به طرزی باور نکردنی برایم خفقان‌آور شــده بود. هرچندکه هوای اوین در تابستان خیلی خنک است اما شب هوا خفقان‌آور می شد. انگار از دیوارکه در اثر تابش افتاب داغ می‌شــد، شــبانه گرمای خود را پس می‌دادند. هر چندکولری در اتاق نصب شده بود ولی چنان سر و صدائی راه می‌انداخت و یا روغن پس می‌دادکه چندان جالب نبود. دائماً روشن بود و همه به مرور سرما می‌خوردند و این در زندان پخش می‌شد

هرچنــد با آوردن به زندان مرا از فضایم جداکرده بودند، از روابط، از دیدارها، از سفرها و از نوشتن و خواندن. اما از یک اصل پیروی کردم که نسبت به هیچ چیز، هر قدر هم که فریبنده باشد، واکنشی نشان ندهم. بهتر است سرنخی را از دست بدهم ولی به دامی نیفتم. هرچه راکه لازم دارم خودم به دست بیاورم. البته دوربین‌هایی بودکه می‌توانست مرا همیشه زیر نظر داشته باشد.

تذکــر روز اول ولایتی به من و بعدها تذکر یکــی از بچه‌ها (امیر) به من... می‌بایست مرا با آینده‌کارم آشنا سازند و معمولاً این دستورالعمل‌ها هم کم و بیش رعایت می‌شــود... وظایفی که می‌بایست انجام می‌شد و چندان زیاد نبود. تصمیم گرفتم دقیقاً با همین دستورالعمل، شروع به کار کنم. واقعاً احســاس تنهایی می‌کردم یا می‌بایست غرق شوم و یا دوباره شنا کنم و به قول شادروان داریوش همایون سرم را بالای آب نگه دارم.

بعد از خوردن شام و ظرف شستن و نظافت و... همه سر تخت‌های‌شان

رفتند و من هم کف اتاق باید می‌خوابیدم و به اصطلاح زندانی‌ها، کف خواب بودم که البته یکی پتو داد و یکی متکا آورد، حس همدلی خوبی در آن میان برقرار بود. وقتی درازکشیدم، دیدم که یکی کتاب می‌خواند، یکی جدول حل می‌کرد، یکی فیلم می‌دید و یکی زبان می‌آموخت و... ۱۲ شـــب هم خاموشی را اعلام کردند، اما من که خوابم نمی‌برد، پریشان بودم و در هزار و یک فکر و معمای حل نشده.... نمی‌دانم چرا گاهی دل خوش بودم که شاید زودتر از یک سال و نیم رها می‌شوم، اما چند لحظه بعد آن شادی کودکانه هم از ذهنم می گریخت و روزنه‌اش بسته می‌شد...

ورود به زندان هم قوانینی خاص داردکه هر بندی و شاید هم هر اتاقی بـــرای خود اجرا می‌کند و البته گاهی مســـتقیماً این مطلب را به زندانی نمی‌گویند بلکه به اطلاعش می‌رســـانندکه چنین و چنان است. هر چند که بســـیاری از این موارد هم ابداً اجرا نمی‌شود، اما این رسم کار بود و زندانی هم هیچ چاره‌ای جز شنیدنش نداشت. مثلاً دم‌پایی را در داخل کمد، هرکسی برای خود جایی قُرق کرده بود و اگرکسی اشتباهاً دم‌پایی را در آن‌جا می‌گذاشت، شخص مزبور آن را به گوشه‌ای پرت می‌کرد... یک نوع حرمت شـــکنی کودکانه و یا خودآزاری!... البته شاید فقط اتاق ۸، چنین بود... وگرنه جاکفشی چه تفاوت دارد... هنوز چند ساعتی نگذشته بود که رئیس اتاق، آقای ولایتی به دنبالم فرستاد و اظهار داشت که باید برخی چیزها را برای شما توضیح دهم و داد...

شـــب هم کرمی و ولایتی که ســـن و سالی از آنان گذشته بود، من را به گوشه‌ای بردند و سوال کردندکه داستان چیست؟، من هم توضیح دادم، والله محقق تاریخ معاصر هستم و آزارم به مورچه هم نرسیده و نمی‌رسد اما پس از انتشـــار ۳ کتاب (جلال طالبانی، عیسی پژمان و پرویز ثابتی) باران فحش بر من باریدن گرفته و توسط منتقدان، مأمور ۹ کشور شده‌ام در فحاشی‌های حضرات مخالف که انگار آب به لانه مورچگان ریخته

شده... همیشـــه هم در برابر جمهوری اسلامی، سیاست سکوت را پیشه کرده‌ام و به ملاحظه و محافظه‌کاری مشهورم و البته به‌درستی هم مشهورم، چون کاری به خوب و بد حضرات نداشته و همواره بنا بر ملاحظات، آرام درگوشه‌ای نشسته وکارم راکرده‌ام و نخواسته‌ام به خاطر خریتی، خانواده و سرنوشـــت خودم را نیز فدا کنم... من یک مورخم و فعال سیاسی هم نیســـتم و به من چه مربوط که چه‌کسی می‌رود وکدام قُرمساق می‌آید... من وظیفه‌ام نوشتن تاریخ سرزمینم هست. مثلاً گروه قبیله وحشی بارزانی ۲-۳ سال، مرتباً عکس من و محسن رضایی را در نشریه و مجله و روزنامه و ماهواره‌های‌شان نشان دادند و من را معاون او و وزیر اطلاعات نامیدند اما بعد ازکتاب پژمان، نامه به وزیر اطلاعات و ارشـــاد و سپاه نوشته‌اند و من را سلطنت‌طلب نامیده‌اند و آدم‌فروشی کردند، خلاصه خر تو خری است و... یا مرا دوست روح‌الله حسینیان و داماد شمخانی نامیده‌اند...

پس از شنیدن حرف‌های من، هر دو متفق‌القول بودندکه لزومی ندارد یک سال و نیم در زندان وقت تلف شود و باید هر چه زودتر تلاش کنی که به طریقی حتی ریش سپیدی، موضوع ختم به خیر شود و از این مهلکه بگریز!... این‌جا، جای شماها نیست... فعال سیاسی هم نیستی که برای قدرت حزبـات بجنگی و هزینه بدهی، زندان رفتن هم برایت درجه و نام و اعتبار نمی‌آورد، برو دنبال درس و زندگی‌ات!... هیچ واقعه پیش‌بینی نشـــده‌ای هم رخ نمی‌دهد و منتظر فرشـــته نجات هم نباش!... اما مرتباً پیگیر باش!

البته دوست هر دوی آن‌ها که مقیسه نام داشت و وکیل بند هم بود، مرا به سماجت تشویق کردکه "آقا! هر روز بیا و زنگ در علائی و نماینده ۲۰۹ را بزن، هر اتفاقی افتاد با من!... فقط خسته نشو! مگر نمی‌گویی کاری نکردی؟، پس خودت پیگیر باش و محکم وایســـا!" و بعدکرمی افزود: "هر روز برو در اتاق این نماینده وزارت اطلاعات و بگو سلام علیکم!،

آقا کار ما چی شد؟..." هرکس هم هر مزخرفی گفت، گوش نده و دنبال آزادی‌ات باش... به دیگران و حرف مفت چه‌کار داری؟، برو!

طبعاً با پیشـــنهاد هر دوی آن‌ها هم مخالفتی نداشتم بلکه از نصیحت دلســـوزانه ولایتی وکرمی خوشحال شـــدم اما از این زمان بود که دوران عذابم شروع شد و اجرایش برایم دردسرهایی درست کرد، هر چند برایم اهمیت نداشت... و اسم من بود که هر روزی که نماینده ۲۰۹ می‌آمد روی تابلو نوشـــته می‌شد، برای برخی بدان معنا بود که اخبار داخل بند را در اختیار آن شخص می‌گذارند و... از همان توطئه بینی‌های قرن ۱۸... اما برای من درِ زدن حضرات، حکم حق تعیین سرنوشت و زندگی بود...

نیمه‌های شب از خواب پریدم، تمام بدنم از عرق خیس شده بود،بلند شدم و نمی‌دانستم کجا هســـتم و اصلاً چرا آن‌جا هستم؟... بلند شدم و آهسته از پنجره کوچک نرده‌دار به داخل حیاط نگاهی انداختم، حیاطی کـــه دور تا دورش، به ارتفاع یک و نیم متر، نرده و ســـیم خاردار بود... و دیگر در آســـمانش انگار به قول پدرم، تنها می‌توانســـتی ۶۰ ستاره را بشماری، ظاهراً آسمان پرستاره هم پیدا نبود.. رعب و خوفی در دلم بود که خدایا اگر خریت کنند و ۱۸ ماه بمانم، سرنوشت زندگی و دانشگاهم چه می‌شـــود!؟... بعد ازکمی زُل زدن به نورافکن روشن داخل حیاط و جـــدل ذهنی، دوباره به داخل رختخواب برگشـــتم، البته چه عرض کنم، منظورم همان ۲ پتوی ساده بود و بعد میان خُر و پُف ۲۱ نفر دیگر، چشمانم را روی هم گذاشتم و خوابم برد...

سه شنبه ۱۳ تیرماه ۱۳۹۱

به گمانم همان ۷ صبح بود که چشـــمم باز شد و دیگر باورم شده بود که «میهمان آقایان» در اوین هستم اما به چه جرمی وگناهی؟، خودم هم پاسخی برای این پرسش ساده نداشتم. شاید «پای در زنجیر، خوش‌تر تا که دست اندر لجن!»

برای شـــمارش، وارد حیاط شـــدیم و هنگام برگشت، در داخل سالن، فریبرز رئیس دانا مرا دید و شـــاید به تعجب و اضطرابم پی برده بود، به هر حال گفت: "ببین جنایت چقدر بد است؟، تو را به این‌جا چه کار؟... اما پســـر!، باید از پیشـــگاه مردم ایران عذرخواهی کنی که با پرویز ثابتی گفتگوکرده‌ای، چرا باید تریبون او شـــوی؟، آخر ما چپ‌ها، کی خودمان آمده‌ایم و دوســـتان خودمان راکشته‌ایم؟"... من که همیشه گفته‌ام: "زنده باد سوسیالیســـم!،اما نگران نباش! تو یکی را بـــه‌زودی از این‌جا بیرون می‌برند!"...

در همین لحظه، ازکنار دستم محسن میردامادی با گفتن سلامی، رد شد و رفت. از فعالا ن چهره آشنای اصلاح طلب و دبیرکل جبهه مشارکت... از

رهبران دانشجویان مسلمان پیرو خط خمینی که در ۱۳ آبان ۱۳۵۸ بحران گروگانگیری در سفارت امریکا را خلق کردند و بعدها در مجلس ششم، رئیس کمیسیون امنیت ملی و سیاست خارجی بود... روزنامه نوروز را هم داشـت اما پس از انتخابات ۸۸ و انتخاب دوباره احمدی‌نژاد دستگیر شده بود...

در پاسخ به رئیس دانا صرفاً گفتم، چرا نباید با ثابتی حرف زد؟ او هم حق دارد حرف بزند، من که مدافع و وکیل او نیستم! و... دیگر پای رفتنم به اتاق نبود، استرس تمام وجودم را گرفته بود. دیروز هر چه می‌پرسیدم که علائی مسـئول بند، به سرکارش آمده است یا نه، پاسخی نمی‌دادند، اما در این لحظه دیدم که به اتاق کارش آمده اسـت. به داخل اتاق‌اش رفتم و با احترام سلامی کردم و خواسته‌ام را به وی گفتم، در جوابم با قیافه‌ای حـق به جانب، گفت: "آقا! بند را ریختـه‌ای به هم!، همه در بند نگران وضع مادر جنابعالی هسـتند، این چه وضعی است؟"... انگار خواهش و تمنـا کردن برای یک لحظه تلفن کردن به مـادر و به خانواده اطلاع دادن، جرمی‌نابخشودنی است!... پوزخندش بیشتر، اذیتم می‌کرد. گفتم علاوه بر مادرم، همسـرم نیز سـرطان دارد، اجازه بفرمائیدکه حداقل به وی خبر دهم... اما ناگهان خطاب به مقیسه، یکی از زندانیان اتاق ۷ که به عنوان وکیل بند هم انتخاب شـده بود، گفت: ۳ دقیقه اجازه دارد به همسرش تلفن کند!، یکی از زندانی‌ها هم که اسمش رضا بود و روز قبل به محض ورودم به سـالن بند ۳۵۰، لبخندی مهربانانه تحویلم داده بود، کارت تلفن‌اش را به من قرض داد، کسی که به خاطر یک عکس و ایمیل به پنج سـال زندان محکوم شده بود! (عکس کاریکاتور محمد، پیغامبر عرب در روزنامـه دانمارکی)... و حوالی ۲ بعـداز ظهر بود که به خانه پدر و مادرم تلفن زدم، مادرم گوشی را برداشت وگفت: پسرم!، نگرانت شدیم و پدرت دارد با مُبایلش با احمد (یکی از دوستان صمیمی جلال

طالبانی) تلفنی صحبت می‌کند!... تا این را گفت، خوشحال بودم که شماره‌های امانتی‌ام نزد برادرم (عدنان)، سرانجام روزی مفید فایده واقع شده... به مادرم گفتم که در بند ۳۵۰ زندان اوین هستم!... انگار بغض گلویش را گرفت وگوشی را به دست پدرم داد و با وی هم حرف زدم و خواهش کردم که به سفارت عراق هم اطلاع دهد شاید از این دخمه، رها شوم...

تلفنم با آن‌ها تمام شد و انگار دیگرکمی آرامش گرفته بودم. هر چند روز بعد، حضرات نابغه‌ی وزارت اطلاعات به پدرم تلفن زده و پرسیده بودندکه "آیا عرفان، ازدواج کرده است؟"... بنازم آن عظمت اطلاعاتی و امنیتی را!

در حیاط با سیف‌زاده، وکیل دادگستری، درباره تاریخ معاصر حرف زدم، و از نقش‌های آن‌چنانی خودش بلوف‌ها می‌زد و من هم به حال خودش رهایش کردم. بلوغ فکری-عاطفی نداشت و از نوک بینی‌اش، فراتر نمی‌دید... توانایی شناخت حق انسانی دیگران را هم نداشت... آدمی غریب بود و بیشتر برایم انسانی فرصت‌طلب می‌نمود و هوچی... روزنامه‌های تازه را مرور می‌کردم و دیدم که روزنامه اطلاعات، مقاله‌ای درباره بارزانی و اسرائیل نوشته... مسعود بارزانی به ترکیه نزدیک شده است و ایران، هم عصبی شده... نزدیک که چه عرض کنم، چون دستگاه جاسوسی و نیروی نظامی دارد، کلاً نوکر ترک‌ها شده!... در اخبار تلویزیون هم، تصاویری از دیدار نوشیروان مصطفی‌امین (رئیس حزب گوران یا تغییر ازکردستان عراق) با جلیلی (دبیر شورای عالی‌امنیت ملی) را نشان می‌داد... کار خدا بامزه است، روز یک‌شنبه همین هفته قرار بود که احمد، ترتیب دیدار من و او را بدهد!،... خیر سرم، مطالبی در سایت‌های «دیپلماسی ایرانی و خبرآنلاین» درباره نقش وی نوشته بودم و اشاره به این که ایران، در طی تاریخ، دوست کُردها است و ایران

برای کردها، موطن اصلی اســـت... شاید هر حکومت عاقل دیگری اگر جای این حضرات می‌بود به من جایزه می‌داد اما این‌ها جز ناجوانمردی و خلاف رســـم مروت حرکت کردن، به هنری دیگر آراسته هستند؟ و... اما هر چه نوشـــته‌ام برای مصالح و منافع آب و خاکم بوده و به خاطرش از تجزیه‌طلب‌ها و همان گروه بارزانی تروریست و جیره‌خوارانش (مانند کومله و دمکرات و پژاک)، فحش‌ها خورده و تهمت‌ها شنیده‌ام... اما به آن عقیده راسخ داشتم و مهم نبود این فرمایشات...

در ایـــن افـــکار بودم که یکی از بچه‌های بند آمـــد و گفت که نماینده وزارت اطلاعات به بند ۳۵۰ آمده است و هرکس که می‌خواهد، می‌تواند با وی دیدار کند. رفتم و دیدم جوانی است که به زحمت ۳۲-۳۰ سالش می‌شود.

به ظاهر چنین شایع شده که وزارت اطلاعات در زندان اوین فاقد قدرت اجرائی است!، اتاق یارو مأمور ۲۰۹، اتاق کوچکی بود و یک پنجره بیشتر نداشت و ۳ میز تحریر هم درکنار دیوارها گذاشته بودند و اکثراً با مبایلش بازی می کرد. پسرکی به عنوان نماینده ۲۰۹ منصوب شده بود، اما ظاهراً سمتی نداشت! شاید معمولاً آدم‌های رذل به چنین مقام‌هایی می‌رسند.

به وی گفتم که آقا، نامه‌ای برای یکی از آشـــناهایم نوشته‌ام که مربوط به دادسرا نیســـت. اما وقتی به زندان آمدم دم در، آن‌ها را از من گرفتند، نزد همان قاضی نصیری‌پور اســـت... اوگفت که می‌توانی برای مسئول پرونده‌ات هم نامه بنویســـی، من هم یادداشتی نوشتم وکاغذ راگرفت و وعده دادکه پاســـخ می‌دهد و در نامه هم مثل همیشـــه با سبک و سیاق همیشـــگی‌ام در دادگاه انقلاب، آرزوی ختم به خیر شـــدن آن حکایت مسخره‌ای را داشتم که اسمش را سیر قضاوت و دادرسی نامیده بودند و این بار هم در تله ناجوانمردها، همان آرزو را داشتم... دادگاهی که قبولش نداشتم و آن قاضی روان‌پریش و دلقک را که قضاوتش برایم ماجراهایی

مملو از طنز و جوک بود...

گرچه قبلاً احسان نراقی دراین باره نوشته بود اما در واقع بند ۳۵۰ (بند امنیتی) از بندهای عمومی اوین و زیر نظر قوه قضائیه است که درگذشته به بخش ۳ معروف بوده. با ساختمانی ۲ طبقه که در میانش حیاطی مربع شکل قرار داشت. دو ضلع این مربع به اتاق‌های نگهداری زندانیان اختصاص دارد که تعداد آن‌ها در هرطبقه به هفت ـ هشت اتاق می‌رسد. دستشویی‌ها و حمام‌های این بند هم در یکی دیگر از اضلاع آن قرار دارد. هر اتاق تقریباً ۶ متر در ۶ متر بوده و تعداد متغیری زندانی از ۱۷ تا ۲۴ نفر را در خود جای می‌دهد. صرف غذا دور سفره‌های پلاستیکی و بر روی زمین انجام می‌شود و خدمات نظافتی به‌صورت دوره‌ای توسط خود زندانیان انجام می‌شود که عبارت شهردار اتاق را به شخص زندانی تلقی می کنند، یعنی شخص عهده‌دار این خدمات در طول روز، اصطلاحاً شهردار خوانده می‌شود. در زندان اوین هر اتاق یک مسئول منتخب زندانیان دارد که به مسئول اتاق مشهور است. در هر بند نیز یکی از زندانیان (وکیل‌بند) رابط اصلی با زندان‌بانان است. این بند دارای فروشگاه کوچکی است که امکان خرید مواد غذایی بسیار ساده همچون بیسکوئیت، خرما، تخم مرغ و مانند آن وجود دارد. در این بند معمولاً زندانیان حق دارندکه هفته‌ای یک بار با اعضای درجه اول فامیل خود ملاقات از پشت شیشه داشته باشند، البته مستندات موارد فوق مشخص نمی‌باشد.

بنابراین رسم این است که هرکس، مایحتاج خود را تهیه می کند و راهی فروشگاه شود.من فقط یک بار به فروشگاه رفتم و تنها یک خودکار و دفتر و حوله گرفتم که هزینه آن را هم حمزه پرداخت کرد و در پیشخوان‌های فروشگاهش چیز بدردبخوری دیده نمی‌شد و اصلاً چیزی وجود نداشت تا چه رسد به کالای مرغوب. هرچندگاهی در زندان، معامله‌ها با بسته

سیگار انجام می‌شد و پول نقد در میان نبود... البته فروشگاه هم زندانیان را سر و کیسه می کرد که باور کردنی نبود. پسری کچل و اندامی چاق که بی‌هنر می‌نمود با ابروانی ریخته و چشمانی بی‌مژه و صورتی بی‌روح.

کم کم غروب شده بود و داخل حیاط با میردامادی دقایقی قدم زدم و وقتی متوجه شد با عبدالله رمضان‌زاده دوستی و رفاقتی دارم، کمی به من شاید حس نزدیکی یا اعتمادکرد، و بعد راجع به نقش چپ‌ها در تسخیر سفارت آمریکا، حرف زدیم و این که چرا تفکر چپ ضدامریکایی در آن ایام، آن‌قدر شـــدید و رادیکال بوده... اما شاید نمی‌داند و یا نمی‌خواهد بپذیـــرد که بی‌مطالعه و فکر، همنوا با چپ‌ها، بـــا آن حرکت رادیکالی، قیچی بر سرنوشت مردم ایران گرفتند و آن کار احمقانه و پر هزینه‌ی اشغال سفارت رخ داد... خمینی هم آن تندروی را مهم‌تر از انقلاب ۵۷ نامید!... حکایت غریبی که سید محمد موسوی خوئینی‌ها، رهبر معنوی دانشجویان پیرو خط خمینی، ریاســـت کرد و بعدها روزنامه ســـلام را داشت و البته اصلاح طلب هم شد!... بماند از حرافی‌ها و جدل‌های بی‌مورد و موهوم امثال عباس عبدی در توجیه آن سفارت بگیری شرم‌آور...

دقایقی دیگر در حیاط با یکی از هم اتاقی‌هایم نشستم، علیرضا رجائی، انسان مهربانی بود و بســـیار با شخصیت. در همین هنگام بود که گفتند یکی به اســـم آریو به مرخصی می‌رود. فوراً نامه‌ای برای مادرم نوشتم و کلید خانه را به آدرس مریم فرستادم تا همان شخص که در ساعت ۷ شب از زندان به مرخصی می‌رفت، آن را به مریم تحویل دهد...

ســـپس در حیاط با فرشاد اختلاط کردم، خود را روزنامه‌نگار و آشنای دختر نصرت‌الله‌امینی، شهردار سابق تهران در ایام مصدق‌السلطنه، معرفی کرد و پیشـــنهاد داد که اگر بخواهم در زندان افرادی هستندکه می‌توانند اسم مرا رسانه‌ای کند و خبر دستگیری‌ام را به سایت‌ها و رسانه‌ها برساند اما من تمایلی به این قضیه نداشتم. هرگز هم نگذاشتم اسم رسانه‌ای و

سیاسی شود، "نفس بودن در زندان" را ارزش و اعتبار نمی‌دانستم...

بین زندانیان هم در حیاط، معمولاً بحث‌ها درباره ناجوانمردانه و غیر انسانی بودن احکامی بودکه توسط دادگاه انقلاب صادر می‌شود. البته قاضی‌های آن‌جا مانند بُرغاله‌اند و حکم اصلی را حضرات نابغه وزارت اطلاعات وکارشناسان امنیت می‌دهند... دیگرکدام استقلال سیاسی یا حرفه‌ای؟...

برای روز اول به حمام رفتم. کثیف بودن حمام از حد تصور خارج بود. به طوری‌که شـــاید در هنگام حمام، نمی‌خواهی تماس با چیزی داشته باشی.

میان اتاق و راهرو، پرده‌ای از بالا تاکف‌کشـــیده شـــده اما جای عرق دســـت و غذا، روی آن خودنمایی می‌کرد. پرده به جای درگذاشته شده بود. پرده راکنار زدم. با سلام و علیک دو نفر از هم اتاقی‌هایم به سوی حیاط رفتم. دادخواه و رســـول، اولی راکســـی نمی‌دانست‌که چرا اسم مســـتعار دارد و به جای شـــایان‌فر می‌گوید دادخواه... اما رسول، جوان باصفائی بود با موهای سیاه و چشمان‌گیرا.

اولین چیزی‌که نظرم را جلب‌کرد این بودکه از شـــایعه سازی‌گرفته تا فتنه‌جوئی و دســـته‌بندی در داخل افراد وجود دارد. در زندان همه تصور می‌کنند دیگری جاســـوس و مأمور است. رفتارها و سخنانی‌که ساخته ذهن‌های بســـیار خیالپرداز یا خیالباف اســـت. از جدی بودن همه این واقعیت‌ها و وجود آن‌ها خبر نداشتم.

حتی می‌گفتندکه داخل این‌گل وگیاه هم ممکن است وسایل استراق سمع و مراقبت‌کارگذاشته باشندکه البته توهم بود... زیرا یک زندانی به چه اخباری ســـری و محرمانه دسترســـی داردکه حتماً باید شنود شود؟، آن‌چنان این حرف در یکی از زندانیان تأثیرگذاشـــت‌که با چاقو به جان یکی از درخت‌ها افتاد و پوست درخت راکَند و بعد در برنامه روز جمعه

بدون ذکر اسم، متذکر شدند موضوع را.

البته بیشتر افراد مدعی گرایش به چپ این توهم توطئه را داشتندکه هر ساعت و دقیقه علیه زندانیان چپ برای زندانبانان خبرچینی شده و تلاش بر این است تا مشـــارکت آنان در فعالیت‌های عمومی بند محدود شود، براستی کسی هم نمی‌دانست که مثلاً حرف زدن درباره لنین و... و ادعای مبارزه و .... چه ســـودی دارد که یکی برود به خاطر آن جاسوســـی کند. آقا اجـــازه؟!، امروز رئیس دانا گفت بچه‌های توده، مبارز بودند!... البته از پخش شـــایعاتی سرچشمه می گیرد که یکی از موذیانه‌ترین شکل‌های تبلیغاتی حزب چپ‌ها به‌شمار می‌رود... البته او خوب می‌دانست از چه حرف می‌زند...

حتـــی این افراد تصـــور می کردندکه طبقه دوم، لُژ نشـــینی اســـت و ماهواره‌های آمریکایی می‌بینند و طبقه پائین به فرودســـت‌ها تعلق دارد و از تقســـیم قدرت در آینده ایران، که نمی‌دانم کی بود، باز می‌مانند! اگر هـــم یکی از این حضرات چپ به اتاق‌های پائین برده می‌شـــدند داد و هوارشـــان بالا می‌رفت که آقا این رفتارهای انحصارطلبانه و استبدادی به قصد تنبیه ما، به طبقه پایین بند می‌برندکه شرایط دشوارتری دارد و... اما اگر یک بدبخت ناشناخته‌ای در آن اتاق‌های پائین، کشته هم می‌شد، این‌ها صدای‌شان در نمی‌آمد و منتظر بودندکه ببینند جو غالب رسانه‌ای چگونه اســـت و بعد اجامر دور هم جمع می‌شدند و بیانیه شماره ۳ و ۴ صادر می‌فرمودند. یعنی رفتاری در حدکلاس اول دبستان!

هرچند آن رفتارها، از نظر اخلاقی انسان را خفیف می‌سازد اما وضع به همین ترتیب و منوال است. حتی مایه دسیسه، بدگوئی و افترا و واداشتن دیگـــران به تهمت زدن و فریب دادن همدیگـــر را فراهم می‌آورد... آثار روحی این وضع را هم نمی‌شود نادیده گرفت...

در حین این که داشـــتم به این نکته‌های ریز توجه می کردم، توجه‌ام به

غش‌غش خندیدن بنی‌طبا از هم اتاقی‌هایم با دوستانش جلب شد که جوک‌هایی هم درباره رفسنجانی وکروبی و جنتی و... بود وکسی هم نبود که تحت تعقیب کیفری قرار دهد و این باعث نوعی آرامش‌شان شده بود وگاهی بنی‌طبا ادای هاشمی رفسنجانی را در می‌آورد و با تقلید صدای او می‌گفت: والسلام و علیکم و رحمه الله برکاته!...

قبل از فرارسیدن شب، سری به کتابخانه زدم. یک فرد بهائی، مسئول آن بود (به نام شاهرخ طائف) عده‌ی زیادی زندانی مذهبی و عقیدتی در زندان وجود داشتند (مانند دراویش گنابادی). غیر ازکتابخانه، کلاس‌هایی هم بوده که گویا افرادی از زندانیان، در آن‌جا تدریس می‌کرده‌اند، اما به خاطر آوردن گروهی هوادار القاعده، تعطیل شده‌اند. هرچند لباس کُردی به تن داشتند وکُرد زبان بودند و لاجرم همزبان من، اما فعلاً تمایلی به نزدیکی به آنان و ۳-۲ کُرد دیگر در داخل زندان نداشتم که اغلب کومله و پژاکی بودند و یکی از آنان به اسم کبودوند را در رسانه‌ای ساخته بودند. طرز تفکر سازمان‌های ضدایرانی، تروریستی و تجزیه‌طلب کومله، دمکرات و پژاک و پ‌ک‌ک را قبول نداشته و ندارم، هرکه می‌خواهد باشد و هر نوع حکومتی هم در ایران حکمرانی کند، با تجزیه‌طلب باید مخالفت کرد و از سنگ سنگ آب و خاک ایران زمین، دفاع کرد!... به قول شادروان داریوش همایون، آن‌هایی هم که دم از فدرالیسم می‌زنند، سُرنا را از سرگشادش می‌زنند.

در کتابخانه و میان کتاب‌ها، البته اکثراً مذهبی، ناگهان کتاب خودم را دیدم، ذوق‌زده شده بودم. بغلش کردم و بوئیدم و انگار یارگمشده‌ام را یافته بودم. حکایت ۶ سال در به دری‌ام از برابر چشمانم گذشت و تنها خودم می‌دانم که چه‌ها کشیدم که آن را نوشتم... کتاب «پس از ۶۰ سال، خاطرات و زندگی جلال طالبانی» را آرش علایی، پزشک متخصص ایدز و زندانی سیاسی سابق، هدیه کرده بود... کتاب را به داخل اتاق که

آوردم، برخی از هم اتاقی‌هایم خوش‌شان آمده بود و شاید هم نوع رفتار و یا احترام‌شان فرق کرد و یا تحریک‌شان کردم، نمی‌دانم...

شب نیز با بحث کردن و اختلاط با کرمی و ولایتی گذشت و متوجه شدندکه نه سیاسی‌ام و نه قصد شانتاژ و مانور دادن با خبر زندانی شدنم را دارم و نه مخالف مسلح و بمب گذار و جاسوس... پس چرا آن طور چهارکارشناس نابغه وزارت اطلاعات، مرا متهم به اقدام علیه امنیت ملی کرده است؟... حکایت غریبی است، پس ازکتاب من درباره‌ی جلال طالبانی، عیسی پژمان (تندباد حوادث) و پرویز ثابتی (در دامگه حادثه)، این سازمان‌های ورشکسته سیاسی قُمپزیسیون (حالا شما بخوانید اپوزیسیون)، چه تهمت‌های غیراخلاقی و غیرانسانی علیه من ساختند و بی‌مطالعه و بی‌فکر و بدون سند و مدرک، در عین ناجوانمردی و به دور از اخلاق، کرامت و حقوق انسانی‌ام را زیر پا لگدمال کردند و چه بسا اگر قدرت می‌داشتند، حکم اعدام را نیز می‌نوشتند... حقه‌بازان دلقک و مکار بازار سیاست ایران،... که یکی ازکاردستی آن‌ها، ساختن همین مُرداب فعلی بود!!

کرمی اخبار رادیو فردا راکه روی چند صفحه کاغذ با دستخطی خرچنگ قورباغه‌ای نوشته شده بود، به دستم داد و من هم تورق کردم. جالب است که با این همه محدودیت وکنترل و موانع، باز هم زندانیان خود را با اخبار روز جهان، مطلع نگاه می‌دارند و دیگر درآن شب‌ها، منبع موثق خبری من مانند بقیه زندانی‌ها، رادیو فردا شد، هر چند برخی ازآن‌ها صرفاً به دنبال رسانه‌ای شدن اسم خود بودندکه امضای‌شان پای فلان بیانیه و یا بهمان اطلاعیه به دست رادیو رسیده یا خیر... و حتی برخی از زندانی‌ها هم مُبایل دارندکه به ۴ گوشه جهان، خبرهای داخل بند را می‌رسانند... انگار دیگر دوران گماشته‌های قزلباش عهد صفوی یا گزمه و حارس و عسس‌های عهد ناصرالدین شاه نیست که خبری درز نکند،

الحمدالله از افسر و نگهبان اوین هم اهل رشوه بودند... از تلویزیون‌های العالم و پرس‌تی‌وی چیز چندانی دستگیرم نمی‌شود... حس دوری از اینترنت و مبایل هم کم‌کم اذیتم می‌کند.... بحث بستن تنگه هرمز توسط سپاه مطرح است اما فکرکنم جز بلوف سیاسی چیز دیگری نیست و عملاً غیر ممکن است... یکی از چیزهایی که بین برخی از بچه‌های اتاق برایم جالب بود، توصیه‌های آنان بود که هرکدام جداگانه توصیه می‌کرد مبادا به‌کسی اعتمادکنم!.. به هر حال داخل اتاق تفاوت‌های رفتاری، اخلاقی، فکری عجیب و غریبی وجود دارند... با برخی از افراد، سعی‌کردم روابط دوستانه برقرارکنم اما گاهی نمی‌شد.

در میان بحث‌ها، ولایتی وکرمی خیلی دلگرمی‌ام دادند و امید این که به‌زودی از بند رها می‌شوم و با آرزوی ختم به خیر شدن ماجرا، به خواب شیرین رفتم... انگار مثل یک کودک خوش خیال، باورم شده بود!...

ولایتی درباره جوّ اخلاقی روحی حاکم بر بند و اتاق، شرح مختصری برایم تعریف‌کرد. شاید منظورش این بود که خیال نکن که تو هم به آسانی می‌توانی جان سالم به در ببری. تصور می‌کردم که آدم چندان مطبوعی نیست. چیزی نگفتم اما معلوم بود که شوخی نمی‌کند. با خودم فکرکردم که چه آدم بد اخلاقی!

در اتاق گاهی مشتاقان سریال‌های ایرانی می‌نشستند و دختران زیبا را می‌دیدند و دلنشین‌ترین بخشش همان لحظه‌هایی بود که آن‌ها را نشان می‌داد... هر وقت هم چهره خامنه‌ای در تلویزیون ظاهر می‌شد با پوزخند بدبینانه‌ای بر لبان برخی‌ها نقش می‌بست. به قول هوشنگ ابتهاج ـ (هـ.ا.سایه):

این خرقه ملوّث، این سجاده ریا
آیا شود که بر در میخانه بر درم؟

۳

چهارشنبه ۱۴ تیر ماه ۱۳۹۱

با دیدن خواب آشفته «جهیدن مارمولک»، که اصلاً نمی‌دانستم نشانه چیست از خواب پریدم. شـــاید اگر مادربزرگم کنار دستم می‌بود، قطعاً می‌گفت که «مارمولک، نماد خودخواهی است و به منزله هشداری در رابطه با دوستان دروغین در میان جمع دوستان نزدیک و صمیمی»، اما هرچه بود، بیدار شـــدن بی‌مزه‌ای بود. به داخل حیاط بند رفتم، خبری از کسی و جائی نبود.

مانند من، عبدالفتاح سلطانی هم سحرخیز بود و البته بعدها هر روز به شـــوق دیدن چهره آن پاک‌دل و جوانمرد، زودتر از پله‌ها پائین می‌آمدم. کمی درباره پرونده‌ام از وی سوال کردم که بنا به تجربه‌های او، چه خواهد شد و او معتقد بود که اگر ـ العیاذبالله ـ حضرات، دروغ نگفته باشند و ریگی به کفش‌شان نباشد و پرونده هم مربوط به همان سال ۱۳۸۲ باشد، پس مشمول زمان شـــده و باید وکیلم تقاضای واخواهی کند و احتمالاً به زودی آزاد می‌شـــوم... البته همان حرف‌هـــا را صبح زود، رئیس دانا هنگام قرض دادن کیسه حمام، به من گفته بود... اما نمی‌دانستم چگونه

به وکیلم، بهمن کشــاورز، اطلاع دهم و اصلاً او نمی‌دانست من به ایران سفرکرده و چنین در بند گرفتار شده‌ام... اصلاً در ایران و سیستم قضاوت این حضرات، مگر از وکیل، کاری ساخته است؟!، سوئیس و آمریکا هم که نیست! شعله‌سعدی هم می‌گفت: از نظر قانونی رسم بر این است که چیزی مشــمول مرور زمان می‌شود، معاف می‌شود، اما حتماً زد و بندی پشت پرده بوده و تو را به خاطر یکی از همین کارهایی که منتشرکردی، به این‌جا آورده‌اند و...

ســلطانی هم که ید طولایی در پرونده‌های زندانیان سیاســی داشت، همیشه امیدواری می‌داد که آقا ۱۰ سال از پرونده توگذشته و حکم غیابی هم ظاهراً بوده، همین ۴-۳ روز آینده، می‌برنت بیرون و خیال‌ات راحت! و بعد با لبخندی مهربانانه، دلگرمی می‌داد که هرگز تا آخر عمرم آن انسانیت و شرافت و بزرگ‌منشی و حُسن اخلاق وی را فراموش نخواهم کرد.

دیگر وقت ناهار بود که یکی از زندانیان، پس ازگذراندن یک ســال زندان، آزاد می‌شــد. بچه‌های بند هم، همگی "مرغ سحر ناله سرکن" را ســر داده بودند. البته هنوز دقایقی از آزادی او نگذشــته بود که ۳-۲ نفر جدیدالورود را آوردند. تــه دلم گفتم، خدا به خیرکند!، هرچندکه من با کسی چندان قاطی نمی‌شوم و بیشتر با دیوان حافظ، عیاق شده‌ام...

گاه بچه‌های اتاق ۹ سربه‌ســر شعله‌سعدی می‌گذاشتند و می‌گفتند که «شعله سعدی جونمه، رئیس جمهورمه» و بعد صدای شلیک خنده بلند بود... شــعله سعدی هم با شــیوه‌ای رندانه، همه را به کابینه‌اش دعوت می‌کرد و درکل، منظورش تمسخر نظام حکومتی بود... اما برخی باورشان شده بود که واقعاً فردی متوهم هست و می‌خواهد رئیس جمهور شود!

عصر هم کمی با قاســم شعله سعدی گپ زدم، از خاطراتش می‌گفت و این که چه نامه‌ای را به خامنه‌ای در ســال ۱۳۸۱ نوشته و انتخاب وی بــه رهبری را، امــری غیرقانونی نامیده (یعنی همان خــرداد ۱۳۶۷)...

شعله‌سعدی یک شیرازی شجاع است که سر نترسی دارد... از پدرم ۲-۳ سالی جوان‌تر بود، در دوره‌های ۳-۴ هم نماینده مردم شیراز در مجلس بود اما پس از فارغ‌التحصیلی از فرانسه، سال‌ها استاد حقوق بین‌الملل دانشکده حقوق دانشگاه تهران بود... سال ۱۳۸۸ هم کاندید ریاست جمهوری شده بود اما فقیهان شورای نگهبان (امامزاده‌هایی مانند احمد جنتی، محمد یزدی، غلامحسین الهام و...)، صلاحیت وی را مردود کردند... جرمش مُشابه من بود، به اتهام فعالیت تبلیغی علیه نظام و توهین به امام و رهبری به یک سال و نیم محکوم شده بود... و حکمش را قاضی صلواتی دیوانه امضا کرده بود.

وقتی از نامه مادرش یادکرد، خنده‌ای تمام صورتش را پوشانیده بود که نوشته بوده: «اعلی‌حضرت همایونی علی خامنه‌ای!،...این نامه از طرف مادری دلسوخته و داغدار ۸۶ ساله است که هم داغ فرزندی شهید را برخود دارد، شهید اصغر شعله سعدی و هم دلسوخته فرزند اسیری است که ظالمانه و غیرقانونی هم‌اکنون در کشوری که شما در رأس آن قرار دارید توسط عوامل شما اسیرگشته است، دکتر قاسم شعله سعدی. اعلی‌حضرتا آن زمانی که مجتبی شما به درس و مشق می‌پرداخت، اصغر نوجوان من که دانش‌آموزی بیش نبود و آن هم دانش‌آموز ممتاز دبیرستان، دانشگاه شیراز، درس و مشق را رها و به جبهه‌ها پیوست،... اعلی‌حضرتا!، شهادت اصغرم به اندازه غم و اسارت فرزند دیگرم قلب مرا نیازارد؛ زیرا اصغر من به دست دشمن شهید شد، اما فرزند دیگرم که هم‌اکنون اسیر شماست تنها به جرم دفاع از حقوق ملت، امر به معروف و آزاداندیشی اسیر شده است...

اعلی‌حضرتا! به دلیل کبر سن، فرسودگی جسم و جان، بعد مسافت و سرانجام کثرت و نفس گیر بودن پله‌های زندان اوین حتی‌امکان ملاقات با پسرم، دکتر قاسم شعله سعدی را از پشت میله‌های زندان اوین که امروز

به دلیل اجرای سیاست‌ها و دســتورات شما یا کار به دستان منصوب و منســوب شما به دانشگاه تبدیل شده اســت را ندارم و یکسال است که همچون یعقوب نبی حتی از عطر یوسفم نیز محرومم.... چرا علی‌وار جلوه می کنید ولی در زمان اجرای عدالت تجاهل می کنید و از جمله خواستار عدم کش دادن قضیه فساد سه هزار میلیارد تومانی می‌شوید؟! یا دستور فرمایید سینه مرا هم محافل خودسر بشکافند همانطور که سینه پروانه فروهر را شــکافتند و مرا به گورستان ببرند تا به فرزند شهیدم اصغر بپیوندم "و یا " دستور فرمایید مرا هم در اوین زندانی کنند تا به فرزند اسیرم بپیوندم شــاید بوی پیراهن یوسفم چشم و دلم را روشن کند.... اعلیحضرتا!، آیا بهتر نیست هرچه زودتر ترتیبی اتخادکنید تا آبروی ایران عزیز ما کمتر در محافل بین‌المللی بریزد وکسانی همچون آقای احمد شهید به عنوان موارد نقض حقوق بشر در ایران گزارش هایی که عرق سرد بر پیشانی من، ایرانی و ایران دوست می‌نشاند منتشر نکنند. اگر دل شما برای ایران نمی‌سوزد دل ما بی‌قرار این سرزمین است.» و....

آن‌قدر با خونســردی از نامه مادرش حرف می‌زد که فکرکنم از همان لحظه به بعد بود که رابطه دوستی عمیقی، میان من و او شکل گرفت.... از افشاگری‌هایش می گفت این که گفته: شعار بر شعورمان پیشی گرفته.... مشکل ما ارز نیست، عُرضه است.... کارهای بزرگ را بدست افرادکوچك سپرده‌ایم..... چهار پنج میلیون ایرانی تحصیل کرده را عملاً ازکشور اخراج و به‌جای آن‌ها چهار پنج میلیون عراقی و افغانی وارد کشــورکرده‌ایم.... آن آخوندی که با پنج تومان منبر می‌رفت اکنون بنز ۱۵ میلیون تومانی از کجا آورده ؟... بجای آن که نیروی انتظامی و پرسنل اطلاعات ضابطین دادگستری باشند دادگستری ضابط آنان شده است.

در مجلس چهارم مواضع گذشــته خود را ادامه داد. شاید اولین بار او بود که گفت در قانون اساســی موارد متضاد وجود دارد وگفت در زمان

گذشته از شاه نمی‌ترسیده و در زمان خمینی نیز از او نترسیده و اکنون از خامنه‌ای نمی‌ترسد. اگر چه این مواضع سبب شدکلیه نمایندگان فارس طی اطلاعیه‌ای رسمی او را محکوم کنند و در مجلس به برخورد فیزیکی تهدید شود و هم چنین امام جمعه شیراز و بخش عظیمی از روحانیت کشور علیه او بسیج شوند و در نماز جمعه‌های تهران و شیراز علیه او شعار مرگ سردهند و راهپیمایی‌هایی علیه او برگزارکنند و حتی گروه انصار حزب‌الله به سرکردگی حاج بخشی به مجلس آمدند تا او را از پای در آورند، اما چون بنیانی مرصوص پایداری کرد و با افشاء هرچه بیشتر نامردمی‌ها رسالت مردمی خود را ایفا نمود.... فریاد زد این چه معنی دارد که از وزارت اطلاعات تا حوزه علمیه...، به تجارت، کارخانه‌داری و معدن‌داری مشغولند ؟! گوئی مي‌دانست که سربازان گمنامی که به تجارت روی آورده‌اند از تجارت به آدم کشی کشیده خواهند شد و فاجعه نفرت‌انگیز قتل‌های زنجیره‌ای را بوجود خواهند آورد.

دوباره به نامه‌اش خطاب به خامنه‌ای اشاره کرد که در آخرش نوشته: «در پایان از حضرتعالی می خواهم بجای هرگونه واکنش ناشی از توهم توطئه که خودبخود مجوزی برای اقدام محافل خودسر خواهد بود این کلام را منصفانه بررسی فرمائید و نسبت بهر مقدارش که حق تشخیص دهید تسلیم گردید. این سطور را برای رضای خداوند، دفاع از حق، تذکر به جنابعالی وامر به معروف و نهی از منکر و دفاع از ملت مظلوم ایران نوشتم.... در سینه ستبر من قلبی کوچك برای ملت بزرگ ایران می تپد.... بنده خدا قاسم شعله سعدی».

آن‌قدر به شوق آمده بود و من هم با اشتیاق وکنجکاوی می‌شنیدم که آن روز، جزو نفرات آخری بودیم که از حیاط به طرف اتاق‌ها آمدیم... یاد سخن ظریفی افتادم که درباره شعله سعدی می گفت: «در سال ۶۱، هنگام تبلیغ انتخاباتی با اغراق نوشته است که شعار "راه قدس ازکربلا

می‌گذرد"، توســط ایشان ساخته و پرداخته شده!»... خدا انشاالله ایران زمین را از این افراط و تفریط و تکذیب و توهین و تحریم و... نجات دهد!

افرادی در طی راهرو، داشتند از نیمه شعبان حرف می‌زدند... تلویزیون پرس‌تی‌وی ضمن پخش اخبار اعلام کرد، دو شهروند جمهوری آذربایجان در ایران به «جاسوســی» متهم شدند... یکی از هم اتاقی‌هایم که نامش خانیان و اهل همدان بود با صدای بلند گفت: این‌ها جاســوس نیستند، جاسوسکی هستند! و سپس یک خنده ملیح تمام صورتش را می‌پوشاند... خــبر بعدی این بود که کنیا از خرید نفت ایران، انصراف داده... خانیان در ادامه گفت: دیدی که بدبخت شــدیم!.. به خدا، خزانه دولت خالی شده!.... این بار صدای قهقهه خنده یکی دیگر هم بلند شد... در واقع، تفسیر سیاسی بود با چاشنی متلک!

سفره شــام در حال آماده شــدن بود که صدای کرمی، مزاحم شنیدن مابقی اخبار می‌شد، با لهجه کرمانشاهی خطاب به بهزاد و مهدی مرتباً می‌گفت: «اَی بابا!، اَی بابا!... درود بر شرف‌ات!»...

یاد عصر افتادم که در حیاط، بازی والیبال در داخل حیاط ادامه داشت. پسری هم از قزاقستان در زندان بود و نمی‌دانم علت زندانی بودنش چه بود، اما انگار یادگرفته بود که با ایرانی‌ها زندگی کند و کار و تعامل با آن‌ها را خیلی آسان‌تر از میهن خودش بیابد...

۴

پنجشنبه ۱۴ تیر ماه ۱۳۹۱

امروز صبح در حیاط با احمد هاشمی (از مدیران سابق وزارت کشور- مدیرکل بازرسی در دوران خاتمی) که ۵ سال هم حکم زندان داشت، آشنا شدم. وی که از اعضای شورای مرکزی سازمان مجاهدین انقلاب اسلامی بود تازه به بند آمده بود و با وی و محمدعلی ولایتی، بحث کردیم. انسانی با ادب و با تجربه بود، با کوله‌باری از خاطره. سپس با ابوالفضل قدیانی و علیرضا رجائی هم کمی حرف زدم، برای رجائی جالب بود که بداند موضوع کتاب گفتگوی من و پرویز ثابتی (در دامگه حادثه) درباره چیست و من هم کمی درباره محتوی آن فهرست‌وار حرف زدم که البته ظاهراً قدیانی را قلقلک داد و انگار رگ گردنش بیرون زد و می‌خواست از حقانیت اسلام و انقلاب و... دفاع کند که حفظ خونسردی کرد و ادب را رعایت نمود و جز غُرغُری ساده، چیزی نگفت...

قبلاً درباره‌ی قدیانی (عضو شورای مرکزی سازمان مجاهدین انقلاب اسلامی)، در رسانه‌ها خوانده و شنیده بودم که خطاب به مقیسه، قاضی شعبه ۲۸ دادگاه انقلاب، گفته بود که «این دادگاه غیرقانونی است، شما

هم غیرقانونی و قانون‌شکن هستی و با برگزاری این دادگاه مرتکب فعل مجرمانه شـــده‌ای و مطمئن باش روزی به همین جهت، محاکمه خواهی شد... به جای ۳ پرونده که تاکنون برای من تشکیل داده‌اید، ۳۰ پرونده، ۳۰۰ پرونده، ۳۰۰۰ پرونده تشکیل دهید و اصلاً مرا به ۳ هزار میلیارد سال زندان محکوم کنید! اما دادگاه شما غیرقانونی است و تحمل زندان شما نیز، تغییری در عقایـــد من ایجاد نخواهدکرد... آقای خامنه‌ای، طاغوت زمان است و من ۵۰ سال عمر خود را مبارزه نکرده‌ام که‌امروز او این‌گونه با خودکامگی ســـلطنت کند... من وامثال مـــن در راه پیروزی انقلاب ۱۳۵۷، جان، مال و آزادی خویش را نگذاشـــته‌ایم که سه دهه خامنه‌ای چنین حکومت کند... بعد علاج کار نظام این است که خامنه‌ای از قدرت، دســـت بکشد و از ســـر راه ملت و جمهوری اسلامی کنار برود... زیرا با اســـتفاده از قدرت مطلق ولی فقیه، بانگ مخالف را خفه کرده است... آن هم بـــا عنان قدرت مطلقه‌ای که در دســـت دارند، نه صرفاً با حبس مخالفان بلکه ســـلب حیات آنان که حاصل لطف ملوکانه اســـت... اما واقعیت آن است که این استبداد از تمام توان و بنیه خود برای سرکوب و بسط خفقان بهره می‌جوید و از هیچ خشونتی دریغ نمی‌ورزد... بیکاری، تورم، تحریم‌های گســـترده، سایه شوم جنگ و تحریم کشتیرانی دستاورد حکمرانی مســـتبدانه در ایران اســـت...امروزکه چهره نکبت‌بار استبداد ســـلطانی بار دیگر آشکارا در این مملکت رخ نمایی کرده و بر حیات و ممات ساکنان آن حکومت می کند، نمی‌توان در برابر آن سکوت کرد و دم نیاورد.... قبضه کردن قدرت و قایل شدن حق مطلقه‌ی ابدی... در اداره امور مملکت ایران، عملاً مقابله با خواست تاریخی ملتی است که لااقل در ۱۵۰ ســـال گذشـــته، در جهت نفی استبداد و سلطنت مطلقه... از پای ننشســـته است»... البته مشکل ذهنی من با قدیانی، ساخت و راه‌اندازی سازمان پیشمرگان کُرد مسلمان بود... آن هم همان تفکر آیت‌الله بهشتی

و بعدها محمد بروجردی... که بعدها در کردستان، حمام خون راه افتاد!

به نظرم علیرضا رجائی، خیلی عاقلانــه و منصفانه‌تر حرف زد. ظهر هم با عبدالفتاح سلطانی، کمی گفتیم و خندیدیم، انگار حکم دیوانه‌وار قاضی پیرعباس، در شعبه ۲۶ دادگاه و محکوم کردن سلطانی به ۱۸ سال حبس و تبعید در برازجان، کمترین تأثیری در روحیه‌اش نگذاشــته بود... می‌خندید از ته دل هم...

در یکــی از برنامه‌های راز بقا در تلویزیــون دیده بودم که وقتی باران می‌بارد، همه پرندگان به دنبال سرپناهند، اما عقاب برای اجتناب از خیس شدن، به ارتفاعی بالاتر از ابرها پرواز می‌کند، و این تفاوت خلقت زاغ و عقاب است... روحیه سلطانی را مانند آن عقاب دیدم!... دوباره ۲-۳ ساعتی با شعله سعدی به گپ وگفت گذشت. برخلاف ۲-۳ نفر از بچه‌ها که معتقد بودند، اهل توهم و اغراق است، من ابداً چنین نظری نداشتم و کاملاً نگاهی مُبتنی بر حقیقت و شفافیت داشت. اما دیگر سیف‌زاده را تحویل نمی‌گیرم. رسماً انسانی دروغ‌گو و خالی‌بند است و رگ تعصب وی هم بالا و بی‌منطق و سخنانش بی‌در و پیکر... مدعی است که ۶۰۰۰ پرونده زندانیان سیاســی را مجانًا وکالت کــرده، ۵ دکترا دارد و... دروغ گفتن مثل نقل و نبات، حکایتی است در این مملکت...

داخل اتاق ما هم با یکی از بچه‌ها که نامش امید و مترجم هتلی بوده، بحثی شروع کردیم... البته کمی در بحث کردن از خودش تعصب نشان می‌دهد، اما فطرتاً انســان مهربان و خوش قلبی است و ولایتی هم تشنه شنیدن وگفت وگو...آقای دکتر مولوی هم انسان بسیار جالبی بود و با من درباره دیپلماســی خارجی ایران، هم‌عقیده بود....در خبرها آمده بود که سوئیس، نفت ایران را تحریم نکرده و فکر هم می کنم سوئیسی‌ها بیشتر به دنبال منافع آنی خودشان هستند...گویا یکی از نماینده‌های مجلس (احمد توکلی) گفته: دســت از مبارزه با استبداد قوه مجریه نخواهم کشید... اما

احمدی‌نژاد، دیکتاتوری کوتوله است و شاه‌کلیدش شاید جائی دیگر... اما مشکل این پدیده نامیمون و بدشگون کی حل می‌شود، خدا داند!...

نمی‌دانم جریان دستگیری‌ام، رسانه‌ای شده یا نه، اما هرچه هست امیدوارم که موضوع، ختم به خیر شود... گاه به فکرم خطور می‌کندکه روز شنبه دوباره یکی از حضرات را ببینم، نباید وقت را تلف کرد و از این دخمه جهنمی بایدگذرکرد. جای من این‌جا نیست و مثل شعله سعدی و قدیانی هم که نمی‌توانم از آن نوع نامه‌ها بنویسم... سال ۱۳۸۲ از این دست مطالب نوشته بودم، اما کار من چیز دیگری است و آن هم روایت تاریخ سرزمینم نه فعالیت سیاسی زودگذر و شاید بی‌ریشه... یا سوار موج شدن و در راستای قدرت بودن... هر حکومتی هم در ایران باشد، کار و بار من نوشتن است و بس...

در زندان معمولاً موقع بحث‌ها این جملات مشهور بودکه زندانیانی که طی سالیان اخیر در زندان‌های جمهوری اسلامی به طرز مشکوکی جان باخته‌اند، از جمله زهرا کاظمی، منصور رادپور، ولی‌الله فیس مهدوی، اکبر محمدی، امیر حشمت‌ساران، امیدرضا میرصیافی و... که اهل هیچ گروه و دسته‌ای هم نباشی معمولاً این سخنان را خواهید شنید. یکی می گفت معمولاً در ایران، حضرات هر وقت در حادثه‌ای متهم باشند، ماجرا را دچار مشمول زمان می‌کنند تا در سیر حوادث اصل قضیه فراموش شود اما وقتی طلبکار هستند پس از ۱۰ سال هم سراغ آدم می‌آیند و انسان را دستگیر می‌کنند و این شیوه کینه‌توزانه است.

و بعد بحث ادامه یافت. می‌گفتند مثلاً از اوباش‌ها و لات‌های پیرامون مرتضوی حرف می‌زدند مانند حیدری‌فر، مشاور قاضی سعید مرتضوی در ستاد مبارزه با قاچاق کالا و ارز در اصفهان دستگیر شد. علی‌اکبر حیدری‌فر همان دادیاری که دستور انتقال بازداشت شدگان به بازداشتگاه کهریزک را داده بود، به اتهام استفاده غیرمجاز از سلاح دستگیر شد. روز

سوم فروردین‌ماه ۱۳۹۱ مردمی که در صف طولانی پمپ بنزین بهارستان اصفهان حضور داشتند متوجه شدند فردی بدون درنظرگرفتن نوبت وارد پمپ بنزین شده و قصد پرکردن باک خودرو خود را دارد. وقتی شاهدان به این موضوع اعتراض کردند مشاجره بالا گرفت و ناگهان راننده خودرو خاطی یك قبضه سلاح کمری از زیرکت خود خارج و در پمپ بنزین اقدام به تیر اندازی هوایی کرد. در این حین متصدی پمپ بنزین با مرکز فوریت‌های پلیس ۱۱۰ تماس گرفت و مأموران را در جریان گذاشت، ولی وقتی مأموران به محل اعزام شدند، فردی که تیر اندازی کرده بود خود را قاضی دادسرای عمومی و انقلاب تهران معرفی کرد.

البته علی‌اکبر حیدری‌فر به همراه حسن حداد دهنوی معروف به قاضی حداد (معاونت امنیت وقت دادستان تهران) و سعید مرتضوی (دادستان سابق تهران) در مرداد ماه ۱۳۸۹ در جریان اعتراضات مردم ایران به نتایج انتخابات ریاست جمهوری (۱۳۸۸)، با دستور دادگاه انتظامی قضات از سمت‌های خود تعلیق شدند و همزمان مصونیت قضایی آن‌ها نیز لغو شد اما به اتهامات آن‌ها رسیدگی نشد. تازه مرتضوی، به ریاست سازمان تأمین اجتماعی هم برگزیده شد. و همین حیدری فرکه ابتدا به دلیل استفاده از اسلحه در اصفهان بازداشت شده بود، اکنون علاوه بر پرونده کهریزک دارای چندین اتهام است و درصورت مجرم شمرده شدن توسط دادگاه، می‌تواند موجب حبس طویل‌المدت برای وی شود. ظاهراً این اتهامات که ازکشف مواد مخدر در خودرو وی پس از دستگیری آغاز شده، به کشف عتیقه‌جات در تفتیش منزل وکشف مقادیر زیادی سکه طلا منجر و زمینه ساز متهم شدن وی به بسیاری تخلفات قضایی شده. اما همسر وی مرضیه نصرآبادی که خود نیز مدتی دادیار بوده و پس از تعلیق حیدری‌فر در همان شعبه همسرش به کار مشغول شده بود و اکنون مشاور دادستان تهران می‌باشد از وی حمایت ویژه‌ای بعمل می‌آورد.

من هم ساکت در گوشه‌ای نشسته بودم و به روزنامه فرهیختگان نگاه می‌کردم. مثل زندان‌های ک گ ب که فقط روزنامه پراودا (روزنامه کمیته حزب کمونیست و وسیله پوشش سازمان امنیتی) را می‌دادند، اینجا هم با چه بدبختی، شـرق و اعتماد و آفتاب می‌آمد. هرچند آن‌ها هم چیزی نداشتند، اما من چشمم یا ذهنم به آن‌ها عادت کرده بود گرچه باوری به اصلاح طلب‌های فرصت طلب و بندباز نداشتم و جالب این که محفل‌های مزخرف این روزنامه‌ها هم کاملاً دلالت بر روحیه سـران اصلاح طلب داشت. اما بهرحال نیازی نبود که چیزی را بر زبان بیاورم.

گرچه در زندان یک عادت هسـت و آن، این که هرکسـی چه مشهور یا گمنام، چه صاحب منصب و چه کارگر، اما به زندان تازه وارد باشـد فوراً بنا به روحیه ایرانی پرسشگری، فوراً می‌گردندکه بیابند وی به کدام سـازمان و جریان وابسته است وگاه برای شناسائی بیش از یک روز هم وقت صرف نمی‌کنند و اگر شـخص زندانی هم مراقب باشد و چندان ترکیب نشود، فوراً به هم شانه می‌زنندکه مأمور یا وابسته است!

گاهی حکایتی دهان به دهان می گشت. همین سیف‌زاده و رئیس‌دانا وقتی یک زندانی مشـهور می‌بود و یا چپ؛ آن‌گاه بیانیه می‌دادند و داد و هوار می کردند اما اگر یک بدبختی می‌آمد و ناشـناس بود، حتی اگر هم می‌مرد، کاری نمی‌کردند!.... اما برای زندانیانی سیاسی مانند علیرضا رجایی، عبدالفتاح سلطانی، عبدالله مومنی و محسن میردامادی تفاوتی نمی‌کرد و واقعاً برای اکثر افرادی که واجب می‌بود، واکنش انسانی نشان می‌دادند! بی‌اعتنا به حیات و حقوق وکرامت انسانی نبودند.

یکی از زندانیان هم بود که کیش شـخصیت‌اش به اوج می‌رسید و به سـینه‌اش می‌آویخت و می گفتندکه این ژست اوگمراه‌کننده است. البته کرمی هم به من چشـمکی معنادار زد.... به طوری که بعداً معلومم شد، حق هم با من بود و برداشـتم درسـت بوده. با هر عملش می‌خواست

کـــه خود را از دیگران بالاتر جلوه دهد یا شـــاید خواه ناخواه مجبور به عقب نشینی می‌شد. گاه یکی با آرامی وگاه با هیجان می‌خواهد، خود را طوری جلوه می‌دهندکه شخص بسیار مهمی هستند. یکی در مجرای فکری گذشـــته سیر می‌کند. شعارهای دائمی، لاف زنی، بوق وکرنا و... شرم‌آور بود وکسی هم باور نمی‌کرد و بسیار غیر محتمل می‌نمود.

جو پر بود از مبارزه برای مقام، خودپســـندی، خودستائی، دوروئی،... با رفتارهای فرقه‌گرایانه و انحصارطلبانه... و حتی‌گاه با فشـــار شدید و بایکوت‌کردن ...گاهی گروهی دور هم جمع می‌شـــوند و چنین وانمود می‌کنندکـــه خیلی محرمانه و مهم اســـت و تصمیـــم‌گیری‌های حیاتی می‌شود. بعد نه باکسی در میان‌گذاشته می‌شود و نه حتی در هیچ موردی از ایشان نظر خواسته می‌شود... وکسی هم نداند، تصور می‌کند شورای عالی امنیت ملی است و ممکن است این تصمیم ۱۰ دقیقه بعد سرنوشت کشور را تغییر دهد... براستی شاید از دید شخصی من، آدم‌های بی‌توهم و بی‌توقع، از شـــمار انگشتان دو دست بیشـــتر نبود. شاید این رفتارهای شگفت، موجب می‌شودکه برای برخی از زندانی‌ها این تصور پدید آید که در زندان مضاعف به سر می‌برند.

اتاق ۷ را بیشـــتر چهره‌های مشـــهور سیاسی اصلاح طلب و مشارکتی تشـــکیل می‌دادند و اتاق ۹ را هم غالباً یا چپ‌ها بودند یا دانشجوهای دفتر تحکیم وحدت. البته شنیده بودم‌که در واکنش‌های سیاسی هم علیه همدیگر اقدام می‌کنند و زیرآب همدیگر را می‌زدند.

برخی ازگفتمان‌ها پشـــت میله‌های زندان تند و احساسی می‌شود اما برخی دیگر نه، در عالم ســـکوت و خلوت و نظرخواهی با یاران، صیقل می‌یابد و روشـــن‌تر و صریح‌تر می‌شود.... البته‌گاه و بیگاه هرزگی پیش می‌آمد و بنا به پیشامد شخصیت و طرز فکر آدم هاکشف می‌شدند...

۵

جمعه ۱۶ تیرماه ۱۳۹۱

امروز صبح هم دوباره گپ من با عبدالفتاح سلطانی بود. برایم تعریف کرد که چگونه بر اساس رأی یک شعبه از دادگاه انقلاب به ریاست قاضی عباس پیرعباسی به ۱۸ سال زندان، تبعید به شهر برازجان و ۲۰ سال محرومیت از وکالت محکوم شده وگفت که "تبلیغ علیه نظام، تشکیل کانون مدافعان حقوق بشر، اجتماع و تبانی علیه نظام، تشکیک در انتخابات" از جمله اتهامات این وکیل باشخصیت و انسان خوش‌مرام است و همچنین زمانی توسط مرتضوی، دادستان وقت تهران به جاسوسی از طریق افشای اطلاعات پرونده موکلان خود متهم شده و در دادگاه بدوی به ۵ سال حبس و ۵ سال محرومیت از خدمات اجتماعی محکوم شده...

سلطانی هرچند در طول فعالیت وکالتش، پرونده بسیاری از فعالان سیاسی، دانشجویان و روزنامه‌نگاران (مانند اکبرگنجی، زهرا کاظمی، زهرا بنی‌یعقوب، هاله اسفندیاری)، را بر عهده داشته و حتی از اکثر آنان هم پولی دریافت نکرده و هر وقت حضرات نابغه وزارت اطلاعات از

وی خواسته‌اندکه همکاری کند، همواره پاسخ داده که درباره فعالیت‌های گذشــته خود و نیز درمورد دیگــران دروغ نخواهدگفت و برایش مهم نیست که حکم دادگاه حضرات، علیه او چه خواهد بود.

حُکم بازداشت سلطانی هم توسط متین راسخ، بازرس دادگاه انقلاب، صادر شــده که پیش‌تر سلطانی علیه او به دادگاه شکایت برده و ۲۷ آبان ۱۳۹۰هم از جواد لاریجانی به دلیل دروغ پردازی شکایت کرده... همسر ســلطانی، معصومه دهقان، با فاش کردن برخی فشارها و تهدیدها علیه سلطانی، ادعای بی‌طرفی و عدم سیاست‌زدگی، قوه قضائیه را زیر سؤال برد...

بعد از بحــث با وی، روی دیوار حیاط بنــد ۳۵۰، یادگاری دو نفر را دیــدم از۱ فروردین ۱۳۶۹. شــاید از جان به‌در بردگان فتنه مشــهور آن دوران بوده‌اند که مشهور است در سال‌های ۱۳۶۷ و ۱۳۶۸، هزارها نفر را کشته‌اند اما کسی هم شاید دم از نام و نشان نمی‌زند... هاشمی رفسنجانی در خاطرات خود چیزهایی نوشته و این که "دو ماه پس از آغاز اعدام‌ها در روز ۵ مهر ۱۳۶۷، خمینی بررسی وضعیت باقیمانده زندانیان سیاسی را به مجمع تشخیص مصلحت نظام واگذار نموده با تأکید بر این که این رسیدگی مطابق روال معمول انجام شود و ظاهراً وزارت اطلاعات از این امر اســتقبال کرده. اما برخی قضات اوین مخالفت کردند و نظر تندتری داشتند" و...

آبراهامیان، روند اعدام‌ها را این گونه توصیف کرده: "این بازجوئی‌ها که به مدت سه ماه ادامه یافت، در زندان‌های اوین وگوهردشت در تالار اصلی دادگاه صورت گرفت. بخشی از بازجویی‌ها حالت شفاهی داشت، و بخش دیگر به شــکل پرســش نامه‌های ماشین شــده انجام پذیرفت. بعضی از زندانیان می‌توانســتند بازجویان خود را ببینند ولی دیگران در پشت پاراوان‌های بلند پنهان شده بودند. به خویشاوندان قربانیان تا بعد

از تاریـــخ ۴ آذر ماه (۲۵ نوامبر) هیچ اطلاعی درباره‌ی اعدام آن‌ها داده نشـــد. بعضی از آن‌ها با تلفن، به کمیته‌هـــا و معدودی نیز به خود زندان اوین احضار شـــدند تا اثاثیه شخصی و یا آخرین وصیت‌نامه‌های اعدام شدگان را، در مواردی که این وصیتنامه‌ها بی‌زیان تشخیص داده شده بود، تحویل بگیرند. برای آن که از ازدحام جلوگیری شود آن‌ها را در گروه‌های جدا از هم و طی چندین هفته به مراکز مورد نظر فراخواندند. به بستگان اعدام شـــدگان هم صریحاً اعلام شدکه حق برگزاری مراسم چهلمین روز درگذشـــت آن‌ها وگرد آمدن در گورســـتان‌های بهشت زهرا و خاوران را ندارند. در این گورستان‌ها، مارکسیست‌ها را به این توصیف که "نجس" هستند، جدا از دیگران به خاک سپردند. به این ترتیب، احکام مربوط به ارتداد درباره مردگان نیز به مرحله‌ی اجرا گذاشته شد...البته سازمان عفو بین‌الملل "بیش از ۲۵۰۰ نفر" را اعلام کرده. در حالی که لیست و نام‌های مشخص حداقل پنج هزار نفر توسط سازمان‌های مختلف اعلام شده... ســـلطانی برایم گفته بود که جریان دادرسی آن‌ها غیرقانونی بود، و حتی وکیل و... هم نداشته‌اند... چه کابوسی باید بوده باشد!... نمی‌دانم!...

با صدای سلام شعله سعدی، رشته افکارم پاره شد و در حیاط درباره تاریخ معاصرکردســـتان، برایش ســـخن گفتم... خودش اســـتاد سیاست و حقوق دانشـــگاه تهران بود و تنها می‌خواســـت که مجموع شنیده‌ها و خوانش‌های مرا بداند...

این که چگونه ساواک بنا به دستور شاه در سال ۱۹۶۱ حرکت مسلحانه درکردستان عراق به راه انداخت و تا سال ۱۹۷۵ ادامه یافت،از جنایت‌های قبیله وحشـــی بارزانی، از چگونگی فروپاشی جمهوری مهاباد در سال ۱۳۲۵ و هوشمندی قوام السلطنه «وقتی ارتش سرخ از ایران بیرون رفت، جمهوری خودمختارکردستان مانندگوسفند بدون شبان بسان بنای مقوائی و پوشـــالی درهم ریخت.»... از ابراهیم احمد یادکردم که در سال ۱۳۴۲

جمله معروفی را به پاکروان گفته: «کردها هرکجا باشند ایرانی‌اند».

از شیوه رایج دیکتاتورها برای مسخ کردن افکار عمومی و فریب مردمان عامی، نام بردم که ریاست اقلیم که به صورت مادام العمر در اختیار مسعود بارزانی قرارگرفته همین شیوه را دنبال کرده.... اداره امنیت مرکزی در اختیار مسرور بارزانی، فرزند مسعود بارزانی است. نچیروان، برادرزاده مسعود (پسر ادریس بارزانی) نخست وزیر اقلیم کردستان عراق است. مسئول ارتش یکی دیگر از پسران بارزانی است. هوشیار زیباری، وزیرامورخارجه عراق، دایی مسعود بازرانی است و از انسان‌های فاسد از نظر مالی. بسیاری از پست‌های اقتصادی به بستگان و نزدیکان بارزانی و اعضای ارشد حزب دموکرات واگذار شده است. این اقدامات نه تنها کمکی به توسعه سیاسی و اجتماعی کردستان نکرده که در واقع کردستان عراق را به یک امیرنشینی جعلی، بدل ساخته و مسعود بارزانی سرنوشتی بهتر از قذافی نخواهد داشت... کسی نمی‌داند پول فروش نفت کردستان عراق درکجا و به‌کدام حساب واریز می‌شود. البته بارزانی هم از دادن احسان و خیرات به برخی مقامات نظامی کشورهای پیرامونش، کوتاهی نمی‌کند. عمده این پول، توسط حزب دموکرات کردستان و رئیس اقلیم به حسابی شخصی در وین واریز می‌شود...

و یاد آوری کردم درسپیده صبح روز ۳۱ اوت ۱۹۹۶ نیروهای حزب دمکرات کردستان عراق به رهبری مسعود بارزانی با همکاری تانک‌های صدام حسین به شهرکردنشین اربیل حمله می‌کنند و درکمتر از ۲ ساعت دود و خون تمام کردستان را فرا می‌گیرد و ۱۱۰۰۰ نفرکرد را می‌کشد... و مصطفی بارزانی نه مقدس است بلکه رذیل‌ترین و منفورترین جنایتکار تاریخ معاصرکردستان است این القاب ـ مُلا و ژنرال ـ هم ساخته توهمات مداحانی نوکرصفت وکم‌شخصیت است که تلاش دارند تقدس گرایی به این انسان بدهند و سوارگرده جامعه ناآگاه شوند و قبیله بارزانی هم فرعون کردستان است، مثلاً عکس مسعود یا مصطفی بارزانی

را به دیوار ادارات و اماکن عمومی می‌زنند و به او می گویند رهبر آیینی!. ایشان چه آیینی داشـــته‌اندکه شده‌اند رهبر آیینی؟... صدام حسین هم به شاعرانی پول می‌دادکه در مدح‌اش، بسرایند!... این مقدس سازی ابلهانه است که سرنوشتی جز سقوط در ذلت ندارد و فعلاً چند صباحی مشغول تاراج کُرد و کردستان هستند و مسعود بارزانی هم انسانی رذیل وکینه توز و فاقد شخصیت است از دید این‌ها، باید چشم‌ها وگوش‌ها کور وکر شوند و مردمان نباید تعقل و تفکرکنند و جامعه نباید زوایای تاریک تاریخ خود را بشناسد و تنها باید تبلیغات دروغین حزبی را بشنود.

کم کم برنامه عصر روزهای جمعه در حیاط ۳۵۰ شـــروع شـــد، در آن مراسم، اسامی زندانیان جدیدالورود اوین را خواندند وکمی جا خوردم وقتی اسم مرا خواندند، تمایلی به این کار نداشتم... سپس دیدم که یکی ســه تار می‌زند. انگار شوق زیستن وامید به آینده در این دخمه هست و هنوز میان جوانان، شور جوانی باقی است و حصارها هم نمی‌تواند مانع شـــود... جوانانی که نونهالان آینده ایران هستند، تا قوام و دوام گیرند و فردای این آب و خاک را رقم بزنند... هفته اول بودکه برنامه را می‌دیدم اما ظاهراً هر روز جمعه مراســـمی بودکه دور همدیگر جمع می‌شدند و حالت جنگ مانند داشت. فرشید، مجری برنامه، اسم مرا خواند. یکی از مجری‌های برنامه عصر جمعه‌های زندان بود. فرشید از نوکیشان مسیحی در دادگاه انقلاب توسط قاضی صلواتی به شش سال زندان محکوم شد تا در زندان اوین روزگار بگذراند. برخورد انســـانی و شایسته داشت. به مدت ۱۰۰ روز در ســـلول انفرادی به‌سر برده بود. او و دیگر مسیحیان، از نمادهای مظلومیت نوکیشان مسیحی ایرانی، بخاطر ایمان‌شان در زندان بی‌عدالتی تحت جفا قرارگرفته بودند.

وقتی به سلطانی گفتم که نمی‌دانستم این پسر مهربان، مسیحی است، در پاسخم گفت: طبق اصل ۲۳ قانون اساسی جمهوری اسلامی، تفتیش عقاید ممنوع اســـت و هیچ کس را نمی‌توان به صرف داشتن عقیده‌ای

مورد تعــرض و مواخذه قرار داد. و طبق بند ۱ ماده ۱۹ میثاق بین‌المللی حقوق مدنی و سیاسی هم، هیچ‌کس را نمی‌توان بمناسبت عقایدش مورد مزاحمت اخافه قرار داد. و ماده‌های ۱۸ و ۱۹ اعلامیه جهانی حقوق بشر همی می‌گوید: هر شـــخصی حق دارد از آزادی اندیشـــه، وجدان و دین بهره‌مند شود: این حق مستلزم آزادی تغییر دین یا اعتقاد و همچنین آزادی اظهار دین یا اعتقاد، در قالب آموزش دینی، عبادت‌ها و اجرای آیین‌ها و مراسم دینی به تنهایی یا به صورت جمعی، به‌طور خصوصی یا عمومی است و هر فردی حق آزادی عقیده و بیان دارد.

در این لحظه یکی از زندانیان که لبخند رضایتی از ســخن سلطانی بر لب داشت، گفت : وقتی دادگاه انقلاب بودم صلواتی گفت : اگر وکیل ات ســلطانی باشد حکم اعدامت رو می نویســم !.... سپس خنده ای سراسر صورت سلطانی را پوشانید ..

بعد هم مراســم اهدا جوایــز زندانیان به قهرمانان ورزشــی بود... که میردامــادی، چند جایزه گرفت... جایزه‌هایی کــه تیم‌های زندانیان تهیه و تدارک دیده بودند و درباره‌ی قهرمانان ورزشــی تیم‌های خودشــان، اظهارنظــر می‌کردند. یکی هــم آن‌جا بود، می‌گفت پــول این چیزها را مرعشــی، دوست اصلاح طلب‌ها و رفســنجانی، به حساب برخی از زندانیان واریز می‌کند...

شــب نیزکمی با ولایتی وکرمی‌حرف زدم. هر دو سن و سالی داشتند و درکریدورهای اداره‌های این حکومت، گذرها کرده و تجربه‌ها اندوخته بودنــد و حرف زدن با آن‌ها در اتاق، کمی وضــع روحی‌ام را آرام‌کرده بود... انگار به‌کس دیگری در اتاق اعتماد چندانی نداشتم... آن دو هم، هرکه بودند و هر سابقه‌ای داشتند، برایم مهم نبود...

شب هم با خواندن ۲۰ غزلی از حافظ، به خواب عمیق رفتم که توگویی مدت‌هاست که نخوابیده‌ام!....

۶

شنبه ۱۷ تیرماه ۱۳۹۱

امروز از خواب عمیقی بیدار شدم که خواب خوشی بود... خواب دیدم که در فرودگاه هستم و پاسپورتم در حال مهر شدن! از این خوش‌تر؟!... طبق عادت همیشه و دوش گرفتن در ۷ صبح، نرم نرم، تصنیفی ازکاست دلشدگان محمدرضا شجریان با شعر مشهور فریدون مشیری را زیر لب به آواز و صدای دو رگه‌ام می‌خواندم، که مثلاً روحیه‌ام را نبازم...

به کجاها برد این امید ما را؟،
نشد این عاشق سرگشته صبور،
نشد این مرغک پر بسته رها،
به کجا می رود یارا،
به کجا می برد ما را؟
ره این چاره ندانم به خدا،
نشود دل نفسی از تو جدا و...
به هوایت همه جا در همه حال
به امیدی بگشایم شب و روز پر و بال

عمری از شجریان، شعر و آواز شـــاعران آزادیخواه و انسان دوست را

شنیده بودم... و عاشقانه آن استاد آواز ایران‌زمین را دوست داشته‌ام...

صبحانه‌ام را خوردم و به حیاط رفتم، گپ زدنم با ولایتی و هاشمی بود. اول از من خواستند کمی درباره تاریخ عراق حرف بزنم و من هم برایشان از مقدمه کتاب جلال طالبانی (پس از شصت سال) حرف زدم.

در آن مقدمه که در سال ۱۳۸۶ نوشته بودم، چنین آمده بود: «به نامحبوب‌ترین شهر جهان عرب آمده‌ام. باز عصرامروز به بغداد رسیدم، شهری از جهان عرب، که ازگنجینه‌های بابلی‌اش آواری بیش بر جای نمانده. هنگام فرود هواپیما در باند از دور قصر نیمه خراب صدام همچو عجوزه خودنمایی می‌کند. سفر به بغداد در این آشفتگی، تجربه‌ای مهیج است درمیان تفاوت و تضاد و ناهمگونی؛ به شهری زشت، بی‌جذابیت و بی‌تحرک. شهر به دار آویختن و اعدام، بمب و ترور، شهری که پس از ورود امریکایی‌ها با بلوک‌های سیمانی شقه شقه شده و هر خیابان و کوی و برزنی میانش محدود و محصور مانده، میان تیرچه بلوک‌های خوف‌آورش با ماشین‌های نظامی در حال تردد یا متوقف و یا سربازان تا بُن دندان مسلح، کشیک می‌دهند و بعضی از ایشان در میان گرما پشت ماشین زرهی کمی لباس رزم از تن بدرکرده تا اندکی حس سبکی کنند. بغداد؛ شهری که در هر تغییر رژیمش صدها و هزارها کشته داد، در هر تحولش قتل‌عام شد و خون‌ها ریخته و هول و هراس بر دل مردمانش انداخت؛ حاکمانی که هرکدام جنازه شرحه شرحه و خون حاکم پیشینش را دیدند و به زور قدرت را به چنگ آوردند؛ ملک فیصل، نوری سعید، قاسم، عارف، بکر، صدام؛ هرکدام در حمام خون راه انداختن، به سودای تسخیر قدرت، شتاب داشتند وگوی سبقت از اسلاف خویش بربودند.

بغداد؛ شهر وحشت و رنج و غم؛ وحشتی که در درازای تاریخ صدبار تکرار شده. شهر حاکمان و مقام‌هایی که یا مردمان را به دار مجازات آویختند و یا تیرباران کردند؛ شهر سوقصد و توطئه و شهر صلح ناپایدار؛

میان دو رود غریب – دجله و فرات – شهری بی‌روح و بی گذشته‌ای آرام؛ شهرگریز و تجاوز و غلبه و سلطه؛ شهری خالی از سکون و آرامش و شهر نافرجامی و ناســازگاری که دیگر در آن، توگویی، آزادی معنایی ندارد؛ شهری که می گویند، عصر شکوه و خلافت را به خود دیده، اما امروزه روز به جهانیان، اوج خشونت و هراس را به نمایش گذاشته؛ انگارکه مغایر با عهد ماضی، تاریخ و هویتش راگم کرده. بغداد؛ شــهری که از دلربایی و شکوهش در لابلای تاریخ، جز خشت وگل، شکوه و اصالتی نمانده. (هر چند تیری تژاردن Thierry Desjardin درکتاب "۱۰۰ میلیون عرب "عراق راکشوری به نهایت متشتت و شکاف خورده در سال ۱۹۷۵ معرفی کرد و بغداد را؛ پایتخت دیوانه ترین کشور جهان عرب نامید!) عراق، که از روز اول، هرگز رجال و نخبه‌گان اداره‌اش نکردند؛ از چاکران بریتانیا – مانند نوری ســعید و عارف تا بعث ـ و از همان اول، انگلیسی‌ها آن را به سه جماعت تقسیم کردند: کُردها، سُنی‌ها و شیعیان و شاید عملکرد و رویای جنون‌آمیز چرچیل امروزه به واقعیت رســید. شــیعیان بیگانه می‌نمایند؛ کردها، حس تبعیض داشــتند اما موجودیت سیاسی واقعی‌تری یافتند و سُنی‌ها کوششی، جز غرولند، برای نهادینه شدن‌شان نمی کنند. عراق؛ که امروز برای مردمانش هر لحظه مرزی نامشخص برای آتی ترسیم می‌شود، تــا چندی پیش زمامدارش، دیکتاتورانه حکــم می‌راند و آمرانه تهدید می‌کرد؛ جاهلــی متوهم، مجذوب قدرت و بی‌توجه بــه رمز تاریخ، که آخرالامر هم درگور جایی نیافت و میراث حکمرانی و تک صدایی‌اش، سرزمینی اســت آکنده از آوارگی و بی‌ثباتی؛ کشوری غرق در ثروت که اکنون در و دیوارش به فقر و فلاکت گواهی می‌دهند. مردمانی شوربخت که در شــرایطی چنین بی‌رحمانه با نگاهی پر تردید به قدرت به دستان می‌نگرندکه برای حفظ ســلطه و اقتدارشان چگونه از میان ویرانی‌ها از زیستن سخن می گویند و آیا مجالی برای واقعیت یافتنش هست؟

مردمانی که از جنگ وگلوله و تاراندن و تحریم و افراط، انزجار و نفرت دارند، اما دل نهاده به صبوری که چاره‌ای جز این ندارند؛ خلق الناسی که در هرج و مرج و فلاکت به سر می‌برند به امید صبح سپیدی که چاره‌ای بیابد و از پریشانی بگریزد و با صلح، آشتی کنند. اما در زیر پوسته شهر، که هر لحظه زیستنش شاید شکنجه است، زیستنی میان هراس و حمام خون؛ نسل جوانش گاه تا پاسی از شب در میان بازار در هم می‌لولند و بی‌توجه به تهدید و ترور به سودای در هم‌آمیختن شب، با لولیان شهرآشوب، مغازله می‌کنند و این شـــاید زیباترین نشانه زندگی در بغداد باشد. عشق‌بازی و رندی در میان شـــهری بی‌روح و بینوا؛ که دراز زمانی اســـت این چهره عبوس و مسکین بر این سرزمین ثروتمند سایه افکنده و شاید عشق است که در میان این ســـرزمین برای این نسل، حس و انگیزه ماندن می‌دهد و یا برای کودکانی که در میان سربازان، سرکوی و برزن، به بازی مشغولند وگاه از ایشان شکلاتی به رایگان می‌گیرند. شهری که چرخ‌های عمران و آبادانی‌اش کُند شده و زنگ زده. کم‌کم غروب است، می‌خواهم بیرون بروم؛ اما قلب بیمار، از این تصمیم واهی ضرب گرفته تا هوشیاری را به صاحبش تذکر دهدکه "دیگر ایام صباوت و ماجراجویی نیست، آرام‌گیر!" و افسوس نمی‌توانم غروب راکنار دجله گل و لای آلودش و بلوار مشجر از هزاران نخل، کمی پیاده‌روی کنم. گاه صدای گلوله و آمبولانس، آرامش را بهم می‌ریزد؛ واحسرتا، این است واقعیت بغداد؟» و....

ایـــن نوع بحث‌ها و خواندن‌ها وگفتن‌هـــا، لااقل برای من یکی، تنها یک فایده داشـــت، لااقل ذهنم را فعال نگه می‌داشت، چون در زندان، فراموشی سراغ آدم می‌آید... و آنگاه هاشمی درباره سازمانش حرف زد...

هاشمی هم جزو مجاهدین انقلاب بود... سازمان مجاهدین انقلاب اســـلامی در ۱۶ فروردین ۱۳۵۸ با به هم پیوســـتن ۷ گروه اســـلام‌گرای

مخالف نظام پیشـین شکل گرفت که برخی سـابقه مبارزه نظامی را نیز داشتند. این گروه‌ها تا قبل از پیروزی انقلاب ارتباط تشکیلاتی چندانی با هم نداشتند اما وجود هدف مشترک مقابله با خطراتی که نظام نوپا را تهدید می‌کرد، آن‌ها را به اتحاد با یکدیگر سوق داد، با سازمان مجاهدین خلق وجوه اشتراکی داشتندکه این وجوه اشتراک حتی در نام سازمان نیز تجلی پیداکرد. تنها تفاوت نام این دو سازمان جایگزینی کلمه «خلق» با کلمه «انقلاب اسلامی» بود. گسترش و تداوم تفکر انقلابی و اعتقاد به ولایت فقیه و رهبری آیت‌الله خمینی ازاشـتراکات دیگر این هفت گروه بود.

سازمان مجاهدین انقلاب اسلامی هم، گروهی سیاسی از اصلاح‌طلبان ایرانی است که در ۱۶ مهر ۱۳۷۰ خورشیدی، باکوشش برخی از اعضای جناح چپ سـازمان مجاهدین انقلاب اسلامی‌تأسـیس شده. محمد سلامتی، بهزاد نبوی، محسـن آرمین، مصطفی تاج‌زاده، هاشم آقاجری، ابوالفضل قدیانی، فیض‌الله عرب‌سـرخی و صادق نوروزی، مؤسسـین سـازمان مجاهدین انقلاب اسـلامی ایران، همان موسسان یا اعضای «سازمان مجاهدین انقلاب اسلامی» بودندکه در سال ۱۳۶۱ خورشیدی، از سازمان مذکورکناره گرفتند.

یادم بودکه در ۲۹ خرداد ۱۳۸۱، به مناسـبت سـالروز درگذشت علی شریعتی، هاشم آغاجری به دعوت شورای هماهنگی جبههٔ دوم خرداد در دانشگاه تربیت معلم شهر همدان دربارهٔ پروتستانیسم اسلامی و شریعتی به سـخنرانی پرداخت. بعد از این سـخنرانی، آغاجری به خاطر توهین به اسـلام تحت تعقیب قرارگرفت. با او هم در دانشـگاه تربیت مدرس مصاحبه‌ای داشتم که در همان سال منتشر شده بود...

البتـه اعضای مجاهدین انقلاب درکمیته‌های انقلاب، حضور فعالی داشتند و ظاهراً در تشکیل سپاه پاسداران هم نقش محوری را ایفاکردند.

حتی آرم سازمان و آرم سپاه توسط یکی از اعضای این سازمان طراحی شـده بود. مجاهدین انقلاب هم به طور مستقل و هم در قالب سپاه در خاموشی تحرکات واگرایانه و سرکوب نیروهای استقلال‌طلب درکردستان و سیستان و بلوچستان نقش آفرینی داشت. به طوری‌که در دوران جنگ کردستان هم فرمانده سپاه پاسداران در غرب‌کشور محمد بروجردی و هم فرمانده ارتش در غرب‌کشور علی صیاد شیرازی از اعضای این سازمان بودند. سازمان پیشمرگان مسلمان‌کُرد نیز توسط مجاهدین انقلاب و همین ابوالفضل قدیانی با استفاده ازامکانات سپاه ایجاد شد.

عصر هم بنا به توصیه‌کرمی، نامه‌ای به حضرات نوشتم‌که وضعیتم را روشن‌کنند البته امیدوارم فایده‌ای داشته باشد و لااقل شیرپاک خورده‌ای آن را بخواند... هر چند شـک دارم و تصور می‌کردم ده دقیقه دیگر آن را پاره می‌کنند و در سـطل آشغال می‌ریزند اما باز هم تلاش می‌کردم، خوش‌خط و منظم باشد!...

امروز هم تولد فرنوش است، هر چند بی‌معرفت است، اما همه افراد و دوستانم در برابر نظرم هستند و انگار فرصتی است برای مرور دوستان... شنیده‌ام در حج این اتفاق می‌افتد و برخی از حجاج پس از بازگشت به اکثر میهمانان با اغراق و آب و تاب، به هرکسی‌که وارد خانه‌شان می‌شود می‌گویند، «خدا شـاهد است‌که به یادت بودم!»... اما واقعاً در زندان، گاها انسان همه آشناها و دوستانش را مرور می‌کند و بی‌خود و بی‌جهت به فکر همه است‌که مثلاً چه حال و روزی دارند....

در خبرهـا می‌خوانم‌که حمله به اتوبوس پاکسـتانی عازم ایران، ۱۸ کشته برجای‌گذاشت و هشـدار آمریکا به مجاهدین خلق درباره تخلیه اردوگاه‌اشـرف و سـوئیس هم تحریم‌ها علیه ایران را تشدیدکرد، منهای نفت!...

۷

یکشنبه ۱۸ تیرماه ۱۳۹۱

امروزکمی با سلطانی و مولوی و رئیس دانا بحث می‌کردیم. در خبرها آمده است که نشست ویژه دولت و مجمع تشخیص مصلحت نظام برای مقابله با تحریم‌ها علیه ایران برگزار شده و البته شاید غرب، معتقد است که ایران به دنبال آن است که چگونه می‌تواند تحریم‌ها را دور بزند... برخی از زندانی‌ها، که اسامی‌شان را نمی‌دانستم، معتقد بودندکه کمر ایران شکسته شده و نرخ تورم هم بالای ۳۴ درصد است که حکومت و مجلس هم تأیید می‌کنند... از طرفی هم هشدار وزیر نابغه اطلاعات، درباره احتمال دور تازه اعتراضات در ایران، مطرح شده و...

منظور این حضرت آقا هم همان اتفاق‌های سال ۱۳۸۸ بود که پیش‌بینی نتیجهٔ انتخابات دهم، با اختلاف نظرهای بسیاری روبرو شد و فرجامی خونین یافت. آن ایام، من درکالیفرنیا زندگی می‌کردم و به چشم خودم صحنه‌ای را دیدم که فراموش نشدنی اما تلخ بود... هنوز در صف رأی گیری در هتل هایت ایستاده بودیم که ناگهان گفتند احمدی‌نژاد برنده شده، اما ماکه واقعاً هنوز رأی نداده بودیم!... در صف ایستاده و فقط هاژ

و واژ به هم می‌نگریستیم... ایران ما و صندوق رأی و انتخابات آزاد؟!... یاد نصیحت سیمین بهبهانی، شاعر نازنین و آزادیخواه، افتادم که از همان اول جزو تحریم کنندگان انتخابات بود... اما من در محضر وی، جسارت کردم و می گفتم صندوق رای، تمرین دمکراسی است، باید برویم به سمت دمکراسی لیبرال بر اساس اعلامیه جهانی حقوق بشر... و شاید بنا به بزرگواری‌اش خلاف ذوق من شوریده جوان، سخنی نگفت!

در همان ایام انتخابات، خامنه‌ای در سفر خود به کردستان، گفت که وضع کشور را از دیگران بهتر می‌داند و معتقد است که وضعیت خوب است و نامزدها از روی صدق صحبت نمی کنند و... بعد بنا بر اساس اعلام رسمی وزارت کشور، محمود احمدی‌نژاد با بیش از ۲۴ میلیون رأی در این انتخابات به پیروزی رسید و هواداران میرحسین موسوی هم صحت انتخابات را زیر سؤال بردند و کودتایش خواندند و گفتند تقلب شده و...

در آن روزها، درکالیفرنیا، ۴۵ روز از خانه‌ام بیرون نیامدم و مرتباً اخبار ایران را از رسانه‌ها دنبال می کردم... و با دیدن بسیاری از فیلم‌ها و عکس‌ها، بُغض گلویم را می‌فشرد و اشکم جاری می‌شد... چه نیازی به این همه فشار و اعمال زور بود؟

به خبرها نگاه می کنم، در خبرها آمده بود که گابریل خوزه گارسیا مارکز، خالق صد سال تنهایی، دچار «فراموشی» شده، کاش من هم دچار نسیان می‌شدم و همه خاطرات تلخ روزگارم را فراموش می کردم... سال‌های نکبت دوران آوارگی پدرم پس از انقلاب، دلهره‌های جنگ، آوارگی، بمباران، دهه‌های خاکستری و وحشتناک ۶۰ و ۷۰ و...

قبل از آمدن به زندان، آخرین کاری که از مارکز خوانده بودم، «خاطره دلبرکان غمگین من» بود... و شاید «خاطرات روسپیان غمگین من» اسم درست‌تری باشد. حکایت روزنامه‌نگار پیری بود که در نودمین سالگرد

تولدش تصمیم می‌گیرد تا بکارت دختر روسپی چهارده ساله‌ای را زایل کند اما هنگامی که فرد مورد نظر، خود را می‌یابد متوجه می‌شود که دختر روسپی بر اثر مواد مخدری که رئیس روسپی‌خانه به او داده، به خواب رفته و دیگر نمی‌تواند از خواب برخیزد.

نشر نیلوفر آن کتاب را منتشرکرده بود و بعد از درخواست برای کسب مجوز چاپ دوم، وزارت فخیمه و جلیله فرهنگ و ارشاد اسلامی این اثر را غیرقابل چاپ عنوان کرد و از صدور مجوز نشر مجدد برای این کتاب خودداری فرمود. این کتاب به دســتور محمدحسین صفار هرندی، وزیر ارشاد وقت در دولت محمود احمدی‌نژاد، توقیف شد و چه حیف شد!... به خاطر همین برخوردهای سلیقه‌ای، همیشه به شوخی می‌گفتم وزارت ضد فرهنگ، ضد ارشاد!... هنوز هم نمی‌دانم فلسفه وجودی صدور مجوز نشرکتاب چیست؟ یادم هست سال ۸۱ بود، نامه‌ای به خاتمی نوشتم که «سانسور، ادبیات را خفه می‌کند» و تنها یک روزنامه، فکرکنم توسعه، چند خطی از آن را منتشرکرد...

یک ایامی در دوران دانشجویی، شاید سال ۱۳۷۷ بود که می‌خواستم ســاعت شوم، نوشــته مارکز را به فارسی ترجمه کنم و هرگز نشدکه نشد، مجوزگرفتن از دست صفار هرندی هم کسر شأن هر اهل قلمی است... که خودش بی‌فرهنگ و ضد فرهنگ است و باورمند به محاق سانسور. اما ترجمه احمدگلشیری را می‌خواندم و شاید تصور خطای ذهنی‌ام این بود که من بهتر از او، می‌توانم ترجمه کنم.

در این فکرها بودم که برخی از بچه‌های بند ۳۵۰ می‌خواســتند یاد ۱۸ تیر ۱۳۷۸ را زنده نگه دارند... کف و سوت می‌زدند و آواز می‌خواندند...

آن ایام، من در دانشــکده زبان‌های خارجی دانشگاه علامه طباطبائی تهران تحصیل می‌کردم و زبان انگلیســی می‌خواندم، گرچه از دانشگاه کردستان به آن‌جا آمده بودم. اما همه جا این خبرها منتشر شد که حمله

به خوابگاه‌های دانشگاه امیرکبیر در شامگاه ۱۸ تیر ۱۳۸۸ صورت گرفته و در جریان این حمله هم نیروهای نظامی و امنیتی مجهز به سلاح‌های گرم و سرد وارد خوابگاه شده و ضمن استفاده ازگاز اشک‌آور و همراهی موتور سواران، به صورت سازماندهی شده ضمن ورود به خوابگاه به ضرب و شتم دانشجویان بی‌گناه و بی‌پناه و تخریب تجهیزات خوابگاه پرداختند. آن‌ها دانشجویان را تهدیدکردندکه در شب‌های بعد هم حمله خواهندکرد. پس از این حمله، برخی دانشجویان بازداشت و به مکان نامعلومی منتقل شدند.

اما درکل وقایع هیجده تیر یا وقایع کوی دانشگاه تهران همان مجموعه ناآرامی‌ها و درگیری‌ها و نزاع‌ها در بین روزهای ۱۸ تا ۲۴ تیرماه ۱۳۷۸ بودکه میان دانشجویان، نیروهای انتظامی و افراد موسوم به لباس شخصی‌هاصورت گرفت. مثلاً در تاکسی می‌شنیدی‌که ۷ نفر در واقعه کشته شده‌اند بین دانشجویان هم نام‌های عزت‌الله ابراهیم‌نژاد و فرشته علیزاده و تامی حامی‌فر زمزمه می‌شد و این‌که "سعید زینالی نیز از هنگام دستگیری توسط ماموران ناپدید شده و چشم یک دانشجوی پزشکی بر اثر اصابت‌گلوله تخلیه، دست و پای عده‌ای شکسته و ۳۰۰-۴۰۰ دانشجو ضرب وشتم شدند و..." خبرهای داغ بولتن‌های دانشجویی آن ایام بودند...

در ادبیات سیاسی ایران از این حادثه به عنوان بزرگ‌ترین چالش جنبش دانشجویی در ایران بعد از انقلاب ۱۳۵۷ نیز یاد می‌شود... برخی از شارلاتان‌های فرصت‌طلب‌ها هم به اسم رهبر دانشجویی از ایران گریختند و به نان و نامی رسیدند، مانند علی افشاری، عباس فخرآور و... اما آن روزها من در خانه‌ام در سعادت آباد تهران، مشغول فرهنگ نویسی بودم و شاید یک بار هم به خیابان نیامدم!... اصلاً باوری نداشتم که به خاطر موسوی خوئینی‌ها جانم را به خطر بیندازم... از دیدگاه شخصی من

در آن ایام، وظیفه دانشجو، درس خواندن بود!...

اما برای تعطیلی روزنامه سلام ناراحت بودم، چون با من مصاحبه‌ای مفصل درباره فرهنگ لغت‌ام انجام داده بود و اسـم خبرنگارش، سحر نمازی‌خواه بود... در همان روزها بود که همه جا حتی سـر کلاس یکی از همکلاس‌هایم ناپرهیزی کرد وگفت: "چند تن از فرماندهان بلند پایه سـپاه (مانند محمدباقر قالیباف، عزیز جعفری، قاسم سلیمانی، احمد کاظمی، علـی فضلی و...) در نامه‌ای به محمـد خاتمی، وی را تهدید کردند که اگر در سرکوب اعتراضات قوی‌تر عمل نکند خود دست بکار می‌شوند" و...

حکایتـی بود در آن روزهـا و بعدها هم در نماز جمعه ۹ بهمن ۱۳۸۸ احمد جنتی، امام جمعه موقت خطاب به رئیس قوه قضائیه گفت: «در ۱۸ تیر ضعف نشـان دادید؛ چند نفر در آن زمان اعدام شدند؟ اگر حالا هم ضعف نشان دهید، آینده بدتری در انتظار شماست.»... آئین خشونت در کهن دیار ایران، معنی دارد و جریان‌ها به دنبالش هست... (یادم هست در همین اواخر به یکی از بازجوهای حضرات نابغه‌ی وزارت اطلاعات، گفتم: اگرکاره‌ای بودم در مملکت، جنتی و احمد خاتمی را می‌بردم کویر تا کارگری کنند!... معنی محترمانه‌اش این بود که حرف مفت می‌زنند... یارو هم، هاژ و واژ داشـت مرا نگاه می‌کرد، که شـاید باور نمی‌کرد من محافظه‌کار، چنین ازکوره به‌در رفته باشم!)...

شاید در آن روزها من در رویاهایم، تصور می‌کردم که ۱۳-۱۴ سال دیگر در دانشـگاه سوربن خواهم بود و زبان‌شناسـی می‌خوانم و اساساً فکر نمی‌کـردم صرفاً پژوهش تاریخی کنم و بعد هم روزگاری صابون زندان اوین، به تن من بخورد!...

کمی با شـعله سعدی بحث کردم. معتقد بود که همان سال ۱۳۸۸ بین همکارانش مشهور بوده که کار حضرات تمام بود. اما نشده و خاتمی را

فردی ترسو، دو رنگ، فریبکار و بی‌رگ و پی نامید. که نتوانسته از فرصت استفاده کند و...

کلید خانه‌ام را یک بار دیگر توسط یکی دیگر از زندانیان برای مریم فرستادم تا که شاید این بار، به دست مادرم برسد. طُرفه روزگار اینکه معاون وزیر ارتباطات سابق، زندانی سیاسی شود و حامل کلید من باشد. معصوم فردیس، انسانی متواضع و مهربان بود، با خضوع کلید را گرفت و در جیبش نهاد و با خود برد... فکرکنم ۵۷-۵۸ سالش شده باشد... جرمش جاسوسی بود اما از فردی با چنین اخلاق و انسانیتی، چنین اموری را بعید می‌دانم و جز توهم، چیزی دیگر نیست که یک مُخبر بی‌مقدار و نابغه برایش ساخته و پرداخته کرده... الله اعلم!

گاهی هم از حافظ شیراز، غزلی می‌خوانم. در این چهاردیواری تفکر و اندیشه حافظ، روح و روانم را آسایش و جلا می‌دهد... به قول زنده‌یاد داریوش همایون گاه‌گاهی حافظ را باید خواند!

شرایط زندگی در آن بندهای زندان اوین، مانند ۳۵۰، آن‌قدر خراب نبود که در طاقت انسان نگنجد، بهرحال در مقایسه با دیگر بندهای اوین مثلاً انفرادی‌های ۲۰۶، جزء هتل جهانگردی محسوب می‌شد، اما واقعاً هر چه بود از بند انفرادی بهتر بود.

اما باز هم روح و روان و جسم انسان زندانی با دیوارهای بهم فشرده زندان، مبارزه می‌کرد... وگاهی که از بالای حیاط، مأموری عبور می‌کرد، چیزی شبیه به قبر را در ذهن انسان متبادر می‌کرد. اما کسی نمی‌دانست که درون این دیوارها و آجرها، چه رازها و رمزهایی نهفته است، آن هم از انسان‌هایی که هرگز به مدار زندگی عادی بازنگشته‌اند و چه بسیار خانواده‌هایی که از هم پاشید...

خدا رحم کرد که زمستان نبود تا سرما به میان استخوان نفوذ کند و هر

چه هم پتو دور خود بپیچانی، گرمایی حس نکنی و در آن هم، حس عقده و نفرت در وجودت برانگیخته شود و به امید انتقام بنشینی... حسی است که شـــاید تجربه و توان و عقلانیت، بتواند آن را مهارکند وگرنه افســـار گسیخته می‌شود و درکلام و بیان شخص هم نمایانگر می‌شود...

گاهی برخی از زندانی‌ها برنامه‌های ذوقی و یا حرفه‌ای بیرون از زندان را که داشــته‌اند، در زندان مرور می‌کننـــد... مثلاً در داخل زندان کلاس درس دایر می‌کنند. چون حرف زدن در باره رشـــته وکار تخصصی، مغز انسان را تا حد زیادی فعال نگه می‌دارد... چون حس مطبوعی نیست در میان جایی زیستن که از در و دیوارش، دشمنی، عقده، خشونت، سیاهی، توهین و بی‌اعتمادی می‌بارد... اما مطالعه در آن شرایط، بحران را مدیریت می‌کند و به نوعی، ابزاری است برای پرکردن یا کشتن زمان... اما گاهی کلافگی شـــدید آن‌چنان شخص را به هم می‌ریزد که کتاب خواندن هم دردی را دوا نمی‌کند و در این‌جا انتظارکشـــیدن اســـت که انسان را به فرسایش می‌کشاند. شاید زندان، جای خوبی است برای خواندن... هر چندکتاب هم خلاصه زندگی من بود،... گرچه بدون کامپیوتر هم نمی‌شد زندگی کرد... شنیده بودم یکی از زندانیان، شاهنامه فردوسی، شناسنامه ملـــی ایرانیان، را در زندان از حفظ کرده بود، اما در ســـال ۱۳۶۷ اعدام می‌شود...

البته مطالعه، به مراتب، بهتر است از درگیر شدن در بحث‌هایی سریالی که پایان‌ناپذیر و بدون نتیجه اســـت وگویا تمام شدنی هم نیست... یکی معتقد است که حکومت همین روزها فرو می‌ریزد و خلاصه در طی ماه، چندین بار پایه‌های حکومت قبلی فرو می‌پاشد و سنگ بنای حکومت جدید نهاده می‌شـــود... یا خاطرات انسان‌های باسابقه که پس از ۱۵-۱۰ روز دیگر به نوعی تکرار می‌رســـد وکاملاً مـــلال‌آور به نظر می‌آید و یا نظرهایی توهم‌آلود و داستان‌هایی از پشت پرده‌های موهوم که ایرانیان در

آن استاداند... غالباً کسی نمی‌گوید من در این زمینه اطلاعی ندارم، همه به نوعی اظهارنظر می‌کننـــد و این هم نمونه‌ای از فضای واقعی جامعه ایرانی اســـت... اما باز هم مطالعه و بحث با چند نفر، شخص را از شر چند اوباش داخل بند حفظ می‌کند... وجود کســـانی که جای‌شـــان در آن‌جا نیست و اصطلاحاً در میان سیاسی‌ها، بُرخورده‌اند و بین چند فرد با شخصیت معمولاً از عمد، یکی از این نخاله‌ها را حضرات نابغه وزارت اطلاعات، جا می‌زندکه چندان فضا روشـــنفکری هم نشود... اما به هر حال او هم انســـان اســـت و مانند دیگران، یکی دیگر از سکنه آن بنای منفور....

گاهـــی برخی چهره‌هـــا، ســـخت مضطرب‌اند و به چهره‌شـــان، غم می‌نشـــیند... توگویی هر لحظه می‌خواهد خـــود را از غم ایام، حلق‌آویز کند... اما چند دقیقه بعد یکی دلگرمی می‌دهد و او هم چیزی دست و پا می‌کند تا نظرش به آن جلب شود، مثلاً یا شطرنج و یا خواندن روزنامه و یا جدول‌های چند ماه پیش را دوباره از نو، حل‌کردن و شاید هم کتابی را بازکردن و در جستجوی لغتی نو برآمدن... لغتی که شاید ده‌ها بار معنایش را ازکنار دســـتی‌اش پرسیده است... اما ذهن انگار در آن کنج، فرسوده و فراموشکار می‌شود.

گاهی هم یکی وســـط حیاط نرمش می‌کند و یا طناب‌بازی می‌کند و می‌خواهـــد در جلوی دوربین‌کنترل زنـــدان، به حضرات نابغه وزارت اطلاعات، بفهماندکه با کمال جسارت، قوی‌تر از محیط زندان است... اما وقتی کســـی چنین پرانرژی است و شاید هم تازه وارد، قطعاً یکی از قدیمی‌ها درگوش دیگری می‌خواندکه «این پرروئی‌ها فایده ندارد، چند روز دیگر خودش آرام می‌شـــود»... و البتـــه پیش‌بینی خیلی از آنان هم درست است و چند روز دیگر او هم به سلك یکی از ترش‌روهای داخل بند می‌پیوندد...

بعضـــی اوقات، یکی از قید و بند محضوراتش رها می‌شـــود و مانند آدم‌های سرمست و پرخور، متلك‌های عامیانه می‌گوید و داستان‌های زشت وکریه تعریف می‌کند و مســـت و ملنگ می‌شود و غش‌غش می‌خندد... یا سعی می‌کند به هر وسیله‌ای خود را آدم خیلی مهمی جلوه بدهد و در برخی افراد این حس چنان رشـــد می‌کندکه بعضی از افراد را ناراحت می‌کند و دیگر بی‌اعتنا می‌شوند و به وی وقعی نمی‌گذارند و او هم در جستجوی دوســـت شدن با افراد جدیدالورود برمی‌آید تا درباره خودش حرف بزند، شاید با این خیال باطل که دیگران از حرف‌هایش چیزی سر درنمی‌آورند... اما رفتارش انسان را به یاد قیافه خوك می‌اندازد و لاجرم فراری می‌شود، انگار از یك آدمکش می‌گریزی...

در چنین اوضاعی، طبیعی است که بین افراد در باره آن‌چه می‌گذشت، حرف‌های زیادی زده شود... گاه واقعیت‌های دردناکی از زبان چهره‌های مشهور و سرد وگرم روزگار چشـــیده، جاری می‌شود که چنان تأسف‌آور اســـت که اُمیدکودکانه جوانان مســـتمع را به حال و آینده‌شـــان از میان می‌برد...

از دوران کودکی، تصویری انتزاعی از زندان در نظرم مجسم شده بود اما با فشاری ذهنی – فکری که دیدم، معلومم شدکه در میان دیگر افکار، نظرم غریبه نیست وکم نیستند افرادی‌که نظری مشابه مرا دارند.

اما ایام زندان، فرصت خوبی است – چه دراز و چه‌کوتاه – تا به آینده اندیشـــید و یا به آن‌چه در اطراف می‌گذشـــت، به دقت ملاحظه‌کرد... زندانی که نشانگر نمونه‌ای از واقعیت داخل جامعه است با همه معایب و کاستی‌هایش... دقیقاً به اعتقادات، استعداد، فکر و روحیه سازش‌پذیری فرد بستگی داردکه چگونه می‌تواند دوام بیاورد...

در جامعـــه هم افراد دارای اصول و اخـــلاق‌که در پی یافتن حقیقت هســـتند معمولاً ارتقا پیدا نمی‌کنند و راه برای متقلب‌های چند رنگ و

اهل ریا، باز است که هر لحظه آماده بر خاك افتادن و مداحی هستند و به سرعت هم دوران ترقی را طی می‌کنند و در مقابل وراجی کردن در باره ایدئولوژی دیگران هم زبان‌شان خفه و لال است و چاپلوسی و تملق تنها واکنشی است که دارند و توگویی، هر چه آدم بی‌شرف‌تر و از اصول اخلاقی دورتر باشد، راحت‌تر می‌تواند در چنین جامعه‌ای زندگی خود را سپری کند...

گاهی اوقات درگوشه‌ای از حیاط می‌نشستم و وجدانم را با این اندیشه آسوده می‌کردم که خوشبختانه در طی زندگی حرفه‌ای‌ام، پشت پا به عقایدم نزدم و خط مشی زندگی‌ام را هم پنهان نگه نداشتم و خوشحالم که آن ۳ کتاب (جلال طالبانی، عیسی پژمان و پرویز ثابتی) را به هر وسیله‌ای که شد منتشرکردم که شاید تلنگری به ذهن جامعه‌ام بنوازد و حال اگرکسی پذیرفت یا نپذیرفت، دیگر مهم نیست اما انتشار همان ۲ کتاب در داخل کشور هم، عالی بود... یك مو از خرس کندن هم غنیمت است و به هدفم رسیدم... اما گاهی از این دلخوشی کودکانه دست می‌شستم که به آینده خودم، جدی‌تر فکرکنم که چه بایدکرد وکدام راه باید جست؟ و منتهای آمال من چیست؟... فکرهایی می‌کردم و بعد برخی از آنان را کنار می‌گذاشتم و طرح دقیق‌تری از خط مشی زندگی آینده‌ام پیش رویم شکل می‌گرفت و مصمم شدم که اگر «از این منزل ویران و وحشت زندان سکندر» رها شوم، دنبال آن‌ها بروم... محاسبه‌های من ساده بود...

حیاط که دیواری بلند از آجر سرخ در میانش گرفته است... من هم ضدکمونیست دو آتشه اما چه کنم که واقعاً رنگ دیوار حیاط بند ۳۵۰، «سرخ» بود... ظاهراً از سال‌ها پیش، وضع بر همین منوال مانده بود...

ازحیاط نظرم به ساختمان پشت بند ما جلب شد... یك مجتمع مسکونی که آن‌هم سیم خاردارش در میان گرفته بود و مأموران زن از آن مراقبت می‌کردند... دیگر نمی‌دانم سیم خاردار در بالای دیوار ۶-۵ متری چه

لطفی داشـــت؟، مثلا یکی از زندان زندانی، (مانند نوشین خادم، نسرین ستوده، مهدیه گلرو، لادن مستوفی، بهاره هدایت، فریبا کمال‌آبادی، ژیلا کرم‌زاده، منیژه نصرالهی و...) فرار نکند؟... انگار سیم خاردارکشیده‌اند که پلنگان و شترهای وحشـــی را دور نگه دارد و شاید عقیده حضرات نابغه، آن بوده که امکان ایجاد هرگونه تماس پرنده و چرنده‌ای با زندانی از میان برده شود.

شاید در بند ۳۵۰ در مقایسه با بند انفرادی، شرایط زندگی آسوده بود و تهویه و حمام و یخچال و آشپزخانه برقرار... اما باز هم زندان بود و البته هزینه غذا و خوراکی‌ها را هم زندانیان خودشـــان متقبل می‌شدند وگرنه غذای زندان مطلقاً قابل خوردن نبود... کسی غذای زندان را نمی‌خورد و ندرتاً افرادی که از نظر مالی در وضعیت بســیار آشفته‌ای باشند، از آن استفاده می کنند.

گاهی هم برخی افراد دسیســه‌چینی می کردند، چون متوهم بودند و تصور می کردندکه همه جاسوس و فرستاده هستند... کسی هم نبود بپرسد جاســوس، مرض داردکه یک ماه کنار شـــما شب و روز بخوابد و در آن دخمه سرکند؟ اما هیچ چیزی مانع این توهم‌ها نمی‌شود و محك اصلی هم همان نیات روحی اســت... و تصــور خیال‌انگیز و خلقیات عجیب ایرانی‌ها راکه هم نمی‌شود مهارش کرد... گاهی یکی معتقد بودکه فلان شخص با حضرات ارتباط دارد و همیشه باید با یك حس احتیاط‌آمیز با این فرد روبرو شد و... بعد از مدتی در ضمیرش نقش شده بودکه فلانی جاسوس اســـت اما بعدها بر من معلوم شدکه چنین فرمایشاتی را همان موقع باید از این گوش شـــنید و از آن گوش به بیرون حواله داد و تنها کار این است که زندگی خصوصی و فکری از چشم این خبرچین‌ها، دور باشد و البته به توصیه یکی از زندانیان ارشد این تصمیم را گرفتم...

اما در اوین خیلی از افراد هم بیمارند و بهتر است به روانشناس مراجعه

کنند چه زندانی و چــه مأمور زندان... به هر حال موضوع قابل تحقیق خوبی می‌تواند باشد و شاید هم قابل مطالعه و بررسی برای پژوهشگران علوم اجتماعی یا روانشناسی... و بدور از تعبیرات احمقانه و به شیوه‌ای مستقل و مبتنی بر واقعیات که شاید بسیاری از آن‌ها مکتوم مانده وکسی هم نمی‌داندکه در لابلای آن دیوارها و ســلول‌های انفرادی چه شده و چه‌ها گذشته... هرگونه تجربه عملی خاص برای من، موجب تعجب بود که داستانش می‌شــنیدم... دکتر مولوی هم برایم شرح می‌دادکه چگونه با آفتابه در دستشویی اســتحمام کرده، چون به دستور بازجویش، حمام رفتن ممنوع بوده... و یا آقای هاشــمی برایم می گفت که با تکه‌های نان خشك توانسته چند روز خودش را در سلول انفرادی، زنده نگه دارد و... ناراضیان بسیاری از اعمال به دور از شأن وکرامت انسان سخن می‌راندند که بسیاری از آن‌ها را فراموش کرده‌ام و شاید فرصتی نداشتم که مو به مو بنویسم... اما باید خاطرنشان کنم که بررسی علل آن، اهمیت فراوانی دارد.

نمی‌دانم شاید قانون‌هایی هست که بتوان مسببین و عوامل این توحش‌ها را محاکمه کرد... اما مگر می‌شــود؟، هر شکنجه‌گری هم دستگیر شود فوراً می گوید مأمور بوده‌ام و معذور و در هر تغییر سیاســی و اجتماعی مملکت هم، این افراد در زیر پوسته‌های شهرگم می‌شوند وکسی هم آن‌ها را نمی‌یابد...

حتی برایم می گفتندکه درکنار زندان، سالن ملاقات شرعی هست که افراد «بند مالی» می‌توانند با همسران خود رابطه جنسی داشته باشند و شاید هم از ماجرا فیلمبرداری می‌شــودکه مبادا مواد مخدر وارد زندان شود اما مواد مخدر براحتی وارد آن بند می‌شود و افسران را دور می‌زنند و حتی یکــی از زندانیان معتقد بود که گاهی زن‌های خود را به دیگری اجاره می‌دهند، زیرا در زندان بدهکار شده... یکی از زندانیان هم، پُکی به سیگارش می‌زد و می گفت: "لابد آن جملات عربی مزخرف «نکاح»

را هم می‌خواندندکه حلال باشد... چه بسیار از مردمان ایران که شخص آخونـــد را دعوت می کنند تا برای‌شـــان خطبه عقد بخواند، بدون آن‌که بدانند معنای آن یعنی چه! (انکحت و زوجت نفسی فی مدت المعلوم علـــی صداق المعلـــوم) و نکاح در زبان عربی به معنـــی فرو کردن آلت تناسلی مرد در آلت تناسلی زن است به قیمت فلان! در فرهنگ دهخدا یادم هست به معنی بغل خوابی و زناشویی بود و عامیانه آن نکاح را عقد زناشویی نامیده‌اند... و این یک توهین مسلم به کرامت زن است!"

۸

دوشنبه ۱۹ تیر ماه ۱۳۹۱

امروز صبح، همه منتظر ملاقاتی‌های‌شان بودند و تنها من بودم که هیچ ملاقاتی نداشتم و حس خیلی بدی است، گوشه زندان باشی وکسی هم نباشد، البته آمدن خانواده‌ها از صدها کیلومتر آن طرف‌تر و شهرهای دور و نزدیک، زیر باد و باران یا در سرما وگرما، تنها به شوق دیدن جگرگوشه، بسیار سخت است... تحمل این همه رنج و مرارت برای چه؟ چه گناهی کرده‌اند؟، خبری هـــم از عکس‌العمل حضرات نابغه وزارت اطلاعات به نامه من نیست و آنقدر در فکرهای پریشان بودم که در حیاط، ناگهان ناخن پایم به خاطر خوردن انگشتم به صندلی، شکست!

عبدالفتاح سلطانی، شعله سعدی و رئیس دانا، هرکدام جداگانه، برای وکیلم، بهمن کشاورز، پیام فرستادند که من در زندان گرفتار شده‌ام و زبانم لال، شـــاید بتواند کاری بکند، حال چه خـــودش و چه آقای قربانی و یا فرزندکشـــاورز، کریم، بتوانند درخواســـتی مبنی بر بررسی مجدد را روی پرونده‌ام بگذارند...

توســـط یکی از زندانی‌ها هم برای ناشـــرم، مهـــدی خان علمی پیام

فرستادم. یادش بخیر، در سان‌دیه‌گو بود که همان عید نوروز، موقع خوردن چلوکباب ناگهان ازکوره در رفت و از من عصبانی شدکه چراکتاب ثابتی را درکالیفرنیا منتشرکرده‌ام و نباید اجازه انتشار می‌دادم و...

در حیاط برای خودم می‌چرخیدم و هزار فکر شگفت در مغزم خطور می‌کرد. یاد یکی از مصاحبه‌های تاریخی درباره ساواک با احمد فراستی، کارمند اداره ۳ ساواک افتاده بودم‌که در نوع خود شاهکار بود. اصلاً نمی‌دانم چرا یاد او افتاده بودم. ظاهراً اقبال خوبی داشته‌ام‌که تاکنون با برخی از چهره‌های مهم ساواک دیدار و گفتگوکرده. حسن علوی کیا، علی‌اکبر فرازیان، منوچهر هاشمی، عیسی پژمان، جمشید امانی، امین فروغی، پرویز ثابتی، دکتر مجتبی پاشائی و...

کتاب ثابتی هم در زندان و میان زندانیان، مشهور شده است و ظاهراً همه اخبارش را شنیده‌اند. کتابی که آب در لانه مورچگان ریخت و به خاطرش چه فحش‌ها و اهانت‌ها دیدم و شنیدم... البته بیشتر از حقه‌بازان بازار مکاره سیاست و شیادان متوهم، که از ساواک زخم خورده بودند و نتوانستند بیشتر جوانان این مرز و بوم راگوشت قربانی کنند... اما من می‌خواستم روایتی دیگر را به آرشیو تاریخ شفاهی آب و خاکم اضافه‌کنم، قصد دیگری نداشتم، خدای ناکرده، قصد اهانتی هم به‌کسی نداشتم.

یک چالش ذهنی، باعث شد تا با پرویز ثابتی دیدار و گفت‌وگوکنم. در دانشکده ادبیات و زبان‌های خارجی، دوستانی که رشته مترجمی زبان یا ادبیات یک زبان خارجی می‌خوانند قطعاً با واژه de familiarization به معنای آشنایی‌زدایی یا دگرگونی شناخت آشنایی دارند. آن هم حاصل فرآیندهای ذهنی ماست‌که نوعی هنجارگریزی را داشته باشیم. هنجارگریزی به این معناست‌که ما چیزی را به عنوان عرف بپذیریم ولی در واقع از نظر علمی تلاش‌کنیم تا خلاف آن را اثبات‌کنیم. در این کتاب شاید هدف غایی، نوعی هنجارزدایی و آشنایی‌زدایی در این مسئله

بود. بسـیاری مسائل تاریخی بوده‌اند که بر اثر تکرار و عادت ملکه ذهن شده یا به خورد ما داده شده. چیزهایی که به عنوان اصل بدیهی پذیرفته باشیم اما اگر خلاف آن ثابت شود، کسانی که منافع‌شان به خطر می‌افتد طبعاً آن را نفی و انکار خواهند کرد. در دنیای فعلی بسـیاری از نهادها، سازمان‌ها، گروه‌ها، حکومت‌ها، اشخاص، احزاب هستند که ممکن است چیزی و فردی را با نوعی تقدیس یاد کنند، اما کعبه خدا کج نمی‌شـود اگر سـعی کنیم روایت دیگری را در کنار آن مطالعه کنیم تا سره از ناسره بازشناخته شود... در مورد آقای ثابتی باید در نظر داشت که دیدگاه‌ها و نکاتی که ایشان مطرح می‌کنند را باید در قالب خودش سنجید. یعنی باید حرف‌هایش را به عنوان سـخنان یک فرد امنیتی خواند نه یک فعال یا چهره سیاسی. در مباحث امنیتی برخی نکات هست که در حد همان نکته باقی می‌ماند و چیز دیگری درباره آن گفته نمی‌شود.»

یادم هست چگونه همه این دکان‌های سیاسی (بخصوص چپ‌ها) به من پرخاش کردند و ناجوانمردانه تاختند، بعد از مصاحبه روز ۱۸ بهمن ۱۳۹۰ با صدای آمریکا (VOA) که من و پرویز ثابتی و پرفسور نادر انتصار وارد برنامه سیامک دهقانپور شدیم، برنامه‌ای که حساسیت‌ها را از خود برنامه و داخل استودیوی صدای آمریکا، برانگیخت... هومان بختیار هم با ادعای فامیل شاپور بختیار بودن، عکس من و محسن رضایی را مانند فاشیست‌ها، به قصد تخریب شخصیتی و اثبات وابستگی من به جمهوری اسلامی برای روسای صدای آمریکا ایمیل کرده بود و علی جوانمردی هم، بنا به تحریک بارزانی، علیه من کلی سمپاشی کرده بود، اما من دوستش داشتم، همزبان من بود... و یا علی افشاری و دختر برومند، فحاشی کرده بودنـد... عجب روزگاری!... من هـم در آن برنامه، حقایقی را گفتم که بعدها همین حسین حاج فرج دباغ (مشـهور به عبدالکریم سروش) که انسانی هتاک و هرزه زبان است بر من برآشفت. آرامش دوستدار و رامین

جهانبگلو هم شـــاید بدان خاطر بود که می گفتند، "او با جعلیاتی مانند «روشـــنفکری دینی» می‌خواهد نسل ما را سرگرم کند، اما هرگز از نقش خود در جنایت و خیانت «انقـــلاب فرهنگی» عذرخواهی نمی کند و اصولاً خود را از ماجرا مُبرا می‌داند."... همیشـــه در کتاب‌های مختلف خوانده بودم که "در اواخر فروردین ماه ســـال ۱۳۵۹، شـــورای انقلاب، با تأیید آیت‌الله خمینی، به گروه‌های سیاســـی فعال در دانشگاه‌ها، برای تخلیه دفترهای خود در دانشگاه‌ها، مهلتی سه روزه داد که طی این روزها، درگیری و خشونت در دانشگاه‌های مختلف ایران شدت گرفت و چندین نفرکشته و تعداد زیادی نیز مجروح شدند. این رویداد، سرآغاز «انقلاب فرهنگی» محســـوب می‌شود که تعطیلی دانشگاه‌ها به مدت بیشتر از دو سال و اخراج صدها تن از استادان و هزاران تن از دانشجویان دگراندیش، چپ گرا و لیبرال را در پی داشـــت... شورای عالی انقلاب فرهنگی در ابتدا با نام «ســـتاد انقلاب فرهنگی» شـــروع به کارکرد. در سال ۱۳۶۰ ریاست این شورا را سید علی خامنه‌ای بر عهده گرفت. این ستاد بعدها با تصویب لایحه‌ای که دولت وقت به مجلس شورای اسلامی‌ارائه کرده و با فرمان آیت‌الله خمینی در تاریخ ۱۹ آذر ۱۳۶۳ به شورای عالی انقلاب فرهنگی مبدل شد. اعضای اولیه ستاد انقلاب فرهنگی عبارت بودند از: علی شریعتمداری، محمدجواد باهنر، مهدی ربانی‌املشی، حسن حبیبی، عبدالکریم سروش، شمس آل احمد، جلال‌الدین فارسی و"...

در برنامـــه صدای آمریکا از مرحوم منزوی یادکردم، ازکتاب‌شناســـان مشهور که مدت‌ها در تألیف فرهنگ دهخدا با علی‌اکبر دهخدا و محمد معین همکاری می کرد و چند ســـال در دائرة المعارف بزرگ اسلامی‌در تهران به تحقیق مشغول بود و سال ۱۳۵۴ در دوره سفارت قدر در بیروت، با پادرمیانی دوســـتان بانفوذ و رادمرد خود، (پرویز ناتل خانلری و علی دشـــتی) به تهران بازگشـــت. دشتی با منزوی، ســـابقه دوستی و روابط

فرهنگی داشـــت و از یاری وی در تهیه کتاب بیســـت و سه سال در نقد تاریخ صدر اسلام کمک گرفته بود.

در ســـال ۱۳۵۹، علی‌نقی منزوی به توصیه خمینی دستگیر شد، یکی از اتهامات منزوی همان تألیف کتاب بیست و سه سال (کتابی انتقادی درباره زندگی محمد پیامبر اسلام) بود که بر اثر همکاری او با علی دشتی شکل گرفته بود. البته مهمترین دلیل بازداشت منزوی، مصاحبت‌های وی با خمینی در سال‌های مهاجرت در عراق و شناخت او از مواضع فلسفی و دیدگاه‌های بی‌طرفانه وی به‌عنوان یک دانشـــمند اسلام‌شناس بود که از دید خمینی، به ارتداد نزدیک‌تر بود تا به مثابه اسلام‌شناسی با دیدگاه ویژه اسلامی.

در زندان اوین، همین سروش به خاطرکتاب ۲۳ سال، که ماجرای محمد و پیامـــبری‌اش بود، از وی بازجویی کرده... دشـــتی در این کتاب عقاید پایه‌ای مسلمانان را مورد انتقاد قرار داده و معتقد است قرآن متن مستقیماً فرستاده شده از سوی خدا نیست، بلکه سخنان محمد، ناشی از وجدان و سیرت وی و مداقات او در رفتار آدمیان و طبیعت، بوده. همچنین دشتی بر این باور بود که قرآن چیز جدیدی برای ارائه نداشـــته بلکه محمد تنها افکار و عقاید دیگر را به انتخاب خودش جمع آوری کرده و با مخلوطی از مسایل شـــخصی، مدعی ارائه کلام خدا شـــده. تلاش دشتی در این کتاب، تمرکز ویژه‌ای روی نشان دادن شخصیتی دوگانه از محمد دارد و معتقد است پیامبر اسلام پس از هجرت از مکه به مدینه و دست یافتن به ارتشی نسبتاً قوی دچار دگرگونی‌هایی شد. از زمان انتشارکتاب ۲۳ سال به صورت زیرزمینی نقدهایی هم بر آن نوشته شده است که از جملهٔ آن‌ها می‌توان به کتاب‌های «خیانت درگزارش تاریخ» و «راز بزرگ رسالت» اشاره کرد.

دشـــتی نوشته اســـت که «برای یک ایرانی که از در و دیوارش معجزه

می‌بارد و هر امامزاده‌ای، حتی مجهول النسب، پیوسته معجزه می‌کند، از مرور قرآن به شگفتی می‌افتدکه اثری از معجزه در آن نیست. شاید بیش از بیست موضع در قرآن دیده می‌شود که منکران از محمد معجزه خواستند و او یا سکوت کرده و یا سر باز زده و بدین اکتفاء کرده که بگوید من بشری هستم چون شما و خویشتن را فقط مأمور ابلاغ دانسته و فرموده است من مبشّر و مُنذِرم»

دباغ (یا سروش!) به سید حسین نصر می گوید "منجم کاخ سلطنت"، به آرامش دوستدار می گوید "ناآرام عقـده‌ای"، و محمود دولت آبادی را "خفتـه‌ای در غار" می‌نامد، دیگر در ذهن هم نسلان من، جز هتاکی، استهزا و پرخاش، تصویری از او نیست، لابد این است آئین معرفت دینی و یا دروغ بی‌فروغ «روشنفکری دینی»!

اصـلاً نمی‌دانم چرا یاد داستان سردردآور و بی‌فایده سروش و فاجعه انقـلاب فرهنگی افتاده بودم. اما بلوغ، فرایندی اجتناب ناپذیر است و این جنجال‌ها و احزاب و سازمان‌ها و رهبران، جملگی میهمان تاریخ‌اند... دیر یا زود از لای غبار زمان وکنج‌های پنهان تاریخ، حقایقی بیرون می‌آید و ما نیز از دوران تاریک و دردناک برهه‌های مختلف زمان، گذر خواهیم کـرد و در آیینه خرد و عقلانیت به خود خواهیم نگریست و بدون شک این روندگریز ناپذیر تاریخ است... هر چند به قول یک شاعری، "عاطفه‌ها خواجه شده و عقلانیت در تابوت آرمیده"...

از دور هـم کبودوند را دیدم، کُـرد اهل دیواندره است و خود را فعال حقـوق بشر می‌خواند، اما هرگز به وی نزدیک نشدم. اصولاً از «پ ک ک» و «پژاکی‌ها» خوشم نمی‌آید و به‌گمانم، او هم از آن‌ها خط و ربط می‌گیرد.

کمی با رئیس دانا، دلخور شـدم. قیافه‌اش مثل خوک بود از آن‌هایی که هر شب تا خرخره می‌خورد و بعد مثل لات‌ها رفتار می‌کند و به قول

مـــادرم، بعد از رفتن این انسان‌ها از خانـــه، باید همه چیز را ضدعفونی کـــرد!... از دید مادرم کـــه انسانی با خدا و پیغمبر است و اهل طاعت و ایمـــان، این افراد محلی از اعراب ندارند... اما با گذشت زمان بیشتر در عقیده‌ام پابرجا شدم که این چهره نامطبوع، یك مُتقلب است.

رئیس دانا نسبت به آمریکا، نظری غیرمحترمانه و استهزاآمیز داشت و می گفت "نباید به جَك و جُرج و جِنیفر اجازه دهیم وارد کشور ما شوند"... انگار آمریکا می‌خواهد به ایران حمله نظامی کند... برای قشون کشی باید از وی اجـــازه بگیرد... صرفاً نگاهش بـــه شوروی وکمونیست‌ها بود!... انگار یادش نبود که نه از دوران استالین بلکه از نخستین روزهای انقلاب روسیه، ترور شروع شد و بیش از ۳۰ میلیون نفر در اردوگاه‌های شوروی و زندان‌هایش جان باختند و اما دیگر چیزی ازکمونیسم باقی نمانده جز یك شبح مضحك... و ادعای چپ بودن در زندان اوین و روزگار قرن ۲۱ هم چیز خنده‌داری است... که مرغ پخته را هم به خنده وامی‌دارد... در این جامعه ایران اسلامی، چپ مورد دلخواه او، محلی از اعراب نداشت...

بـــا توجه به این کـــه همیشه نسبت به تبلیغـــات ایدئولوژیك و فعالیت داوطلبانـــه حزبی یا مذهبی، بدبین بوده‌ام و به‌وضوح هم دیدم دوروئی و تقلب و سفسطه گری‌شان را... که تندروهای افراطی ـ حال از هر قشری ـ از هـــر چیزی مانند نردبان استفاده می کنند و بـــالا می‌روند و مایه تنفر شخص را فراهم می کنند... همان یاوه‌هـــای ایدئولوژیك که دیگرکسی گوشش به آن‌ها بدهکار نبـــود و می‌بایست آن‌ها را مانند مگسی سمج از خـــود راند، اما در این زندان بارها به گوش می‌رسید... چه آن کس که می گفت: به قول مارکس...، بنا به عقیده لنین... و چه آن که می گفت: به قول پیامبر...، بنابه فرمایش امام زین‌العابدین...، مولا یم علی می‌فرماید.... همان حیله گری‌های سودپرستانه، همان حقه بازی‌ها و دغل‌بازی‌ها و خود را بر حق جلـــوه دادن‌ها... و اگر هم کسی بی‌خیـــال بود و یا اعتراضی

داشت، ناگهان رنگ صورت‌شان بنفش می‌شد و یا پا به زمین می‌کوفتند و با صدای کلفت و حق به جانب، فریاد می‌کشیدند و یك مشت صفات زشت به این و آن نسبت می‌دادند... اما گاهی، یکی هم پیدا می‌شدکه از رو نمی‌رفت و سماجت نشان می‌دادکه به طرف بفهماند، چوب خشك هم نیست که صدایی نداشته باشد و یا بُز اخفش، که فقط ریشش را بجنباند!...

رئیس دانا در زندان می‌گفت: مگر موسوی، حیدرخان عمواُغلی است؟ دکتر مولوی تا این را مطرح کرد، گفتم: "کسی نیست که به این دهن لق بگوید، مگر حیدرخان عمواوغلی که بوده؟... از رهبران حزب کمونیست ایران که در بسیاری از رویدادها دست داشت. ترور امین‌السلطان، صدراعظم محمدعلی شاه، شرکت در نقشه‌ی کشتن میرزا علی اصغرخان اتابك، بمب انداختن در خانه علاءالدوله، سوءقصد به محمدعلی شاه، کشتن شجاع نظام مرندی با بمب دست‌ساز و ... که البته اگر اسمش را مبارزه نگذارد.

بعد هم تأسیس حزب کمونیست ایران. این حیدرخان پس از فتح تهران به فعالیت‌های اسماً انقلابی خود ادامه داد و بعد تبعید شد. اول به روسیه و از آن‌جا به فرانسه و سوئیس رفت و به همکاران لنین پیوست. با شروع جنبش مسلحانه جنگل به رهبری کمونیست تجزیه‌طلب مشهور (میرزا کوچك‌خان جنگلی) با آنان تماس گرفت و همکاری کرد. پس از اختلافات وکشمکش هایی که در جنبش جنگل پیش آمد، ۵ آبان ۱۳۰۰ حیدرخان در یکی از روستاهای گیلان محاصره وکشته شد و به‌گور رفت... دیگر نمی‌دانم موسوی هم اگر مانند این دیوانه می‌بود، خوب بود؟"... دکتر مولوی هم آهی کشید و شانه‌اش را بالا انداخت و هر دو سکوت کردیم...

در زندان، متقاضی فراگرفتن زبان انگلیسی کم نبود، خیلی از بچه‌ها

زبان انگلیسی می‌خواندنـــد و مدتی هم من با شعله سعدی مکالمه کار می‌کردم، یك روز رئیس دانا من را صدا کرد و پرسید: "زبان آقای رئیس جمهور پیشرفت کرده؟، می‌تونه حالا به آمریکایی‌ها بگه، چیکارکنند تا با خواهر و مادر مملکت ما وصلت کنند؟"...

حالت استفراغ بهم دست داد وقتی این طرز بیان لاتی را شنیدم... البته درکنار این اظهارنظر، زمینه فکری و سیاسی‌اش همین بود، همین ادبیات و نیات روحی! از پله‌ها که بالا می‌رفتم، یاد شعر خیام افتادم:

آمد شدن تو اندرین عالم چیست؟

آمد مگسی پدید و ناپیدا شد...

۹

سه شنبه ۲۰ تیر ماه ۱۳۹۱

صبح بـا عبدالفتاح سلطانی حـرف می‌زدم. باز هـم از خاطراتش می‌گفت. انسان با صفا، نازنـین و خوش قلبی است. دیروزگویا به وی گفته‌اندکه روزنامه اعتماد مصاحبه‌ای با من درباره‌کتاب ثابتی منتشرکرده با تیتری تحت عنوان "حقیقت تاریخ از همه محترم‌تر است"... گرچه در مصاحبه حرف‌های من درباره مصدق‌السلطنه کاملاً سانسور شده بود... روزنامه‌نگارهای ایرانی هم پدیده‌ای هستنـد!... همیشه عادت دارم از قالب‌ها وکلیشه‌ها، مهار اختیار پاره‌کنم و آقا و نوکر خودم باشم. گرچه بنا به پیشانی نوشت، سر از تحقیق تاریخ معاصرکشورم در آوردم و توگویی که اجل، پس گردنم زده بود و یا به قول مادربزرگم، نصیب و قسمت‌ام، آن است.

ظهـر هم با شعله سعدی، گپ می‌زدم. درباره آینده ایران و اخبارهای مرتبط بـه آن. او هم درباره علت نقدها علیه من و ثابتی می‌پرسد و من هم گفتم که، تأثیر چپ‌ها هنوز هست... آن هم چپ‌های چیپ و چپول... فضـای روشنفکری ایران تحت تأثیر چپ‌هاست... همین امروز هم... از

کانــون نویسندگان ایران تا روزنامه‌های مــا. البته همواره در حادثه‌های تاریخی، «کم ســالا ن سپارنده و نوکر صفت، سودکیش و منفعت‌طلب و متقلــب و بدنهادی» یا «سفره چین‌های بی‌دیده و خاک دلی» وجود داشتــه و دارند و بعدها که به بت ذهنی‌شان، خوکرده‌اند و برای‌شان بت مقدس شده، با ناآزمودگی و ناشناسائی وگزافه‌کاری، برآشفته می‌شوند و سبک سار و باد در سر، به‌گیس‌کشی می‌افتند اما با اشتلم‌کشیدن و تهدید و تحقیرکه نمی‌شود محقق را واداشت که بی‌اندیشه و بی‌پرهیز و یا تأمل، کنجی بنشیند و بنویسد و یا خفه شود... راز تاریخ از همه محترم‌تر است و در رستخیز تاریخ، غوغای بت‌پرستان و جنجال غوغاسالاران ره به جائی نمی‌برد. هر محققی، پسند و ذهنیت و نگاه خود را دارد...

در این چند ماه پس از انتشارکتاب «در دامگه حادثه»، جدل بی‌مایه، هیاهوی سطحی و رفتار غریب زیاد دیده‌ام اما سکوت کرده‌ام، نخواستم آبروی برخی چهره‌های تاریخ معاصر را دستمایه عوام ربائی و پسند این و آن کنم، بلکه پاکیزه و مستدل، خواننده سخن سنج و آگاه را به سفر و تأمل و شک در لایه‌های ژرف تاریخ معاصر دعوت کرده‌ام... ممکن است به حق یا به ناحق، رنجاندن‌هائی هم در ذهن و زبانم بوده باشد، اما جانبدار کسی، گروهی، سازمانی و حکومتــی نبوده و نیستم. با تحول دوران در بستر زمان، حقانیت‌ها هم لاجرم مشخص‌تر می‌شود. وقتی مدعیان آزادی بیان و سینه چاک‌های دفاع از حقوق بشر، از انتشار پاسخ من در رسانه خود عتاب دارند، همــان سکوت بهتر است. وقتی بازار داغ اتهام‌های ناشایست چنان است که محفل‌ها می‌سازند، سکوت بهتر است. گناهی مرتکب نشده و جرمی هم نکرده‌ام، تنها بت ذهنی خوکردگان را به چالش کشیده‌ام و...

سلطانــی، حرف‌های مــن را ظاهراً قبول داشت. یــک انسان متین و منطقی است. امروز کمی روحیه‌ام ناآرام است و بی‌تابم. هرچند دیشب

هم بد نخوابیدم اما ضربان قلبم بالاست. همنشین من هم حافظ شیرازی است وگاهی هم بچه‌ها به من روحیه می‌دهند. خصوصاً امروز ولایتی و کرمی و امید، خیلی در حقم لطف و التفات کردند.

کرمـــی به من گفت درکتاب ثابتی، علیه مجاهدین خلق حرف زده‌ام. اما من علیه کسی حرفی نزده‌ام و فقط گفته‌ام کسی می‌داند از روزی که از شکم نهضت آزادی این گروه متولد شده تا امروز چه سودی برای تاریخ معاصـــر ایران داشته‌اند؟ گروه مسعود رجوی و آزادی؟؛ به این همه زن و دختر مـــردم داخل کمپ تجاوزکردن و مخالفان را سر به نیست کردن و مثل برده با آن‌ها رفتارکردن، اسمش دمکراسی است؟

شب هم بحث به داخل اتاق کشیده شد و من هم کمی حرف‌هایی زدم که البته ۲ نفر از بچه‌های اتاق که یکی مدعی است چپ است و دیگری هم با قدیانی عیاق است، لپ و لوچه‌های‌شان را توی هم بردند.

البتـــه همین حرف‌ها را در ایران زده بودم و در روزنامه شرق و جاهای دیگر هم منتشر شده بود که پرویز ثابتی مقام نابغه و رده بالای یک دستگاه امنیتـــی بوده و این انتظار عامیانه که بشـــود او را گول زد و خام کرد و از او حـــرف کشید، توقع و انتظار بیهوده‌ای است و مجالست وکشتی گرفتن بـــا او سر مسائل هم فکرکنم کارکمی نیســـت... کاری به شاه و شیخ هم ندارم! تاریخ مملکتم برایم ارزش دارد... اصولاً از بحث‌های فرمایشی و باطل پرهیز می‌کنم. مصدق السلطنه قبل از عزیمت از ایران روی نیمکت هیچ مدرسه‌ای اعم از دبستان، دبیرستان و مدرسه سیاسی ننشسته و هیچ گونه کارنامه وگواهی ششم ابتدایی، دیپلم و لیسانس نداشته است. لذا به ایـــن فکر افتاده که در صورت امکان راهی برای به دست آوردن مدرک دانشگاهی که مدت‌ها در آرزوی آن بوده، پیدا نماید... اگر در تحقیقات تاریخی برخی معتقدند که رضا پهلوی اول یا رضاشاه اول را انگلیسی‌ها بـــه سوی صندلی قدرت هدایت کردند، پـــس به همان اندازه این مسئله

را بیان کنیم که انگلیسی‌ها دوست داشتند که مصدق، والی فارس شود و یا موقعی که ایشان می‌خواسته نخست‌وزیر شود، ایشان نامه نوشته که به شرط رضایت انگلیسی‌ها بنده نخست‌وزیری را قبول می‌کنم مشروط بر این‌که بعد از نخست‌وزیری هم باز نماینده مجلس باشم، در حالی که این خلاف قانون اساسی بود و از کسی که مدعی دکترای حقوق است، این انتظار «ضد قانونی» امری پسندیده نیست. هر چند Cult (یا مکتب قهرمان‌پرستی مصدق و فضیلت‌های خلاف واقع) قوی است و نمی‌توان با آن‌ها آزادانه سخن گفت اما توصیه سرکنسول انگلیس در انتصاب وی به والی فارس، فراماسون بودن، جعلی بودن مدرک دکتری حقوق، تأکید بر پذیرش نخست‌وزیری منوط به رضایت انگلستان، تهدید رزم‌آرا به ترور در سخنرانی مجلس، تصویب ماده واحده معافیت تروریست رزم‌آرا از مجازات (خلیل طهماسبی)، داشتن حکومت نظامی و شکنجه زندانیان، لغو مجلس ۱۷، دست‌درازی به قوه قضائیه، فرافکنی و عوام‌فریبی، سوق دادن کشور به ورشکستگی اقتصادی و... از موارد نقطه ضعف مصدق است. این‌ها نکاتی است که ثابتی در کتاب بیان می‌کند و بنده هم سعی کردم که در سراسر این کتاب چیزی سانسور نشود.

نکته دیگری که ایشان به چالش می‌کشند، درباره شخصی است به نام شاپور بختیار... چه امامزاده‌ای!... ثابتی حتی رییس خود ناصر مقدم را هم به چالش می‌کشد و هر دو را عامل انگلیسی می‌داند. او می‌گوید مقدم نزد مسئول MI6 در تهران زبان انگلیسی فرا می‌گرفت. وقتی ثابتی رییس خودش را به چالش می‌کشد، نباید انتظار داشت فردی مثل شاپور بختیار را انگلیسی نداند... که بوده... چه سندی محکم‌تر از صفحه ۱۷۱ خاطرات شاه، «پاسخ به تاریخ» که اعلام می‌کند آقای جرج براون وزیر خارجه سابق انگلستان آمدند ایران و خواهش کردند که شاپور بختیار را به عنوان نخست‌وزیر قبول کنم... البته نقش فرح دیبا و ناصر مقدم هم

در این ماجرا حائز اهمیــت است. ظاهراً طبق همین سندهایی که منتشر شــده، فرح از قبل نوعی رابطه دوستی و آشنایی با مقدم و بختیار داشته است. روحیه ریاکاری و تفکر نوکرمآبی شاپور بختیار در عراق، همکاری نزدیک با جــرج براون و صدام حسین و تشویــق او به حمله نظامی به ایران، مرکز رادیویی بختیار، دریافت پول از شرکت نفت ایران و انگلیس، توصیه شرکت نفت برای وکالت شاپور بختیار، استخدام درکارخانه شیشه قزوین بنا به خواست اسدالله رشیدیان با حقوقی ماهی بیستهزار تومان، نقــش بختیار در اعتصابات دانشجویان دانشگــاه تهران و حوادث اول بهمن ۱۳۴۰ و دخالت بختیار در این اعتصابات، نخستوزیری بختیار با واسطه‌گری فرح دیبا، ناصر مقدم و جرج براون... نکاتی نیست که نسل من غافل شود و...»

شاید از دید آقای ثابتی دربــاره شخص اول مملکت آن ایام (شاه)، ایــن گونه بوده که «حاکم متوهم که اهل مشــورت نباشد و خود رأی و خودمطلــق بین باشد، سرنوشتی جز سقوط در ذلت ندارد!» و یا در این کتاب گفتــه «فعالان و یا اسما روشنفکرهــا، در برخی از تغییرات جوّ سیاسی در ایران، گروهی اهل ریا با استفاده از فرصت نو، ریاکارانه چهره ارغوانی می‌کنند»، را نمی‌شود جدی گرفت. درکل معتقدم در این کتاب خواهیم یافت که «دستگاه امنیت حکومت‌های اهل انحطاط با استفاده از ابزار اعمال قدرت و خشونت و توهم مقدس، در برابر عقلانیت و اراده رشد جامعه، نمی‌تواند مقاومت کند و لاجرم تسلیم می‌شود»

شنیــده‌ام که تفاوت لجاجت با قاطعیت این است که لجاجت با جهل آغــاز می‌شود و با پشیمانی پایان می‌پذیــرد. قاطعیت با خردورزی آغاز می‌شــود و با صــبر و مقاومت به انتها می‌رســد... در روایت تاریخ هم نمی‌شــود چنین برخوردی کرد... نه به شخصــی ارادت کورکورانه دارم و نــه نفرت و رفتار مغرضانه. یک محقق تاریــخ از نسل جوان ایرانم و

می‌خواهم حقایق را بکـــاوم و در حد وسعم برای هم نسلانم بازگویم و ادعائـــی هم جز این نداشته و ندارم. متوهم هم نیستم، اما با شجاعت و صراحت باید حقایـــق را بازگفت. تاریخ را می‌شود خواند اما نمی‌توان مخاطبان تاریخ و یا مورخان را فریب داد و قصد نسل جوان امروز ایران از ورود به تاریخ معاصر، گشودن دست فریبکاران و دغلبازان است که در پی کسب قدرت فرمایش‌ها می کنند...

در خارج ازکشور هم رسانه‌ای مستقل نیست که انسان حرفش را بزند، همـــه به همدیگر نان قرض می‌دهند... شاید این سیاست مدعیان آزادی بیـــان است که معمولاً کسی را بایکوت کنند و هیچ مطلبی از وی منتشر نکنند، مگر این کـــه مطلبی علیه وی باشد ومملـــو از اتهام‌های بی‌پایه و اســـاس. اما من همیشه خودم را از دعـــوای حیدر نعمتی، به‌دور نگاه داشته‌ام...

امـــروز در زندان، دوباره یکی از بچه‌هـــا آزاد شد. وقتی که یکی آزاد می‌شود، عموماً باکف و سوت و تشویق همراه است و سرودهای مختلف فضـــای زندان را می گـــیرد، انگار خاکش دلگیر اســـت اما بهم روحیه می‌دهند!

یـــار دبستانی من، سرودهٔ منصور تهرانی بـــرای فیلم از فریاد تا ترور با صدای فریـــدون فروغی، مشهور است. هرچندکه یار دبستانی در جریان جنبـــش دانشجویی ایران پـــس از انقلاب به عنـــوان اصلی‌ترین سرود دانشجویـــان معـــترض شناخته می‌شـــود و احتمالاً نمـــادی از اتحاد و همبستگی دانشجویان می‌باشد و...

یار دبستانی من با من و همراه منی
چوب الف بر سر ما بغض من و آه منی
حک شده اسم من و تو رو تن این تخته سیاه
ترکه‌ی بیداد و ستم مونده هنوز رو تن ما

دشت بی‌فرهنگی ما هرزه تموم علف‌هاش
خوب اگه خوب، بد اگه بد، مرده دل‌های آدماش
دست من و تو باید این پرده‌ها رو پاره کنه
کی می‌تونه جز من و تو درد ما رو چاره کنه

و یا مرغ سحر می‌خواندند، همـــان تصنیف مشهوری که نخستین بار بـــا صدای ملوک ضرابی و بعد با صـــدای قمرالملوک وزیری اجرا شد. شعر ملک‌الشعرای بهار در دستگاه ماهور، از مرتضی نی‌داوود. یکی از محبوب‌ترین اجراهای این تصنیف از محمدرضا شجریان است که اغلب درکنسرت‌های شجریان به‌گوش می‌رسد. هرچند محمدرضا شجریان، بند دوم این شعر را نمی‌خواند. یادم هست در یکی ازکنسرت‌های شجریان در تهران بودم که یکی داد زد "به یاد زندانیان سیاسی، مرغ سحر!"... و بعد شجریان آن را خواند و مردم به شوق آمده در تالار هم، به همراهش خواندند و بسیار هم ابـــراز احساساتی باشکوه بود... انگار فریاد آزادی از حنجره آن هنرمند دلسوخته و دوستدار آزادی ایران، شنیده می‌شد و...

درکوران حوادث پس از سقوط سلسله قاجار و روی کار آمدن پهلوی سروده شده و اسماعیل نواب صفا، ترانه‌سُرا، معتقد است که مرغ سحر را ملک‌الشعرا به خاطر "حوادث دوران محمدعلی‌شاه و به توپ بستن مجلس شورای ملی و بلاتکلیفی مملکت در لحظاتی بسیار حساس" نگاشته... اما بهار در آن ایام به نثر و نظم، سخن‌هایی درباره دوره مشروطه‌خواهی گفتـــه و از سروده‌های آزادیخواهانه خود یادکرده، اما کاش شجریان بند دومش را هم می‌خواند:

عمر حقیقت به سر شد، عهد و وفا بی‌اثر شد
ناله عاشق، ناز معشوق، هر دو دروغ و بی‌ثمر شد
راستی و مهر و محبت فسانه شد
قول و شرافت همگی از میانه شد از پی دزدی، وطن و دین بهانه شد
دیده تر کن!

جور مالک، ظلم ارباب، زارع از غم گشته بی‌تاب
ساغر اغنیا پُر می ناب، جام ما پُر ز خون جگر شد
ای دل تنگ ناله سرکن، از مساوات صرف نظرکن
ساقی گلچهره بده آب آتشین، پردهٔ دلکش بزن ای یار دلنشین
ناله بر آر از قفس ای بلبل حزین
کز غم تو، سینه من، پر شرر شد، پر شرر شد

۱۰

چهارشنبه ۲۱ تیر ۱۳۹۱

صبح در حیاط با سلطانی، طبق معمـــول این روزهایم، گپ می‌زنم و گاهی هم با آقای هاشمی شعر شفیعی کدکنی را زیر لب زمزمه می‌کنم:

بخوان به نام گل سرخ، در صحاری شب
که باغ‌ها هم بیدار و بارورگردند،
بخوان، دوباره بخوان، با کبوتران سپید
به آشیانه خونین، دوباره برگردند و ...

خیلی در فکر پـــدر و مادرم هستم. نمی‌دانم چه حال و روزی دارند و الان به چه می‌اندیشند؟... خصوصاً مادرم. عادت دارد که هر روز با من صحبت کند. پدرم نیز به من اُخت و لطف خاصی دارد و من هم عاشق هر دوی آنان... و بیشتر رفیقانم بوده‌اند تا پدر و مادر.

امروز نیز به خواندن یادداشت‌های عَلَم گذشت و بعد شعله سعدی مرا برای ناهار به اتاقش دعوت کرد. رئیس دانا، سرما خورده بود و عبدالله مومنی هم بـــه من قوت قلب می‌داد. اهل کوهدشت و فعال در سازمان دانش آموختگـــان (ادوار تحکیم وحدت)، نامه سرگشاده‌اش خطاب به

خامنه‌ای مشهور بود و در آن به مصائبی که در زندان بر وی رفته، سخن گفته. می گوید در قسمتی از این نامه نوشته: «بازجویان اصرار به اعتراف به داشتن رابطهٔ نامشروع با دیگران، داشتند. قسم خوردم که به زنم پایبند بوده‌ام و نوشتم «من هیچ رفتار و عمل غیراخلاقی نداشته‌ام. پس از خواندن کاغذ بازجویی، با مشت و لگد و سیلی به جان من افتادند و پس ازکتک کاری مفصل و تحقیر و توهین گفتند: به تو اثبات می کنیم که حرامزاده و ولدزنا هستی!... نتیجه آن فروکردن سر من در چاه توالت بود، آن چنان که کثافت‌های درون توالت به دهان و حلق من وارد شد و به مرحله خفگی رسیدم. می گفتندکه باید کاملاً توضیح دهی که با چه کسی در چه زمانی و درکجا و چگونه ارتباط داشته‌ای و حتی از من می‌خواستند که در برگه بازجویی‌ام بنویسم که در دوران کودکی، مورد تجاوز جنسی قرارگرفته‌ام... بارها به تجاوز و استعمال بطری و شیشه نوشابه و چوب تهدید می‌شدم تا جایی که فی‌المثل بازجوی وزارت اطلاعات جمهوری اسلامی بیان می کرد که چوبی را در... استعمال می کنیم که صد تا نجار نتواند آن را در بیاورد!...»

عصر بود که حافظ را به دست گرفتم و ولایتی در اتاق خواست که برایش با صدای بلند بلند شعری بخوانم و من هم بر حسب تصادف خواندم:

خُرم آن روزکزین منزل ویران بروم
راحت جان طلبم واز پی جانان بروم
گر چه دانم که به جایی نبرد راه غریب
من به بوی سر آن زلف پریشان بروم
دلم از وحشت زندان سکندر بگرفت
رخت بربندم و تا ملك سلیمان بروم

چون صبا با تن بیمار و دل بی‌طاقت
به هواداری آن سرو خرامان بروم
در ره او چو قلم گر به سرم باید رفت
با دل زخم‌کش و دیده گریان بروم
نذر کردم گر از این غم بدرآیم روزی
تا در میکده شادان و غزلخوان بروم
به هواداری او ذره صفت رقص‌کنان
تا لب چشمه خورشید درخشان بروم
تازیان را غم احوال گرانباران نیست
پارسایان مددی تا خوش و آسان بروم
ور چو حافظ ز بیابان نبرم ره بیرون
همره کوکبه آصف دوران بروم

ناگهـــان یکی از مأموران آمد و به ولایتی گفت، که مرخصی‌اش جور شد. اما تصور قلبی‌ام آن بود، رفت که رفت و شاید تا مدت‌ها هم دیگر به اوین بازنگردد. انگار در اوضاع و احوال گشایشی شده است.

وقتی بدرقـــه‌اش کردیم، کمی با میردامادی حرف زدم وگفت احتمالا بروی بیرون!، شاید به همین زودی‌ها.... به اتاقم بازگشتم و دوباره شروع کردم به خواندن جلـــد ۶ یادداشت‌های علم، اما ذهنم رفت به جاهایی دیگـــر... یاد یـــک نوشته قدیمی از خودم که بـــه تقلید از سبک صادق هدایت، نوشته بودم:

«... روزگاری که رضا پهلوی (شاه اول سلسله پهلوی) مهارکنترل قدرت در ایـــران را در دست گرفت و سپس، در ۲۰ شهریور ۱۳۲۰، آب و خاکی را که با خون جگر ساخته بود، رها کرد و رفت، حدود ۷۰ سال می‌گذرد و از بـــیرون رفتن جانشین‌اش، همانا پســـرش، ۳۳ سال به سرعت برق و

باد رفت... در آستانـــه ۳۳ سالگی رفتن شاه ایران، تفکر درباره رفتنش جستجویی در دلم آغاز کرد... برای بین هم نسل‌های من، تا شنیده بودیم این را شنیـــده بودیم که: ...«ثابتی کسی بود که هر مخالفی با دیدنش، اشهد خـــود را می‌خواند می‌شه... یا جزو اعدامی‌هـــا بود و یا ابد.... موجودی بخت النصر، بداخم، بدقلق، بد دک و پوز، بدمروت و...یک آدم نسقچی که موی عزرائیل به تن‌اش بود، عینهو غول بیابانی... قداره بند داشت که مخالف رژیم را به قدّاره و صلابه و زیر اخیه می کشیدند... هر زندانی با دیدن و شنیدن اسم ثابتی، زهره خود را باخته بود... اصلاً اسم‌شـــان به خاطر سفاکی سر زبان‌ها بـــود... اگرکسی یک کلمه روی حرف‌اش، حرف می‌زد، فـــوراً چیزی لای پرونده‌اش می گذاشتند که تا ابدالاباد نشود خلاصی پیدا کند و رمق و رس همه را می کشیدند...».

خلاصه هر بـــار که مطلبی درباره امنیت شاه می‌خواندم، سعی‌ام بر آن بود که جور دیگر ببینم داستان را. قرآن خدا که غلط نمی‌شد اگر روایتی مخالف جو حاکم باشد!... علی‌الاصول بر خلاف جریان آب، شنا کردن را دوست دارم. تا این که یک بار در یکی از مراکز تاریخ معاصر، خسرو معتضد، مورخی ادا و اطواری و افندی پیزی را دیدم. چهره آشنا است البته وارث و مـــیراث خور مراکز تاریخ. در هر پروژه‌ای، اردک می‌رفت و غاز می‌آمد. انگشت توی شیر می‌زد اما همیشه طلبکار بود...درباره «ثابتی» چیزهایی می گفت که در قوطی هیچ عطاری نمی‌شد مشابهش را یافت که والله «ثابتی»، الـــه است و بله!.. خلاصه دیدم که با آن تاریخ‌نویس دروغ پرداز، هم نمی‌شد اره داد و تیشه گرفت... دهانش لق بود و انگار ارث شغال به کفتار رسیده... با آن سبیل از بُنا گوش دررفته و هیکل بام غلتانی‌اش، از حرف‌هایش عُقم گرفت... توقع معجزه‌ای از این‌امامزاده نداشتم، او در هر دورانی برای صاحبان قدرت مسلط زمانه، باد توی بوق می‌داد و پیزُر لای پالان می گذاشت...گاهی این منتقد از خود ممنون و

بامبول زن و ابرو پاچه بزی، چنان اخم و تخم و اَخ و پیف می‌کرد که تو گویی، بدتر از این مطلق بینی او، دیگر چیزی یافت نمی‌شود!

برای من جوان خام هم «آن چـه یافت می نشود، آنم آرزوست».. تا این‌که تصمیم گرفتم درباره پرویز ثابتی تحقیق کنم، به هر وجه من الوجود و البته نمی‌خواستم که موضوع تحقیق درباره او را افشا کنم تا مبادا، هزار تـا اوستا چُسک پیدا کنم که دخیل در ماجـرا باشند و بعد پروژه‌ام بخو بریده‌های پاردُم سابیده، اُوستا عَلم کنند! و...

سال آمد و سال چرخید تـا در بکش واکش پس از انتخابات ۱۳۸۸ در ناف پاریس با این فروغی و برادر شاه سابق ایران، غلامرضا پهلوی، فالوده بستنی خوردم. فروغـی، آن دوست شیک‌پوش انسانی است که سرش توی حساب است و آیند و روندهایی دارد و طرفه این‌که راجع به هیچ کاری، آیه‌ی یاس نمی‌خواند... صد تا کار به دست را اوستا بود!.. در میـان حرف‌ها وگفت و شنودمان از «ثابتی»، اسم آورد... پوست به قالب تنم، تنگی کرد و پا برهنه، توی حرفش دویدم... گفتم، «بالا غیرتا، کمکم کن»... تحقیق درباره «ثابتی» رفته توی کله‌ام و به این آسانی هم بیرون نمی‌آید و در ذهنم، بد پیلگی می‌کند و هرچه بالا و پایین می‌روم، بی‌فایده است انگار... پس بالای غیرتت، اسباب کار را فراهم کن!»... آن دوست از آن‌جا که همیشه «از بالا بالاها آب می‌خورد»، خلاصه بال و پـر داد ... خوب، اجر و قرب کار را دانست و باورش آمدکه کار، کار خیر است و بانی خیر شد!... آشنا روشنای هم بودند از دیرسال ... قول دادکه این کار را بکند و ادعایش هم می‌رسید و مطمئن بودم که حرفش، حرف بود و فکرکنم اگرکسی غیر از او بود، بخیه به آب دوغ زدن بود و بُز می‌آوردم... و بارم بار نمی‌شد...

به آمریکـا بازگشتم، یک روز پائیزی که آفتاب هنوز پهن بود، تلفن به صدا درآمد و دیدم پشت تلفن صدای مهربان آن دوست است که پس از

چاق سلامتی گفت: «پسر! بختت بلند است و فلانکس پذیرفته که به تو زنگ بزند». وقتی این را گفت، بادی به غبغب و آستینم افتاده بود و چه جور هم! ... الحق والانصاف، باصفتی کرد و پر به پرم دادکه کار را به سرانجامی برسانم و پشتش را بگیرم سفت و سخت.اما هنوز مردد بودم که «ثابتی» به تلفنی بسنده کند و آخرش بقچه‌ام را زیر بغلم بگذارد و دست رد به سینه‌ام ... چون او سال‌هاست با کسی حرف نزده و سخنی نگفته است...

قبل از تماس «ثابتی»، یکی از مقامات ساواک در لوس آنجلس را زیارت کردم،... خلاصه، در بلدیت او در امور داخلی ایران، شک کردم... یکی دیگر را قبلاً در لندن دیده بودم و بوی الرحمن‌اش بلند بود و عاقبت قبل از انجام مصاحبه، پاهایش را رو به قبله درازکرد و اسیر خاک شد، اما نمی‌خواهم اسمش را بگویم... از شما چه پنهان، پدر خود را لرزاندم تا با یکی دیگر از مقامات ساواک حرف زدم... انگار پرم به پرش گرفت و پدرآمرزیده، پای خود را کنار و پاشنه دهن‌اش را کشید به تاریخ و تاریخ نگاری!... هر چه گفتم به آن بد نفوس، که "پدرت خوب، مادرت خوب... قسم به آیه و پیر و پیغمبر"... اما افاقه نکرد قربون!... و پیسی بر سرم درآورد که نگو و نپرس!... من هم پالانش را آفتاب گذاشتم و رهایش کردم و دگر دم پرش نرفتم... هرچند پیر و پتول و ریق شده بود اما توهم داشت و هراس از این که پته و پوته‌اش، روی داریه ریخته شود!... هرچه بود با آن پُز ناشتایش، پرندیات گفت!... راستش را بخواهی، شوت بود یارو!...

شاید بعضی‌ها بگویند که «بچه!، فضولی موقوف!»، اما از قدیم و ندیم، چه بسیار قالتاق‌های کلاش و هفت خط‌های قد و نیم‌قد که در تاریخ معاصر ایران، یک شبه وکشکی، داخل آدم شدند و قد علم کردند و قد این قولتشن‌های دیوان، الهی بخشکد!..که درکشورهای صاحب‌دار،

کسی پِهن بارشان نمی‌کرد و نمی‌کند تا رسد به این که کلاه‌شان، روزی پشم پیدا کند و کلام‌شان نفوذ!

سرانجام پرویز خان «ثابتی»، بنای کار را گذاشت. نمی‌دانستم که بُنیه جـدل با او را دارم یا کـه نه، از دور خوابیده، پـارس می‌کنم... اما با سـر دویدم. به هر حال شانسم زد و البته همیشه هم روی شانس بوده‌ام. بی‌رودربایستی، هم کلام شدن با «ثابتی» بعد از این همه سال، هیجانی داشـت... شاد بودم و روحم پرواز می‌کـرد. دردسرتان ندهم، او را در آسمـان می‌جستم و در زمین پیدایش کرده بودم، با آدم‌های قبلی، مثقالی ۷ صنار فرق داشت. گمان می‌کردم که سر و سوت شاه، پیش اوست... گرچه زیاد با شاه، سینه به سینه نمی‌شد... حافظه‌اش بیداد بود، رودست نداشت، تا اسم هرکس را مـی‌آوردم، پشه را روی هوا نعل می‌کرد، گاه بـا تکرار، مطلبی را پخته می‌کرد و البته خودش پخته و ساخته شده بود به روزگـاران. دهن گرمی داشت. وقتی از رضاشـاه و محمدرضا شاه، سخـن می‌راند، طبعاً دهن خود را با هفت تا آب وگلاب، می‌شست... سـوال می‌پرسیدم و شاخ و برگ و لفت و لعابـی نمی‌دادم، در بعضی جاهـا شکسته بسته سوال می‌کردم... او هم در پاسخ‌هایش، یک کلاغ چهـل کلاغ نمی‌کرد، گاه سر دماغ بود و چیزی را می‌گفت که از خنده روده‌بر می‌شدم و غش‌غش می‌خندیدیم، در مچ گیری از همه انگار معرکه بـود و حریف نداشت... هرچند دیوار حاشا بلند است اما او زیر چیزی نمی‌زد.... مانند مُلا باشی، نمی‌خواست که درس شرعیات بدهد، اصرار و ابرامـی هم نداشت و اگر از چیزی اطلاعی نداشت براحتی اعتراف می‌کرد.

در هنگام گفتگو، مچ خیلی‌ها را باز می‌کرد... می‌خواستم داد دل از مصاحبت بـا او بگیرم، که هرچه هست را بازگوید ...پس از چند سال، شاید در مصاحبه کردن، درس خود را روان شده بودم، اما او هنوز اوستای

کار بود... گاه با روایت‌هایش، داغ دلش تازه می‌شد.... آدمی با نشاط بوداما دلش پرخون... دل پُـری داشت از روز و روزگار و شاید در این مصاحبـه، کمی دل خودش را بیرون ریخت... و حرف دلش را می‌زد و حرف را نمی‌پیچاند... حساب کهنه و خرده‌ای هم نداشت... جز ۲-۳ مـورد، چیزی را به حساب کسـی نمی‌گذاشت و حق و ناحق نمی‌کرد، حتـی درباره مردگان که مبادا خاک برایـش خبر نبرد! در این حیص و بیص اگر من حرفی روی حرفش می‌آوردم، حرف را بر نمی‌گرداند و سر حرف اول خود می‌رفت و بیشتر توضیح می‌داد...شاید در جدل کردن، کمترکسی از پسش بر می‌آمد و نیز، به موقع و به جا می‌زد... غلط نکنم بعد عمری، حرف می‌زد.

از ۳۲ سال پیش، شاید خیلی‌ها، سیاست را سه طلاقه کردند، اما او هنوز می‌خواند، سی روزه ماه چهل روزش.... به ندرت متوجه شدم که حالش جا نیست...اما حفظ حرمت می‌کرد... نمی‌خواستم قضیه جوری بشود کـه احساس کند دارم زیر پاکشی می‌کنم، در حین گفتگو می‌خواستم که راحـت باشد و حرفش را بزند... سر چیزی را بـاز می‌کردم و او ادامه می‌داد و سر دلش باز می‌شد...حقـش را بخواهی، نه سر می‌شکست و نـه نخودچی توی دامن کسی می‌ریخـت... البته توقع هم نداشتم که فوت و فن کاسه گری‌اش را به من بگوید.. «وظیفه محقق، شنیدن است و خواندن و بی‌طرفانه نوشـتن»... شاید هم گاه برای بعضی‌ها، بخت یـار باشـد و در پیشانی، شانس، عوعوکند و البتـه من هم مشهور به آن خوش‌شانس‌هایم...

ورِ دل ثابتی نشستم وگفتگـو شروع شد... راستش دلم غنج می‌زد... مخزن الاسرار بود به راستی... بگویی نگویی، دیدگانی پرنفوذ داشت... از این که پیشانی نوشتم این طسور بود که او را از نزدیک ببینم بسی شاد و مسرور بودم... در حرف زدن، نه باد و بروت داشت و نه اِهن و تُلپ...

اصلاً تظاهری نداشت و پستان به تنور نمی‌چسباند و رک حرفش را می‌زد و نگفت که با شاه هر روز پیرهن‌شان توی یک آفتاب خشک می‌شد... موقع حرف زدن باج به فلک هم نمی‌داد.. گاه بُراق می‌شد از چیزی و برای اظهار تعجبش هم می‌گفت: داشت اسفناج درکله‌ام سبز می‌شد... گاهی برایش تهمت‌هایی را می‌خواندم، انگار نه انگارش بود و اصلاً باکش نبود و برایش دروغ بودن‌شان، شاید برو و برگرد نداشت!

صدق مطلب این است که روزگاری، دیگرکُفر ابلیس شده بود... یعنی زمانی که تازه عاقله مرد شده بود و عراده‌اش حسابی روی غلتک افتاده بود... در سخنانش، می‌گوید که نمی‌خواسته خاک توی چشم شاه بپاشد و حق و حقیقت راگفته است... حامی دور از واقعیت نبوده و نیست و گویی حال و روزگار و دل و دماغ رویا بافتن هم نداشته است...با شاه بیش از یک‌بار رو در رو حرف نزده بود. «ثابتی» گاه عُنق شاه را مُنکسر می‌کرد، اما برای طاق ابروی شاه وگل رویش، نمی‌خواست که دروغ ببافد!. شاید شاه هم ازگفتن حقایق، بدش می‌آمد... راه پیش پای شاه می‌گذاشت و او نمی‌پذیرفت!... و به همین سبب «ثابتی» می‌گفت: اعلیحضرت، سگ راگشوده و سنگ را بسته! ... و در آن دوران که سگ – ساران شده بود، راهش را عرضه کرد که فعلاً با بند و زنجیر کشاندن مخالفان، در برابر آمریکا، باید ضعف نشان داد... و تا دیر نشده جلوی مخالفان و موج عصیان راگرفت و فرداکاسه چه کنم چه‌کنم، به دست نگیریم...اما دستگاه، فاسد شده بود وکرم از خود درخت بود و آب از سر تیره... و حرف‌های «ثابتی»، راه به جایی نداشت... گرچه آخرین تیر ترکش بود، «ثابتی» می‌خواست با آزادی بیان، سیل را از سرچشمه و سربند ببندد، اما موافقت نشد و روی گزارش «ثابتی»، فقط با مرکب بسیارکمرنگ، عین آب دهان مُرده، نوشته شده بود: «به شرفعرض همایونی رسید!.»... همین!...

شـــاه معتقد بود که زیـــر منگنه لندن و واشنگـــتن و سیاست آشکار و پنهان‌شان، گذاشته شده... و حکـــام آمریکا و انگلستان، گربه رقصانی می‌کنند و کچلک بازی در می‌آورند... و تصورکرد که به مخالفان باج بدهـــد اما آن‌ها دما غ‌شان را دسته‌کردند و دمار از روزگارش درآوردند و شایـــد شاه، در دنیای دوروزه‌اش باید آن زیر و زبر شدن را می‌دید و بعد ترک جهان می‌کرد، آن‌هم با آن مرض بی‌دوا و درمان...انگار شاه دیگر دلش ور نمی‌داشت و دلش کنده شده بود از هر چه که هست و نیست و فایده‌ای نداشت زهره چشم گرفتن از مردم عصیان زده... اما «ثابتی» با شـــاه، سنگ‌هایش را واکنده بود و نمی‌خواست که شاه مملکت را توی سنـــگ وکلوخ بیندازد.... ولی شاه، تصمیم دیگری داشت و می‌گفت: تـــو را سننه !؟ ... شاه، شاید در سیاست خارجی، سکه را داغ می‌کرد، امـــا در سیاست داخلی، مهار امورات و سررشته از دستش دررفته بود از سایـــه سر اطرافیانش گویا... دیگر نه راه پس داشت نه راه پیش... تنها راهش آن بـــود که برود...البته شایدکلاغ، برایش خبر داده بود و باد به گوشـــش رسانده بود که بفهمد موضوع از چه قرار است و یا زبانم لال، "اعلیحضرت خواب نما شده بودند!".

شاه، تا دری به تخته می‌خورد و چیزی می‌شد، می‌گفت: "می‌روم!".. و ســـر قوز افتاده بود که رها کند و برود... و برای خروج از ایران، روز و شب نمی‌شناخت... شاه، دوست داشت که اصلاحات بشود اما انگاری که باید بـــه دست بُز اخفش انجام می‌شد تا کـــوزه‌اش را لب سقاخانه بگـــذارد و سیستم او حفظ شوداما دیگـــر دردش دوا نمی‌شد...شاه– اینکه راست می‌گفت یا نه، مهم نیست اما توگویی که، انسانی راست و حسینی در مقابل او، نمی‌توانست راست راستکی حرفش را بزنند، چون مضمون دستش می‌داد وگاه انسان‌های صادق را از خود می‌راند و دیگر سر و سراغـــی از او نمی‌گرفت و یا نمی‌گذاشتند که بگیرد،... توگویی

رسم روزگار است که «رجاله‌ها را دور خود جمع کند و تا دلت بخواهد، مفت خورها، از راهش وارد شوند و روی شکم حرف بزنند. در مجیز گفتن و ریا و دروغ و فریب، می‌تازند و گوش همه را کر می‌کنند...اما دو روزه روز، قدرت، چه داستانی است.... حالی‌شان نیست تا زمانی که خود و هم پالکی‌های‌شان، اسب مراد سوارند با دم‌شان گردو می‌شکنند، و فقط منتر پول و مقام‌اند و سری توی سرها درآوردن!... خلاصه شاه برای چاپلوسان آخور می‌بست و اهمیتی به دلسوزان نمی‌داد.... البته بعدها فهمیدکه خشت برآب زد و باد به قفس کرد...

حرف سر همین است که «ثابتی»، گوشه دلش خبر شده بود که دیگر کار تمام است و حتم دانست که اوضاع نامراد است، گوشی دستش بود و حساب کار هم، وگوشی را هم دست شاه داد اما شاه انگارکه گوشش به این چیزها پر بود و حرف‌های «ثابتی» را از یک گوش شنید و ازگوش دیگر به درکرد.... شاه، باج می‌داد تا آرام کند اوضاع را... نصیری را کنار نهاد و مقدم را به جایش منصوب کرد «ثابتی» با یک رند پر فریب، سرشاخ شد و دید بی‌فایده است شاخ به شاخ آن فریبکار شدن، چون آن حیله‌گر شاخ توی جیب شاه گذاشته بود که رضایت بدهد «ثابتی» برود... اصلاً با «ثابتی» کارد و پنیر بود... کدخدا را دید تا ده را بچاپد و تا آن‌جا رفت که «ثابتی» برکنار شود.... گرچه سابق بر این ساواک را بزرگانی راستین و سرد وگرم چشیده مانند پاکروان، از آب وگل در آورده بودند و می‌گرداندند بنا به ذکر دوست و دشمن، هیچ رنگ و نیرنگی توی کارشان نبود و خاک ازگرده‌شان بلند بود و عاقبت به دست انقلابیون، خاک خورد شدند!...

«ثابتی»، شاخ خود را از آن حیله‌گران برداشت، چون دیگر با آنان کلاهش توی هم رفت و میانه‌شان شکراب و توگویی خیلی چیزها را نمی‌توانست به مغز وکله مافوق‌هایش، فروکند... موقع خداحافظی،

صلاح و مصلحت با هویدا کرد... هویدا، رفتن وکنارگذاشته شدن «ثابتی» را به معنی پایان کار، تعبیرکرد انگار دیگر صغری کبری چیدن نمی‌خواست و حرف پیش زد که "دیگر حرفی تویش نیست، کار تمام است... چون رفتن تو بر سر همین حاضر جوابی‌ها و حرف به خانه نبردن‌هایت بوده اما حکم ما، ماندن است و بدرود رفیق!" ... و «ثابتی» حب جیم را خورد و رفت ینگه دنیا، شاید تا سر سالم به‌گور ببرد... روز ۳۱اکتبر ۱۹۷۸، روزهالوین، یعنی ۹ آبان ۱۳۵۷.... ۴ روز پس از آن که کارتر، تولد شاه را تبریک گفت و خمینی هم به سی‌بی‌سی آمریکا گفت: شاه باید برود!... و همان روزی که رضا پهلوی (فرزند شاه فقید) با کارتر دیدارکرد وکارتر در آن ملاقات، پشتیبانی خود را از شاه، تأییدکرد.

اما شاه با زندانی کردن وفادارانش، گره ازکارش باز نشد و وقتی هم رفت آنان را در زندان رها کرد و در تاریخ، این عملش را نامردی خواندند که جز آن، نوعی دهل زیرگلیم، زدن است و آفتاب را با گل اندودن... دیگرکسی شاید باور نداشت، خیلی ازکارهایش حالت شل کن سفت کن داشت، آنقدر شور بود که خان هم فهمید ... نوعی سودای خام پختن بود وگره به باد زدن ... و البته هویدایی که هرگز توی روی شاه نایستاده بود، شاه او را دم چک از راه رسیده‌ها گذاشت و حتی سنگ صبورش را با خود نبرد.. هویدا هم تا روز مرگ – که مشهور است، غفاری در سالن دادگاه به رویش آتش گشود ـ لالمانی گرفت و لام تا کام، حرفی نزد هرچند که آه در جگر داشت... مانده بود سرگردان اما فهمیدکه گربه‌کجا تخم می‌گذارد، گرم و سرد چشیده روزگار بود، گرچه بعدها مخالفان او را شیرخشتی مزاج نامیدند اما وفادارش‌اش را تا روز مرگ به عقیده‌اش – هرچه بود ـ نشان داد...

وقت رفتن آمد که شاه برود...وقتی دیدند اراده ماندن ندارد، شتاب رونده مخالفان، سهمگین شده بود... در آن اوضاع ریخته واریخته که

سگ صاحبش را نمی‌شناخت، علی امینی، یکی از وزیران قبلی هم قدم رنجـه‌کرد و به ایران بازگشته بود، انگاری فیلش یاد هندوستان‌کرده بود تا دوباره بر تخت صدارت بنشیند وکباده ریاست وزرا را بکشد، از قرار معلوم شاه فریب قــارت و قورتش را نخورد و توی دلش می‌دانست آن فــلان فلان شده، چند مرده حلاج اســت؛ در ایام بعد ازکنده شدن قال مصــدق، با آن میرزا قشمقم، کم قــال چاق نکرده و با فتنه آمریکایی‌ها همدستــی نکرده بود... خلاصه فلسفه بافت و صغــرا وکبرا چید و در با غ سبز نشان داد و چهل چشمه... تا که بگوید فلان و بیسار می‌کند و هشت را هشتاد تا... اما شاه، هم بالایش را دید و هم پایین‌اش را؛ دیگر کار بالا گرفته بود و بیخ پیداکرده بود و قافیه را باخته بود... و شاید آن نخست‌وزیر سابق می‌دانست‌که شاه، امریکایی‌ها را مقصر می‌داندکه چه به روزش خواهند آورد، دنبال حق‌السهم بود در آن‌گیر و ویر!

شــاه، ریش به صورتش خشک شده بــود، یک روز نبودکه مخالفان معرکه‌ای به پا نکنند و مثل ریگ فتنه‌ای نشود، از عاقبت مملکت و ملک یا سرنوشت خود و خانواده‌اش، زا براه شده بود... شاه از درد لاعلاجی، بختیــار را منصوب‌کرد و در واقع بختیار خود را با شاخ‌گاو در انداخته بــود. گرچه از سال ۱۳۳۲ او را می‌شناخت و دزد دست او نمی‌دادکه به دوستاقخانه ببرد و یادش بودکه بختیار در سخنرانی‌هایش در جبهه ملی، گاه دست از آستــین در می‌آورد ... رشیدیان رفته بود زیر بال‌اش، چون در دستگــاه و بساط او بود و او دُم بختیار را علم‌کرد... شاید شاه دیگر نمی‌دانست‌که چه‌کند تا باز دچار رق و تق نشود.... بختیار، دماغش را خرطوم‌کرد و شرط و پی آن‌که ایران را آرام‌کند، اما شرق دست لازم را نداشت... به‌کد یمین و عر جبین نبودکه، آقایانش در لندن او را شرمنده کرده بودند... اگر راستش را بخواهی، انگلیسی‌ها وی را داخل آدمش کردنــد و آن خُل وردوی خُوش رقص، دستک دُمبک به شاه‌گذاشت و

دُم او را تـــوی بُشقاب... تا شاه برود و مخالفانش خفقان بگیرند و او، ردای نخست وزیری بر تـــن اندازد اما با کوران و حوادث، دشت او هم کور شد... انگلستان هم در ایران، هر پشه‌ای را پرواز می‌داد، سیمرغ و شاهین می‌شد عاقبت!

هایـــزر ذلیل مرده، به تهران آمد تا داغ به دل یخ بگذارد و دیارالبشری هوس کودتا نکند، اما آئینه داری در محفل کوران بود. در میان هیچ کدام از آن درجـــه داران بزرگ ارتش، مـــرد مقتدری نبود و درگیوه‌شان گشاد بود. دست‌شان زیر سنگ شاه گذاشته شده بود و دنبه‌شان پروار. خلاصه ریش‌شان به دست شاه بود. گرچه آمدن هایزر به ایران این سوال را در ذهن زنده می‌کندکه به آن دخمسه، چه دخلی داشت؟ شاید خودشان دیگ را بارگذاشته بودند و آمدنش هم دیگجوش بهم زدن. اما ژنرال‌های ارتش شاهنشاهی ایران، طبعـــاً از دیگ چوبی‌هایزر، حلوایی نمی‌خوردند!... همه‌ی آن‌ها از دولت و تصـــدق سرشاه به این مقام رسیده بودند، اما او می‌خواست همه را سرانگشت خود برقصاندکه رقصانید و به ریش‌شان بچسباندکه کودتا نکنند و می‌خواست همگان از وی اطاعت کنند!...اما خیلی‌ها آج و داغ شاه بودند تا لحظه آخر!... نمی‌خواهم لُغز بخوانم، اما یک چُس زمین و یک لشگر ژنرال؟، توگویی که آن همه درجه و مدال و ... به لعنت خدا هم نیارزید... در هم می‌لولیدند، انگاری ماست خورده بودند و شاه هم به ایشان دخیل نشد و شاید دماغش باد داشت که نبض همه را با تفرقه بینـــداز و حکومت کن، در دست دارد... هایزر، تا یقین کـــرد که خبری نیست، دامن خود را تکـــان داد و خارج شد... یکی از مقامات ساواک برایم گفت «مادر مُرده قرمساق!، تصور می کرد که همه زرت‌شان قمصور شده و تلنگ‌شان در رفته! و یا همه چُغندر زردک‌اند و با حرف‌های او از میدان به در می‌روند... که البته، رفتند!... می‌خواست از زور پیسی، سر سیاه زمستان، زورچپان کند... که کرد!...امرای ارتش،

اعلام بی‌طرفی کردند»...

شاه، داشت می‌رفت، شب بود و او در فکر و خیال ... شبی که دیگر کاخ، آذین بندی نبود و یا شیلان کُشان برقرار... سوت وکور مانده بود و شاید هوای شیون وگریه داشتند باغبانان و نگهبانان کاخ تا خُنکای صبح امـــا صدا ازکسی در نمی‌آمد... فردایش هلیکوپتر در حیاط کاخ به زمین نشست تا خانواده سلطنتی را به فرودگاه ببرد ... گرچه شاه هنوز لباسش صاف و صوف بـــود و بی‌اعتنا به گریه اطرافیان، شاید هنوز از تک و تا نیفتاده بود... ناخوش احوال بود و نیازی نمی‌دید با کسی حرف بزند و زیـــر چشمی همه را می‌پایید و در یک نگاه، همه را زیر و بالا می‌کرد... انگار جوهره همه را می‌شناخت، همه اطرافیان به او زُل می‌زدند... صدا بـــه صدای هم در خیابان "مرگ بر شاه" بود... آن‌ها سردشان شده بود، حیاط فرودگاه، زمهریر بود...

شـــاه، اندکی ایستاد تا بختیار سوگند بخورد و پشت ۷ کوه سیاه، شش میخه کند اوضاع را... بختیاری که در فرودگاه هم شاید دُر افشانی می‌کرد و با تعظیم کردن پشت سر شاه، نمک می‌ریخت... آدمی‌زاد، گاهی شیر خام می‌خـــورد اما رنگ کردن، فایده‌ای نداشت خاصه او!... بختیار با نخست وزیری به مشروطه‌اش رسیده بود اما لغز خوان بود، می‌گفت آن‌که او را به زیر می‌کشد از روز ازل، پالانش کج بوده... خمینی افکارش عهد دقیانوســـی است و عقل همه را می‌پیچاند! و غربتی‌ها در فرانسه دورش را گرفته‌اند... امـــا وقتی شاه رفـــت و سرگاو توی خمره گیرکرد، نشان به آن نشانی که خیالات برش داشت و خیمه روی آب زد و به خمینی نامه نوشت که نخست‌وزیر انقلاب هم باشـــد، انگار دوغ و دوشاب برایش یکی بود!... سال‌ها بعد، از دست دنیا گله‌مند بود و خودش را به شغال مردگی می‌زد اما دیگر شکر خوردن، فایده‌ای نداشت!

شـــاه گریه رو، ماتش بُرده بود، رنگ به رو نداشت، مشتی خاک ایران

را در جیب نهاد، دستش را ماچ می‌کردند و کیپ تا کیپ مقامات بودند وگوش تا گوش، خبرنگار... سنگی توی ترازوی کسی نگذاشت و رفت که رفت... هواپیما میان زمین و هوا بود که همه زمین و زمان گفتند: شاه رفـــت!... گروهی سرنا برداشتند و بالای پشت بام نواختندکه «دیو چو بـــیرون رود، فرشته درآید»... زنجیر پاره کردند و زیر بل‌اش زدند و زنده و مرده شاهنشاه را شستند و کنارگذاشتند... خدایی‌اش را بخواهید، شاه خون جگر خورد و هرگز باورش نشدکه نشد و خود خوری کرد و دیگران گفتنـــد: خدا دیوانش را برکند... انگاری شـــاه، زیادی بود... خلاصه زیر پایش را جاروکردند... بعضی‌ها بـــا های‌های گریه کردن‌شان، زور می‌زدند تا بگویند: همین زودی‌ها برمی‌گردد اما دیگر نشد و رفت آن‌جا که ســـال دیگر با برف پایین بیاید... وقتی شـــاه رفت، همه چیز لق لق خورد و ناگهان فرو ریخت و ملک به تاراج لُوطیان رفت!... قال و مقال مخالفان بالا گرفت و ور افتادند به هوار آن‌ها...به هر حال روز و روزگار وانفسا چیزی دیگر توی خشت انداخت.

شـــاه تا رسید بـــه جایی امن، زبان به دهن وکـــام نگرفت در غربت و آوارگـــی، معتقد بود که مردم ایران، روزگارشان برگشته و دیگر روزگاری ندارند و فاتحه مملکت خوانده شده و رفت... دور از جان شما، خشک و تـــر با هم سوخت! حال و روزی که الهی آن گیراگیر و کشاکش را هیچ مسلمانی نشنـــود و هیچ کافری، نبیند!... کم کم شاه زبـــان ترکرد وگاه زبانش بند می‌آمد، اما خاطراتش را روی کاغذ آورد.... (پاسخ به تاریخ)

تـــا شاه رفت، بختیار به‌اشکالاتی برخورد، به خنس و فنس افتاد و تو گویی خلاصی نداشت...گروهی هم ایران بازی درآوردند و سر به دنبال سرجنبان‌ها و سردمدارهای رژیم جدید گذاشتند تا از قافله عقب نمانند و شاید نمی‌دانستندکه سر بی‌صاحب می‌تراشند... هرکدام از مقام‌های تازه رسیده، چه‌کوسه و چه ریش پهن، شاید به تنهایی صدکل راکلاه و

صدکور را عصا بودند... آمدنــد آنان که نه رومی بودند و نه زنگی اما روی گرده تخت بازان، سوار شدند و شاید چنین حال و روزی را عمراً به خود سراغ نداشتند... اما به سر مبارک قسم!، هرچه بود، ذریات شاه را برانداخت!... به هر روی، حال و زمانه سبزی پاک کن‌ها و سر از تخم در آورده‌های جدید فرا رسیده بود... و دیگر مهدی بازرگان، شمایل گردان شده بود و خیلی افراد ناگهان عزیز دُردانه شدند و شپش‌شان، منیژه خانم!

بعضی‌هــا مثل ناصر مُقدم خاک به‌گــور، حیله‌گر و خال باز بودند و دنبال حق البوق... تصورشـــان این بود که با حقه سوارکردن و خرکریم را نعــل کردن، حــق آب وگل خواهد داشت و دیگ حلــوا برایش بار می‌گذارنـــد، اما باخت قافیه را.... اما دیدند بوی کبابی درکار نیست و خر داغ می‌کنند و آن وردار ورمال، انگارگیر افتاده بود و تازه می‌فهمیدکه یک من ماست، چقدرکره دارد و خر را چه جور با نمد داغ می‌کنند... اما دیگــر دیر بود تا فکرکند این چه غلطی بودکه کرد و چرا گز نکرده، پاره‌کرد... آن شیرین عقل، کاری کردکه ماست رنگ می‌گرفت و شیطان ای والله می‌گفت، اما کفاره‌اش را پس داد در آن محشرکبری... حالا که گیر افتاده بود، گربه عابد و مسلمان و زاهد شده بود و در دادگاه انقلاب، خواستار جلسه خصوصی شد، اما گوش ندادند... دیگر شارت و شورت در دادگاه، فایده‌ای نداشت و رفت سینه قبرستان... زیر دمش شل بود و با اعدامش، بسیاری از اسرار را هم زیرگل برد که باکه ساخت و پاخت و بند و بست داشت... به سر مبارک، سوسه‌اس درکارش بود و علیه همه و «ثابتی» هم، سوسه دوانده و موش کشی کرده بود تا همه راکنار بگذارد و خود قدرت پیداکند اما نشد...هنوز هم آتش از قبرش برمی‌خیزد.

قبل از فرا رسیدن شب نوروز و آمدن بوی دَمپختکی عید، نطق‌هاکشیده شد و هرکه صدایش در آمد، خفه‌اش کردند و هرکه آمد خیر خواهی کند بــه‌گلوله‌اش بستند و خیلی‌ها اعدام شدند و وقت فلنگ بستن و شیخی

را دیدن هم نبود... گرچه ضامن بهشت و دوزخ شاه نبودند اما در ضبط و ربط امور نقش داشتند و همین موجب شد تا ضرب‌الاجلی عقوبت پس بدهند و عبث عبث بمیرند و دیگر طفره و تقلا بی‌فایده بود و عجز و لابه هم.... البته رویم سیاه، تو کش واکش انقلاب، نقل و نبات که قسمت نمی‌کنند... خون‌ها می‌ریزد تا بر اوضاع مسلط شوند وگاه به زور قلچماقی داخل می‌شوند... در آن شیر تو شیر، شیر خام خورده یا پاک خورده، کسی نیست که سوا کند.... هفت در را به یک دیگ محتاج می‌کنند.... فکرش را هم نمی‌شود کرد!...

در آن دوران هردمبیل، یکی الله بختکی یا در صف اعدام‌های قطار قطار بود و یا از قضا، فراری می‌شد و دیگر به صرافت کاری نمی‌افتاد و ته دلش می‌گفت: حالا اگر زمین به آسمان برود و باران بیاید و خون بشود، دیگر وقت این حرف‌ها نیست!... وقتی باران اتفاق‌های پی در پی، مثل ریگ روان باریدن گرفت، بختیار دُم‌اش را لای پای خود گذاشت و رخت و پختش را روی کولش نهاد، بساط را برچید و راهش را کشید و رفت، انگار تن به تن‌اش نمانده بود... دیگر این تو بمیری از آن تو بمیری‌ها نبود!... خیلی‌ها هم، خُنکای صبح روز بعد از ۲۲ بهمن ۱۳۵۷، خواب از سر پریده که خون می‌آمد و لَش مُرده می‌بردند، خیط و پیط شدند، مراقشان گرفت و نپذیرفتند داستان جمهوری نو را، گیوه‌های‌شان را درکشیدند و دو تاگوش خود را برداشتند و از دیار بگریختند... هر کدام زهره و زنبق‌شان، آب شده بود و فرار را بر قرار ترجیح دادند و روی سبیل شاه، نقاره زدند.... درکنارگروگر اعدام‌ها وگله گله خارج شدن‌ها، گروهی زهره ترکاندند و قبض روح شدند و... کارشان لفت و لیس بود وگیج و ویج مانده بودند.

برای گروهی، اعدام مفلوک‌ها، نشانه پایان راه بود نه رفتن شاهنشاه بزرگ ارتشداران... و دیدن خون، به زبان بی‌زبانی، یعنی بدرود گفتن

بـــا همه چیز... صدها نفر عمله و اکره دستگاه شاه هم از مرگ رهیدند، عروس بی‌تنبان شدند و سفیل و سرگردان و سلندر... یا سرعقل آمدند و زال و زندگی‌شان را گذاشتند و رفتندکه مبادا کسی سروقت آنان برود، انگار راه دست‌شان نبودکه بمانند، عرصه را تنگ دیدند... یا راست و ریست کردند همه چیـــز را وکنج خانه خزیدند تا بقیه عمر سرآید، گرچه عقل‌شـــان مات مانده بـــود و دود از سرشان بلنـــد از دست دور و زمانه نامردای‌ها، برای همیشه از صحنه سیاست را «عزت زیاد» گفتند و اسم شـــاه را نوشتند روی یخ وگذاشتند آفتاب!.... پی کارشان رفتند، فتیله را ازگـــوش خود بیرون آوردند و باورشان شدکـــه دور و زمانه جدید است گویـــا،... گاه بهانه‌شان این بود «ما که پیر شده‌ایم، عزائیل برای ما دانه می‌پاشـــد از مدت‌ها پیش و برای مرده‌هـــا، مردار سنگ می‌ساییم، یک پایمان این دنیا است و یکی‌اش آن دنیا... فقط می‌خواهیم که بچه‌های‌مان خوشبخت شوند وگرنه با توپ و تشر یک مشت پاپتی که از میدان به در نمی‌رویـــم وکک‌مان نمی‌گزد».... گروهی هم برعکس، حرف حساب حـــالی بسیاری از عالی‌جنابان نشده بود– شاید اصلاً اهل این حرف‌ها نبودند– آنان که کَک به تنبانشان افتاده بود و رغبت‌شان نشست که ایران را نجـــات دهند، سوار بر توسن خیال شدندکه چنین و چنان می‌کنم.... بعضی‌ها، گرچه سیلان و ویلان بودند اما می‌خواستند ناجی باشند،... این رستم صولت و افندی پیزی‌ها، لگدپرانی کردند و لنترانی خواندند، رگ گردن‌شان راست شد و رگ صورت‌شان شاه توت اما غرق در توهم بودند و فکل کراواتی‌های بی‌خاصیت، عاقبت رسوا و علی‌الله شدند و رشته‌های‌شان پنبه وکاری نکردند و همه درگرداب فرو رفتند...

جمعـــی هم لم دادند و لمباندند، خجالت را خورده و آبرو را قی کرده بودنـــد... یا در سودای بازگشت شاهزاده جوان، اما هنوز درگیر دعوای حیدر نعمتی لوس آنجلس نشینان... هنوز هم نمی‌توان برای‌شان واقعیت

را بازگفــت... بعضی‌ها چون روی‌شان از سنگ پای قزوین، سفت‌تر و روی خــود را با آب مرده‌شور خونه شسته‌اند...اما شاهزاده جوان، خود دیدکه با مشتی پیرمرد فزرتی که روی‌شان از دنیا برگشته و بوی حلوای‌شان بلند شده، نمی‌شود کاری کرد... گروهی هم از هر طرف باد آمد، بادش دادنــد و زیر علم وکتل نو، سینه زدنــد... مه و مات شدند، جانماز آب کشیدند تا خودشان را نجیب قلم دهند... فردوست هم، برای شاه گرچه دیده شناخته بود، آن خیک نُه سوراخ، خود را خاک پای نو آمدگان کرد و توگویی خاکه روی خاکه مفصلی هم کرد که خر خود را راند و خواست از نــو بسازد... یک آدم رموک، که حقش را بخواهی، شاید مانند افراد دیگر، از حال وکار نرفته بود و حالیش بود... شاه تا روز مرگ تصور کرد که فردوست درست پیمان است... اما دیگر به آهن زنگ زده و موریانه خورده، نمی‌شد دیگر صیقل زد....

بعد از اعدام همراهان شاه و بهم ریختن بساط شاهنشاه، سفارت آمریکا هم توسط چپ‌ها برچیده شد، گروهی توطئه روس‌اش نامیدند وگروهی دعوای داخلی تازه به قدرت رسیدگان وگروهی هم از پیروان خمینی آن را انقلاب دومش خواندند، اما هرچه بود، شاه روی تخت بیمارستان، از تلویزیون می‌دید شرح ماوقع را.... و جنگ خانمانسوز با عراق، آغاز شد ... شاید اگر شاه بر صدر می‌بود، صدام به‌گور بابایش خندیده بود که به ایران حمله‌کند!... شاه دق‌کش شد، ریغ رحمت را سرکشید و زبانش به سقف دهانش چسبید... و برای همیشه معمای شاه مات، ماندکه ماند. می‌خواست دمکراسی و تمدن بشری را به ایران زورکی تزریق‌کند،اما این قافله تا به روز حشر لنگ است!.. و حتی برخی از فیلسوفان، وی را متوهم نامیدند! و «ثابتی» دیگر با شاه، دیدارش به قیامت ماند... در آمریکا، صنار خود را سه شاهــی کرد و زندگی نو آغازید... نمی‌خواست که در ینگه دنیا، بیکار بماند و سگ اخته‌کند...

با «ثابتی» سخنی گفتم و شنیدم، اهل «اصول دین پرسیدن و شمردن» نبـــود، وقایع را بـــا او مرورکردم و سوال‌هایـــم را بی‌هیچ آداب و ترتیبی می‌پرسیدم و خالچه و میخچه نمی گذاشتـــم!... شال و یراق کرده بودم که بشنوم و به‌گوش جان بسپارم روزگار سرزمینم را و تا شام قیامت هرکه هرچـــه دلش می‌خواند بگوید.... تا مبـــادا روزی روزگاری، متهم شوم که نعنا و پیاز داغش را زیادکرده‌ام و یا جزو بلاخورده‌ها باشم که دروغ نوشته‌ام یا سخنی را به مصلحت، تغییر داده‌ام! ... صراف گوهر ناشناس نیستم شاید... درگفت وگو با او فهمیدم که چه غلط و غلوط‌هایی که به اســـم تاریخ به خوردمان ندادند....گرچه آواز سگان، کم نکند رزق گدا را...

اندک شـــرری از امید در وجودش درباره ایران بود هنوز... با بمب و تـــرور وکشتن و زبان هرزه گی، نمی‌شود ایـــران را به رشد سوق داد و یا تغیـــیری ایجادکرد، سیاست و خرد و بینش درست می‌خواهد... هدف حفظ ایران است و بقایش، دیگر اسم و فرد اهمیتی ندارد.... و شایدگاه بـــه انسان روزگار می‌آموزد که «این سرخی بعد از سحرگه نیست، فریبت می‌دهنـــد!»... شایدگفته فردوست همه را به فکر فرو ببرد که درگوش، یـــک مأمور امنیتی که دزدکی وارد ایران شده بـــود ـ گفت: ایران، تازه نجات یافته!... بزرگ ارتشـــداران رفت، حالا اویسی و آریانا و بختیار می‌خواهند نجات دهند!؟...

انشاللـــه ایران و ایرانی به دور از بلاهـــای الهی بماندـ در این ملک و سامـــان، تاریخ خـــود را از نو بخوانیم.. .که برمـــا چه گذشت و برای تاریخ‌مان، چه بایدکرد...»

دیـــدم که کم کم ۱۲ شب است و هنگـــام خاموشی... اما سیر خیالاتم دست بردار نبـــود... کتاب عَلَم را بستم و اما کتاب ذهنم که مانند یک

توسن وحشی می‌تاخت، دیگر قابل توقف نبود....

اما به هر حال، خوابیدم تا فردایی دیگر.. به قول جلال طالبانی، "خدا از سلطان محمود، بزرگ‌تر است"...

۱۱

پنجشنبه ۲۲ تیر ۱۳۹۱

همه‌اش فکرم مختل است که سرنوشتم در اوین چه خواهد شد و اصلاً چرا این‌جا هستم؟، زیر دوش رفته‌ام و همه‌ی سوال‌های عالم روی سرم مثل بهمن فرو ریخته و از خودم می‌پرسم مگر چه کرده‌ام؟، سال‌های ۱۳۸۲-۱۳۸۱ یک انسان دیگر بوده‌ام و افکار دیگری داشته‌ام و در این سال‌ها من انسانی دیگر شده‌ام، اما هدف این حضرات نابغه وزارت اطلاعات (واجا) از آوردن من به این دخمه چیست؟

حوله را دور خودم می‌پیچم اما همچنان دارم به کارهای بیرونم فکر می‌کنم که سرنوشت‌شان چه می‌شود... یاد نصیحت یک ژنرال نروژی افتادم که بهار ۱۳۸۱ به من گفت: برو در قبرستان ما قدمی بزن، اکثر قبرها مربوط به نخست‌وزیر و شاهزاده و وزیر و سناتور است، انسان‌هایی که تصور می‌کردند اگر روزی نباشند دنیا از حرکت می‌ایستد اما آن‌ها رفتند و اتفاقی برای جهان نیافتاد!... دوباره دارم به این فکر می‌کنم که برخورد حضرات با من چه خواهد شد؟، عفو می‌شوم یا نمی‌شوم؟ و یا زبانم لال یک سال و نیم می‌خواهندکه من بمانم؟، اما به چه جرمی و به کدامین

گناه؟

انگار کل زندگی‌ام مختل شده بود. فکر پدر و مادرم و دوستان نزدیکم مانند مریم، لحظه‌ای از ذهنم دور نمی‌شود، راستی الان روی تخت بیمارستان، در مبارزه‌اش با سرطان چه می‌کند، جز مهر و محبت و لطف و انسانیت از او و خانواده‌اش چیزی ندیده‌ام و شاید روزگار در حق او جفا کرده که به چنین انسان خوش قلب و مهربانی این درد بی‌درمان را ارزانی داشته.... نمی‌دانم چه شدکه غرولند ذهنی‌ام به آوازی زیر لب تبدیل شد....

ز عشق شمس تبریزی ز بیداری و شبخیزی
مثال ذره‌ای گردان پریشانم به جان تو

اما دوباره همان افکار عجیب؛ سراغم می‌آید که من در این تیمارستان چه می‌کنم؟، نه سیاسی‌ام، نه مبارز مسلح، نه بمب گذار و نه هیچ!، اما آیا حضرات عقل‌شان می‌رسد؟ مگر این‌که خدا فرجی کند... به سوئیس فکر می‌کنم و این‌که آیا شهریور ماه به لوزان خواهم رفت؟... یا به آمریکا، راستی از اوباما هم تقاضای مصاحبه‌کرده‌ام، ... وکاش می‌شد...

از حمام بیرون آمدم و انگار زیر دوش، همه آن فکرهای پریشان و پراکنده وگاه بی‌معنا به ذهنم خطورکرده... به حیاط آمدم و حوله خیسم را پهن کردم. غلامرضا خسروی سوادجانی هم حوله‌اش را پهن می‌کند، انگار او در طبقه پائین همزمان با من دوش گرفته، اما آیا او هم افکارش مانند من مغشوش است؟

از زندانیان سیاسی دهه شصت که در همان سال ۱۳۶۰ موقعی که ۱۶ سال داشته به دلیل هواداری از سازمان مجاهدین خلق بازداشت و پس از پنج سال در سال ۶۵ آزاد می‌شود، اما مجدداً در سال ۱۳۸۶ در سیرجان بازداشت شده و در دادگاه انقلاب کرمان به زندان محکوم شده، و این بار در شعبه ۲۶ دادگاه انقلاب تهران به ریاست پیرعباسی، به اعدام محکوم

است... هرچنـــد از مجاهدین خلق متنفرم و خوشم نمی‌آید، اما براستی یک محکوم به اعدام به چه می‌اندیشد؟

شاید خونسردی او در زیـــر آفتاب کمی برای روحیه‌ام خوب بود؛ بین مـــا هیچ سلام و علیکی نیست و اصولاً کاری به هم نداریم و همه افراد هوادار مجاهدین خلق در بند با من ابداً سلام و علیکی ندارند...

یاد حرف‌های حسن دانایی‌فر سفیر ایران در عراق می‌افتم که همیشه در عراق با هم در میهمانی‌های طالبانی یا هر جایی که فرصتی فراهم می‌شد، درباره تاریخ خاورمیانـــه، جدل می‌کردیم و الحق هم بخوبی کشورهای پیرامـــون را می‌شناسد... انسان اهـــل مطالعه و بسیـــار جالبی است... «مجاهدین خلق، جنایات قابل توجـــه و بی‌شماری در دوره انتفاضه و قیام مردم عراق علیه صـــدام، در بخش‌های کُردی و عربی کردند و ثانیاً الان پرونده‌هـــای تشکیل شده زیادی وجـــود دارد که این جنایت‌کاران بـــه ترور و کشتار مردم در شهرهای بغداد، نجف، کربلا، دیاله، سلیمانیه، کرکـــوک و صلاح الدین دست زدنـــد، که بسیاری از شاکیان خصوصی در دادگاه‌هـــای عراقی اقامه دعوا کرده‌اند و حتی به دستور دادگاه، بیش از ۸۴ نفـــر به واسطه جنایاتی که کردنـــد، تحت تعقیب و پیگرد قانونی هستند و احکـــام دستگیری این‌ها هم صادر شده و نکته سوم این که در ناامنی‌هـــای استان دیاله و در حوادثی که علیـــه دولت عراق در ماه‌های گذشته بود، نقش داشتند. این سازمان در بغداد، در قالب ظاهری دفاع از دمکراسی، با هزینه پول و سازمان‌دهی، علیه دولت قانونی وقت فعلی عـــراق اقدامات قابل توجهی کرده کـــه از چشم وگوش مسئولین مربوطه پنهان نبوده و مدارک مستنـــد در این باره هم وجود دارد (مانند: صدور اعلامیه‌ها، پرداخت هزینه‌ها، و سازمـــان دهی نیروها و به میدان آوردن برخی از عناصر به عنوان معترضین دولت فعلی) و...»

دانایی‌فر، تصور می‌کرد در نهایت این سازمان مخوف و دارای کارنامه

سیاه و تاریک، به دو دسته تقسیم خواهند شد، گروه قابل توجهی به ایران بازخواهندگشت، البته در طول این چند سال هم ۸-۷ سال گذشته ـ قریب به ۱۰۰۰ نفر ـ ۸۰۰ نفر از داخل پادگان و بیش از ۲۰۰ نفر از خارج از عراق وکشورهای دیگر ـ به ایران بازگشته‌اند و دارند زندگی می‌کنند و اخبار این‌ها هم از طریق صلیب سرخ – که اکثراً از این طریق وارد ایران شده‌اند، منعکس شده، زیرا ظاهراً عفو شده‌اند و گفته‌اندکه تنها کمتر از ۱۰۰ نفرکه دارای پرونده قضائی‌اند و بعضاً شاکی خصوصی دارند، مستثنی هستند و...».

برایم می‌گفت که در داخل پایگاه اشرف، ساختاری پلیسی حاکم است. پیشنهاد می‌کرد، در بغداد با افراد بیرون آمده از پادگان، آزادانه گفتگوکنم شاید بحث تاریخی جالبی باشد، می‌گفت «مثلاً یکی از این افراد تازه خارج شده، گفت، "بار دهم موفق شدم که فرارکنم"، یعنی واژه فرار را به‌کار برد نه خروج! و فرق زیادی هم بین معنی این دو لغت هست. در داخل کمپ، افراد را به خاطر تصور گناه (نه انجام گناه) شکنجه و بی‌شخصیت می‌کنند، وضع وحشتناکی است. این‌ها تصور می‌کنندکه ساکنین تقسیم بشوند و جدا شوند، دیگر آن سیطره و حاکمیت از بین می‌رودکه الان بر این افراد واشخاص دارند و این‌که در شبکه داخلی داخل پادگان، اینترنت ندارند و استفاده از آن هم تحت شرایط خاصی است و مثلاً چت ندارند، و استفاده از ان شبکه داخلی هم ضبط می‌شود و اگر مواردی هم رعایت نشود، تذکر می‌دهند و تنها وسیله ارتباطی یک طرفه با جهان خارج، چند تا رادیو جیبی است که از اوایل نزد افراد باقی مانده و برخی افراد هم ۱۵ سال است که با خانواده خودشان در ارتباط نبوده‌اند. یکی از این آقایان که اخیراً فرارکرده بود، می‌گفت ما ۱۲ نفر بودیم و موقع فرار از این جهنم، نگران سرنوشت در جهان خارج از پادگان بودیم و قرار شد که از طریق رادیو فردا به همدیگر پیام بدهیم که زنده ایم!

حتی هرکسی که خلاص می‌شود، نمی‌داند موبایل چیست و حتی چگونه مورد استفاده قرار می‌گیرد. کدام دسترسی به دنیای آزاد؟»

از تقاضـــای دیدارم با حضـــرات، ۱۱ روز گذشته وکسی هم نیامده... اصلاً وقتی کسی داخل این دخمه شد، محل سگ به وی نمی‌گذارند... با سلطانی و شعله سعدی و رجائی بحث‌هایم ادامه دارد. رجائی داستان آمـــدن ابراهیم یزدی به نجف را بازگفـــت... ثابتی هم برایم گفته بود که نتوانستند به خاطر جریان مردن شریعتی در لندن، در داخل ایران، حرکتی پدیـــد بیاورند از ماجرای مرگ فرزند خمینی (مصطفی) می‌خواستندکه حرکتی ایجاد کننـــد و... اما جالب است که دامادش (مهدی نوربخش) بعـــد از مطرح کردن این موضوع توسط من، به صدای امریکا رفت و به کذب مدعی شدکه چنین نبوده و... در واقع سُرنا را از سرگشادش می‌زد، نمی‌دانست که با حاج محمود دعایی در این باره حرف زده‌ام...

شب هـــم نوروزیان یکـــی از هم اتاقی‌هایـــم، دربـــاره وقایع خرداد ۸۸ داستان‌هـــا می‌گفت که چگونه با تظاهـــرات کنندگان کف خیابان برخوردهای تند شده و چه‌ها کرده‌اند!... من هم تنها می‌شنیدم که تاریخ کشـــور ما، بعدها درباره آن روزهـــا و آن رفتارها، چه خواهد نوشت؟... سپس امیر وارد صحبت با نوروزیان شد.

بعـــد آن‌ها حرف‌شـــان ادامه یافت و من به یاد پدرم بـــودم. در دوران نوجوانـــی‌ام پدرم، شعری از شادروان تقی بهار را برایم می‌خواندکه گویا ایام سربازی‌اش در سال ۱۳۴۸ شنیده بود:

زندگی جنگ است جانا بهر جنگ آماده شو
نیست هنگام تأمل بی‌درنگ آماده شو
در ره ناموس و ملك و ملت و خویش و تبار
با نشاط شیر و با عزم پلنگ آماده شو
همچو شیر سخت دندان یا عقاب تیز چنگ

تا مراد خویش را آری به چنگ، آماده شو
تا رود صیت خوشت هر سو، چو سرو آزاده باش
تا رسد آوازه‌ات هر جا، چو چنگ آماده باش
حاصل فرهنگ جز مهر و محبت هیچ نیست
تا ازین فرهنگ یابی فَرّ و هنگ آماده باش
پاکدامن باش و ایمن ورنه با سرکوب دهر
چون قمیص شوخگن بهرگدنگ آماده باش
چون جوانمردان به یک رنگی مثل شو در جهان
ورنه بهر دیدن صد ریو و رنگ آماده باش
گر به گیتی علم و دانش را نجستی رنگ رنگ
تیره‌بختی را به گیتی رنگ رنگ آماده شو
ای پسرکسب هنرکن تا که نام‌آور شوی
ور بماندی از هنرها بهر ننگ آماده شو
گر نکردی بازوی خود را به ورزش همچو سنگ
ای بلورین ساق و ساعد، بهر سنگ آماده شو
گر تنت بی‌کار و جان بی‌ورز و دل بی‌عشق ماند
همچو مسکینان به فقر و چرس و بنگ آماده شو
رستی ار با رهروان رفتی، وگر ماندی به جای
سنگلاخ عمر را با پای لنگ آماده شو
با ریاضت می‌توان ز آیینه‌ی جان برد زنگ
تا رود یك سر از این آیینه زنگ آماده شو
نیست ممکن پاس کشور بی‌کتاب و بی‌تفنگ
بهرکشور باکتاب و با تفنگ آماده شو
دهر در هرکارکردی می‌زند زنگ خطر
پیش از آن کاید به گوشت بانگ زنگ آماده شو

تا رسی از راستکاری با سر مقصود خویش
زیر این چرخ مقوس چون خدنگ آماده شو
ساز چوگانی ز رسم مشرق و علم فرنگ
پس برای بردن گوی از فرنگ آماده شو
این بنا آماده شد بهر تو با این ارج و سنگ
هم تو بهر این بنا با ارج و سنگ آماده شو
اینك این میدان و ورزش، عرصه‌ی علم و هنر
شیر مردا با غریو و با غرنگ آماده شو
سال تاریخ بنا را زد رقم کلك بهار
زندگی جنگ است جانا بهر جنگ آماد ه شو

و همیشه بنا به این نصیحت پدرم، آموخته بودم که زندگی، مبارزه است. برای غم نان هم نمی‌شود شرافت را فروخت و بی‌اخلاقی کرد.

۱۲

جمعه ۲۳ تیرماه ۱۳۹۱

چندان نخوابیده‌ام!، کم خوابم!... صبح زود دوش گرفتم و شب خواب فرنــوش را دیدم... یارب کس را مبادا نگــار بی‌وفایی را!، در زیبایی، چیزی کم ندارد، بُت چینی است آن صَنم!... یاد جوانی بخیر!... حکایت من هم، عین نوشته زیبا و خواندنی عیسی پژمان شده، کُرد دوغ ندیده!...

بعد از حمام به حیاط رفتم و پای حرف‌های عبدالله مومنی و سلطانی نشستم. بحث پایداری و ایستادگی بر آرمان بود و... یاد مزخرفات حزب توده و چریک‌های فدایی خلق افتادم که همیشه با این واژه کاسبی کرده و این لغت زیبا را بی‌ارزش کرده‌اند...

امــروز، ۱۲ روزگذشت و چه در حبس ماندن، سخــت است. در اتاق ۸، تلویزیــون را روشن کرده‌اند و یک فیلم سینمایی را پخش می‌کندکه ناخودآگــاه یاد بهناز افتادم که راستی الان چــه می‌کند... نمی‌دانم!... امیدوارم که فردا خبری بشود و لااقل کسی بیاید و تحقیقی صورت گیرد و من از این جهنم دره خلاص شوم و به کارهایم برسم...

خبرهــا هم حکایتی غریب دارند، برخی به بازی موش وگربه ایران در

خلیج فارس برای گریز از تحریم اشاره دارند و آمریکا هم دو نفر را به قاچاق مواد قابل استفاده در غنی‌سازی به ایران متهم کرده... (تصور می‌کنم که امریکا به نوعی مانور تبلیغاتی می‌کند.)... از دیگر سو هم گفت‌وگوهای «سازنده» کوفی عنان با اسد (رئیس جمهور فعلی سوریه) در دمشق در حال اجراست و جالب این که ایران هم اعلام کرده که برای حل بحران سوریه تمام تلاش‌مان را می‌کنیم و...

بین زندانیان هم زمزمه می‌شود که فلج نرگس محمدی روزنامه‌نگار اهل زنجان حاد شده... البته همسر او، تقی رحمانی نیز از فعالان سیاسی است. فکرکنم به جرم اجتماع و تبانی علیه امنیت کشور و فعالیت تبلیغی علیه نظام دستگیر شده و می‌گویندکه در به روی نسرین ستوده، بسته مانده و حتی می‌گویندکه خبر ممنوع‌الخروج شدن دختر ۱۳ ساله نسرین ستوده هم منتشر شده ظاهراً شعبه دوم دادیاری دادسرای شهیدمقدس تهران (جنب زندان اوین) در احکام احضاریه‌ای، مهواره را ممنوع‌الخروج اعلام کرده و شاید این برای اولین بار است که فرزند خردسال و ۱۲ ساله یکی از زندانیان سیاسی در جمهوری اسلامی، ممنوع‌الخروج و احضار شده... این وکیل دادگستری لنگرودی هم به اتهام «اقدام علیه‌امنیت ملی» دستگیر شده وگویا وکالت برخی فعالان اجتماعی وکشته شدگان و اعدام شدگان حوادث پس از انتخابات ۲۳ خرداد ۱۳۸۸ را بر عهده داشته... در طی محاکمات نسرین ستوده، وی در حالی که دست‌بند به دست داشت، دستان خود را برگردن شوهرش رضا خندان انداخت، از این صحنه عکسی گرفته شدکه انسان را تحت تأثیر قرار می‌داد... یکی از زندانیان طرفدار کروبی هم می‌گوید ممانعت از حضورکروبی در مراسم خاکسپاری خواهرش صورت گرفته.... یادم هست که یک بار سال ۱۳۸۵ برای رفع ممنوع‌الخروجی‌ام نزد کروبی رفتم که شایدکمکم کند... اما نشد... ۹ ماه ممنوع‌الخروج ماندم!...

از دیگر سو هم موضوع عربستان در روزنامه‌ها مطرح شده که لاریجانی گفته هیچ چیز نباید مانع روابط خوب ایران و عربستان سعودی شود... ظاهراً ابراز نگرانی ایران از «خشونت‌های اخیر» در عربستان سعودی جدی است زیرا دستگیری روحانی برجسته شیعه در عربستان برای حکومت فعلی ایران غیرقابل قبول است و...

دیروز پنجشنبه هم، حمید سمندریان، کارگردان نامدار و پیشکسوت تئاتر ایران درگذشت. «پدر تئاتر ایران»، پس از یک بیماری طولانی از دنیا رفت... همسر هما روستا، اجرا وکارگردانی نمایشنامه‌های «ملاقات با بانوی سالخورده»، «دایره گچی قفقازی»، «ازدواج آقای می‌سی‌سی‌پی»، «مرغ دریایی»، «بازی استریندبرگ» و «کرگدن» را انجام داده.

باز هم مراسم روز جمعه داخل بند برگزار شد و امروز هم یکی از بچه‌های جزو زندانیان بهائی، شعر شازده پریای شاملو را به آواز خواند و بعد، ای ستاره ای ستاره... و من هم موقع غروب و بالا آمدن از پله‌ها در یکی از شعرهای شاملو را در ذهنم مرور می کردم...

روزگار غریبی‌ست نازنین
دهانت را می بویند
مبادا که گفته باشی دوستت می‌دارم
دلت را می‌بویند
مبادا شعله‌ای در آن نهان باشد
روزگار غریبی‌ست نازنین
عشق راکنار تیرک راه بند تازیانه می‌زنند
عشق را در پستوی خانه نهان بایدکرد
در این بن‌بست کج و پیچ سرما
آتش را

به سوخت‌بار سرود وشعر
فروزان می‌دارند
به اندیشیدن خطر مکن
آن‌که بر در می‌کوبد
شباهنگام به کشتن چراغ آمده است
نور را در پستوی خانه نهان بایدکرد
آنک قصابانند
برگذرگاه‌ها مستقر
باکنده و ساطوری
خون آلود
و تبسم را بر لب‌ها جراحی می‌کنند
و ترانه را بر دهان
شوق را در پستوی خانه نهان بایدکرد
کباب قناری
بر آتش سوسن و یاس
ابلیس پیروز مست
سور عزای ما را بر سفره نشسته است
خدای را در پستوی خانه نهان بایدکرد

البتـــه در ایام نمایشگاه کتاب تهران با رسول جعفریان، مورخ نازنین و هوشمند، بحـــث می‌کردیم و درباره کتاب جدید «بـــا چراغ و آینه، در جست و جوی ریشه‌های تحول شعـــر معاصر ایران» سخن می‌راندیم و هـــر دو تقریباً متفق‌القول بودیم. به قول فرج سرکوهی پاراگرافی از یک نامـــه خصوصی در باره دلایل محبوبیت شاملو، که درکتاب آمده است، خوکردگان به برخوردهای سطحی و معتادان به بت‌سازی و بت‌پرستی را به واکنش جنجالی علیه کدکنی برانگیخت.

کدکنـــی در باره شاملو می‌نویسد: «آن چه شاملو به شعر فارسی هدیه کـــرده نه نیما بخشیده نه اخوان نه فروغ نه سپهری. شاملو رتوریک شعر فارسی را دگرگـــون کرد او "معماری دیگری در زبـــان دارد" که حاصل "آشنازدائـــی" و "توجه مسمتر به شعر فرنگی است و برداشت خلاقی که از شعـــر فرنگی داشته است"، شاملو با ارائه نمونه‌های درخشانی از شعر هوا و نگاه تازه‌ای را وارد شعر فارسی کرد»... اما کدکنی در تحلیل دلایل محبوبیت شاملو می نویسد: «اگـــر آن چه شاملو را می‌سازد به صد جز تقسیم شود پنجاه تا شصت درصدش ربطی به شعر ندارد و نتیجه عواملی چـــون "پنجاه شصت سال حضور مستمر در روزنامه‌ها"، "سردبیری ده‌ها نشریه"، "مترجم پابرهنه‌ها و شعرهای لورکا، صدای گرم و سوخته، درگیری ادبی با خانلری و نادرپور" در محبوبیت شاملو نقش داشتند و این عوامل ارتباطی با شعر او نـــدارد... مدتی حزب توده او را بزرگ می کرد، بعد سلطنت طلب‌ها، بعد چریک‌ها. حالا هم همه ناراضیان از اوضاع کنونی و این بزرگ کردن‌ها به‌هیچ‌وجه به شعر او مربوط نیست. مربوط به موقع شناسی او است به قول خودش با الهام از تعبیری از مایاکوفسکی سفارش زمانـــه را پذیرفتن... سلطنت طلب‌ها و حزب توده در بزرگ کردن شاملو نقشی نداشتند اما "چریک‌ها" شاملو را می‌ستودند چرا که او حماسه آنان را به شعر برکشیده بود... سی سال است بدون این که قصدی سوئی داشته باشد دو سه نسل از جوانان این مملکت را سترون کرده است»...

دیگر داخل اتاق شدم و آن افکار پراکنده یاد شفیعی کدکنی و شاملو و جعفریان را کنار نهادم و سفره شام را به همراه امیر انداختیم...

۱۳

شنبه ۲۴ تیر ۱۳۹۱

امروزم بیشتر به مطالعه گذشت... نامه‌ای دیگر نوشتم و بر تقاضای دیدار با نصیری‌پور تأکید کردم، همان قاضی بداخلاقی که روز اول من را به این مخمصه انداخت اما ظاهراً پاسخی نمی‌دهد و یا حضرات نابغه وزارت اطلاعات نمی‌گذارند که پاسخ بدهد... این هم نوعی شکنجه روحی و روانی است... به مراتب بدتر از جسمی و جفتک و لگد خوردن...

نامه‌ای به دوست جـــلال طالبانی (محمد) نوشتم و قرار شد بنی‌طبا، یکی از دانشجویان علوم سیاسی دانشگاه تهران که هم اتاق من و دیوان حافظش نیز اکثراً دست من بود، بیرون ببرد، اما امیر و ابراهیم می‌گفتند کــه نامه‌رسان قابل اعتمادتری باید یافـــت و این پسره سر به هواست و شاید درست وکامل، کار را انجام ندهد. من هم درمانده بودم و در ذهن بـــه چه‌کنم، چه‌کنم افتاده بودم و... و ناگهان امید نوروزیان یکی از هم اتاقی‌هایم که شرح پریشانی‌هایش را بعد از انتخابات ۱۳۸۸ برایم بازگفته بود، داشت به مرخصی می‌رفت...

دوباره همه بچه‌ها به بدرقه آمدند. یکی که از آن دخمه هم بیرون می‌رود،

خــودش غنیمت است و بقیه به شوق می‌آیند و باز هم ابراز احساسات، اشک در چشمانم حلقه زد. نامه‌ای خطاب به مریم نوشتم و ضمن آرزوی شفای عاجل برای آن موجود نازنین، از او خواستم که هر طورکه شده نامه را بــه دوست طالبانی (محمد) برساند. محمد، انسان باشرف و والایی است و همواره برایم نقش یک مشاور و منبع پژوهش را داشته و الحق هم تاریخ عراق وکردستان و سیر حوادث را به خوبی می‌داند و از او نکته‌ها و درس‌ها آموخته‌ام و انسانی زحمت‌کش و آگاه است.

امید، اهل شمال بود و با همان لهجه غلیظ شمالی گفت، ای به چشم قوربــان! و نامه را داخل شورتش انداخت و رفت. خیالم راحت بود که دکتر فردیس (معاون سابق وزیر ارتباطات) کلید را به مقصد رسانیده است و دیگر آرامش داشتم که وقتی پدر و مادرم به تهران بیایند، لااقل جایی را دارند تا استراحت کنند.

غروب، ذهنم مغشوش بود... اخبار هم درباره سوریه... یاد سال ۱۳۸۷ افتادم که مدت ۳ ماهــی در آن کشور بعثی زندگی می کردم و سفری به کردستان سوریه داشتم و در خاطراتم نوشته بودم:

«یکی از نعمت‌هایی که در دوران عهد شباب از جهان گرفته‌ام، همین سفرکردن است وگــاه دیدارهایم با چهره‌ها را صادقانه برای هموطنانم بازگــوکرده‌ام و به ندرت خاطــرات و یادداشت سفری نوشته‌ام. دوست دارم کــه با صدای بلند هر آن‌چه را دیــدم، بازگویم که همانا شرح حال پریشانی انسان‌های این دیار است.

کردهای سوریه در ۳ بخش جدا از هم (به موازات مرزکردستان ترکیه) سکونت دارند که عبارتند از: قامیشلی (جزیره)، کوبانی (عین العرب) و عفریــن؛ که قامیشلی را عروس کردستان سوریه می‌نامند اما عفرین برای من جهاندیده بسیــار دیدنی‌تر است، کوهستانــی و سبز و خرم که یک وجبش شاید خاک خالی از رستنی نباشد با مردمانی از عشیره شکاک

کردستان سوریه، عشـــیره‌ای است: شکاک، روباری، شیخانلی، شیروان و.... کردهای سوریه انسان‌هایی احساسی، خالص و پاک که حس عمیق کـــردی دارند. اکثراً کـــردی بادینانی سخن می‌گویندکـــه از این نظر به کردستان ترکیه بسیار شبیه است زیرا که ۸۵۰ کیلومتر مرز مشترک دارند و در بـــین همان سه بخش جدا از هم، عرب‌های سوری زندگی می‌کنندکه البته حکومت چنین نکرده و در تقسیم‌بندی سیاسی مرزهای بین دوکشور چنین امری رخ داده است.

در ابتدا بهتر است، چند نکته درباره کُردهای سوریه گفته شود:

۱. کردهـــا در این کشور روزنامه و مجله وکتاب ندارند!.... اگر مؤلفی باشد تعداد ۵۰۰-۴۰۰ نسخه‌ای را به خرج خود منتشر می‌کند؛ زیرا نه دولت مجوز نشرش را می‌دهد و نه در یک کتابفروشی سوری حق توزیع دارد.

۲. کردها حق ادامه تحصیل دارند اما قریب به اتفاق‌شان بیکارند و یا در داد و ستـــد کـــالا رزق و روزی‌شان را می‌یابند. و در سراسرکردستان سوریه یک دانشگاه وجود ندارد.

۳. هیـــچ کردی در ارتش و نظام و نهـــاد و رسانه و موسسه و اداره و وزارت خانه‌ای از سوریه حضور ندارد و اگر به‌ندرت یافت شود، هویتش کـــردی نیست! و شغلی کلیدی هم به او ســـپرده نشده است. تنها شغل دولتی که کردهای سوریه دارند معلمی است که حقوق‌شان بین ۱۵۰ – ۳۵۰ دلار متغییر می‌باشد.

۴. شرط اول استخدام شدن، عضو حزب بعث بودن است. زیرا سکان اداره کشور را بعثی‌ها هدایت می‌کنند.

۵. دو میلیـــون و اندی کرد در سوریه زندگـــی می‌کنندکه بیش از نیم میلیون نفرشان شناسنامه و پاسپورت ندارند. حکومت از سال ۱۹۶۲ برگه هویت‌شان را بازپس گرفته و آن‌ها را پناهنده می‌داند و آن‌هایی هم که برگه هویت دارند، "عرب" خوانده شده‌اند.

۶. ده‌ها روزنامه‌نگار و اهل قلم کرد در کردستان سوریه هستند اما هیچ کدام حق انتشار یک خط درباره کردها را در نشریات سوریه ندارند و به عبارتی تنها در روزنامه‌های چند صفحه‌ای حزبی هر ازگاهی می‌توانند چند سطری را منتشرکنند. جز این نشریات داخلی سازمانی و حزبی، تنها یک مجله مستقل گاهنامه است که از دید حکومت مخفی مانده.

۷. در کردستان ۱۲ حزب سیاسی وجود دارد که قدیمی‌ترین آن دمکرات پیشتاز است که در سال ۱۹۵۶ تاسیس شده است و البته این احزاب هم همدرد دیگر جریان‌های سیاسی خاورمیانه هستند و تکه پاره پاره شده‌اند که البته در بین‌شان حزب اسلامی وجود ندارد و حکومت فعلی سوریه هم نه به رسمیت‌شان می‌شناسد و نه زمینه‌ای برای فعالیت علنی و نظام‌مند در جامعه فراهم کرده است وکم کم این حزب‌ها محدود و محدودتر شده‌اند و از نفوذ چندانی در میان جامعه کردهای سوریه برخوردار نیستند؛ در این دوران حکومت حزب بعث، کردها داخل بازی سیاسی نیستند و به شدت محدود شده‌اند و البته مشهور است که در ایام حافظ اسد اوضاع بهتر بوده است.

۸. در ایام قبل از بشار اسد، کردها در پارلمان ۱۵-۱۰ نماینده داشتند در حالی که امروزه هیچ کردی در مجلس تحت نظارت بشار وجود ندارد.

۹. هیچ هنرمند کردی در کانال‌ها ی تلویزیون و رادیو و روزنامه‌های سه گانه سوریه (تشرین و بعث و سوره) اجازه ظهور ندارد و طبق قانون به کلی ممنوع شده‌اند. و برای موسیقی‌دان‌ها مطلقاً مجوز اجرای کنسرت کردی و برنامه هنری صادر نمی‌شود. و در رسانه‌ها مطلقاً برنامه‌ای کردی وجود ندارد!

۱۰. با وجودی که در سال هزاران هزار ایرانی وارد سوریه می‌شوند اما هیچ توریستی به خاطر مزاحمت و نظارت شدید اداره امنیت به کردستان وارد نمی‌شود. و جز ارتباط اندک عشیره‌ای با عراق، کردها با دیگر

قسمت‌های کردستان ارتباط ندارند. ازکردهای ایرانی فقط "عبدالرحمن شرفکنـــدی [هـــه‌ژار] و عبدالرحمن ذبیحـــی" را می‌شناسندکه آن هم روزگاری در نهایت فقر و فلاکت در دمشق زیسته‌اند! و از تاریخ کردستان معاصر ایران فقط ۲ اسم را شنیده‌اند: قاضی محمد و دکتر قاسملو.

۱۱. در سوریـــه کردها یا سنی شافعی هستند و یـــا شیعه علوی؛ که در میان‌شان ایزدی هم یافت می‌شوند.

۱۲. در قامیشلـــی ۴۵۰ پزشک کُرد وجود دارد که در بیمارستان حقوق ایشان تنها ۱۵۰$ است. و از ۵۰۰ مهندس کُرد زبان هم تنها چند نفر جذب کمپانی شده‌اند و خیلی از ایشان به گل فروشی پرداخته‌اند

وضعیت کُردهای سوریه آن قدر اسف‌بار است که نسخه بدل سرخپوستان را به یاد می‌آورد. کُردهای بی‌زبانی که در زیر چرخ دنده‌های سیاست سیاه بعث خرد و خمیر می‌شوند و کسی را هم فریادرس نیست. قصدم قیاس مابین دیگرکردها درکشورهای خاورمیانه با ایشان نیست، اما به واقع‌امر هیچ جایی به آن وجهه نیست.

یـــادم هست که در هتل، عصر هنگام، کسی تلفن زد که از اداره امنیت است و پرسش‌گر علت سفر من بـــود. چیزی را سر هم کردم وگوشی را گذاشتم. تا این که شب هنگام، نیم ساعت مانده به نیم شب، از لابی هتل مرا به پایین خواندند. مردک روی مبل لمیده بود و صد حیف و حسرت بـــه زبان کردی بادینانی سخن می گفت همان زبانی که شاعرانی بزرگ چون "خانی و جگر خون" روزگاری به آن سخن رانده‌اند و واحسرتا که یک کرد به خاطر یک مشت دلار این پیه ذلت و نان بی‌شرفی و بی‌شرمی اداره امنیـــت بعث را به خود بمالد و کُردی دیگر را استفسار و استنطاق کند!

ما کردهای احساساتی، معمولاً رفتارمان قابل باور و پیش‌بینی نیست اگـــر بخواهندکسی را یک شبه قهرمان می کننـــد و یا یک روزه بر طبل

رسوایی‌اش می‌زنند و مثل نقل و نبات، عجولانه و سخاوتمندانه، برچسب و اتیکـــت و تهمت و طعنه زده می‌شود!، نقد بینابین وجود ندارد!... اما کُردهـــا روبه صفت نیستند و مردمانی آزاده‌اند و به هر قیمتی تن به ذلت نمی‌دهند و تاریخ گواه این مدعا است.

به هر حال، در طی این چند سال سفر و دیدار، پیکر لاغرم، لیف وکیسه بسیاری از ان اهالی اداره امنیت درکشورهای خاورمیانه را چشیده و لمس کرده، اما این نوعش دیگر، غریب بود.

۱۱/۳۰ شـــب در لابی هتل... آن هم در شهری که هنوز یک شب را در آن نمانده و نخوابیده‌ام. در ابتدا به نماینده اداره امنیت به خنده گفتم که میهمان نوازی چنین در میان کُردها غریب است، اما او با نهایت بی‌ادبی و پرخـــاش، رفتارکرد وکاغذی از جیبش بـــیرون آورد که آیا آن اسامی را می‌شناسم!... جلوی قهقهه‌ام را نگرفتم و شلیک خنده به پا شدن همان و صدای دستبند به دســـتان مبارکم زدن همان!.. انگار اشتباهی گرفته‌ام !... معمولاً در خاورمیانه، امنیتی‌ها مدعی دانستن همه چیز هستند اما این یکی نوبر بود و به زور می‌خواست کیستی و هویتم را بداند...

۱۲ و نیم شب ۲۰ آبان ۱۳۸۶ در بازداشتگاه اداره امنیت قامیشلی. خدای مـــن!.... شب تولدم، مبارک باشد!... مادرم کجاست تا ببیند جگرگوشه سفـــرکرده‌اش در سال‌روز تولدش در چـــه ناز و نعمتی است!؟... تا ۳/۵ بعد از نصف شب در اتاقی ۳ در ۴ بدون درز و منفذ، ماندن و ۲ بازجوی سیگـــاری بدخلق و زبان نفهم را تحمل کردن، برایم رکورد جالبی نبود و سردرد امانم را بریده بود!... به ترکی و عربی دهاتی بازجویی شروع شد و ایـــن ادعا که پاسپورت ایرانی من اصـــل نیست و هدفم از سفر به این دیار چیست؟... آخرش دیدم باورشان نمی‌شود و بر حماقت ابرام دارند، آوردن اسم سفارت امریکا و اصرارم به تلفن به ایشان، رهایم کرد. دیگر دادم هوا رفت! اما از غصه دیدن انسان‌هایی عصر حجری برآشفته بودم...

اما سوگند خوردم قبل از خروجم از این کشور، آن ستمی را که به کردها می‌رود؛ با صدای بلند بازگویم تا همگان بدانند در ۱/۵ ساعتی (با هواپیما) شمال پایتخت سوریه چه جهنمی است رفتار غیر انسانی از نازی‌ها و هلوکاست به مراتب کشنده‌تر و بدتر است. کردها همیشه در بلا و مصیبت گرفتار بوده‌اند، اما این نوع هویت‌زدایی به زور سر نیزه، در قرن ۲۱ غریب است غریب...» و...

با تجدید آن خاطره تلخ، و سخن جلال طالبانی به خواب رفتم... که می‌گفت: پس از اسد، وضع کُردها به مراتب بدتر خواهد شد.

۱۴

یکشنبه ۲۵ تیر ماه ۱۳۹۱

امـــروز صبح پکر و در حیاط در هـــزار توی فکرهای عجیب فرو رفته بودم. سلطانی آمد و کمی دلگرمـــی داد. به غایت انسان شریفی است. از وکیلـــی فرصت‌طلب خاطره می‌گفت که دوســـت داشت از همراهی با سلطانی، پناهندگی بگیرد و بـــرود... از بالای سر انسان‌های شریف، معمولاً فرصت‌طلب‌ها سوءاستفاده می‌کنند... مثل برخی از اپوزیسیون یا جریان‌ها که پشت عکس مصدق، بختیار و... قایم می‌شوند و یا اسم و نام کسی را دستاویز قرار می‌دهند... و یا پرچم شیر و خورشید نشان...

دوباره نامه دیگری به دادستانی نوشتم که شاید این یکی افاقه کند. هرچند دیگر چشمم آب نمی‌خورد. جلد ششم کتاب خاطرات عَلَم را تمام کردم. سرما هم خورده‌ام و شاید علت کلافگی‌ام این امر هم باشد. کمی با دکتر مولوی هم در حیاط جلوی آفتاب قدیم زدیم و او پکی به سیگارش می‌زد و برایم سخن‌ها داشت.

عصر با امید، کمـــی درد دل کردیم و می‌گفت "می‌دانم که این حکم

زندان، بیمارگونه و غیرمنطقی است و شاید هم دیوانه شوند و یک سال و نیم دیگر نگه دارند اما ته دلم روشن است که تو بزودی می‌روی و این را نوعی گوش مالی و هشدار درکار حرفه‌ای تلقی کن!... شاید حضرات هدفی دارندکه منحرف شوی و یا حتی با نفوذی که رسانه‌های مختلف دارند، بدنام کنند، این‌ها از حُسن شهرت، نفرت دارند"...

کمی حرف‌های امید، هیجان و شوریدگی‌ام را آرام کرد. از مصاحبه من و رابرت آرمائو در روزنامه شرق سوال کرد و به اوگفتم که آرمائو "پس از ۳۳ سال حاضر شد دهان بگشاید و به کمک دوست پاکدل و نازنینم امین فروغی این امر میسر شـد. در بخش‌هائی از این گفتگو، آرمائوکه اکنون همراه با وزیر خارجه بوش اول "جیمز بیکر" یک شرکت بازرگانی دارد وگفت: «... ما آمریکایی‌ها برخی اوقات سیاست‌هایی ضعیف و غریب داریم. در آن آخرین سال‌ها کسی متوجه واقعیت داخل جامعه ایران نبود، هرکسی در حکومت وقت آمریکا چیزی می گفت. یکی به شاه می گفت: ساکت باش، یکی دیگر می گفت: عمل کن، یکی می گفت: با مخالفان راه بیا و دیگری می گفت: محکم باش وامتیاز نده...

ما آمریکایی‌ها برخی اوقات، سیاست‌هایی ضعیف و عجیب و غریب داریم. در آن آخرین سال‌ها کسی متوجه واقعیت داخل جامعه ایران نبود، هرکســی در حکومت وقت آمریکا چیزی می گفــت و از جایی حرف می‌زد... مثلاً یکی به شاه می گفت: ساکت باش! یکی دیگر می گفت: عمل کن! یکی می گفت: با مخالفان راه بیا! و دیگری می گفت: محکم بــاش وامتیاز نده!... اظهارات و سیگنال‌هــای گمراه‌کننده و متفاوت و متناقــض به شاه می‌رسید و شاه هم گیج شــده بود. مخالفان هم خیلی ساده به قدرت نشستند و شاه را از قدرت کنارگذاشتند... تعصب و نگاه اسلامــی هم در برابر شاه، قد علم کرده بــود. در خارج هم، فرماندهان نظامی و امنیتی به شاه تلفن می‌زدند وکسب تکلیف می کردند و او هم

می‌گفت هرکاری به مصلحت و خوب است، انجام دهید اما آن‌ها کاری نمی‌توانستندکنند، انسان‌هایی وابسته به شاه بودند و مطیع محض اوامر او. او خودکامـــه بود و این روحیه مطلق‌نگری و خودکامه بودن، کار دستش داد... (حتی یک بار قره‌باغی تلفن زده بود، کلفت که گوشی را برداشته بود، شاه از دور اشاره‌کرده بود که بگو نیستم!، نیستم!... تمایلی به پاسخ دادن نداشت!...).

ساواک ایران هم، یک ببرکاغذی بود. شاه خیلی اشتباه‌کرد و بسیاری از افراد نالایق رااشتباها بر سرکارگمارده بود و خودش هم خوب می‌دانست کـــه افراد تعیین شده، اکثراً چنـــدان مناسب حال و روز مملکت نیستند. مردم (در سال انقلاب) برای ساواک، جوک می‌ساختند. ساواک تاثیر و قدرتی نداشت. حتی عرفات خودش به من گفت که ۵۰ نفر از نیروهایش را به ایران فرستاده و ساواک متوجه نشده بود. یا قذافی هم همین‌طور... اما ساواک نتوانست آن‌ها را کنترل کند. بیشتر يك سازمان‌امنیت فانتزی بـــود. در آن روزها من هرگز به سفـــارت آمریکا نرفتم و همه‌اش در کاخ نیاوران بودم...

خاطـــرات بسیاری دارم که هرگز منتشر نکرده‌ام انگار بعضی چیزها را نبایـــدگفت. بارها مطبوعاتی‌ها از من خواسته‌اند درباره روزهای رفتن از ایـــران – ۲۶ دی ۱۳۵۷ – تـــا روز مرگ شاه (۵ مـــرداد ۱۳۵۹) سخنانی بگویـــم، حتی حاضر بوده‌اند مبالغی هم به من بدهند،اما زیر بار نرفته‌ام. گرچـــه خیلی چیزها درباره آن روزها منتشر شده که بسیاری از آن‌ها غلط و نادرست است. یـــادم هست روزنامه‌ای آمریکایی نوشته بود که شاه با ۳۵ بیلیون دلار از ایران خارج شد اما واقعاً درآمد نفتی ایران تا آن زمان و شاید تا الان هم همین‌قدر بوده است؟ خیلی از رسانه‌ها داستان‌سرایی‌هایی کرده‌اندکه بسیاری از آن‌ها قابل اعتماد نیست. تاریخ همه این‌ها را ثبت خواهدکرد چه با شاه ایران مهربان باشد چه با تندی نقدش کند، تصمیم

با تاریخ است.

در بـــین آمریکایی‌ها خیلی از افرادکه شما هـــم آن‌ها را دیده‌اید مانند گری سیک، برژنسکی و... کتاب‌هایی نوشته‌اند و علیه من هم حرف‌هایی زده‌اند اما آن‌ها متوهم هستند و درآن ایام کاره‌ای نبودند! و بعد از انقلاب چیزهایـــی نوشته‌اند و شده‌اندکارشناس ایران. حتی به آنها تلفن زده‌ام و گفته‌ام: من شماها را نمی‌شناسم. دانش شما درباره ایران و ایرانی هیچ است وکاملاً اشتباه می‌نویسید.

البته برخی ایرانی‌ها بر نظریه توطئـــه و... اصرار دارند و من نمی‌دانم کـــدام توطئه؟ مثلاً چه قدرتی، شاه را تکـــان داد؟اما درآخر مردم ایران مسئول اول و آخر انقلاب ۱۳۵۷ هستند. با همین چشمان خودم در تهران دیده‌ام؛ دورانی که مردم در خیابان‌ها ضد شاه فریاد می‌کشیدند. اگر همین افراد به من بگویندکه مردم ایران بی‌فکر هستند من نه تنها باور نمی‌کنم بلکه مردم ایران را باهـــوش و زرنگ می‌دانم. افراد تحصیل کرده‌ای که خود شاه آن‌ها را برای تحصیل فرستاده بود، منتقدان سیستم سیاسی شاه شدند. این دانشجویان، گرسنه بودند. در ایران کار نبود... فضای اجتماعی و سیاســـی خارج از ایران را دیده بودند و توقع داشتندکه همان را هم در ایران ببینـــد. حالا رادیکال گرایی مذهبی و سیاسی هم وجود داشت یا آرمان گرایی، آن دیگر بحث دیگری است.

گاهـــی به CIA اشاره‌هایی اغراق‌آمیز می‌کنند. اما من حتی دوستانی ایرانـــی در خود CIA دارم،اما CIA که در خیابان‌های تهران نبود، همین مردم ایران درکوچه و خیابان بودند. اصلاً CIA کاره‌ای نبود. خود مردم ایران انقلاب کردند. خود ایرانی‌ها و به نظرم مرد صف اول انقلاب هم، خود شاه بود. بسیاری ازاشتباهات را مرتکب شد، یکی بعد از دیگری. همین تحصیلکرده‌ها موجب آگاهی جامعه شدند، اما همراه با مدرن‌شدن جامعـــه، سیستم سیاسی شاه، سنتی بود و فسیل. سیستم سیاسی و امنیتی

شــاه، همراه رشد مردم جامعه ایرانــی نبود. اگر بپرسند چه کسی جامعه ایرانــی را بــه راه رشد، سوق داد طبعاً دوســت و دشمن خواهندگفت: شاه! امــا ۷۰ هزار دانشجوی تحصیلکرده در آن ایام را نمی‌شد خفه کرد، چه بخواهیم چه نخواهیم این افراد نشانه رشد جامعه ایران بودند اما این سیستم تحصیل که شاه فراهم کرده بــود، منتقد خودش شده بود و اکثر دانشجویانــی که بورسیه کرد، ۸۵ تا ۷۵ درصــد آن‌ها، ضد شاه و منتقد سیستــم سنتی سیاسی شاه بودند و دیگر جامعه شــاه را مانع رشد خود می‌دانست و این نکته آموزنده تاریخ معاصر ایران است.

مثلاً دیده‌ام درباره هایزر وکسینجر، توهم‌هایی انتشار می‌یابد. سیاست آمریکا با اعزام هایزر این بود که مثلاً ایرانی‌ها کودتا نکنند. شاه هم گیج شده بود و هم اراده ماندن هم نداشت.

هایزر به تهران آمد که مثــلاً نگذارد نظامی‌های کاری بکنند، بالانس قدرت حفظ شود.اما کسی کاری نمی‌کرد، نظامی‌های ایران اهل کودتا نبودند و اصلاً کودتایی در کار نبود.هایزر می‌خواست که نظامی‌ها نقش خنثــی را بازی کنند. ژنرال قره‌باغی هم می‌خواست‌هایزر را دستگیرکند یا یکــی از ژنرال‌ها هم در انجام کودتا مردد بــود، که فردایش از پشت سر تیرباران شد. هایــزر کاره‌ای نبود هر چند با بسیاری از ژنرال‌ها رفیق صمیمی‌بود مانند ربیعی و.... سال‌ها بعد، هایزر در بیمارستان در شب‌های آخــر قبل از مرگ، به من گفت که شب‌ها چهره‌های ژنرال‌های ایرانی در برابر چشمانم هستند مانند ربیعی و این تصاویرکابوس من شده‌اند! اما شاه فرد خوب و لایقی را برنگزیده بود و بیشتر آدم‌های امنیتی و نظامی‌شاه، آدم‌های بله قربان‌گو بودند!

یا درباره نفت گاهی چیزهایی مطرح می‌شود. ایران قیمت نفت را بالا برد. شاید یکی از مهم‌ترین دلیل اقدام بر ضد شاه، همین بالا بردن قیمت نفت بود. کسینجر می‌خواست که شاه قیمت نفت را متعادل و منطقی کند

اما حامی‌شاه بود. دوست اردشیر زاهدی بود. کسی که از نزدیکان وفادار به شاه بود. بنابراین کسینجر، نقشی در انقلاب نداشت. ایران می‌رفت که پنجمین قدرت اقتصاد جهان شود و طبعاً برای رقبای سالیان هم غیرقابل تحمل بود. بی‌بی‌سی هم شاه را کشته بود. حمایت آن‌ها از انقلاب و نیز حمایـــت انگلستان، فرانسه و آمریکا از انقلابیون، شاه را افسرده کرد. اما شاه برنامه‌ها و تئوری‌های بزرگی داشت و می‌دانست که نفت مهم است و در حیات ایران تاثیرگذار و قیمت نفت را به همان دلیل بالا برده بود و می‌خواست به نوعی مدیریت انرژی جهان را بر عهده بگیرد.

برای اولین بار که رفتم تهران، شاه را دیدم. مرتب می‌گفت: نمی‌دانم چه شـــده؟ نمی‌دانم چه اتفاقی افتاده؟ چرا مردم این کارها را می‌کنند؟ و... واقعاً از چهره‌اش می‌خواندم که هم خسته بود و هم متعجب و مطلقاً باور نداشت چه شده. اما من باورم شده بود. تظاهرات را دیده بودم. مشکل شاه این بود یا نبود که نمی‌خواست خشونت نشان بدهد یا ندهد، بحثی انحرافـــی است؛ چون هزاران نفر در روز در خیابان‌ها بودند و این دیگر چیزی نبود که شاه نبیند... مردم هم دیدندکه شاه کاری نمی‌تواند بکند و پیروز میدان هستند. وقتی دیدندکه شاه ضعیف شده، مردم روحیه گرفتند و شـــاه هم دیدکه بازی را باخته! مردم به شاه قدرت داده بودند و همان مردم، قدرت را از او پس گرفتند و این راز تاریخ است. ایرانی‌ها باهوش هستند و او خودکامه بود و این روحیه مطلق‌نگری و خودکامه‌بودن، کار دستش داد.

درآن روزها من همه‌اش درکاخ نیاوران بودم. می‌خواستم به شاه کمك کنـــم. عاقبت به شاه گفتم من می‌روم فرانسه. یـــك دفتر بازرگانی دارم. او هـــم شماره تلفن من را گرفت و خداحافظی کردیم.اما راکفلر بعداً به مـــن گفت که با شاه بمان! شاه از تهران بـــه من تلفن زدکه آسوان مصر می‌رود و دوباره چند روز دیگر تلفن زدکه مراکش می‌رود و خواست با

خواهرش اشرف در ارتباط باشم. حالا سوءبرداشت نکنیدکه مثلاً CIA و... خواستــه... نه! اصلاً CIA خبری نداشت و نمی‌دانست چه خبره و اوضاع دست کیست...

در پاناما و مصر با شاه بودم. ایامی شاه برای معالجه به آمریکا رفت. بعد او را به یك پایگاه نظامی بردندکه مثلاً حفظ امنیت بشود و افسران و ژنرال‌ها هم کلی به وی احترام گذاشتند. آن‌جا بهترین جایی بودکه می‌شد امنیــت و محافظت درست داشت، اما شاه وقتی نرده‌های روی پنجره‌ها را دیدگفت: این‌جا دیوانه‌خانه است!... البته مثل زندان بود اما در واقع نبــود. در آن موقع هم با ۵۰۰ سربــاز و محافظ نمی‌شد به هتل رفت. در ماه‌هــای آخرکه بار دیگر شاه در قاهره بود و من به نیویورك رفته بودم تا آزمایش‌های شاه را به پزشك‌ها نشان دهم که فرح زنگ زد وگفت حال شاه نامساعد است و فورا بیا!... به فرودگاه فرانکفورت که رسیدم شنیدم که شــاه مُرده است و من عصر همان روز به مصر رسیدم. البته چند روز قبل از مرگش با شاه تلفنی حرف زده بودم وگفت: مراقب فرزندانم باش و مسایلــی محرمانه هم نزد من گذاشت کــه پس از مرگش منتشرکنم که البته هنوز هم شاید مصلحت نیست و شاید ۵۰ سال باید از ماجرا بگذرد. تاریــخ را هم ۵۰ سال بعد می‌توان نوشت!... خودش هم درکتاب پاسخ بــه تاریخ‌اش، بسیاری از چیزها راگذاشت برای وقت دیگر. مثلاً درباره انقلاب، تحلیل‌هایی داردکه منتشر نشده.»

امیدکه انگار داشت از بحث‌های تاریخی لذت می‌برد، آرام و ساکت به حرف‌هایم گوش می‌داد و لابه‌لایش هم فحشی به شاه می‌داد: مردک بی‌غیرت!، متوهم!... بعد شامی خوردیم و من به داخل زاغه امید رفتم. بــه تخت‌های اول طبقه اول زندانی‌ها، زاغه می‌گویند. پرده راکشیدم و تنها به خواندن خبرهای رادیو فرداکه یکی از بچه‌ها پیاده‌کرده بود، بسنده

کردم...

وزیر اطلاعـات گفته، دشمـن می‌خواهدگرانی را بـه گردن رهبری بیاندازد... وزیر اطلاعات وامنیت باید به فکر چه باشد و در ایران درباره چه حرف می‌زند... صلیب سرخ بحران سوریه را «جنگ داخلی» اعلام کـرده و ایران هم برای گفت‌وگو با مخالفان بشـار اسد اعلام آمادگی کـرده... انتقاد نماینده خامنه‌ای (علی سعیدی) از عدم مشارکت برخی «سرداران» در سرکوب‌هادر جریـان اعتراضات پس از انتخابات سال ۸۸،... انگارکابوس شده، خوب مردمانی یک سری خواسته‌ها داشتند و بهـتر می‌بودکه به حرف‌هایش با آرامش و سعه صدرگوش داده می‌شد نـه این اعمال خشونـت آن هم برای امامزاده‌ای مانـند احمدی‌نژاد... نخست‌وزیـر اسرائیل هم فرموده‌که تروریسم حکومت ایران حد و مرزی نمی‌شناسد و هشدار فرمانده نیروی دریایی سپاه به نیروهای آمریکایی و...

روزنامه اعتماد هم گویاگزارشی از «کاهش متوسط سن زنان تن‌فروش در ایـران» منتشـرکرده و خبر داده‌که بر اسـاس آمارهای سال ۹۰ «فقر مهم‌تریـن عامـل» رواج تن‌فروشی زنان است.. انتقـاد فرمانده نیروی انتظامی‌از پخش تصاویر خوردن مرغ در تلویزیون و پلمب ۸۷ رستوران سنتی و قهوه‌خانه به دلیل «بدحجابی و ارائه قلیان به زنان»... خوب این جوانان از بخت برگشته چه‌کنند؟

اعصابم از خواندن این خبرهـای بی در و پیکر، بیشتر خرد می‌شد و سپس گرفتم خوابیدم تا ذهن صاحب مرده‌ام از همه چیز به دور باشد.

۱۵

دوشنبه ۲۶ تیرماه ۱۳۹۱

۲ نیمه شب بود که رعد و برق شد و هراسان از خواب پریدم. و خوابم نبرد که نبرد. سر و صداهایی هست که من عادت ندارم و البته برخی از افراد داخل اتاق هم که اصلاً و ابداً رعایت نمی‌کنند و تا تذکر هم بدهی در عین وقاحت می‌گویند که این‌جا زندان است، خانه خاله که نیست و...

همان ۴ صبح رفتم که دوش بگیرم و برای بار دوم هم ریشم را اصلاح کنم. از روزی که وارد اینجا شده بودم ریشم را تنها دو بار تیغ زده بودم و هر دو بار هم امید به من تیغ قرض داده بود. هیچ پولی هم نداشتم تا برای خودم هزینه کنم... منی که عادت دارم به قول پدرم، مثل افسرهای بازنشسته ارتش شاهنشاهی هر روز، سه‌تیغه کنم!...

نمی‌دانم امروز کسی به ملاقاتم می‌آید یا نه، اما حسم می‌گوید که این احتمال می‌رود. امیدوارم که نامه‌ام به دوست طالبانی رسیده باشد. محمد، انسانی مهربان و رفیقی شفیق است و می‌دانم اگر به دستش رسیده باشد، برایم کاری خواهد کرد. خیلی از وی نکته‌ها آموخته‌ام، تاریخ عراق را خوب می‌شناسد و انسانی وطن‌پرست است و همیشه مشوق و حامی من

بوده در این سالیان.

به‌راستی در ایـــن دخمه، چه فشارهای ذهنی را که تحمل کردم. اصلاً فایده زندان ظالـــم ماندن چیست؟، این ظلم چه سودی دارد؟، که چه؟، زندگی انسان در آزادی و رهایی و بدون محدودیت در ابراز عقیده، معنا و مفهومـــی دارد و زندگی و زیستن آزاد قشنگ‌تـــر و بهتر است. در این افکار بودم که ناگهان اسمم را خواندندکه ملاقاتی دارم. جزو همان گروه اول بودم و حدس زدم برادرانم (لقمان و عدنان) باشند. رفتم و برادران مهربـــان و دوست داشتنی‌ام را دیدم و بـــین راه هم آقای هاشمی، خیلی کمکـــم کرد که چگونه درکابین آن‌ها را پیـــدا کنم و حرف بزنم. انسانی مهربان و با ارزش.

گوشـــی را برداشتم و با آن‌ها به نوبت حرف زدم. طفلک‌ها تا به حال مرا پشت نرده زندان ندیده بودند. از نامرادی و نامردی‌ها حرف زدندکه برخـــی به ظاهر دوستان، چندان استقبال از ماجرای کمک به من نکرده و نداشته‌اند و برایم گفتندکه احمد خیلی انسانیت داشته و به سفیر عراق (محمد مجید الشیخ) هم خبر داده‌انـــد... از وزارت اطلاعات هم مرتباً به پدرم تلفن می‌زنندکه موضوع عرفان و دستگیری‌اش را ابداً رسانه‌ای نکنید و خودمان سراغ عرفان می‌رویم و... همان پر به دهان کشیدن‌های همیشگی... حتی بی‌شرمانه گفته‌اند که اصلاً تقصیر خود عرفان بوده که پیگری نکرده!...

سپـــس برادر دیگرم، لقمـــان، گوشی را گرفت وگفت کـــه روز ۱۹ تیر مصاحبه مـــن با روزنامه اعتماد درباره کتاب گفتگوی من و ثابتی منتشر شده.. در دلم گفتم که شاید سیگنال مثبتی باشد و موضوع من چندان حاد نیست و به قول خودشان «اقدام علیه امنیت ملی» نبوده!... بعد از آنان خواستم که به پدر و مادرم دلگرمی بدهند و تشویق و ترغیب‌شان کنندکه انشالله موضوع ختم به خیر می‌شود و جای نگرانی و غصه نیست و بعد

لقمان گفت که امروز برهم صالح (نماینده جلال طالبانی و معاون حزب اتحادیه میهنی کردستان عراق) به ایران آمده...

نیم ساعتم تمام شد و از دیدارشان خیلی مسرور و مشعوف شده بودم. برایم قوت قلب بود و با این سوال که براستی چه می‌شود از صندلی بلند شدم و آن‌ها را به خدا سپردم. تا به حال آن دو نازنین و تنها طرفدارهای زندگی‌ام را پشت پنجره، ندیده بودم...

ساعت ۵ عصر بود که سرانجام بعد ازگذشت ۱۵ روز، سر وکله مسئول پرونده من در وزارت اطلاعات پیدا شد و ظاهراً به دیدار من آمده بودند. وکیل بند، محمدرضا مقیسه (عضو ارشد ستاد میرحسین موسوی) نزد کرمی، گفته بود که ظاهراً حضرات دو ساعتی هم منتظر بوده‌اند زیرا سازمان زندان‌ها مجوزشان را دیر صادرکرده...

آمدند و مرا به اتاقی، که اکثراً جوانک نماینده بند ۲۰۹ در آن جا مستقر می‌شد، فراخواندند. مسئول پرونده من گفت که ظاهراً مهم نیست و با پدر شما هم مرتباً حرف می‌زنیم و داریم سعی می‌کنیم که انشالله در زودترین موقع از این‌جا بروید و... من هم طبعاً می‌شنیدم ولی در ذهنم این سوال نقش بسته بود که چرا می‌خواهد مرا آرام کند؟ لابد موش‌های داخل دیوارهای اوین به آن‌ها رسانده‌اندکه خیلی بی‌تاب و بی‌قرارم؟... سپس رویش را به طرف جوانک نماینده ۲۰۹ برگرداند وگفت، ایشان صاحب قلم‌اند و مورخ تشریف دارند و هر وقت چیزی خواست بنویسد حتماً به دست من برسانید!، قلم وکاغذ هم در اختیار ایشان بگذارید... انگارکلاس خوشنویسی است و حتماً باید مشق قلم‌زنی را به استاد نشان دادکه مبادا حروف "خر" را در واژه "خراب" درست نکشیده باشم و یا جوهر، کم آورده باشد!

سپس به من گفت: می‌دانی که برهم صالح تهران است و اگر دوست داری مطلبی بنویس تا ما در روزنامه‌ای منتشرکنیم که من هم تشکرکردم

وگفتم فعلاً تمرکز نـــدارم که چیزی بنویسم!... ظاهراً بعدها می‌خواست بگویـــد «ببینیدکه مطالبـــش منتشر شده» و شاید ایـــن یعنی من زندان نیستم!... خداحافظی کردم. باوری نداشتم و خصوصاً از ادعای «دست یا علی گفتن» و رفاقت زدن‌شان خوشم نیامد...

کمی‌عصبی شده بودم و عاقبت ۹ شب رفتم بهداری نزد دکترکشیک داخل زندان. کبودوند هم همراه من و ۵ زندانی دیگر به بهداری آمد اما من به هیچ وجه وی را تحویل نگرفتم و حتی سلامی هم بین ما رد و بدل نشد و کمترین رابطه‌ای هم میان ما نیست!... اما یک بهداری غیر مجهز دیدم و پزشکی که شبیه دیوانه‌هـــا بود... هر چند حضرات نابغه وزارت اطلاعات، بهداری اوین را مجهز توصیف می‌کنند...

قبلاً به‌طور مکرر در رسانه‌ها می‌خواندم که در دادگاه انقلاب تهران به جرم اقدام علیه امنیت ملی از طریق تشکیل و اداره "سازمان حقوق بشر کردستان" و فعالیت در آن به تحمل ده سال و به جرم تبلیغ علیه نظام به تحمل یک سال حبس محکوم شده... به ناراحتی حاد ریوی مبتلاست، دو بـــار در زندان دچار سکته شده، عفونـــت کلیه دارد و پزشکان زندان گفته‌انـــدکه درمان آقای کبودوند در زندان میسر نیست و...اما سرحال به نظر می‌رسید و تصور می کـــردم خودش را به تمارض زده اما هرچه بود و یـــا شاید من اشتباه کرده باشم، پزشک زنـــدان، مسخره‌اش می‌کرد... مشهور شده بود که دست به اعتصاب غذای نامحدود زده بوداما مایعات می‌نوشید و ویتامین‌های مختلف می‌خـــورد، ولی من اثری از ضعف در چهره‌اش ندیدم!... شاید هم نوعی شارلاتانی سیاسی بود...

اما صورت پزشک هم ابلهانه به نظر می‌آمد و وقتی اتاق خواب کثیف و ملحفه‌های کهنه‌اش را در اتاق مجاور دیدم، با اکراه گفتم سرماخورده‌ام و اصلاً نپذیرفتم که آمپولی تزریق کند، تصور کردم که مبادا ایدز هم بگیرم!...

خیلـــی منظره‌ای وحشتناک بـــود... و وقتی هم بـــیرون آمدیم ازکنار

ساختمان ۲۰۹ گذشتیم و یکی از هم اتاقی‌هایم که همراهم بود و به جرم جاسوسی برای قرقیزستان دستگیر شـــده بود، از شرح شکنجه در آن‌جا داستان‌هایی تعریف کرد و...

ناگهـــان در مسیر برگشت ما به بند ۳۵۰، اتومبیلی به سمت سلول زنان حرکت کرد که یکی از زندانیان همـــراه ما (سیاوش) صدا زد و سیاوش حاتم هم گفـــت "بهاره هدایت" است... از فعـــال جنبش زنان و عضو شـــورای مرکزی و سخنگوی دفتر تحکیـــم وحدت و همچنین از فعالان کمپین یک میلیون امضا بـــرای تغییر قوانین زن‌ستیز و تاکنون چندین‌بار بازداشت شده.

نمی‌دانـــم چه بود که یاد شعـــری از رکسانا ستایش افتـــادم... اغلب شاعـــران زن روشنفکـــر در سال ۱۳۸۵ با آب و تـــاب از قوانین اسلامی ضد زن و یا ازکمپین یک میلیون امضا حرف می‌زدند، طرحی مستقل و اجتماعـــی که شماری از فعالان حقوق زنان در داخل ایران از ۵ شهریور سال ۱۳۸۵ راه‌اندازی کرده بودند و هدف این طرح جمع‌آوری دست‌کم یک میلیون امضا در حمایت از رفع تبعیض‌های قانونی علیه زنان بود... حرکتـــی جمعی و هدف‌مند که حالا به‌کجا رسید... یاد رکسانای نازنین افتادم که هزار بار، یادش بخیر!...

قبـــل از خواب، بین بنی‌طبـــا وکرمی شاید دعوا بر سر این بود که کدام یک به هاشمی رفسنجانی نزدیک‌ترند... اما هرچه بود بنی‌طبا جوان بود و تصورش این بود که خط فکری رفسنجانی به مصلحت آینده ایران است و در این زمینه هم تصور می کنم باکرمی اختلافی نداشت اما بیشتر مشکل آن‌ها شخصی شده بـــود و من هم دخالتی کردم که آقا شب خداحافظی است و بنی‌طبا فردا می‌رود و بلند شوید و روبوسی کنید و طفلک حمزه هم پذیرفـــت اما چون حرف‌های زیادی در دلـــش تلنبار شده بود، بعد دوباره شروع کرد به انتقاد و... که من دیدم ماجرا دوباره مثل دَمل چرکی

باز می‌شود، گفتم در بین کُردها رسم بر این است که وقتی دست دادند و روبوسی کردند، حتی اگر بحث خون هم در میان باشند، حلال می‌کنند... و این‌جا حمزه، به نشانه ادب سخنی نراند و ساکت شد...

آن شـــب هم تنها قرص تجویزکرده دکتر را خوردم و خوابیدم...اما درد زانویـــم امانم را بریده است... به فکر حـــال و روز پدر و مادرم بودم که روزگارشان چگونه می‌گذرد...

۱۶

سه شنبه ۲۷ تیر ماه ۱۳۹۱

مانند بزغاله وگوسفند در داخل آغل، هر روز صبح می‌آیند و زندانی‌ها را می‌شمارند که مبادا یکی کم شده باشد... همه هم با قیافه‌های اخمو و خواب آلود کنار هم می‌نشینند تا مأمور، با آن قیافه اصطلاحاً ارزشی‌اش، ۲۳ نفر افراد داخل اتاق ما را بشمارد وگاهی آن‌قدر ریاضی‌اش قوی بود که ۳-۲ بار هم اشتباه می‌کرد!

اما من از خواب عمیقی بیدار شده بودم و انگار سرما خوردگی‌ام رو به بهبود است. به حمام رفتم و زیر دوش، آواز می‌خواندم و شعری از حافظ را زمزمه می‌کردم:

دوش می‌آمد و رخساره برافروخته بود
تا کجا باز دل غمزده‌ای سوخته بود
رسم عاشق کشی و شیوه شهرآشوبی
جامه‌ای بود که بر قامت او دوخته بود
گر چه می‌گفت که زارت بکشم می‌دیدم
که نهانش نظری با من دلسوخته بود

کفر زلفش ره دین می‌زد و آن سنگین دل
در پی‌اش مشعلی از چهره برافروخته بود
دل بسی خون به‌کف آورد ولی دیده بریخت
الله الله‌که تلف‌کرد وکه اندوخته بود

ناگهان آقـای هاشمی که‌گویا از قبل وارد حمام شده بود، گفت: بله، نظری با من دلسوخته بود... که دیگر خنده‌ام‌گرفت و ساکت شدم...

یکـی از هم اتاقی‌های ما هم عاقبت مرخص شد، بنی‌طبا شروع کرد بـه خداحافظی و از همه و طلـب حلالیت‌کردن. بچه‌های بند هم طبق معمول سرود یاردبستانی من را می‌خواندند و به خاطر بنی‌طبا که طرفدار هاشمـی رفسنجانی و بازگشت او به قدرت بـود، برخی‌ها داد می‌زدند زنده‌باد هاشمی!.... اما اشک انسان را آن همه شور و ابراز احساسات در می‌آورد وکم کسی شاید بتواند در هیجان، طاقت بیاورد. آتش شوق بود... با انسان‌های دربند آرمانگرا، که شاید جرم اکثر آن‌ها نقد قدرت حاکم بود و تلاش برای بهتر زیستن... اماکوگوش شنوا!...

بعـد از ناهار هم داشتیم با دکتر رضا مولـوی بحث می‌کردیم و او از عواقب خطرناک آینده دیپلماسی ایران سخن می‌گفت‌که شیوه فعلی، ره به ترکستان است و محکوم به شکست. هرچند یکی از رسانه‌های ایران، پرس‌تی‌وی، می‌گفت‌که ایران امیدوار است‌که مذاکره در استانبول به رفع نگرانی طرف مقابل بینجامد اما دکتر می‌گفت آخر باکدام دیپلمات قوی و اصیل می‌توان دیپلماسی قوی داشت؟، درکنار بارونس‌اشتون در عرف دیپلماتیک بایدکسی هم‌شأن و هم‌تراز او قرار بگیرد نه سعید جلیلی!... نـه این‌که یکـی در جلسه، بیست بار بگوید، تـو را به خدا تحریم‌ها را بردارید، ده بار نامه بنویسدکه تو را به خدا مذاکره‌کنیم و رفع تحریم شود، این‌ها، در دنیای امروزه رسم دیپلماتیک نیست، طبعاً موفقیتی هم بدست نمی‌آید!...

من هــم خنده‌ام گرفته بود و یاد ماجرای فتوشاپ و دستکاری عکس اشتون در ایران افتادم که در جریان مذاکرات پیشین سعید جلیلی وکاترین اشتون در بهمن ۱۳۸۹... اشتون لباسی به تن داشت که هر چند در عرف دیپلماتیک غیر معمول نبود ولی رسانه‌های ایران برای انتشار تصاویراشتون با استفاده از فوتوشاپ یقه لباس وی را بالاتر بردند تا با استانداردهای رسانه‌ای در ایران نزدیک شود و حجابی رعایت شده و حد شرعی مورد پسند آخوند هم محفوظ... انگار از طرف خدا مأموریت دارندکه به همه انسان‌های کره زمین، پوشش و حجاب بدهند... آن‌ها به بهشت می‌روند و مابقی کره زمین زیر آب غضب خداوندی غرق می‌شود!... اما ذهن‌ها، همه فاحشه...

روزنامه‌ها را درکنار شعله سعدی ورق می‌زنم... شلیک کشتی آمریکایی بــه یک قایق در خلیج فارس، کلینتون گفتــه: رهبران ایران هنوز فرصت اتخــاذ تصمیم درست را دارند... که در این‌جا شعله سعدی گفت: ایران تصمیم درست را نخواهدگرفت و خامنه‌ای مزاحم ایجاد تفاهم و رابطه با امریکا است... اصلاً می‌ترسند از ایجاد رابطه...

من هم به خنده گفتم: امان از شوروی! داد از KGB!... دکتر مولوی هم گفت: ظاهراً فعلاً دیپلماسی مرغی واجب‌تر است!... چون می‌شنیدیم که مردم در صف‌های ۱۴ ساعته برای خرید مرغ، نشسته‌اند و واکنش دولت به گرانی مرغ در ایران هم این بوده که دلیل گرانی، القاء دشمن است... این هم نوعی «فرار به جلوکردن»...

یک آقایی هم که کنار من نشسته بود و آن طرف‌تر از دکتر مولوی داشت سیگــار دود می‌کرد ظاهراً از متلک من جا خورده بود، پرسیدکه چرا به نقش روس‌ها وک گ‌ب اینقدر با اغراق باور دارم؟ نمی‌دانم شایدکتاب خواندنی و جالب «ک گ‌ب در ایران» نوشته ولادیمیرکوزیچکین را در دستم دیــد... اما فکرکنم از افرادی بود که عصرها دور رئیس دانا جمع

می‌شدند و خود را چپ می‌نامیدند لابد از آن دسته چپول‌های چیپ!... که هنوز کعبه آمال‌شان شوروی بود و سوسیالیسم و توده و خلق و از این نوع مزخرفات...

مـــن هم از چشمک زدن دکتر مولـــوی، حساب کار دستم آمد و گفتم: بله کاملاً!، غیر از این نکتـــه‌ای که باید از تاریخ معاصر بیاموزیم که این چپ‌ها چه جنایتی در ایـــران کرده‌اند و از طرف شوروی مأمور بوده‌اند، مثلاً در گفت‌وگویم با منوچهر هاشمی، بیان داشت که اعلامیه‌های سازمان مجاهدین خلق را سفـــارت شوروی در تهران تکثیر و توزیع می‌کرد، هر وقت در جلسه با CIA هم پرویز ثابتی این نکات را اظهار می‌کرد، CIA باور نمی‌کرد. همین فرخ نگه‌دار و جناح اکثریت که پس از عدم سازگاری با جمهوری اسلامی راهی شوروی شدند و با «ک گ ب» ارتباط داشتند و هنوز هم با باقیمانده «ک گ ب» این رابطه هست و در مصاحبه‌ام با گورباچف و پریماکف، آن‌ها هم بر این نکته تأکید کردند و حتی معتقد بودند که بسیاری از دستگیری‌های نیروهای ارتشی و نظامی‌ها در دوران انقلاب ۱۳۵۷ توسط همین چریک‌های فدائی خلق صورت گرفته.

و یـــا می‌بینیم که، همین روابط سعادتی (رابط بین سازمان و ک گ ب) که امروزه کاملاً آشکـــار است. حزب دمکرات کردستان ایران هم از این قضیـــه استثنا نیست، به دستـــور بعثی‌ها وظیفه ناآرام کـــردن نوار مرزی کردستـــان را برعهده داشته‌اند و پـــس از واکنش جمهوری تازه تأسیس شده جمهوری اسلامی ایران، می‌بینیم که کسی مانند جلیل گادانی روانه مـــرز روسیه می‌شود و به دستور قاسملو، خواهان کمک است!، زیرا این حزب ازکمیتـــه ایالتی کردستان (ک اک) شکل گرفته بود که بخشی از حزب تـــوده بود! و ربطی به کرد و کردستان نداشتـــه و ندارد. بعدها دو زندانی مانند عزیز یوسفی و غنی بلوریان، مدعی بودند که به خاطر کرد و کردستان دستگیر شده‌اند، اما نبود...

البتـــه این ماجرا مسبوق به سابقه است در همان مهر ماه ۱۳۲۰ افرادی مانند ایرج اسکندری و نوشین و رضا روستا به سفارت روس می‌روند و از روس‌ها می‌خواهندکه اجازه بدهند یک حزب کمونیست راه بیاندازند و ۱۷ مهـــر ۱۳۲۰ هم می‌بینیم که سلیمان مـــیرزا اسکندری را ریش سفید می‌کننـــد و ماجرای حضور جعفر پیشه‌وری و احسان طبری و رادمنش و ۲۷ نفـــر دیگر از افراد ۵۳ نفر با حضور رستم علی اف (کاردار سفارت روس و مأمورک گ ب) برای ایرانی‌ها حزب درست می‌کنند و حمایت مالی می‌کنند و بعد نشریه حزب منتشر می‌کنند ودرکنارآن هم حزب‌های اقمـــاری درست می‌کنند... و خواستـــه اول همین حضرات هم از دولت ایـــران چه بـــوده؟، واگذاری‌امتیاز نفت شمال بـــه روس‌ها!،...بنابراین روس‌ها در ایران حزب راه انداخته‌اند و بعد به مناسبت روز ارتش سرخ در سفارت میهمانی می‌گذارند و افـــراد حزب توده هم دعوت دارند و یـــک ارمنی به نام آرداشس در آن‌جـــا مشاجره‌ای با ماکسیموف (سفیر شوروی) پیدا می‌کنـــد و فردایش این نماینده مجلس ایران را احضار و دستگیر می‌کننـــد... این هم نمونه‌ای از نفوذ روس‌هـــا در میان ایران و ایرانی‌هـــا. و بعد ماجراهای ۲۵ مـــرداد ۱۳۲۴ که توده‌ای‌های نفوذی در ارتش به خراسان می‌روند و می‌خواهند راهی ترکمن صحرا شوند و بعد در تهران شورش درست کنند و بعد از شهریور ۱۳۲۴ می‌بینیم که کافتارادزه (نماینـــده روس‌ها) به ایران می‌آید و خواهان امتیاز نفت شمالی است و سهیلی نخست وزیر هم نمی‌پذیرد و بعد هم سهام السلطان بیات مخالفت می‌کنـــد و آن شخص دست از پا درازتر به روسیـــه بازمی‌گردد و ۱۱ آذر ۱۳۲۴ پیشـــه‌وری قهر می‌کند و اعلام تجزیه می‌کند و قاضی محمد هم به اسم خودمختـــاری برای کردستان، اقدام به آن عمل سخیفانه می‌کند کـــه کاملاً برخلاف عقلانیت و سیاست آصف کردستانی بود و بعد هم اخطار ترومن به استالین و فروپاشی ماجرا.

نظرکنسول انگلیس سرکلارمونـــت اسکرین درباره جمهوری پوشالی مهاباد جالب است که «وقتی ارتش سرخ از ایران بیرون رفت، جمهوری خودمختارکردستان مانندگوسفند بدون شبان بسان بنای مقوایی و پوشالی درهم ریخت.»... آن وقت با این کارنامه سیاه، هنوز طرفداران سینه چاک از حـــزب توده و چپ داریم!، سال ۱۳۸۰ ابراهیم یونسی هم در میهمانی بزرگداشتش می گوید: حزب توده، حزب پاکی است و دوباره هم متولد شوم توده‌ای خواهم شد!... بنابراین ریشه افکار چپی از این‌جا شروع شد و تعدادی حزب موازی هم شکل گرفت. سال ۱۳۲۷ هم سازمان افسران پس از خسرو روزبه دست نخورده باقی ماند و زیر نظرکیانوری بود و در کتـــاب آقای انور خامه‌ی هست که پس از ۱۵ بهمن همان سال سرهنگ سیامک جاسوس روس‌ها و دکتر فروتن هماهنگی‌ها رابر عهده داشته‌اند.

بنابراین کمونیست‌ها همواره در ایران آلت دست شده و عامل بوده‌اند، چه دانسته و چه ندانسته. و از ۱۳۱۰ در ایران قانونی تصویب شدکه مرام کمونیستی درایران ممنوع است و زمان مصدق هم حتی موقعی که روابط حسنه با توده‌ای‌ها برقرار بود این قانون لغو نشده... سال‌ها بعد تشکیلات تهران و شهرستان‌ها تأسیس می‌شود و حتی تا ۱۲-۱۰ سالی هم در اختیار وکنترل ساواک بوده. یا در سال ۱۳۲۷ حزب توده منحل شد و در ۱۳۳۳ شبکه افسران حزب توده کشف می‌شود و این‌ها ۶۰۰ نفر افسر در جاهای مختلف داشتند و تصور بفرمائیدکه اگر در کودتایی موفق می‌شدند چه بلاهایی سر مملکت می‌آمد.

بعد هم که دیدیم در انقلاب چه کردند؟، مانند همین دار و دسته‌ای که بعدها فرارکردند به شوروی وک گ ب و چه بدبختی‌هایی را برای ایران به ارمغـــان آوردند! یا چریک‌های فدائیان خلق که با روس‌ها در ارتباط قرارگرفته‌اند و تردیدی هم وجود ندارد.

ظاهـــراً این آقا ازکتاب ثابتـــی هم دلش خون بـــود و هم شایعات و

ادعاهایی که چپ‌ها ساخته و پرداخته بودند، وی را تحت تأثیر قرار داده بود، چون پرسیدکه ثابتی هم در حق برخی از روشنفکران بی‌انصافی کرده است مانند رضا براهنی.

گفتم: ابداً قبول ندارم!، رضا براهنی یک تجزیه طلب بود و هنوز هم هست و به خاطر یک مقالــه تجزیه طلبانه توسط ساواک دستگیر شده اســت و درگروهی سیاسی نبوده و حتی ثابتی می‌گوید حاضرم سر این یکــی قسم بخورم که یک چک هم در ساواک نخورده است!، الان هم در خــارج ازکشور ترجمــه‌ای ازکتاب تروتسکی را منتشر می‌کند و اسم خــودش را برمی‌گرداند ینهارب آزر (یعنی وارونه اسم خودش!)، چون هنــوز هم در آن عقاید و افکار است. روشنفکری که ضد آب و خاکش باشد را می‌شود روشنفکر با انصاف نامید؟! و یا لابد منظورتان بزرگ علــوی است؟، جزو عوامل جاسوسی روس‌ها که این مساله را دکتر انور خامه‌ای هم درکتاب خاطراتش گفته...

دوباره پرسید: اما بسیاری از چپ‌ها معتقدندکه ثابتی خیلی به چپ‌ها تاخته و حتی چهره‌هایی را نابودکرده مانند جزنی... بیژن جزنی که همه خانواده‌اش کمونیست بوده‌انــد، از ابتدا عامل سفارت روس بود، حالا یک فرصت‌طلب غیر قابل اعتماد و وراجی مانند نوری‌زاده هم در شماره خرداد ۵۸ نشریه امید ایــران، که خودش سردبیر بوده، روی جلد عکس تروریستی مانند حمید اشرف را می‌گذارد و می‌نویسد: فدائی کبیر!... از رهبران چریک‌هــای فدائی خلق که رهبری واقعه تروریستی سیاهکل را برعهده داشت و عاقبت در حمله ساواک در تیر ۵۵ در خانه تیمی اطراف مهرآبادکشته شد...

در این که این افراد خرابکار و تررویست بوده‌اندکه دیگر شکی نیست خود حسن ماسالی درکتابش گفته که چه دوره‌هایی را درکشورهایی مانند کوبا و چین و... دیده‌اند و جز بانک زنی و دزدی و... هنری نداشته‌اند.

یعنی توده‌ای‌ها وکمونیست‌ها، گروهی از جوانان پیرو مکتب کمونیستی را برای کارهای تروریستی و خرابکاری پرورش و شستشوی مغزی دادند و می‌دهند. حالا تا صبح ازل بگویندکه شاه فلان و بهمان بود و برای آزادی چنین کردیم و... اما ثمره‌اش چه شد؟ انقلاب ۵۷؟...

البته زمیرکازیموف (افسرک گ ب) معتقد بوده که بهتر است ایرانی‌ها را در امــور داخلی‌شان سرگرم کنند و برای مــردم هم قهرمان بتراشند و بسازنــد و به همین سبب هم گروه‌های تروریستی و خرابکار چریک‌های فدائی خلق و سازمان مجاهدین خلق را ساخته و پرداختند. البته در اواخر دهه ۶۰ و اوایل دهه ۷۰ در ایتالیا و ژاپن و آلمان هم این گرفتاری‌ها وجود داشت!

در حــالی که داشت عصبانی می‌شد گفــت: بالاخره کارنامه و سابقه مبارزاتی علیه دیکتاتوری شاه داشته‌اند. این شاه بوده که ظلم کرده، ستم کرده و آزادی نبوده و...

مــن هم فوراً گفتــم: کدام کارنامــه؟!، ۱۱ گروه تروریستــی در کشور فعــال بوده‌اندکه تنها ۱۰٪ در کارهای‌شان موفق بــوده و ۹۰ ٪ آن توسط ســاواک خنثی شده... اگر خنثی نمی‌شد، خدا می‌دانست چند صد نفر کشته می‌شدند... از خــرداد ۵۰ تا ۵۲ کارنامه سازمان مجاهدین خلق به بمب‌گذاری در تأسیسات برق، قصدکشتن ژنرال آمریکایی، انفجار چند جیپ ارتشی، انفجار در سفارت؛ انفجار در شرکت نفت؛ بمب‌گذاری در دفتر هواپیمائی وکافه تریا؛ ترور سرهنگ و مستشار امریکائی و... آراسته اســت!، این آدم‌کشی و عصیان و خرابکاری می‌شود کارنامه؟، ترور در رستوران می‌شود راه آزادی؟ یا می‌شود مبارزه؟

ببینید! ۱۷۰۰ خرابکاری در مدت ۵ سال قابل محاسبه است که شوروی چــه انرژی و نیرویی از ایران و ساواک گرفت. نقش کمونیست‌ها هم در اعدام‌هــای اول انقلاب را هم نمی‌شــود نادیده گرفت، آخوندها از این

همه چهره، شناخت داشتند؟ یک مشـت مالیخولیائی و مریض احوال برای رسیدن به قدرت، چه دروغ‌هایی ساخته و اسمش راکارنامه‌گذاشته اند.اما دوران ناآگاهی و بیخردی و چشم بر واقعیت‌ها بستن، تمام شده است.

کمونیست‌ها از هر دستاویزی علیه رژیم شـاه استفاده‌کرده اند فوت انسان‌هایی مانند صمـد بهرنگی و شریعتی و مصطفی خمینی و...بهره برداری از ماجراها و.. که باید در پژوهش‌های تاریخی سره و ناسره را از هم جداکرد. تعارف هم باکسی نداشت. می‌شود با صدای بلندگفت که مجاهدین خلق از شکم نهضـت آزادی (به رهبری بازرگان و طالقانی) بیرون می‌آیـد، آن هم با تفکری تروریستی و دوستدارکشت وکشتار و علاقمند به شوروی. حتـی در مراسم تشیع جنازه عبدالناصر (کسی که نخستین بـار واژه جعلی خلیج عربی را به‌کار بـرد و البته کنفدراسیون دانشجویان ایرانی هـم در روی جلد مجله خود از همین عنوان استفاده می‌کردنـد) همین آقایان طالقانی و علیرضا نوری زاده، شرکت می‌کنند، حالا ایشان مثل رمال‌های فریبکار می‌گوید خلیج همیشه فارس!؟

و ایـن بارکه انگار حرف‌هایم کمی تلانـش داده بود، آب دهانش را قـورت داد وگفت :اما کتمان شکنجـه در برخی موارد هرگز قابل قبول نبوده و نیست.

فهمیـدم از طرف خل و چل‌های اطرافش تحریک شده،گفتم: شکی ندارم!،اما در بسیاری از شایعات برای خراب‌کردن و ضایع‌کردن هم باید پرهیزکرد. این توده ای‌های و سازمان‌های دارای افکار چپی فرمایش‌ها کرده اند. حالا کاری به شـاه ندارم، عروسک CIA بوده یا نبوده... اما به دو نکته و مثال توجه بفرمائید، اول اینکه وقتی یک خرابکار دستگیر می‌شـود و هر لحظـه ممکن است تیم یا همکـاران وی به انفجار و یا خرابکاری دست بزنند باید چه‌کرد؟، شکلات و قهوه تعارف‌کرد؟، مثلاً

گفته‌انــد در استخری به عرض و طــول ۱۲ در ۶ متر پر ناخن یافته‌ایم، با محاسبه ریاضی می‌شود گفت با یــک میلیارد انسان هم نمی‌شود یک استخر را پر ناخن کرد، مگر صدف است که نگه‌داری شود؟...

اصولاً تبلیغات بین افراد ناآگاه که نان و آب نمی‌شود. با خرد و تفکر و اندیشه می‌شود به خیلی مسائل پی برد. مثلا یکی معتقد است ۱۵۰۰ ضربه شلاق خورده و عاقبت با کمی چک و چانه به خوردن ۵۰ ضربه اعتراف می‌کند!، همین آقای حسین مهری مجری رادیو صدای ایران، در (تهران مصور جمعه ۱۴ اسفند ۱۳۵۷) نوشته است که پرکردن دریاچه از جسد!... همین کتاب شکنجه‌گران، یعنی اعترافات چاپ شده افرادی مانند بهمن نادری‌پور (مشهور به تهرانی) و فریدون توانگری (مشهور به آرش) و.. را باید دوباره خواند و اندیشید!، اعترافات نادری پور بدون خط خوردگی و بــا خط خوانا و بدون غلط و یــا عوض کردن ۱ جمله منتشر شده!، به عبارت محترمانه پاکنویس شده! و حضرات هر آنچه را که فرموده‌اند، او بازنویسی کرده....

در این لحظه یکی از رفقایش آمد و صدایش کرد و رفت. دکتر مولوی هــم که به سیگارش پک می‌زد، متوجه شــدم که از جواب‌های من کلی خوشش آمده بود... شعله سعدی هم می‌گفت: «استعداد سخنگو شدن دولت آینده را داری... و صدای خنده من و دکتر مولوی بلند شد...

۱۷

چهارشنبه ۲۸ تیر ماه ۱۳۹۱

صبح کنار سلطانی نشستم و اخبار رادیو فردا را که یکی از بچه‌ها در حیاط برای چند نفر می‌خواند، گوش می‌دادم... در خبرها آمده بود که «موافقت با ادامه گفتگو پیرامون برنامه‌های هسته‌ای جمهوری اسلامی و پیشنهاد دعوت از ایران برای پیوستن به گروه کشورهای موثر در حل بحران سوریه، دو مشکل حاد منطقه‌ای، که نشانه بی‌نتیجه ماندن تلاش‌های دیپلماتیک در تعامل با دو نظام سیاسی حاکم در تهران و دمشق است. به نظر می‌رسد در رابطه با پرونده اتمی جمهوری اسلامی دیپلماسی از دو سال پیش به بن‌بست رسیده. بحران سوریه نیز از زمان گماردن کوفی عنان به نمایندگی جامعه عرب و سازمان ملل در سه ماه پیش، شانس رسیدن به راه‌حل سیاسی را از دست داده.» و...

در حیاط، سلطانی که خیلی با او اُخت و صمیمی شده‌ام، می‌گفت: حتماً شنبه اول ماه رمضان (یعنی ۳۱ تیر) آزاد می‌شوی!... درباره حقوق متهم سخنانی گفت که در دادگاه‌های انقلاب، اصلاً و ابداً رعایت نمی‌شود و تنها با کینه و شتابزده و بدور از قانون، حکم می‌دهند!

ناهار هم در اتاق از برخورد زشت بهزاد، هم اتاقی‌ام، ناراحت شدم. کرمانشاهی است و مانند برخی از آن‌ها، قُد و ناسازگار... شاید تأثیرات زندان او را در این سه سال حبس چنین کرده... اما من بیشتر در افکار خودم غرق‌ام وکاری به کسی ندارم.

اخبار ساعت ۲ هم می‌گوید: «برهم صالح» معاون «جلال طالبانی» معاون رئیس اتحادیه میهنی کردستان عراق و نخست‌وزیر سابق حکومت اقلیم کردستان عراق و معاون سابق نخست وزیر عراق به دعوت رسمی جمهوری اسلامی به همراه هیئتی بلند پایه متشکل از مسئولان اتحادیه میهنی کردستان عراق، روز جمعه ۳۰ تیرماه به تهران سفر می‌کند و قرار است با مقامات جمهوری اسلامی دیدارکند. البته هرگزکاریزما و جامع‌الاطرافی مام جلال را ندارد!

تصور من این است که برهم به خاطر وضعیت پریشان کردهای سوریه آمده باشد و یا ایران می‌خواهد به کمک کردهای عراق وگروه جلال طالبانی در اپوزیسیون کُردها در سوریه نقش خنثی داشته و از طریق کُردها در ساختار آینده سوریه بعد از بشار و سقوط احتمالی‌اش، سهمی داشته باشد... ظاهراً بشار رفتنی است، به قول عوام، البته اگر CIA بخواهد!.... و شاید هم بعد از سفر نوشیروان مصطفی‌امین، قصدشان ایجاد رابطه حسنه میان حزب طالبانی و حزب نوشیروان باشد که علیه بارزانی قد علم کنند... که امیدوارم بهار عرب هم روزی به کردستان برسد... البته زمستان ۸۹ هم تظاهرات علیه دیکتاتوری بارزانی شروع شد اما گروه اتحاد اسلامی مزاحم و مانع شد، هم‌پیمان بارزانی بوده و در ظاهر اپوزیسیون است، از همان فاجعه کُردکشی ۳۱ اوت ۱۹۹۶ هم‌پیمان بارزانی شده، می‌دانستند چند زندانی کُرد روشنفکر و آزادیخواه در زندان‌های بارزانی شکنجه می‌شوند اما سکوت کردند به نام اسلام... بعد در زمستان ۱۳۸۹ هم مردم سکولار سلیمانیه را به خواندن نماز تشویق کردند... و بنا به

توافق پنهان با بارزانی، خواستند که چند نفرشان کشته شود، بعد خون آن‌ها را فروختند و چهار میلیارد دینارگرفتند و گریه و ماتم تمام شد!... حکایت غریبی است سرطان بارزانی و اسلامی‌ها در کردستان!

عصر در حیاط کمی با علیرضا رجائی و دکتر مولوی بحث کردیم. وضع دمشق خبر ساز شده. خبرهایی هست که دمشق پایتخت سوریه روز چهارشنبه شاهد حوادث زیادی بوده است. پس از اعلام کشته شدن وزیر دفاع سوریه و معاون او بر اثر یک انفجار در مرکز دمشق که روز چهارشنبه روی داد، خبرگزاری رویترز خبر داد که عصر چهارشنبه پنج انفجار دیگر در نزدیکی پادگان مقر استقرار نظامیان تحت فرمان برادر بشار اسد شنیده شده و حتی تلویزیون رسمی‌سوریه، ازکشته شدن داود راجحه، وزیر دفاع، و آصف شوکت (رئیس پیشین سازمان اطلاعات و معاون پیشین رئیس ستاد مشترک ارتش) بر اثر یک بمب‌گذاری انتحاری در دمشق، پایتخت سوریه، خبر داده. گزارش‌های ضد و نقیضی نیز در موردکشته یا زخمی‌شدن محمد ابراهیم الشعار (وزیرکشور سوریه) مخابره شده... و یک مقام امنیتی سوریه به خبرگزاری رویترز گفته که حمله‌کننده انتحاری از محافظان شخصی بوده و در حلقه اطرافیان نزدیک بشار اسد (رئیس جمهور سوریه) کار می کرده.... گویا عصر هم پنج انفجار دیگر در نزدیکی پادگان مقر استقرار نظامیان تحت فرمان برادر بشار اسد شنیده شده و...

بعد بحث سر این بود که رفسنجانی گفته «اوضاع جامعه ایران تأسف‌بار و نتیجه سوءمدیریت‌ها است و انتظار این است که پس ازگذشت ۳۲ سال از پیروزی انقلاب، با ثروت خدادادی نفت و وجود زیربناهای تولید و توسعه، پیشینه تاریخی، فرهنگی و دینی مردم ایران، مشکلات و معضلات فرهنگی، اقتصادی و سیاسی کاهش یافته و آثار دروغ و فقر و فساد در جامعه از بین برود و نباید اجازه دهیم عده‌ای تندرو، نظام را از پشتوانه

مردمی‌اش خالی کنند و به جای آنان تصمیم بگیرند».روزنامه اعتماد هم نوشته بود رفسنجانی پیشنهاد تشکیل «شورای فقهی برای مسائل عمده مدیریتی کشور» داده و ظاهراً «طیفی هم از این پیشنهاد استقبال کردند». وگویا روزنامه کیهان هم که تحت نظر نماینده خامنه‌ای منتشر می‌شود ضمن مخالفت با پیشنهاد اکبر هاشمی رفسنجانی نوشته که «تشکیل شورای فقهی خلاف قانون اساسی است.»

هرچه هست خدا به خیرکند اما من چشمم آب نمی‌خورد و این قافله تا به روز حشر لنگ است... شام بچه‌ها مرغ پخته‌اند!، کرمی هم می گفت مرغ را عشق است! سیاست را بی‌خیال!...

امروز عصر هم در ضمن این که گوشم به حرف‌های دکتر مولوی بود، در حیاط هم در آن گوشه، کوکبی با چند نفر دیگر مانند هومان، فوتبال‌دستی بازی می کند. پدر و مادر هومان، اعدامی دهه ۶۰ بودند و خودش نیز در زندان متولد شده بود و روز اول که داخل زندان شدم در همان دفتر نصیری‌پور، دیدم زنی که بسیار از طبقات سطح پائین جامعه می‌نمود و تنها یک کیسه با چند بسته بیسکویت ساده و پفک و چیپس را به همراه داشت و انگار بیشتر از آن هم توان مالی نداشت منتظر بود که آن فرزند را ملاقات کند و صحنه گریستن آن در دلم اثرکرد و خیلی هم از دیدن آن صحنه نگران بودم... دکتر مولوی می گفت: اما در جنگل مولی که دیگر کسی نمی‌داند اعلامیه جهانی حقوق بشر یعنی چه؟ اصلاً خر چه داند معنی نقل و نبات!؟... آخر با این همه صراف و علاف و حاجی و فقیه و تاجر و بزاز و عطار و بنکدار می‌خواهی کابینه تشکیل دهی؟

عابدینی هم سلامی کرد و نشست پای بحث. وی جزو پان ایرانیست‌ها و آدم بامزه‌ای بود (تصور می کنم از من ۶-۷ سال جوان‌تر بود. اسفند ۱۳۸۸ در جریان دستگیری‌های گسترده‌ی کنش‌گران حقوق بشر همراه با ضرب و شتم در منزل پدری خود در رامهرمز خوزستان بازداشت و به

سلول‌های انفرادی به بند ۲ الف زندان اوین منتقل شد. از سوی شعبه ۲۸ دادگاه انقلاب اسلامی به ریاست قاضی مقیسه، به اتهام فعالیت تبلیغی علیه نظام به یک سال حبس تعزیری محکوم شد، اما در پرونده‌ی قبلی هم به همین اتهام محکوم به زندان شده و در حالی سپری کردن این محکومیت بود. عابدینی به اتهامات ارتباط با دول متخاصم (۵ سال)، عضویت در مجموعه فعالان حقوق بشر درایران (۵ سال) و تبلیغ علیه نظام از طریق مصاحبه با رسانه‌های بیگانه (۱ سال) و در مجموع به ۱۱ سال حبس تعزیری محکوم شده بود که بعدها به ۱۲ سال هم کشیده شد.) اما گاهی خیلی شیطنت می‌کرد و به آدم‌های دایم‌الخمر می‌مانست. ظاهراً حضرات نابغه وزارت اطلاعات به حرکت‌های تشکیلاتی و حزبی معترضند بنابراین با حزب پان‌ایرانیست هم مخاالفت می‌کنند.

یادم هست که فرهاد و میلاد، از دوستان پان‌ایرانیست من، برایم توضیح داده بودند که «امیدواریم در میانه آن‌ها عقلایی یافت شود که متوجه خطری که تمامی مملکت و حتی حرمت را تهدید می‌کنند باشد. به نظر می‌رسد دست‌هایی گیج کرده آن‌ها را شاید قرار است باید آن اتفاق بزرگ در نبود نیروهای اصیلی ملی رخ دهد تا گروه های دفاعی در این سرزمین در بزنگاه تاریخ نباشد... ظاهر قضیه نشان می‌دهد، دست‌هایی هست که نمی‌گذارد پان‌ایرانیست‌ها در ایران آزادانه فعالیت کنند این دست‌ها پنهانی‌تر از دست‌های خودی است. حضرات ولی حزب پان‌ایرانیست راگروهک غیرقانونی می‌دادند در صورتی که فعالیت احزاب آزاد است طبق قانون اساسی ما نه مخل به مبانی اسلام هستیم و نه اقدمات براندازنه و مسلحانه داشته‌ایم. حاکمیت و نهادهای مجری آن تحمل نظارات اصلاحی و مخالفت‌های پان‌ایرانیست‌ها را مخالفت حق ماست و تفتیش عقاید طبق قانون اساسی جرم است... حضرات به قانون خود هم پایبند نیستند و اعمال قدرت غیرقانونی می‌کنند...

حضـــرات نابغه وزارت اطلاعات ایران حتی به قانون اساسی جمهوری اسلامـــی، باور ندارند در حالی که طبـــق اصل ۱۶۸ و اصل ۲۶ و اصول دیگـــر احزاب آزادند مگر این که مخل بـــه مبانی اسلام باشند یا مبارزه مسلحانه داشته بنابراین طبق قانون اساسی و با شرحی که از فعالیت حزب کردم فعالیت حزب آزاد است طبق همین قانون اساسی جمهوری اسلامی ما مشی انقلابی و براندازانه نداشته چه در زمان شاه و چه حال نداشته‌ایم بنابراین هرگونه اقـــدام نهادهای امنیتی بر علیه حزب پان‌ایرانیست طبق اصول متعدد قانون اساســـی غیرقانونی است و عملی مجرمانه است... حزب پان‌ایرانیست از نگاه سیاسی معتقد به مبارزه مدنی و مطالبه محور و رسیدن به قدرت از مجرای پارلمانی است. چه درگذشته و چه در حال. ما همواره معتقد بـــه سه اصل بوده‌ایم: حفظ تمامیت ارضی ایران، حق حاکمیت ملی و عدالت اجتماعی». نوع نظام برای حزب پان‌ایرانیست در اولویـــت اصلی نیت بلکه ماهیت هر حکومت باید برآمده از این سه اصل ملهم شده باشد. در این مسیر سیاست‌ها و نحوه کنش سیاسی حزب با حاکمیت تعریف می شود. گفتنی اســـت تئورسین حزب دکتر عاملی تهرانـــی در ۱۸ اردیبهشت ماه ۱۳۵۸ بی گناه به جوخه اعدام سپرده شد. پـــس از ماجرای تغییر پرچم شیرو خورشید رهبر حزب در همان سال ۵۸ با تغییر پرچم ملی مخالفت کرد و طی فرمانی حزبی پرچم شیر خورشید را درکنـــار پرچم حزب به عنوان نماد سیاسی و آرمانی هر پان‌ایرانیستی قـــرار دادند. بنابراین پرچم شیروخورشید به عنـــوان هم نماد ملی و هم پرچم حزب پان‌ایرانیست به حساب می‌آید. همین فرمان حزبی و همچنین مخالفت حزب با ادامه به‌کار مجلس خبرگان قانون اساسی که فقط برای دومـــاه حق قانون گزاری گرفته بود و این زمان گذشته بود بنابراین محل اعتبار نداشت و مشی که حزب در مخالفت با حرکت‌های انقلابی اتخاذ گردد. منجر به صدور حکم تـــیر برای محسن پزشکپور توسط خلخالی

گردیـــد. این دستور حکم تیر در رادیو تلویزیون هم پخش شد... به همین دلیل در سال ۵۹ محسن پزشکپور مجبور به هجرت ناخواسته از میهن شد.

در جریان جنگ هشت ساله رهبری حزب از آن به‌عنوان دفاع مقدس یـــادکردند و با روش‌های اپوزیسیون خـــارج به مخالفت برخواست و از جنگ تحمیلی به عنوان دفاع مقدس یادکردند و نامه‌هایی را به دبیرکل وقت سازمان ملل ارسال‌کردند و از تهاجم عراق به ایران به شدت انتقاد کردند. متن نامه‌ها موجود است برخلاف شاپور بختیار و مجاهدین که به دامان صدام غلتیدند.

در دهه شصـــت فعالیت تشکیلاتی حزب محدود بـــود بعد از آمدن محسن پزشکپور به ایران در دهه هفتاد دوباره فعالیت‌های سیاسی حزب مسیر تندتری به خودگرفـــت و حزب در همان سال از سیستم رهبری به شورای تغییر یافت و در زمان اصلاحات و اندکی وزش باد آزادی توانست کنگره، هفتم و هشتم و نهم خود را بر پاکند وحزب تحت نظر و مدیریت شورای عالی رهبری به ایفای مسوولیت بپردازد. ولی از سال ۱۳۸۴ حزب پان‌ایرانیســـت موفق به برگزای کنگره نشده است و هر بار قصد برگزاری کنگره داشته است با مخالفت نهادهای امنیت و ممانعت آن‌ها روبرو شده است بنابراین شورای رهبری این حزب نتوانسته‌کنگره بگیرد تا مشروعیت قانونـــی دوباره از اندامان خود بگیرد. به همـــین دلیل نهاد های مرتبط با این شـــورا مسوولیت اداره این حزب را برعهد دارند: سازمان جوانان حزب پان‌ایرانیست و سازمان برون مرزی حزب پان‌ایرانیست هم اکنون به فعالیت‌های سیاسی در ایران و خارج مشغول هستند. البته این دشواری‌ها و چالش‌ها برای همه جریانـــت سیاسی مسالمت‌آمیز و دمکراسی خواه در ایـــران هست و حزب پان‌ایرانیســـت هم از این قاعده مستثنی نیست. دلیـــل مخالفت حاکمیت آنست‌که تحمل نظر مخالف را ندارد در یک کلام تمیمت خواه است و اجازه هیچ گونه حرکت تشکیلاتی درایران را

نمی‌دهــد آن هم گروه‌هایی که نه تنها برانداز نیستند بلکه معتقد به روش دمکراتیک برای شرکت در ساختار قدرت هستند. نیز البته چون ماهیت ایدولوژیــک دارد به همین دلیل بسیاری موارد منافع ملی ایران را از یاد می‌برد. به همین دلیل حزب پان‌ایرانیست چون مخالف وضع موجود است از طرف حکومت با آن برخورد می‌شود. در این سال‌ها افراد زیادی از این حزب زندان وبازداشت شدندکه از جمله می‌توان: ره رضا کرمانی، حسین شهریاری، ابراهیم میرانی، ابوالفضــل عابدینی، شاهین زینعلی، حجت کلاشی، کسرا الاسوند، میلاد دهقان، فرهاد باغبانی، قدرت‌الله جعفری، اوژن اکبری و...اشاره کرد» و ...

اما جــدای از سخنان فرهاد و میلادکــه بعدها خودشان هم دستگیر شدند، باز هم از نظر من، این پان‌ایرانیست‌ها دارای ارزش و احترام بودند نه تجزیه طلب‌های تروریستی مانندکومله و دمکرات که با فدرالیسم گفتن سرنا را از سرگشادش می‌نوازند. به قول شادروان داریوش همایون "آنچه مــرا در زندگی بیش از هر چیزی مــی‌آزارد، ابتذال است" و براستی این تجزیه طلب‌های وابسته به خارجی هم افراد و سازمان‌هایی مبتذل هستند.

یکی از همــین بچه‌های پان‌ایرانیست را پــس از دستگیری به زندان قزل‌حصار فرستاده بودند و ۱۰ روز آن‌جا ماند و دقیقاً ۱۰ کیلو وزن کم کرده بود... یعنی یک پان‌ایرانیست را وسط یک مشت آدمکش بلفطره انداخته بودنــد و او هم چیزهایی از این زندان تعریف می کرد که با شنیدنش مو به تن آدمی سیخ می‌شود...مانند: "تجاوز مرد به مرد علنی، استعمال مواد مخدر شیشه وکراک به هر میزان... به علت نبود جا ساعت‌ها در حیات زندان می‌ماندند... آب حمام سرد سرد... حتی می گفت که جلوی چشم او، یکــی از زندانیان با تیغ شرمگاه خود را برید... و خون بود که جاری می‌شد و هر لحظه امکان داشت کشته بشود... اما کسی به فریاد ناله‌های او نرسیــده و..." آنقدر آن طفلــک از جانی‌ها کتک خورده بود که یک

پایش می‌لنگید. فوق لیسانس مملکت و یک آدم سیاسی را این‌گونه هتک حیثیت کرده بودند... خواسته‌اند از خودش بیزار شود.

البته از پرویزخان ثابتی شنیده بودم که وی خیلی در رشد و اعتلای این حزب در ایران تلاش کرده بود و حتی مدت‌ها هم فرح پهلوی عضو آن بوده است و درکتاب گفتگویم با وی از ماجرای درگیر شدن با هویدا سر جریان پان‌ایرانیست‌ها سخن رانده بود.

یکی از بچه‌ها هم که برای خالی نبودن عریضه و مشارکت در بحث از سال ۱۳۶۷ یادکرد و ماجرای کشتار زندان سیاسی، گفت که: "تابستان سال ۱۳۶۷ (اوت ۱۹۸۸) شمار زیادی از زندانیان سیاسی که اکثراً عضو سازمان مجاهدین خلق بودند و شماری عضو دیگر تشکل‌های مذهبی یا چپ بودند، به طور دسته‌جمعی در زندان‌های ایران اعدام شدند، در حالی که اکثراً حکم حبس خود را می گذراندند و برخی حتی بعد از سپری شدن دوران محکومیت خود هنوز در زندان بودند.... آیت‌الله منتظری در خاطرات خود شمار این اعدام‌ها را رقمی میان ۲۸۰۰ تا ۳۸۰۰ برآورد می‌کند. مدافعان حقوق بشر آن را نزدیک به ۵ هزار نفر اعلام کرده‌اند. یکی از زندانیان سیاسی آن زمان از راهرو زندان گوهردشت یاد می کرد و گفته که این راهرو در آن زمان معروف به راهرو مرگ شد و راهرو مرکزی زندان است. انتهای این راهرو حسینیه زندان است. هنگامی که دادگاه تمام می‌شد زندانیان را به این راهرو می‌آوردند. ماموران می‌آمدند و اسامی زندانیان را می‌خواندند و می گفتندکه آن‌ها را به بندشان ببرید. این کدی بود که بین ماموران بود یعنی این که این‌ها را برای اعدام ببرید. چون آخر راهرو تاریک می‌شد، دیگرکسی نمی‌دید آن‌ها کجا برده می‌شدند.»

۱۸

پنجشنبه ۲۹ تیر ۱۳۹۱

خیلی خوش باور بودم که شاید با نوشتن نامه‌هایم به حضرات، جوابی دریافت کنم، اما دروغ گفتند! و صرفاً پَر به دهانم کشیدند!...

گویـــی اخلاق یا انسانیت و مروت هم سرشـــان نمی‌شود. در حیاط، دکترکامران ایازی که دندانپزشکی نازنین است ساز تار می‌نواخت، همان آهنـــگ درویش خان و شعر بهار را.... من هم‌اشک می‌ریختم و هم زیر لبم زمزمه می کردم....

بهاردلکش رسید ودل به‌جا نباشد
از آن‌که دلبر، دمی‌به فکر ما نباشد
دراین بهار ای صنم بیا وآشتی کن
که جنگ وکین با من حزین روا نباشد
صبحدم بلبل، بردرخت گل، خدا، به‌خنده می گفت
نازنینان را، مه جبینان را، خدا، وفا نباشد
اگرکه با این دل‌حزین توعهد و بستی
حبیب من با رقیب من، چرا نشستی؟

چرا دلم را عزیزمن ازکینه خستی؟
اگرکه با این دل‌حزین توعهد و بستی
حبیب من با رقیب من، چرا نشستی؟
بیا دربرم از وفا یک شب، ای مه نخشب،
تازه‌کن عهدی، جانم که برشکستی...

این دندانپزشک شیرازی با اتهام محاربه به تحمل ۹ سال حبس که بیشترین مجازات این گروه محسوب می‌شود محکوم شده و بعد به اتهام «توهین به مقدسات و توهین به رهبری» مدت‌ها در بند ۲۰۹ زندان اوین بوده... ظاهراً حضرات نابغه‌ی وزارت اطلاعات پس از بازداشت وشکنجه با گرفتن اعترافات اجباری وضبط برنامه‌های تلویزیونی ونگهداری طولانی مدت در سلول انفرادی، سعی در ربط دادن او به سفارتخانه‌ها وکشورهای اروپایی داشته، اما وی صرفاً در فضای مجازی به بحث وگفت‌وگو پیرامون مسائل دینی پرداخته، چه درست و چه غلط... قربانی سناریو مبارزه با جرائم سایبری شده بود...

وقتی که مست از تار نوازی او شده بودم در حیاط یاد حرف‌های پرویزخان ثابتی افتاده بودم که یک بار از او پرسیدم چرا شما مذهب شیعه را بدترین شاخه دین اسلام می‌دانید؟... هرچند او آزادی‌خواه بود و در قید و بند و دام یک دین یا مذهب نبود و ز هر چه رنگ «تعلق» می‌پذیرفت، آزاد بود...

و او هم در پاسخ من گفته بود: «... برای بدعت‌هایی که در اسلام به وجود آورده است. از قبیل تجویز «صیغه» برای مردان به هر تعدادکه میل و اراده کنندکه قرآن چنین اجازه‌ای را نداده است. «تقیه» که مجاز دانستن دروغگویی در مواقع لازم است کما این که خمینی با اتکا به همین اصل به هیچ یک از وعده‌هایی که در پاریس (برای تأمین و تحقق آزادی

در ایــران در صورت نیل به قدرت) داده بود، عمل نکرد و علناً گفت که «خُدعه، کــردهام». البته دروغ مصلحتی یا white lie را غربی‌ها نیز در مواردی که نیت، جلوگیری از برانگیختن فتنه بوده و به زیان کسی نباشد، مجاز می‌دانند، اما نه استفاده از آن برای رسیدن و ماندن در مسند قدرت و چپاول ملت و تاراج مملکت.

علاوه بر این، ادعای شیعیان از این‌که پس از محمد باید علی، خلیفه مسلمین می‌شده در حالی‌که خود علی، چنین داعیه‌ای نداشته و با ۳ خلیفه قبلی که مردم با آن‌ها بیعت کرده بودند، بیعت کرده و صبرکرده تا پس از ۲۰ سال نوبت به او برسد و به همان طریق به خلافت برسد، بسیار جالب و خنده‌دار است. جعل واقعه «غدیر» (که شیعیان مدعی هستند در آن، محمد پس از خود، علــی را جانشین خویش کرده) اگر واقعیت داشت در آن زمان، کسی نمی‌توانســت آن را نادیده بگیرد و با ابوبکر، پدر زن پیغمبر، بیعت کند. پیغمبرکه برای تصاحب زن پسر خود (فرزند خوانده) آیه از خدا نازل می‌کرد، چطور نمی‌توانست آیه‌ای از طرف خدا نازل کند و علی را رسماً جانشین خود سازد که بعد از او، گفتگوئی نباشد و مردم هم جرأت نکنند برخلاف دستور او عمل کنند.

گفتم شیعــه، بدترین شاخه از دین اسلام است ولی اصولاً معتقدم که دین اسلام اگر به حق بوده، برای شبه‌جزیره عربستان بوده است نه ایران که تا آن زمان، دین و فرهنگ و تمدن به مراتب والاتری از اسلام و آداب و رسوم اعــراب (که در قرآن انعکاس یافته) داشته است. اسلام بعد از فوت محمد و به دستور عمر خلیفه دوم و با شمشیر خالدبن ولید و دزدان و قاتلان همراه او با کشتار بی‌رحمانه و ددمنشانه، به مردم ایران، تحمیل شــده است و هدف نیز، کشورگشائی و غارت و چپاول بوده. خود قرآن می‌گویــد، خداوند دین اسلام را فقط بــرای مردم عربستان وکسانی که به زبان عربی صحبت می‌کنند، ابــداع کرده و به ارمغان آورده است نه

کسانی که به زبان‌های دیگر، صحبت می کنند. آیه‌های متعدد مربوط در این باره، به حدی صریح و واضح است که جای هیچگونه تعبیر و تفسیری را باقی نمی گذارد که در این جا چند نمونه از آن‌ها را که در قران آمده است، نقل می کنیم:

سوره فصلت (جزییات)، آیه ۳: کِتَابٌ فُصِّلَتْ آيَاتُهُ قُرْآنًا عَرَبِيًّا لِقَوْمٍ يَعْلَمُونَ (کتابی آسمانی که آیات آن با تمام جزئیات بیان شده است، در قرآنی عربی، برای مردمی که عربی می‌دانند)

وَمَا أَرْسَلْنَا مِنْ رَسُولٍ إِلَّا بِلِسَانِ قَوْمِهِ لِيُبَيِّنَ لَهُمْ. فَيُضِلُّ اللَّهُ مَنْ يَشَاءُ وَيَهْدِي مَنْ يَشَاءُ. وَهُوَ الْعَزِيزُ الْحَكِيمُ (ما برای هیچ قومی، پیغمبری نفرستادیم به غیر از پیغمبری که به زبان آنان سخن بگوید)

سوره الشعرا (شاعران)، آیه ۱۹۵، ۱۹۸، ۱۹۹: بِلِسَانٍ عَرَبِيٍّ مُبِينٍ ﴿۱۹۵﴾ وَلَوْ نَزَّلْنَاهُ عَلَى بَعْضِ الْأَعْجَمِينَ ﴿۱۹۸﴾ فَقَرَأَهُ عَلَيْهِمْ مَا كَانُوا بِهِ مُؤْمِنِينَ (و آن (قرآن) به زبان فصیح آمده؛ و اگر آن را برای مردمی که عربی نمی‌دانند نازل می کردیم؛ محال بود که آن را بفهمند و به آن ایمان بیاورند)

و در این جا یک بار دیگر به وضوح و صراحت می گوید که قرآن برای عرب زبان‌ها آمده است و نه برای ما پارسی زبان‌ها.

سوره سجده، آیه ۳: ام يَقُولُونَ افْتَرَاهُ بَلْ هُوَ الْحَقُّ مِنْ رَبِّكَ لِتُنْذِرَ قَوْمًا مَا أَتَاهُمْ مِنْ نَذِيرٍ مِنْ قَبْلِكَ لَعَلَّهُمْ يَهْتَدُونَ (ای محمد، قرآن را برای «قوم تو» فرستادیم، چون پیش از تو رسولی برای آن‌ها نیامده بود، تا تو بر آنان رسالت کنی و شاید که هدایت شوند.

پس معلوم می‌شود که واقعاً خدا هر دینی را برای مردم خاصی ابداع

کــرده است و اسلام را به عرب‌هــا عرضه‌کرده است. اگر خدا قرار بود پیامبری راکه می‌فرستد برای همه دنیا باشد، چطور از وجود قاره دیگری به نام آمریکا درکره زمین اطلاع نداشته و در دستورات خود به این قاره و اهالی آن، اشاره‌ای نکرده است مگر این‌که: «نعوذ بالله» باورکنیم که خــدا از وجود قاره آمریکا بی‌خبر بوده است. این‌که روایت شده محمد پس از استقرار در مدینه و برقراری حکومت، به پادشاهان ایران و حبشه نامه نوشته و آن‌ها را به اسلام دعوت‌کرده است، اگر صحت داشته باشد معلــوم می‌شود محمد برخلاف دستور و نیت خدا، قصدکشورگشایی و توسعه ثروت و قدرت برای خود داشته است‌که خلفا، آن را دنبال‌کرده‌اند.

قبــل از تحمیل دین اسلام به مردم ایــران، دین زرتشتی در ایران رایج بوده‌که بر پایه خدای واحد (اهورامزدا) بوده و شعار آن هم «پندارنیک، گفتارنیک، کردارنیــک» بوده‌که به مراتب برتــر از اصول دین اسلام (یعنــی: توحید، نبوت و معاد) است. شعارهــای سه‌گانه زرتشت برای هدایــت مردم به داشــتن نیات و افکــار والا و دوری جستن از دروغ و اعمال و رفتار عادلانه و منصفانه با دیگران عنوان شده است در حالی‌که شعارهای اسلام برای حفظ بیضه این دین، مطرح شده است‌که هدف، تثبیت حقانیت پیامبری محمد بوده است و به همین دلیل «نبوت» یکی از اصول دین، قرار داده شده است. «معاد» را نیز یکی از اصول دین قرار داده‌که مردم را بترساندکه اگر به دستورات او عمل نکنند، حتی پس از مرگ در دنیای دیگر نیز مجازات خواهند شد و اوست‌که در آن دنیا نیز حاضر است و می‌تواند از آن‌ها نزد خدا شفاعت‌کند. این پیامبران ادیان ابراهیمی اگر از طرف خدا آمده‌اند، چرا هیچ یک، بردگی انسان را الغا نکرده و همه آن‌را تاییدکرده‌اند؟ خدا می‌خواسته انسانی را برده انسانی دیگرکند؟

معتقدم این ادیان شاید در زمان خود منشاء خیر و برکاتی برای بشریت

بوده‌اند ولی نمی‌توانند برای ابد بر مردم حکومت کنند، مخصوصاً دینی مثـل اسلام که وارد جزییات زندگی مـردم شده و درباره همه زمینه‌های اجتماعـی، اقتصادی، فرهنگی و سیاسی مردم حکم صادر کرده است و «حرام محمد را حرام الی‌یوم القیامت» قرار داده است. اگر مردم ایران باید حتماً دینی داشته باشند، بهترین دین برای آن‌ها، همان دین زرتشتی است که ظرفیت اصلاح با شرایط زمان را بیشتر دارد و فقط باید مراقب بود که مؤبدان مانند آخوندها از دین، سواستفاده به نفع خود نکنند. همان که آن را «مصادره به مطلوب کردن» می گویند.

حالا که می‌خواهید مرا وادار به اظهارنظرهایی کنیدکه هیچ کس از زخم زبان من، مصون نمانده باشد. و مشخصاً نظرم راجع به بهائیت چیست؟ باید بگویم که دین بهائی نیز از ادیان ابراهیمی است. یهودیت، مسیحیت و اسلام را قبـول دارد و شاخه‌ای از بدتریـن بخش دین اسلام (یعنی شیعه اثنی‌عشری) است و بر حق بودن علی برای خلافت بعد از محمد و همـه یازده امام شیعه را نیز می‌پذیرد و برای امام دوازدهم که حضرت صاحب الزمان باشد، مدعـی است که او آمده است و نامش «بهاالله» است و سیدعلی محمد باب هـم منادی ظهور او بوده است. مسلمانان شیعه می گویند امام زمان هنوز نیامده و ما منتظریم که بیاید و با کشتار و خونریـزی وسیع مردم را به راه راست هدایت کند. من می گویم صاحب زمان نه آمده است و نه خواهد آمد!

در این‌جا به یاد جوکی افتادم که فکرکردم اگر ذکر نکنم، مشغول الذمه اصـل «آزادی بیان» خواهم شد. فردی در بیابانی چهار پایه چوبی برپا کـرده و چادری را بر آن قرار داده و در آفتاب سوزان در کنار آن ایستاده بـود. عابری از آن حوالی عبور می کـرد، از او پرسید این بساط چیست که در این‌جـا برپا کرده‌ای؟، پاسخ شنید: «مرغ‌هایـی که در هوا پرواز می کنندگاهی ناچار می‌شوند تخم خود را در هوا رها کنند و این چادر را

گذاشته‌ام که این تخم‌ها در آن بریزند و به زمین نخورده و هدر نروند!» عابر گفت: «تو مگر دیوانه‌ای که چنین انتظار و توهمی‌داری؟»، پاسخ شنید: «اگر مرا دیوانه می‌پنداری در مورد فردی که پشت سر من ایستاده و با ملاقه‌ای در دست، منتظر است این تخم مرغ‌ها را در آفتاب نیمرو کند، چه خواهی گفت؟ و...»

هرچند آن خطابه ثابتی درباره ادیان و مذهب به من ربطی نداشت و جالب این که در نقدهای جنجالی پس ازکتاب، کسی به این سخنان نپرداخت که نپرداخت، حتی یک نفر هم علیه آن موضع گیری نکرد....

بی‌خیال این حرف‌ها شدم و داشتم به آمریکا فکر می‌کردم که کاش الان در واشنگتن می‌بودم، می‌رفتم و یک آبجوی خنک می‌نوشیدم و در این سر ظهر، چه مزه‌ای می‌تواند داشته باشد!... ناگهان گفتند اسد در رفت!... خیلی خوب!، کجا رفت؟ گفتندکه دمشق آشوب است و او هم از شهر در رفته.... آخرین باری که دمشق بودم خرداد ۱۳۸۹ بود به همراه سوور... یک وکیل دادگستری دروغگو، خائن و دزد!... علی، یکی از بچه‌های اتاق هم شیرینی رفتن اسد را پخش کرد. جزو طرفداران چپ‌ها بود... بنازم به آن همه درایت و شناخت سیاسی!...

ظاهراً روسیه و چین سومین قطعنامه شورای امنیت درباره سوریه را وتو کردند و خبرها می‌گویدکه صدها نفر از ساکنان دمشق در حال فرار از این شهر هستند و از طرفی هم تهران و دمشق، نگران دیدار اردوغان با پوتین... به هر حال سوریه، دیوار دفاعی ایران محسوب می‌شود... آمریکا معتقد است که بشار اسد در حال از دست دادن کنترل سوریه است، اما ایران می‌گویدکه گرفتار جنگ داخلی شده و رفع می‌شود و او در قدرت می‌ماند...

امام جمعه تهران هم گفته برخی می‌خواهند جاده سازش با آمریکا را

صاف کنند تصور می کنم که هرگز تمایلی به رابطه با امریکا وجود نداشته باشد و شاید هم نوعی هراس وجود داشته باشد و سیاست کلی جمهوری اسلامی در قبال آمریکا و ارتباط با این کشور در دستان رهبری است و بعید می‌دانم رضایت بدهد... شاید هم شوروی نمی‌خواهد.

روزنامه‌های اعتماد و کیهان ضمن انتشار گزارش و یادداشت درباره شلیک ناو آمریکایی به یک قایق تندرو در خلیج فارس، احتمال داده‌اند که این شلیک حامل پیامی برای جمهوری اسلامی‌بوده... روزنامه تهران امروز هم از «هشدار» معاون سیاسی سپاه درباره احتمال آغاز دور تازه اعتراضات بر اثر «فشار اقتصادی» و «از بین رفتن آستانه تحمل مردم» خبر داده... از احتمال آغاز دور تازه اعتراضات هشدار داده و آن را «فتنه جدید» توصیف کرده و فرموده «راهبرد آمریکا در مقابله با جمهوری اسلامی‌فشار از بیرون و فروپاشی از درون» است،...یک نماینده مجلس (احمد سالک، عضو جامعه روحانیت مبارز) هم گفته ۱۰۰ چهره اصلاح‌طلب پس از انتخابات ۸۸ محاکمه شدند جالب این که مقام‌های قوه قضائیه آماری در این باره منتشر نمی کنند و حتی کمتر از ده روز پیش محمدجواد لاریجانی معاون این قوه «وجود زندانی سیاسی» در ایران را انکارکرد و...

روزنامه ملت هم خبر داده که «سومین سالگرد درگذشت قربانیان جنایات کهریزک» است...

بازداشتگاه کهریزک (در شهر سنگ از توابع شهرری) در دوران فرماندهی محمدباقر قالیباف بر نیروی انتظامی تأسیس شده و تا میانه تابستان ۱۳۸۸ ناشناخته بود اما در جریان اعتراضات پس از انتخابات ریاست جمهوری شهرت جهانی پیداکرد. در ۶ مرداد ۱۳۸۸ پس از آن که مرگ محسن روح‌الامینی، فرزند یکی از مقامات حکومتی به انتقادات گسترده انجامید و خامنه‌ای به دلیل آن‌چه که «نداشتن استانداردهای لازم

برای نگهداری زندانیان» دانست، دستور بستن آن را صادر کرد. هرچند دستگیرشدگان اعلام کردندکه این بازداشتگاه تا روزها پس از این اعلام همچنان باز بود محسن روح‌الامینی، محمدکامرانی وامیر جوادی‌فر و رامین قهرمانی از جمله دستگیرشدگان تظاهرات جنبش سبز در ۱۸ تیر ۱۳۸۸ بودندکه پس از بازداشت به بازداشتگاه کهریزک انتقال یافته و کشته شدند.

شاهدان عینی و بازداشتی‌های آزاد شده ازکهریزک، وضعیت این بازداشتگاه غیر قانونی را وحشتناک توصیف می‌کنند: در یک سولهٔ ۲۰۰ متری بدون وجود دستگاه‌های تهویهٔ هوا، چندین معتادکراکی که امیدی به زنده ماندن آن‌ها نیست و بدن‌های‌شان کرم گرفته، دراز به دراز بر روی زمین افتاده‌اند؛ و درکنار آن‌ها، بازداشت شدگان نگهداری می‌شوند. بازداشت‌شده‌ها حدود ۱۰۰ نفرندکه به این محیط غیر بهداشتی با هوای نامطبوع منتقل شده‌اند. آن‌ها صف می‌کشند تا بتوانند از زیر در، ولو برای دقیقه‌ای از هوای بیرون تنفس کنند. یکی از بازداشتی‌ها در اثر برخورد باتوم به سرش، کم کم بینایی خود را از دست داد؛ ولی با وجود اطلاع شکنجه‌گران کهریزک از وضعیت وی، او را از این محل غیر بهداشتی خارج نکردند. دو روز قبل از آزادی، بازداشت‌شده‌ها به اوین منتقل می‌شوند و فردی که بینایی خود را از دست داده بود، در اتوبوسی که به سمت اوین در حرکت بود، بر روی پای یکی دیگر از بازداشت شدگان جان می‌سپارد. از دیگر شکنجه‌ها درکهریزک آن است که بدن‌ها را خیس می‌کنند و بعد با شلنگ و سیم، بازداشت‌شده‌ها را کتک می‌زنند تا درد تا عمق جان آن‌ها نفوذ کنند.

به قول یکی دیگر از آزاد شدگان، جمعیت زیادی را که مورد ضرب و شتم شدید قرارگرفته‌اند در محیط بسته‌ای بدون تهویه و در تاریکی مطلق قرار می‌دهند. این شخص عنوان کرده که در مدت بازداشت وی چهار

زندانی فوت شده‌اند. هم چنین یکی از زندانیان زن بازداشتگاه کهریزک در خـــرداد ۱۳۹۰ در ویدئویی عنوان کرد که در بازداشتگاه کهریزک مورد آزار جنسی قرار گرفته.

مهدی کروبی نیز پس از نوشتن نامه‌ای به‌هاشمی رفسنجانی و صادق لاریجانی، رئیس قـــوه قضاییه، خواستار تشکیـــل کمیته‌ای ویژه جهت رسیدگـــی به تخلفات صورت گرفته شد. محمـــد داوری روزنامه‌نگار و سردبـــیر سایت سحام نیوز (سایت رسمی حزب اعتماد ملی) هم که جزو افشا کنندگـــان کشتار و شکنجه‌های بازداشتگاه کهریـــزک بود در همان بنـــد ۳۵۰ با من در زندان بـــود.. یک معلم بجنوردی احساساتی و مملو از هیجـــان... البته سعید مرتضوی دادستان وقـــت تهران هرگز به سزای اعمالش نرسید... آیت‌الله منتظری هم تعطیلی این بازداشتگاه را اغفال مردم دانست وگفت نمی‌توان با تعطیلی یک بازداشتگاه، «تمام گناه را به گردن یک ساختمان» انداخت.

بعد از خواندن روزنامه‌ها با دکتر مولوی و شعله سعدی و رجائی دوباره بحث شد.. اکثراً بدبین هستندکه خرداد ۱۳۹۲ حتماً نقطه بی‌بازگشت نظام خواهد بود و راه برگشتی نیست...

شـــب از رادیو فـــردا شنیدم کـــه ویکتوریا نولند، سخنگـــوی وزارت امورخارجه آمریکا، در بیانیه‌ای نسبت به وضعیت سلامتی نرگس محمدی، فعال حقوق بشر و محمدصدیق کبودوند، (روزنامه‌نگار) در زندان ابراز نگرانـــی کرده... درباره نرگس حرفی نداشتم، اما درباره اعتصاب غذای کبودوند، خنده‌ام گرفته بود، بیچاره آمریکایی‌های احمق مغزکلوچه‌ای!

شب هم بعد از نگاه کردن فیلم فرار از آرتکاتراز همه به خواب رفتند... هرچند ۲۱ ماه مارس ۱۹۶۳، به دستور رابرت اف کندی، این تبعیدگاه که حدود ۲۵۰ زندانی در آن اقامت داشتند برای همیشه تعطیل شد. هرچند

فرارازجزیره کوچکی در خلیج سانفرانسیسکو شور و هیجان دارد، اما در طـول ۲۹ سال، هیچ فـرار موفقی در این تبعیدگاه ثبـت نشد و در تمام تلاش‌هایی که انجام شد یا زندانیان هدف شلیک گلوله قرارگرفتند و یا در آب‌هـای خلیج غرق شدند. از بین ۳۶ نفر زندانـی که اقدام به فرار کردند، ۷ نفر با شلیک گلولـه به قتل رسیدند، ۲ نفر غرق شدند، ۵ نفر مفقودالاثر شدند و بقیه مجدداً توسط مأموران زندان دستگیر شدند. از دیگر فرارهای معروف می‌توان به سه زندانی یکی به نام فرانک موریس و دو بـرادر به نام‌های ناهای جان وکلارنس انگلین، اشاره کرد. آن‌ها در تاریخ ۱۱ ژوئن سال ۱۹۶۲ از سلول‌های‌شان ناپدید شدند، داستان این فرار در فیلمی بـه نام "فرار از آلکاتـراز" به تصویرکشیده شده است. با وجود شواهد اندکی که مبنی بر اثبات کشته شدن این سه تن یافته شد، آن‌ها را غرق شده فرض کرده و در لیست گمشدگان قرار دادند.

امـا راستی، روزی روزگـاری درباره فرار از اویـن کسی فیلم خواهد ساخت؟ در ایران، نمی‌شود تحقیق تاریخی مستقل و بدور از نان قرض دادن بـه این و آن، انجام داد، هزار سگ واق‌واق خواهندکرد. به صدها جـا وصل می‌کنند از مأمور CIA تا وابسته بـه وزارت اطلاعات ایران. یـادم هست سال ۱۳۹۰ در خبرها آمدکه کتـاب «گرگ خاکستری، فرار هیتلر» بزودی در بریتانیا منتشر می‌شود که بر اساس اسناد و مدارک مستند و متقـن، نویسنده دریافته که هیتلر در سـال ۱۹۶۲ در آرژانتین مُرده... در حـالی که ۶۶ سال پس از پایان جنگ جهانی دوم، هنوز در همه روایات تاریخی، تکرار و تکرار می‌شود که وی در روزهای پایانی جنگ (در ۳۰ آوریـل ۱۹۴۵) خودکشی کرده، اما وی به همراه معشوقه‌اش (اِوا براون) از آلمان گریخته و تا ۱۷ سال بعد هم زنده بوده و حتی از براون صاحب دخترانی شده.... یعنی برخلاف همه روایات تاریخی... و حتی نویسنده گفتـه، CIA به هیتلرکمک کرده که فرارکند... اما کسی نپرسید چرا پس

از «خودکشی ادعایی آن‌ها» جسد هیتلر و معشوقه‌اش در همان پناهگاه سوزانده شده، در قبرهای بی‌نام و نشان دفن شده؟... اما در ایران ما، همه در بازار مکاره سیاست، دکان بازکرده‌اند و می‌ترسند از افشای حقایق... به دروغ پناه می‌برند و مقدس‌سازی...

۱۹

جمعه ۳۰ تیر ماه ۱۳۹۱

روز نوزدهم بود و پیاده‌روی صبح با عبدالفتاح سلطانی. پیاده‌روی در آن صبح خلوت، مزه‌ای دارد و بدن انسان را ازکرخی رها می‌کند، که اکثراً در زندان، افراد به دردکمر و یا استخوان مبتلا می‌شوند...

دوباره از سرناچاری با سیف‌زاده روبرو شدم و بحث تاریخی آغاز شد. مثل همیشه پراکنده و بی‌در و پیکر حرف می‌زند. شروع کرد به دفاع از مصدق‌السلطنه و خمینی و بهشتی و ماجرای انقلاب اسلامی ۱۳۵۷... چون ثابتی درکتابش مصدق را نقدکرده بود و خمینی و انقلاب را هم ساخته و پرداخته کمک انگلستان و آمریکایی‌ها دانسته و جبهه ملی و نهضت آزادی را عروسک ماجرا و بهشتی را هم همکار ساواک و بعد CIA... اما هرچه بود و نبود این است که معتقدم تاریخ انقلاب ایران را حالاحالاها نمی‌شود نوشت... ضعف روایت و سند هست و تصور می‌کنم کار یک نفر نیست، اما به هر حال می‌شود روایات مختلف از هر گروه و سازمانی را شنید...

به محض این که علیرضا رجایی را دیدم از شر سیف‌زاده خلاص

شدم، حوصله مَنم مَن زدن و قمپــز درکردن‌های توخالی‌اش را نداشتم. ایــن که یکی مرتباً از خودش تعریف کنــد و فردی خودمحور باشد و به شیوه‌ای کودکانه، خودش را مطرح کند آن هم با آن صدای جیغ مانندش که معمولاً انسان ضعیف‌النفس و هوچی چنین می‌کند. من با برادر این وکیل قمی دوست بودم چون حسین سیف‌زاده یکی از استادان جالب و آگاه علوم سیاســی دانشگاه تهران بود. اما این یکی فکرکنم خود را به شیرین عبادی آویخته بود. البته من شخصاً تنها فرد مستحق جایزه نوبل را خانم مهرانگیزکار می‌دانستم نه عبادی. بهرحال آن دوستی و مراودتی که بــا انسان نازنین و باشرفی مانند عبدالفتاح سلطانی داشتم، با سیف‌زاده نداشتم.

نزد رجایــی نشستم و پرسیدکه آیا اهل فیلم و سینما هستم یا خیر. من هم اظهار داشتم که چندان اهلش نبوده و نیستم اما از دیدن برخی فیلم‌ها لذت می‌برم.

ناگهان در حیاط یاد صحنه‌ای مربــوط به چند روز قبل از دستگیری افتادم، آن روزی که حضرات آمدند دم در و من در خانه را باز نکرده بودم چون صورت‌ها را نشناخته بودم (یعنی ۲۵ اردیبهشت ۱۳۹۱) و بعد مرا به دادسرای مقدسی جنب اوین خواستند و دو ساعت بعد، جلسه اول نقد کتاب در مرکز تاریخ معاصر برگزار شد... انگار حضرات می‌خواستند تا این بازخواست، هشداری باشدکه مبادا از ثابتی و ساواک دفاعی بکنم و یا به نقد ماجرای انقلاب اسلامی ۱۳۵۷ بنشینم، اما همان بهترکه در آن روز سخنــی جالب، به‌زعم خودم، گفتم: "شاید از دید آقای ثابتی درباره شخص اول مملکت این گونه بــوده که «حاکم متوهم که اهل مشورت نباشد و خــودرأی و خودمطلق بین باشد، سرنوشتی جز سقوط در ذلت نــدارد!» و یا در این کتاب گفته «فعــالان و یا اسماً روشنفکرها، که در برخــی از تغییرات جوّ سیاسی، ریاکارانه با استفاده از فرصت نو، رنگ

عوض می‌کنند»، را نباید جدی گرفت. درکل معتقدم در این کتاب خواهیم یافت «دستگاه امنیت حکومت‌های اهل انحطاط با استفاده از ابزار اعمال قدرت و خشونت و توهم مقدس، در برابر عقلانیت و اراده رشد جامعه، نمی‌تواند مقاومت کند و لاجرم تسلیم می‌شود»" و البته این حرف‌های پر متلک من در روزنامه‌هایی مانند شرق و قانون، منتشر شدند...

و بعد روز ۱۰ خرداد، جلسه دوم که قرار بود در همان مرکز تاریخ برگزار شود، حضرات این بار مرا به وزارت اطلاعات فراخواندند و دوباره دو ساعت قبل از جلسه دوم... گله داشتندکه به چه حقی چنین مراسمی برگزار می‌شود؟، من هم زیر لب گفتم جل الخالق!... بعد هم افزودندکه حکم دستگیری مرا داشته اما ممانعت کرده‌اند...

پس معلوم شدکه مسئول مربوطه یا همان مسئول پرونده من، می‌دانست که باید دستگیر شوم و آن روز هم که صدایم زد و درکنار نماینده ۲۰۹ می‌گفت اصلاً خبر نداشته‌ایم، یک دروغ بی‌مزه بود!... عجب! شاید اگر آن روز زندانی می‌شدم نه مراسم مرکز تاریخ برگزار می‌شد و نه گزارش‌های سایت‌های خبری می‌آمد و نه مصاحبه‌های دیگر رخ می‌داد مانند روزنامه اعتماد و مجله مهرنامه.... که هنوز نمی‌دانم مهرنامه منتشر می‌شود یا نه؟... اما ای کاش این بار هم در را باز نمی‌کردم... اما انجام آن مصاحبه‌ها و خبرها بهتر بود، سخنان ثابتی را به‌گوش ایرانیان داخل کشور رساندم، شاید مردم هم مشتاق به خواندنش... هر چند می‌دانم حضرات وزارت فرهنگ و ارشاد، مجوزکتاب ثابتی را هرگز صادر نخواهدکرد!...

با دکتر مولوی دوباره نشستم و حرف می‌زدیم... خانمش دختر سردار محتشم بود و مادر خودش نیز ملک‌تاج لیقوانی بود و پدرش مصطفی هم قاضی و دادستان غائله آذربایجان بوده و خودش هم موقع التیماتوم آمریکا

به روس‌ها، متولد شـــده بود، ۱۵ آبان ۱۳۲۴... این روزهای زندان، خیلی با او هم عیاق شده‌ام و از سخنانش لذت می‌برم. بنا به دعوت موسویان (از دوستان هاشمی رفسنجانی) به ایران دعوت شده بود. مانند دوست مشترک من و او (اسعد رشیدیان) جزو استادان دانشگاه درهام انگلیس بوده و خدا را شکرکه آن سال ویزای لندن من جور نشد وگرنه قرار بود که نوروز ۱۳۹۰ یارو بازجوی من در وزارت اطلاعات از فرصت سوءاستفاده کنـــد و بپرسد، با مهدی هاشمی و مهاجرانی رفاقت داری؟... بعدها هم لابد به نافم می‌بستندکه با این دو تا رفاقت داشته‌ام.... با مهاجرانی هم یـــک بار مصاحبه کردم که گفت، "در این بهشت غریب و جهنم آشنا" و بعد هم تکذیبش کرد... و مـــن از چنین تکذیب و تذبذبی در بین اهالی فرصت‌طلب سیاست ایران، خوشم نیامد... بعدها هم یارغار فرخ نگهدار شده بود... همان عضو سازمان چریک‌های فدایی خلق ایران که پس از انشعاب در این سازمان رهبری سازمان فداییان خلق ایران (اکثریت) را برعهده گرفت. و بعدها در اسناد خوانده بودم که سال‌های ۱۳۶۲-۱۲۶۳ به شوروی فرارکرد و با ک گ ب رابطه برقرارکرد که تا سقوط شوروی ادامه داشت. بعدها هم دیدیم که به خامنه‌ای نامه نوشت و...

از همان منابع موثق اپوزیسیون خارج ازکشور بارها شنیده می‌شود که با برادر باقری (دیپلمات شورای عالی امنیت ملی) ارتباط دارد و در پروژه خانـــه سازی یک میلیارد دلاری ایران در ونزوئلا، دایی‌اش (انصاری) و فرزند خود نگهدار در آن مشارکت و حضور دارند و برخی اوقات هم در جلسه‌های گروهش می گوید از تهران به ما گفته‌اند چنین نکنیدکه الان به مصلحت نیست!... الله اعلـــم!... اما بهرحال خدا را شکر، که فریب آن حضرات را نخوردم و خودم را رسوای خاص و عام نکردم.

عصر دیدم که کرمی آمد و گفت که کبودوندگله کرده و اظهار داشته چرا عرفـــان نزد القاعده‌های نشسته و من را تجزیه طلب می‌دانسته؟ و چرا به

اویـــن گفته تیمارستان؟ و در همین لحظه دیـــدم که امیر هم اتاقی من که دوست گرمابه وگلستان القاعده‌ای‌ها شده و در برج مراقبت فرودگاه امام خمینی کارمند بـــود، آمد و گفت: کبودوند نزد القاعده‌ای‌ها گفته عرفان اصلاً کُرد نیست و با خود وزارت اطلاعات کار می کند و...

یعنی همان مزخرفات و اتهام‌های همیشگی پ ک ک و پژاک را تکرار می‌کرد و یـــا بارزانی وکومله و دمکـــرات را... اما برایم مهم نبود. پس از انتشـــارکتاب‌های جلال طالبانـــی و پرویز ثابتی و عیسی پژمان، دیگر عـــادت دارم به این لجن پراکنی‌ها. اما در برابر این تجزیه طلب‌ها هرگز سرخـــم نمی‌کنم. نزد آرش سقر رفتم که هم اتاقـــی یارو بود وگفتم آرام کند این مردک پژاکـــی را. خود را فعال حقوق بشر می‌داند و چنین با کرامت و شخصیت انسان بازی می کند؟ سقرکه کارمند تأمین اجتماعی و اهل بنـــدر ترکمن و از فعالان اهل سنت کـــه در دادگاه توسط قاضی صلواتی به پنج سال زندان محکوم شده بود. اتهام او نیز مانند بسیاری از زندانیان سیاسی، اجتماع و تبانی علیه نظام جمهوری اسلامی عنوان شده. ماه‌هـــا در بند امنیتی ۲۰۹ وزارت اطلاعات تحت شدیدترین بازجویی‌ها به سربرده بود.

امروز غروب هم در حیاط، ایازی دوباره تار نواخت و آهنگ ای ایران را زد. دوباره اشک از چشمانم بر پهنای صورت جاری شد و احساساتم به غلیان آمد. آن آهنگ را عجیب و غریب دوست دارم.

ایران، ای سرای امید
بر بامت سپیده دمید
بنگرکزین ره پر خون
خورشیدی خجسته رسید
اگر چه دل‌ها پر خون است
شکوه شادی افزون است

سپیده ما گلگون استِ وای گلگون است
که دست دشمن در خون است
ای ایران غمت مرساد
جاویدان شکوه تو باد
راه ما راه حق راه بهروزی است
اتحاد اتحاد رمز پیروزی است
صلح و آزادی جاودانه در همه جهان خوش باد یادگار خون عاشقان،
ای بهار تازه جاودان در این چمن شکفته باد.

اما به‌راستی هوشنگ ابتهاج آن را در چه حال و احوالی سروده بود؟، اشعار ابتهاج همیشه مضامین‌گیرا و دلکش، تشبیهات و استعارات و صور خیال بدیع، زبان روان و موزون و خوش‌ترکیب است، یادآور شیوهٔ دلپذیر حافظ.. با درون‌مایه‌ای تازه و ابتکاری و فصاحت زبان و قوت بیان...

امشب هم حدس من درست بود، اسد از سوریه نرفته بود و هنوز ظاهراً بساط بعث‌اش پابرجاست...امان از اوهام و تخیل‌ها هرچندکه او هم دیکتاتوری مغرض و خیالاتی است... خداکند مردمان آن دیار آرامش گیرند و در آرامش و صلح خودشان، آینده را تعیین‌کنند نه با خون... اما چون ک‌گ‌ب با ایران و سوریه، به‌کردستان سوریه رفته، حس خوبی ندارم... اما مردم سوریه، فجایع اوجلان، جنایات پ‌ک‌ک و حزب امنیت سوریه را فراموش نکرده‌اند...

۲۰

شنبه ۳۱ تیر ماه ۱۳۹۱

امروز بعد از ساعت‌ها خواب عمیق بیدار شدم. خواب دیدم که به پدرم گفته‌اند «سند بیاورد که شاید رأی دادگاه شکسته شود!» اما فقط خواب دیدم و در عمل تعبیرش به خیر باشد. ماه رمضان شروع شده. به دل من هم الهام شده که شاید همین روزها خبری بشود و من بروم.

باز هم نزد مسئول بند ۳۵۰ رفتم. تا علایی بگذارد به خانواده‌ام تلفن بزنم. اما نگذاشت. معنی رحم و رأفت اسلامی را هم فهمیدیم. بعد به نزد عباسی، همان جوانک نماینده ۲۰۹، رفتم و پرسیدم که نتیجه "پیگیری و وعده‌های مسئول پرونده من چه شد ؟" دوباره وعده داد که فردا حتماً چنین و چنان می‌شود و... جالب است در چشم انسان نگاه می‌کنند و بی‌خود و بی‌جهت دروغ می‌گویند و احساس شرمی هم ندارند و انگار از آزار دیگران، لذت می‌برند...

امروز هم درکتابخانه زندان، همان روزنامه شرق مورخ ۲ خرداد را یافتم که گزارش برنامه مرکز تاریخ درباره کتاب ثابتی بود... خوشحال شدم. به اتاق آوردمش و به برخی از بچه‌های اتاق نشانش دادم.

یادم هست که یک انسان عقده‌ای، بی‌سواد و کم شخصیت مانند حقانی که مسئول مرکز تاریخ بود مرا به دفاع از بهایی گری و قوام‌السلطنه متهم کرد و من هم گفتم مگر مفتش مذهبی‌ام؟، خدمات قوام‌السلطنه را هم به آب و خاکم فراموش نمی‌کنم که چگونه شوروی‌ها را بازی داد و مثل مصدق‌السلطنه که عوامفریب نبود...

یادم هست در مصاحبه با مهرنامه هم در برابر این سخن که شرط انصاف نیست درباره مصدق چنین حرف‌هایی بزنم، گفته بودم اگر ایشان خیلی منصف بودند چرا یک عمر عوامفریبی فرمودند!؟، ازکی تا حالا من چنان درامنیت و اطلاعات رشد یافته‌ام که بتوانم سر نابغه‌امنیتی ایران، پرویز ثابتی را کلاه گذاشته و وی را تحریک کرده و حرف دهان وی بگذارم؟ اول گفتم از نظر عقیدتی نظرم به کتاب دکتر جلال متینی نزدیک‌تر است، کسی متوجه نشد، بعدها گفتم کتاب «آشوب» به قلم احمد بنی‌جمالی با مقدمه دکتر حاتم قادری به تفکر من نزدیک است باز هم کسی نشنید. اما حالا بگذارید صادقانه و بی‌پروا برای همیشه پرونده این دو نفر بسته شود و لااقل من یکی نظر خودم را صراحتاً گفته باشم: دفاعیه از شاپور بختیار و مصدق السلطنه، توهمی بیش نیست و حقایق مهم بهتر است با بازکاوی، مطرح شود. به قول سید محمود کاشانی (فرزند آیت‌الله کاشانی): مصدق در همه دوران زندگی سیاسی طولانی او یک نطق مهم و یا یک نوشته‌ی ارزشمند سیاسی بر جای نمانده است. این در حالی است که برای نمونه از احمد قوام که مدرک دانشگاهی نداشت در اعتراض به تشکیل مجلس مؤسسان فرمایشی در سال ۱۳۲۸ دو نامه ارزشمند به شاه وجود دارد که از اسناد مهم تاریخ معاصر ایران بشمار می‌آیند. حال در نظرسنجی شیادانه بی‌بی‌سی فارسی در نوروز ۱۳۹۱ به جای عمر خیام، مصدق‌السلطنه برگزیده می‌شود، من زیر بار این جعل و فریب بزرگ نمی‌روم!» ... (مسعود بهنود هم هر چه می‌کند، خود

داند... BBC فارسی هم بنا به قول یکی از دوستان هم‌دانشکده‌ای‌ام، به چریک‌های فدایی خلق نزدیک است و رسانه‌ای مستقل نبوده و نیست... بهنود به خاطر آن مطالب که ثابتی در باره‌اش گفته بود، کلی علیه من فضا سازی کرده بود! این که وی به سرهنگ عصار در ساواک نزدیک بوده و مشغول خانم‌بازی و تریاک کشی بوده‌اند...)

و بعـــد هم گفته بودم "بنده ضد مصدقی هستم و هیچ‌وقت زیر بار این جعل و فریب نمی‌روم. من کسی به اسم دکتر محمد مصدق را نمی‌شناسم. ایشان دکترا ندارد و اسمش مصدق‌السلطنه است و این را آقای علی امینی در تاریخ شفاهی هاروارد بارها و بارها تکرارکرده است. اگر این اسمش عـــدم رعایت بی‌طرفی است، من بی‌طـــرف نیستم. من در تاریخ معاصر ایران به افشاگری بیشتر درباره‌ی مصدق و شاهپور بختیار اعتقاد دارم"... البته شاید زیاده‌روی کرده بودم و نیازی به این نبش قبر نداشتم...

در بحث‌هـــای سیاسی جـــدی در جائی مثل آمریکـــا، چیزی به اسم fact checking (کنـــترل واقعیت) هســـت اما در میان ایرانی ها ، چنین چیزی نبوده و نیست و چون فلان‌کس گفته، لا بد عین واقعیت است و چه جفنگیاتی به اسم واقعیت به خورد ملت دادند و تاریخ نامش نهادند!... هرچنـــدگاهی اوقات انسان‌هـــای داخل مملکت ما دوســـت ندارندکه حقیقت را بشنوند زیرا باورها و عقایدشان را زیر و رو خواهدکرد.

البته آن روزکه حقانی سخن می‌راند یاد سخنان یکی از این نویسنده‌های مجاهدین خلـــق افتاده بودم. معمولاً افرادی که مباحث تاریخ معاصر را دنبال کرده باشنـــد ـ اسم مستعار وی را در اکثر سایت‌ها دیده‌اندکه در سایت اخبار روز ـ مربوط به سازمان چریک‌های فدائی خلق ـ و رادیو زمانه وگویا و... هم مطالبی درج می‌کرد و اهانت‌هایی بی‌پایه و اساس به همگـــان می‌زد. اما کسی نمی‌دانست اوکیست که نه کسی از وی عکسی دیده اســـت و نه کسی می‌داند اسم واقعی او چیست؟ اسم مستعار وی

همنشین بهار بود و این اسم مستعار تنها هویتی است که از وی در فضای اینترنتی وجود دارد! و جالب است این سایت‌های مدعی آزادی بیان و... به اسم مستعار مطلب منتشر می کنند؟! اکثر مطالب وی هم درباره شرح قهرمانی‌ها و سلحشوری‌های زندانیان وابسته به تروریستی مجاهدین خلق در قبـــل از انقلاب ۱۳۵۷ است. گرچه گروهی معتقدندکه نام او محمد جعفـــری! می‌باشد، اما این آدرس غلط به افکـــار عمومی است و اسم واقعی او هوشنگ عیسی بیگلو است و در حدود ۶۳-۶۵ ساله و پناهنده سیاسی در آلمان است. این شخص به خاطر فعالیت مخرب و تروریستی در سازمان مجاهدین خلق، مدتی در زندان قصر، بند ۳ بوده است وکینه شـــتری دارد و اصولاً آدمی ناراحـــت و فاقد شخصیت و اخلاق است؛ حتی کینه‌توزی و پرونده‌سازی‌اش، موجب اعدام افسر زندان قصر به اسم سرگرد یحیایی شدکه هیچ گناهی نداشت...

عیسی بیگلو و عزت شاهی از نوچه‌های مهدی عراقی در زندان قصر بودند، البته این عیسی بیگلو عددی نبوده صرفاً انسانی دردسر ساز بوده و به همراه عزت شاهی پشت همه فتنه‌های زندان بوده‌اند حتی یک بار خواسته‌اند بنا بـــه نقشه شیطانی مهدی عراقی به همراه عزت شاهی در غـــذای زندانیان سم کُشنده بریزند و هر سه نفر ـ عراقی، عزت شاهی و بیگلـــو ـ از جانوران آدمخوار محسوب می‌شده‌اند [حاج مهدی عراقی (۱۳۰۹ تهـــران ـ ۴ شهریور ۱۳۵۸) ـ از پایه‌گذاران اولیه فدائیان اسلام در ایـــران بود. حـــاج مهدی عراقی پس از استقـــرار جمهوری اسلامی اولـــین مسئول زندان قصر تهران بود که خود به‌تازگی از آن آزاد شده بود. سرانجـــام خود او نیز توسط یکی ازگروه‌های رادیکال به نام گروه فرقان در همـــان سال اول حکومت جمهوری اسلامی (۴ شهریور ۱۳۵۸) ترور شـــد. عزت‌الله شاهی یا عزت‌الله مطهری (متولد ۱۳۲۵) هم از مخالفین حکومت پهلوی که به ۱۵ سال حبس محکوم می‌شود و بعد در سال ۱۳۵۷

آزاد می‌شود. او در سال ۱۳۶۳ نام خانوادگی خود را به مطهری تغییر داد. از طریـــق رابطه با هیئت‌های مؤتلفه فعالیت سیاسی خود را شروع کرد. سپـــس در پایه‌گذاری جبهه آزادی‌بخش ملی ایـــران و بر هم زدن بازی فوتبال ایران و اسرائیـــل در ورزشگاه امجدیه (در سال ۱۳۴۵) مشارکت نمود. او دفتر هواپیمایی اسرائیل (ال عال) را منفجرکرد. در ادامه به دنبال یافتن جایگاه حقیقی خود در حرکت مسلحانه و قهرآمیز است، با سازمان حزب‌الله همکاری و سرانجام به سازمان مجاهدین خلق پیوست. او در عملیات‌های بسیاری چون انفجار بمـــب در هتل عباسی و ترور شعبان جعفـــری شرکت کرد و بالاخره ساواک او را گرفتار می‌کند. او به زندان زنـــان منتقل شد. با پیروزی انقلاب ایران (۱۳۵۷) در ۲۲ بهمن ۱۳۵۷ به عضویت درکمیته انقلاب اسلامی در آمد، اما پس از چند سال به علت اختلاف نظر با برخی مسئـــولان وقت کمیته، ازکار درکمیته کناره‌گیری نمود و از آن زمان به بعد هیچ مسئولیت دولتی نداشته است. وی در حال حاضر به امور چاپی صندوق‌های قرض‌الحسنه مشغول می‌باشد.]

سرتیپ محرری ـ رئیس زندان قصر ـ این سخنان را برای مدیر سابق بند ۱ و ۳ و ۴ امنیت، سرگرد نعمتی ـ نعیمی ـ بازگفته و تائیدکرده است. شاید مطالب جالبی هم درباره این انقلابی‌ها وجود دارد و این که وقتی که این افسرها گرفتار انقلابیون شدند و در مدرسه رفاه و زندان اوین و زندان قصر... این بار خودشان زندانی شدند و جای زندانبان و زندانی عوض شده... بسیاری ناگفته و ناشنیده‌ها مدفون مانده است...

از آخرین شاهکارهای این موجود عقده‌ای وکینه‌توز ـ اسکن کردن و انتشار غیرقانونی کتاب خاطرات پرویز ثابتی در اینترنت بوده است. البته از زمستـــان ۱۳۹۰ این عیسی بیگلو یا آقای همیشه و همنشین بهار، دست و پـــا می‌زدکه حرف‌های ثابتی پخش نشود و منتشر نشود... حتی برای ایمیل‌های من و سیامک دهقانپور و دختر آقای ثابتی (پردیس) هم اسپم

و ویروس می‌فرستاد... ظاهراً از انتشـــار شرح جنایات این سازمان‌های تروریستی، سوزانیده شده و مرتباً کارشان سم پاشی علیه کتاب و نویسنده بوده است.

اما افشای واقعیت همنشین بهـــار، در نامه ما شاهدان شکنجه‌ایم! به صدای امریکا، لو رفت. (شماره ۱۲۸. هوشنگ عیسی بیگلو) البته طبعاً افشای این شخص مهم نیســـت و سخنانش هم فاقد ارزش است که در پشت یک نقاب خود را قایم می کند، اما بهرحال لازم بود که سم‌پاشی جهت‌دار این اشخاص در فضای اینترنتی را دانست. البته مجاهدین خلق افرادی دیگر هم دارد مانند، حسن داعی، ایرج مصداقی که البته معرف حضور همه هستند.

۲۱

یکشنبه ۱ مرداد ۱۳۹۱

امروز صبح هم سلطانی برایم فال حافظ گرفت و بی‌قراری مرا می‌دید، می‌گفت: همین هفته مـــی‌روی!... حرف‌هایش و خنده ملیحش به من آرامش می‌داد. اما دیروز تقاضای تلفن یک دقیقه‌ای به مادرم را داشتم و موافقـــت نکردند و مانند انسان‌های کینه تـــوز، احترامی برای کمترین خواسته انسانی‌ام نداشتند. دوباره امروز به سراغ علایی رفتم و خواسته‌ام را تکرارکردم.

حـــال و حوصله ورزش و مطالعه را هم ندارم. ذهنم به شدت مغشوش است. این بند ۳۵۰ هم چه شخصیت‌های متفاوتی دارد و شاید خیلی از آن‌ها هم غیرسیاسی باشند و تعدادی هم لات و اوباش در لابلای آن.

به ملاقات فردا فکر می‌کنم. خداکند ملاقات نداشته باشم. گناه دارند که ۵۵۰ کیلومتر از سنندج تا تهران را بیایند. اما امید دارم فردا خبر مثبتی برسد و گشایشی بشود.

اخبار روزنامه‌ها و رادیو فـــردا هم مانند ذهن من مغشوش است... از طرفی نماینـــده خامنه‌ای گفته، مسافران ایرانی ســـالی پنج میلیارد دلار

خرج فحشا می‌کنند از طرف دیگر هم احمد جنتی بار دیگر دبیر شورای نگهبان شد و از سویی توصیه آیت‌الله مکارم شیرازی این است که مردم مرغ نخورند....

از طرفی هم از همسویی منافع پکن، مسکو، تهران و دمشق سخن می‌رانند و از طرفی خبر مرگ رئیس سازمان اطلاعات سوریه در اثر شدت جراحات بمب‌گذاری در دمشق منتشر می‌شود، شاید «پیامی خطرناک به حکومت اسد» بود... اما راستی اگر این نزاع سوریه با پیامد رقابت‌های فرقه‌ای و قومی روبرو شود چه خر تو خری می‌شود و فکرکنم پ ک ک دوباره کردستان را به خاک و خون بکشاند. در این حیص و بیص هم ابراز نگرانی آمریکا از سرنوشت سلاح‌های شیمیایی سوریه بامزه است...

در زندان هم شایع شده بود خانواده نرگس محمدی گفته‌اندکه در خلال روزهای اخیر خبری به آن‌ها رسیده مبنی براین‌که نرگس محمدی در جریان دعوایی در زندان آسیب دیده و انتقال او به بیمارستان انجام شده، اما ممنوع‌الملاقات بوده... از رادیو فردا هم شنیدم که شوهرش (تقی رحمانی) می‌گفت: ظاهراً نرگس به خاطر ضرب و شتم و ضربه‌ای که به او اصابت کرده، ظاهراً بر اثر دعوایی که بین زندانیان صورت گرفته به نرگس برخوردکرده‌اند، نه این‌که قصد زدن او را داشته باشند، دچار صدمه شده و به همین دلیل هم به بیمارستان منتقل شده.

در حیاط هم یکی نازک‌کاری می‌کند، رسول (یکی از هم‌اتاقی‌هایم) روی پوسته نارگیل، حکاکی می‌کند... عرب‌سرخی درگوشه‌ای نشسته و ازکاپیتان ملکی، زبان انگلیسی می‌آموزد... چند نفری هم سرگرم هستند و فوتبال دستی بازی می‌کنند و سیگار هم دود می‌کنند... یکی عروسک نخی درست می‌کند و یکی کتاب فلسفه ترجمه می‌کند... یکی هم جلوی نشریه دیواری (که علیرضا رجایی مسئول آن بود) ایستاده و

مطالــب را خط به خط دنبال می‌کند... گروهی فوتبال بازی می‌کنند و گروهی والیبال، آن هم در آن حیاط کوچک که دورتا دورش را زندانیان نشسته‌اند... صحنه‌ای غریب و تا حدی اجباری.

پســری به نام علیپــور که ظاهراً عضوگروه عقاب بــود و بیماری فتق داشــت. ناگهان به من گفت که قبل از ورود به زندان همه بیوگرافی شما را می‌دانستم! اما هیچی در پاسخش نگفتم و واقعاً تعجب کرده بودم از این تلقی‌اش.

گــروه عقاب ایران حدود ۲-۳ سال پیش پخش برنامه‌های خودش را از طریق تلویزیون پارس و رادیو صدای ایران آغازکرد. و مدتی کوتاه پس از این‌که به پخش برنامه‌های خود خاتمــه داده بود دوباره گروه عقاب ایران بار دیگر پخش برنامه‌هایــش را از سرگرفت. اما این آقای مشهور به سرلشگر مهدی روحانی که با حرکات نامتعارفش در تلویزیون پارس، مثل یک بازیگر طنز عمل می‌کرد، پس از انتشارکتاب "تندباد حوادث" (گفتگــوی من با عیسی پژمان)، فوراً تلفن را برداشته که پژمان علیه من در برنامــه تلویزیونی وی موضع گیری کند امــا پژمان به‌خاطر شرافت و وفاداری کُردی‌اش ، در مصاحبه با سایت تاریخ ایرانی وکُردها، گفته بود که "عرفان، ابتدا با بارزان فرج، نماینده جلال طالبانی در فرانسه، برای نخستین بــار به منزل من در پاریس آمد و بعــد رابطه عاطفی ما شروع شــد. بعدها که کتاب طالبانی – پس از ۶۰ سال – را منتشرکرد، به خاطر حرف‌های من، هوچی گری‌های زیــادی علیه وی شد اما من امثال این جوانان را ایران دوست و وطن‌پرست می‌شناسم و این نوع حرف‌ها هم از سر جهل و حسادت و تنگ‌نظری یک گروه سیاسی است. همان نماینده طالبانی در فرانسه بعدها به منزل من آمد و وقتی فهمیدم تحت تأثیر قرار گرفته، از خانه‌ام به بــیرون هدایتش کردم و حتی در جواب تلفن جلال طالبانــی در فرانسه –که میهمان سارکــوزی بود – و خواست مرا ببیند،

پاسخ منفی دادم!... یک درویش صوفی عامی و اُمی هم نیستم که به خاطر رضایت یا کسب منفعت مالی از یک حزب سیاسی، دف و تسبیح دستم بگیرم و حی الله کنم!... من رئیس اداره بررسی اطلاعات ساواک کشور و اطلاعات شهربانی کل کشور بوده‌ام، به خاطر ۴ حرف بنگاه رسانه‌ای یک حزب که من به کرامت یک انسان آن هم همزبان ایرانی، اهانت نمی‌کنم!... حالا جلال ترسید و جا زد، من که چنین نیستم!... به مرحوم ارتشبد فریدون جم، حسن علوی کیا، منوچهر هاشمی، جمشید امانی، مجتبی پاشائی و هرکسی از شخصیت‌های ساواک که این جوان آن‌ها را دید و مصاحبه کرد، من حمایت کامل کردم و این کتاب هم صرفاً برای نسل جوان ایران، هدیه کردم و مورد تأئیدم است. ایشان برای کشف لایه‌های پنهان تاریخ کرد وکُردستان، زحمات زیادی کشیده. کاملاً به کار او ایمان و اعتقاد دارم. و در این کتاب هم حرف‌های من را در نهایت حفظ امانت منتقل کرده".... و بعد از این تکرار این توضیحات برای جناب سرلشگر، ۱۰۰ دلار هم کمک مالی فرستاده بود که مبادا گروه عقاب، نیم‌ساعت بی‌بال و پر شوند!... سال‌هاست که به این شایعات و پرونده سازی‌های بی‌سبب و علت، گوش‌هایم عادت کرده... اگر هم پاسخی نسبت به لودگی و شعارهای غیر واقعی و به قولی احمقانه این جناب سرلشگر، واکنشی نشان می‌دادم، لابد سریعاً مرا را دست نشانده جمهوری اسلامی ایران و مامور امنیتی این کشور می‌نامید... اما سکوت کردم و نصیحت پژمان را آویزه گوشم کردم که با صداقت و صراحت کارم را دنبال کنم و تنها به آب و خاکم و ایران و ایرانی فکرکنم، نه بیشتر و نه کمتر!

سپس یک روز در حیاط نزد من و دکتر رضا مولوی آمد و تصور می کرد که من از او دلگیر هستم که در واقع نبودم، به هر حال من و دکتر مولوی وی را نصیحت کردیم که به جای وقت تلف کردن و با این و آن وقت

گذراندن، مطالعه کند!... که نمی‌دانم شروع کرد یا نه!... البته غیر از وی، همیشـــه در حیاط و یا هنگام عبور از راهرو می‌پرسیدم که این همه جوان و استعـــداد چرا باید در این دخمه باشند؟ بسیاری از آنان علیه انحراف کشورشان لب به اعتراض گشوده‌اند یکی از بچه‌ها (امید) می گفت که، یک مظلوم نمای فریبکار هم حق رأی آنان را ضایع کرده و هم وقیحانه ردای ریاست جمهوری بر تن کرده...

۲۲

دوشنبه ۲ مرداد ۱۳۹۱

امشب هم اصلاً نخوابیدم. برخی از دیوانه‌های هم‌اتاقی من که اصلاً و ابداً مراعات نمی‌کنند. تا صبح بیدارند و بعد آن‌ها می‌خوابند تا عصر وامثال من هم ملزم به رعایت سکوت.

به قول حافظ از جماعت «لولیانِ شوخ و شنگِ شهرآشوب» هم نمی‌دانم که کسی برجای مانده است یا نه همه رفته‌اند و چو مرغان مهاجر، پریده‌اند. یاد مستی و خنده‌های دایمی بهناز افتاده‌ام. باید الان به فکر پایان نامه‌اش باشد.

در حیاط رو به آسمان، سرم را بلندکرده‌ام. دوربینی از دو جهت، حیاط بند ۳۵۰ را نظاره وکنترل می‌کند. اما بالای آن دوربین وکنار سیم خاردار ۳-۴ گنجشک آزاد و رها آماده پروازند.. یاد شعر ابتهاج افتاده‌ام:

بر سر دست بگیر
به تماشاگه پرواز ببر
آه بشتاب که هم پروازان
نگران غم هم پروازند

ارغوان بیرق گلگون بهار

تو برافراشته باش...

در حینی که داشتم می‌پرسیدم خدایا آیا در چند روز آینده از این مهلکه رهایی خواهم یافت؟، این چه مصیبتی بود که بر من نازل شد؟، ناگهان اسمم را خواندند. حدس زدم مادرم باشد... خدا با آن پا درد و وضع جسمانی‌اش، چگونه از آن همه پله بالا آمده تا از من دیدارکند؟...

فوراً آماده شدم و لباسی پوشیدم که سر و وضعم مرتب جلوه کند و بگویم اوین مانند هتل شرایتون است... رفتم و دیدمش. کاش کنارش می‌بودم و پاهایش را می‌بوسیدم. این زن همواره برایم اُسوه مهربانی و غمخواری و لطف بوده... گفت که حال و روز همه آن‌ها خوب است و عدنان هم رفته و از خانه‌ام پول و پاسپورتم را برداشته که مبادا به دست حضرات بیفتد و مسئول پرونده‌ام در وزارت اطلاعات زنگ زده وگفته نامه‌ای به قوه قضائیه نوشته‌اندکه مرا به مرخصی بفرستند... یعنی گفته‌اند اول سند بگذاریدکه انشالله عرفان، به مرخصی بیاید و مریم و علی، برادر و خواهر دوست داشتنی و مهربان هم، نامه مرا به محمد (دوست جلال طالبانی) رسانده‌اند و... و برایم گفت که دیشب با خواهرش، شب بو، راهی تهران شده است و خانه مرا هم مرتب و آب و جاروکرده‌اند.... مریم هم به آن‌ها سری زده و حال و روزش خوب است، اما سرطان است دیگر و انشالله خدا به وی رحم کند و آرامش داشته باشد...

هم من بغض کرده بودم و هم او و در این لحظه بود که گفتند وقت تمام است و پرده‌های بین کابین ملاقات، پائین آمد و من به سلول بازگشتم. کمی‌آرامش گرفته بودم، اما خدایا چنین ظلمی را مپسند!....

بازگشتم و قبل از همه سلطانی به من گفت: چشم و دل‌ات روشن!، و بعد برایم خاطره مادری را می گفت که به اوگفته: در زمان شاه یکی از فرزندانش در عملیاتی توسط ساواک کشته شده، دوران انقلاب هم فرزند

دیگــرش توسط خلخالی اعدام شده و یکی دیگر از فرزندانش در جبهه شهید شده... و به سلطانی گفته راستی من مادر کی هستم؟ و سلطانی هم در پاسخش با بغضی در گلو، گفته: مادر یک نسل!...

دوباره شعر سایه به ذهنم می‌آید:

من در این گوشه که از
دنیا بیرون است
آفتابی به سرم نیست
از بهاران خبرم نیست
آنچه می‌بینم دیوار است
آه این سخت سیاه
آن چنان نزدیک است
که چو بر می‌کشم از سینه نفس
نفسم را بر می‌گرداند
ره چنان بسته که پرواز نگه
در همین یک قدمی‌می‌ماند
کورسویی ز چراغی
رنجور
قصه پرداز شب ظلمانی‌ست
نفسم می‌گیرد
که هوا هم اینجا زندانی‌ست
هر چه با من اینجاست
رنگ رخ باخته است
آفتابی هرگز
گوشه چشمی‌هم
بر فراموشی این دخمه نینداخته است

اندر این گوشه خاموش فراموش شده
کز دم سردش هر شمعی خاموش شده
یاد رنگینی
در خاطرمن
گریه می‌انگیزد
ارغوانم آنجاست
ارغوانم تنهاست
ارغوانم دارد می گرید و.....

به یاد دارم که مادرم (شهلا) در پروردن ما سه برادر (عرفان، عدنان و لقمان) چه زجرها کشید و خم به ابرو نیاورد و همیشه با او رفیق بوده‌ام و او هم مادری به غایت مهربان و انسان....

ناگهان رشته افکار و خیالاتم گسیخت. قوی‌دل داشت جدول حل می‌کرد و پرسید جنازه کورش بزرگ را چه کسی از میدان جنگ نجات داد و به عقب جبهه برد؟ اسم این فرد مهم نیست ولی یک ویژگی داره که این کارش ارزش کوروش چندین برابرکرده!؟... گفتم: به گمانم "ارتب" بود. البته در مجله خواندنی‌ها و دانستنیها و... خوانده‌ام که شخص کوروش، ارتب رو به خاطر اشتباهاتی که مرتکب شده بود، مجازات نکرد. و به همین خاطر ارتب به خاطر بخشندگی و انسانیت کوروش، از کوروش کبیر اجازه خواست که به خدمتش در بیاد و درکنارش باشد. در زمان جنگ با قبایل مسقند بود که کوروش کشته شد و ارتب جسد کوروش رو با دلاوری به عقب کشوند و به پاسارگاد برد. بعد از این که کوروش رو داخل قبرگذاشتند، ارتب با خنجر سینه خودش رو شکافت و آخرین جمله‌ای هم که گفت این بود: زندگی بدون کوروش برای من معنایی ندارد... اگر ارتب جسدکوروش رو با خودش به عقب نکشونده بود، ممکن بود هر بلایی سر جسد آورده بشود.

۲۳

سه شنبه ۳ مرداد ۱۳۹۱

در زمان سلسله ساسانیان و ایام پادشاهی قباد، قبیله وحشی خزرها مایه آزار ایرانیان بودند و افسوس که به جای دریای کاسپین می‌گویند دریای خزر. امروز هم از دید من بند ۳۵۰، خزر زیاد داشت! در میان افراد هم به طور اندک و انگشت شمار انسان عادی یافت نمی‌شد. یاد حرف شعله سعدی افتادم که اوین هم، خلاصه جامعه ایرانی است با همان اغراق‌های بیرون و تضادها و بی‌باوری‌ها.

دیشب هم که مطلقاً نخوابیده بودم. شب به یکی از بچه‌های اتاق که نمی‌دانم در خواب و بیداری به او چه گفته بودم، اما هرچه بود ظاهراً سگرمه‌هایش در هم رفته بود و نزد لات و قلچماق اتاق (که نامش امیر بود) گله می‌کرد. طبق قانون اتاق، ۱۲ شب را خاموشی اعلام کرده بود، اما مگر کسی رعایت می‌کرد!

صبح با سردرد از خواب بیدار شدم و به دکتر رفتم. او هم برایم کمی ویتامین‌های مختلف نوشت و از این که گفتم این‌جا تیمارستان است، خنده‌اش گرفته بود. وقتی که بیرون آمدم نماینده وزارت اطلاعات

(مشهور به نماینده ۲۰۹)، مرا صدا زد و گفت: به قوه قضائیه نامه نوشته‌ایم و منتظر پاسخ اداری هستیم و.... واقعاً دوست داشتم و می‌خواستم که باور کنم هر چند نوعی سرکارگذاشتن، علاف کردن و امید واهی دادن بود اما نمی‌دانم چرا دوست داشتم حرفش را باور کنم و اسبابی فراهم شود تا از آن دخمه بگریزیم.

به حیاط آمدم و برای سلطانی، ماجرا را تعریف کردم و او هم همچنان معتقد بود که من تا روز ۵ شنبه خواهم رفت. در این لحظه، کرمی به اصرار مرا به ذره‌ای ورزش و فعالیت بدنی، ترغیب کرد و با او در والیبال، همبازی شدم. شب هم کرمی به بچه‌های اتاق شام داد و غذای سفره‌اش ماهی پلو بود. سلطانی وکبودوند هم به اتاق ما دعوت شده بودند و مطمئن شدم که کرمی از عمد و یا شاید نوعی التفات، کبودند را دعوت کرده است. به ناچار نخستین سلام و علیک بین ما رد و بدل شد.

آقای متخصص اعتصاب غذا، یک بشقاب تمام، برنج و ماهی را لُمباند و البته محال است کسی که اعتصاب غذا کند، چنین اشتهایی داشته باشد. فریب کاری و عوام‌فریبی هم که شاخ و دُم ندارد. قُمپزسیون (حالا شما بخوانید اپوزیسیون) که عاشق این شانتاژها هستند!

ناگهان مجله مهرنامه به اتاق ۷ آمده و به دست علیرضا رجائی رسیده بود و عکس ثابتی هم روی جلد بود شاید پس از سال ۱۳۵۱، نخستین بار بود که روی جلد، حتی اسمش می‌آید چه رسد به عکس و... عده‌ای امامزاده هم به ثابتی پاسخ داده بودند، مانند پسر شریعتی، پسر بهشتی و روحانی فاسدی مانند شجونی. داخل مجله، مصاحبه با من هم بود و تیتری جنجالی هم زده بودند «من ضد مصدقی‌ام»... که فکر کنم گفت‌وگویی کوبنده و محکم بود و CULT مصدق را سرجایش می‌نشاند. اما از واکنش‌ها و پیامدهای آن در زندان، خدا به خیر کند...

در اخبار هم خبر خاصی نبود... سوریه خیلی مطرح است مانند حمله

نیروهای دولتی سوریه به مواضع مخالفان مسلح در حلب..... می‌گویند سوریه از سلاح شیمیایی علیه تهاجم خارجی استفاده می‌کند؛... اتحادیه عرب هم خواستارکناره‌گیری فوری بشار اسد از قدرت شده است...

چین هم گویا از ایران واردات نفت را نسبتاً افزایش داده.... رشد جمعیت در ایران کاهش نشان داده؛ افزایش تا ۵۰ درصدی اجاره بها در بازار مسکن ایران،.... تشکیل بیش از پنج هزار پرونده درباره جرایم اینترنتی در ایران طی ۱۵ ماه،... می‌گویند از سال تحصیلی جدید، «زندانبانی رشته دانشگاهی می‌شود».... نوه خمینی هم گفته اجباری کردن حجاب موفق نخواهد شد،... لاریجانی هم یکی به نعل و یکی به میخ به احمدی نژاد می‌تازد وگفته منشاء گرانی‌ها، اجرای نادرست قانون هدفمندی یارانه‌ها است،... نتانیاهو در اسرائیل هم گویا مانند بلوف‌های سابق، برای حمله به ایران زمینه‌چینی می‌کند،... فرمانده سپاه هم گفته اگر جلوی عبور ما را از تنگه هرمز بگیرند آن را می‌بندیم،... دیدار تازه اشمیت و باقری در سایه «مواضع بدون تغییر ایران» و...

۲۴

چهارشنبه ۴ مرداد ۱۳۹۱

باوجود بی ملاحظه‌گی‌ها و هردمبیل بودن برخی آدم‌ها در داخل اتاق، تقریباً دیشب را خوب خوابیـــده بودم. شاید امشب کمی به خاطر وضع جسمانـــی‌ام، مراعات کردند... امروز خیلی بی‌تـــاب و بی‌قرار بودم و از حمام همان آهنگ را زیر لب می‌خوانم:

لحظه دیدار نزدیک است
باز من دیوانه‌ام مستم
باز می‌لرزد دلم دستم
بازگوئی در جهان دیگری هستم
.... ای نخورده مست
لحظه دیدار نزدیک است...

رفتـــم داخل حیاط تـــا حوله‌ام را جلوی آفتاب پهـــن کنم و قنبری هم کلاهی ورزشی بر سرش گذاشته و ساعت مچی‌اش را در دستش گرفته و با قدم‌های محکم، دور حیاط، پیاده‌روی می کند... براستی با داشتن حکم

اعدام، انسان چه حالتی دارد و چه شوری برای راه رفتن؟!... چه مصیبت عظمائــی؟!... نزد سلطانی رفتم تا مثل هر روز با او سلام و علیکی کنم و درد دلی... و ناگهــان در جمعی چند نفره قــرارگرفتم و سیف‌زاده و رئیس دانا به من اهانت‌ها کردند. رئیس‌دانا خود را سوسیالیست و مدافع حــزب توده نامید و... سیف‌زاده هم بــا فرصت‌طلبی خامی که داشت، پریــد وسط معرکه و... اما آخــرکسی نبود بپرسدکه من و قهرمان بازی؟، من و فحاشی؟،... هر چه بود، ایــن اجامر، خیلی وقیح بودند... هیچی نگفتم اما دلم شکست... جامعه بربری را به حقوق بشر و دمکراسی چه کار؟... گور پدر مصدق‌السلطنه، نخستین عوامفریب ایران... و شاید اولین احمدی‌نــژاد تاریخ معاصر مملکت،... پس از انتشارگفته‌های پرویزخان ثابتی، هر ننه قمری، چاک دهنش را بازکرد و استفراغ فرمود، این است آزادی بیان؟!...

حالم بد شد... به اتاقم بازگشتم و درازکشیدم. سلطانی فوراً آمد که از دلم دربیاورد. ظاهراً حضرات نزد او مدعی شده بودندکه تند رفته‌اند...اما بی‌فایده است، انسان‌های بی‌چاک و دهن و فحاش را نمی‌توان آرام کرد و با آن‌ها دیالوگ منطقی داشت. این‌ها ازگفتمان چیزی نمی‌فهمند جز ادعای توخالی داشتن و حرف مفت زدن... انسان‌هایی حسود، بی‌منطق، عصبی، پررو، وقیح و دروغگو...

ناگهــان علایی (رئیس بند ۳۵۰) مرا صــدا زد. رفتم وگوشی تلفن را به دست مــن دادکه نمی‌دانستم کیست و متوجه شدم که آن طرف خط، نصیری‌پــور بود وگفت که بنا به دستور دادستان (جعفری دولت آبادی) پرونــده‌ام به دادستانی رفته است و منتظر موافقت دادستان برای صدور برگه مرخصی‌ام هستند!... به ناچار، تشکرکردم وگوشی را گذاشتم، اما ته دلم، خدا خدا می کردم که همان روز و یا حداکثر تا چند ساعت بعدش از آن تیمارستان، بیرون بروم!

رفتم اتاق ۷ و مجله مهرنامه را به رجایی بازگرداندم وکمی از رفتار نامعقولانه رئیس دانا و هرزه زبانی سیف‌زاده گله کردم. او هم انسانی شریف و نازنین بود وکمی با مهربانی‌اش مرا به صبوری، تشویق کرد که در دنیای آزاد، مجاز هستم که عقیده و رأی و تفکر خود را بیان کنم و نمی‌شود با گرز وکتک و اتهام، مزاحم رأی و بیان یکی دیگر شد و...

دوباره آمدند دم در اتاق ۸ وگفتند به حیاط بروم که بحث ناتمام مانده و... اشتباه کردم که به خاطر روی گل سلطانی پذیرفتم... ناگهان فرش انداختند، حلقه‌ای ۴۰-۵۰ نفری داخل حیاط درست شد و مزخرفات گفتند و البته دو تا هم‌اتاقی من هم (علی و رحمان) آتش بیار معرکه شده بودند و بنا به تحریک رئیس دانا و شاید هم قدیانی، اهانت‌ها کردند و بعد هم انصاری شروع کرد به فحاشی و مرا به همکاری با جمهوری اسلامی‌متهم کرد... لابد کینه‌توزی با نهاد و قلب‌اش آمیخته بود که به صرع دچار شده... فرزند حسین انصاری‌راد نماینده مجلس از نیشابور در کمیسیون اصل ۹۰ است... سیامک قادری، روزنامه‌نگار ایرنا (خبرگزاری جمهوری اسلامی) هم از صبح، فتنه‌گر وسط معرکه بود. با سیف‌زاده بده و بستان داشت و لاجرم، به خاطر آن نان به قرض دادن، ادا و اصول داشت...

من هم دفاعی نکردم... چه بگویم؟، به‌که بگویم؟، چرا بگویم؟... فحش می‌دهند آن هم بخاطرکتابی که نخوانده‌اند!... این چپ‌های هرزه زبان، همین‌اند... فقط مانده بودم که این‌ها مدعیان آزادی و دمکراسی‌اند؟، کاش به حیاط نمی‌رفتم و این اهانت‌ها را نمی‌شنیدم، اما بهرحال، در تله افتادم..... سیف‌زاده با چهره پلیدش، بلند بلند متن مجله را می‌خواندکه هیزم به آتش کند... آن حُقه باز و دفاع از حقوق بشر؟

از روی متن، حرف‌های مرا می‌خواند «درکجا ثابتی دروغی گفته؟، کجا اغراقی کرده؟، حکایت‌های اغراقی و دروغ چپ‌ها و چریک‌ها را

باور کنیم؟ عقیده شخصی ایشان است و سازمان‌های چپ لطف فرموده دربـــاره تسویه درون سازمانی و قتل‌ها و جنایت‌های خود به اسم قهرمان گرایی توضیحاتی بدهند، نمونه‌اش در شماره ۴ مهرنامه (مرداد ۱۳۸۹) از آقای ماهرویان آمده؛ نمونه دیگـــرش را حسن ماسالی (درباره تسویه درون سازمانـــی)، حسین باقرزاده (دربـــاره شکنجه درون سازمانی)، یا مهدی فتاپور (درباره قتل درون سازمانی) بازگفته‌اند. با گرز وکتک هم نمی‌خواستم دم در خانه ثابتی بروم، دعوایی با ایشان نداشتم و در بسیاری از زمینه‌ها هم همساز و همنواز بودیم، اختلاف عقیده هم طبیعی است. امـــا بنده قصد حال‌گیری و مجادله را نداشتم، قصدم ضبط روایت بود، ماشاالله این همه کتاب مبتنی بر صحت و واقعیت و بی‌غلط و بی‌عیب و نقص منتشر شده، بگذارید چنین کتابی هم منتشر شود! و...

سلطانـــی و رجایی، سعی کردند جو را تلطیف کنند اما بی‌فایده بود... بعـــدش به اتاقم بازگشتـــم.... شک نداشتم که حضـــرات نابغه وزارت اطلاعـــات از دوربین دیده‌اند ماجرا را... دوباره درازکشیدم و این بار از فرط سر درد. بعد دکتر مولوی داخل اتاقم آمد و گفت که "نگران نباش!... آن‌ها احمق هستند!... مگر از دیوانه و احمق توقع دیگری داری؟، اما آن کتـــاب، ایجادگفتمان خواهدکرد، شک نکن!"... بعد یکی دیگر از هم اتاقی‌هایم، که اسمش دادخواه بود (امـــا ظاهراً اسم واقعی‌اش شایانفر بود) آمد و گفت: "بـــدون این‌که یک ریال پول خرج کنی، این‌ها دارند برای تو تبلیغ می‌کنند، حتی فحش هم یعنی تبلیغ!... ثابتی هم خواست توسط تو به نسل جدیـــد ایران پیام بدهدکه آقا جان، داستان از این قرار بود، می‌خواهید باور کنید و می‌خواهید نکنید،!"... من هم تبسمی کردم و تشکر از لطف هر دوی آن‌ها...

عصر هم شعله سعدی به دنبالم آمد و تشویقم کرد. و به آن نازنین گفتم

که من و پرویزخان تصمیم گرفتیم برای تاریخ معاصر ایران، این ره‌آورد را داشته باشیم که به گمان من، به گنجینه تاریخ شفاهی ایران، این روایت‌ها افـزوده شد. آن‌هایی هم که بـه اسم منتقد در این چند ماه ظاهر شده‌اند اکثـر جزو سازمان‌های چپ (توده، چریک‌های فدائی خلق، مجاهدین خلـق و...) بوده‌اندکه چشمی کم‌سو بـر هنر، دستی علیل در سیاست و دهانی گشاد در میـدان رسانه‌ای دارند و واقعاً رفتار دیوانه‌وارشان برایم مهم نیست! هر چند متأسفانـه در رسانه‌های به ظاهر مستقل مانندگویا نیـوز، روز آنلاین، بی‌بی‌سی فارسی، صدای آمریکا، جرس، رادیو زمانه و... عـین قبیله‌های وحشی، غیر دمکراتیک رفتارکردند و به دست همین امامزاده‌هاست ... به قول آبراهام لینکلن «می‌توان اندکی از مردم را برای همیشه فریب داد، حتی می‌تـوان همه مردم را برای مدتی فریب داد اما نمی‌تـوان همه مردم را برای همیشه فریب داد!»، برای مورخ منتقد هم، واقعیت ماجرا اهمیت دارد نه مصلحت اندیشی و ملاحظه‌کاری و نان به قرض دادن و یا هراس از اهانت و استهزا!... تصورم بر این بود که ثابتی مثل صندوق اسراری است که می‌توان آن را بازکرد.... متاسفانه ۴ گروه، تاریـخ معاصرکشور ما را در چنبره قـرار داده‌اندکه عبارتند از: چپ‌ها و کمونیست‌ها، مصدقی‌ها، اسلامی- مذهبی‌ها و سلطنت‌طلب‌ها. معتقدم که نسل ما باید از زیر بار این ۴ کلیشه خارج بشود و به‌صورت مستقل به خوانش تاریخ بپردازد...

مـن در پاورقی‌های کتاب، با حدود ۲۱ نفرگفت‌وگوکرده‌ام که اکثراً از مقامات برجسته امنیتی سـاواک بودند و این افراد یا گفته‌های ثابتی را تأییدکرده‌انـد و یا به آن اضافه کرده‌اند. مـن در این کتاب، قصدم این نبـود که یك گرز بـردارم و به جان ثابتی بیافتـم. کابوسی که چپ‌ها و کمونیست‌ها هرزه‌زبان و غرغرو، نسبت به ثابتی دارند، من ندارم. به نظرم بایـد بسیار ممنون ثابتی باشیم که نگذاشت کشور در منجلاب چپ فرو

برود. چریک‌های فدائی خلق و مجاهدین خلق و یا توده‌ای‌ها چه خدمتی به ایـــران و ایرانی کرده‌اند؟... کدام مبارزه؟، جــز دروغ و شارلاتانی و شیادی؟...

تقریباً شعله سعدی با عقاید من موافق بود. از انسانیت و بزرگواری و سعه صدرش تشکرکردم. جو داخل بند ۳۵۰ خیلی متشنج شده بود و شاید من چنین احساسی داشتم. تقریباً حس می‌کردم که در و دیوار هم علیه من شده. با آن سلام و علیک‌های زورکی که انگار میان قومی فاشیست قرار گرفته‌ام...

بـــرای اولین بار نـــزد کُردهای اتاق ۱۱ رفتم، همـــان چند نفر، که متهم بودنـــد وابسته به القاعده هستند و برای آن‌هـــا از تاریخ معاصرکردستان حرف زدم... وگفتم جالب است که حضرات هیچ کدام‌شان کتاب ثابتی را نخوانده‌انـــد و بعد درباره‌اش چنین داد سخن ســـر دادند و فرمایش می‌کنند... شاهکار است!

ساعت ۹ شب بود که خبر رسید حمزه کرمی به مرخصی می‌رود. اصالتاً کرمانشاهی بود. از افراد هوادار فرزند هاشمی رفسنجانی بوده و فرماندار ورامین...بارها دربـــاره نامه‌هایش به افکار عمومی، خامنه‌ای و محسنی اژه‌ای برایم حرف‌ها زده بود... که او را تحت انواع شکنجه قرار داده‌اند. خـــودش گفـــت: «از جمله بیش از بیست بار ســـرش را درکاسه توالت فرنگـــی پر ازکثافت کرده‌اند و می‌خواستند کـــه آن‌چه را آن‌ها می‌گویند اعتراف کنم!... می‌گفت، هرگاه فریاد "یـــا زهرا" سر می‌دادم، به ایشان جســـارت می‌کردند! وقتی می‌گفتم: "یا الله"، می‌گفتند: خدایت امروز ماییم که هرکاری بخواهیم با تو می‌کنیم!...» و... ظاهراً از موارد اعتراف تحت شکنجه کرمی، اختلاس و فساد مالی مهدی هاشمی فرزند هاشمی رفسنجانی بوده و... خلاصه همنشین و همدم من در اتاق ۸ رفت و دیگر، به یکباره حس تنهایی کردم...

از دیروز، کرمی با تقلید از غزلیات سعدی، البته به قول خودش اقتباس!، شعری در وصف خانمش سرود و بعد محبت کرد و نامه خصوصی به همسرش را با صدای بلند برای من خواند و خواست آن شعر سروده را برایش خوشنویسی کنم و شعری هم برای نوه‌اش سروده بود!، به گمانم اولین و آخرین اشعار سروده شده قریحه اقتباسی‌اش از سعدی بود!... انسان بامزه‌ای بود، موفقیت وی در این نهفته بود که به‌گونه‌ای رضایت همه را جلب می‌کرد. انگار از سلف خود به ارث برده بود و یا در کریدورهای نظام اداری ایران آموخته بود. البته‌گاهی در جامعه ایران هم نارضایتی‌ها و اعتراض‌ها به صورت انفجاری از لطیفه‌های سیاسی، خودنمائی می‌کند.

جلبک... ابوالهول... حلزون... سرهنگ قصیری... اسامی رمزهای بین من وکرمی بود... و بعدها مقیسه هم متوجه معانی آن‌ها شده بود و بی‌اختیار غش‌غش می‌خندید... مثلاً دم غروب، در حیاط ۳ انگشتم را روی شانه می‌گذاشتم و حمزه و مقیسه می‌دانستندکه منظورم اسم رمز سرهنگ قصیری است، می‌خندیدند... از پدرم شنیدم بودم که سرهنگ قصیری، آدمی لاغر اندام با موهای جوگندمی که کمرش زیر بار زندگی خم شده بود و قبل از عید معمولاً برای هویدا و شاه و فرح و... کارت تبریک سال نو می‌فرستاد و بعد دفتر آن‌ها هم پاسخ می‌دادند و آرزوی موفقیت می‌کردند و سپس سرهنگ قصیری نامه‌ها را برمی‌داشت و در مسجد جامع سنندج نشان می‌داد و می‌گفت: نمی‌دانم جناب نخست‌وزیر با من چه‌کاری دارند آخر!؟کسی نیست به فرح بگوید چرا به من تبریک می‌نویسی؟ و... سرهنگ قصیری هم خطاب به‌کسی می‌گفتم که خودش را دکتر می‌دانست و آشنا به ۸ زبان اما فارسی را هم نمی‌توانست به درستی سخن بگوید چه رسد به انگلیسی و ایتالیایی و عربی و...

کرمی که رفت در ته دلم می‌گفتم که ملیحی و زیدآبادی در اتاق ۹ هم

رفتنـــد و خدا کند که در بیرون از زندان، شیطنت نکنند تا موضوع بودن مـــن در اوین، رسانه‌ای شود... شب هم در اتاق آقای دکتر مولوی بودم و با هم حرف می‌زدیم... انسانی با شخصیت و با پر نسیب که می‌دانست چه می‌گوید و می‌فهمد چـــه می‌خواهد... اما زمانی که شخص تفکر و بینش و شخصیت نداشت، بالطبع نمی‌داند چه می‌گوید و نمی‌فهمدکه چه می‌خواهد و... چه شیرین است فهمیدن نفهمیدن!

۲۵

پنجشنبه ۵ مرداد ۱۳۹۱

امروز هم چشم به انتظارم و دلم می‌گوید شاید امروز از این‌جا بروم و شاید هم همان خیال خام باشـد، اما امیدوارم که دادستانی فوراً نامه را بفرستد تا هرچه زودتر از این مخمصه خلاص شوم...

در حیـاط با شعله سعدی و سلطانی و سقر بـودم. فرشاد قربانی هم می‌خواسـت مصاحبه‌ای کند که تکذیبیه مانندی باشـد بر آن‌چه درباره جنایات و چشم‌بندی و فریبکاری چپ‌ها در تاریخ معاصر ایران، گفته‌ام تـا در همان نشریه مهرنامه منتشر شود و من هم نپذیرفتم... و قاعدتاً هم نمی‌پذیرفتم، دروغ و فریب چپ‌ها، مصدقی‌ها و اسلامی‌های تندرو مانند هم بوده و به خورد مردم ما هم داده‌اند... برای سلطانی دلایلم را گفتم و طفلـک فرشاد هم با همان تواضع‌اش، پذیرفت. او و آرش انسان‌های با ادب و محترمی بودند.

سلطانی مرتب سعی داشت که مرا آرام کند و دوستی‌اش با من موجب آرامـش بود. هرچند رئیس دانا به وی گفتـه بود که مرا رها کند و دیگر با من حـرف نزند... مردکِ چپِ زبان نفهم!... تصور می‌کرد سلطانی،

دهن‌بـــین است و هوچی! ذاتاً چپ‌های ایرانی، خصوصاً توده‌ای‌ها، این رفتار بی‌شعورانه را دارند همواره دنبال پرونده سازی علیه مخالفانشان!

کُردهای القاعده هم با من صمیمی‌تر شده‌اند و بسیار احترام دارند... یکی از بچه‌های اتاق ۲ یا ۳ آمد و ظاهراً دل خونی از رئیس دانا داشت و خواست بداند ســاواک و ثابتی کیستند و چیستند؟ که دیدم اکثر بند دربـــاره کتاب ثابتی حرف می‌زنند و آن‌قدر با صداقت سوالش را پرسید که سعی کردم ذهنم را متمرکزکنم وگفتم که ساواک با دستگیری عاملان و تعقیب متواریان هویت واقعی این سازمان‌ها و نهادها مانند جبهه ملی، مجاهدیـــن خلق، فداییان خلق، کنفدراسیون دانشجویان را مشخص کرد و در شناخت جریان‌های به اصطلاح سیاسی موفق بود و به همین سبب این گونه جریان‌ها سعی در سیاه‌نمایی و تهمت‌زنی به ساواک و یا قهرمان بودن و سلحشور جلــوه دادن خود دارند. گروه‌های چریکی اگر از ترور ناراحتند، چرا راز جنایت‌ها را افشا نمی‌کنند؟، خود من چندین موضوع را بـــا آقای ثابتی مطرح کردم اما ایشان می‌گفت ضبط را خاموش کن و بعد به دور دست‌ها نگاه می‌کرد و می‌گفت: نمی‌خواهم در این مرحله از زمان، این نکات گفته شود!، الان ضرورت ندارد!

چریک‌های فدائی خلق در اردیبهشت ۱۳۵۵، دو بچه ۱۰ و ۱۲ ساله به نام‌های ارژنگ و ناصر شایگان دم اسبی را تروركردند در هنگام فرار... مهدی فتاپور در مصاحبه اینترنتی در سال ۲۰۰۷ با «ایران امروز» گفته که در دستگاه خودشان چه جنایت‌هایی کرده‌اند و بدون داشتن کمترین شرم و حیایی آن را هم مبارزه می‌نامند. شاید علت عتاب آقای ثابتی این باشد که اگر این مسایل تروریستی زیاد مطرح بشود، مسأله پناهندگی این افراد در خارج ازکشور با مشکلات عدیده‌ای روبرو شود.

یـــا درباره سازمان مجاهدین خلق که کتابـــی به همین اسم هم هست، قتل‌های زیادی انجام داده‌اند نمونه‌اش مجید شریف واقفی که در اطراف

مسگـــر آباد او را کشتند و سوزانیدند و یا بدن علی میرزا جعفر علاف را تکه‌تکه کردند و یا صمدی لباف را و یا مرتضی هودشتیان و جواد سعیدی را بـــه خاطر شک و تردید در زمان دوره دیدن در پایگاه الفتح، کشتندکه بعدها وحید افراختـــه در ساواک اعتراف کرده و اسنادش منتشر شده... مجاهدین هم هر چند توهم طیب بودن و طاهر بودن را دارند اما همکاری با صدام حسین را چگونه تفسیر می‌کنند؟، همکاری با دشمن آن هم در زمان جنگ با وطن، قابل بخشش است؟

و پرسیدکه چرا سازمان‌هـــا وگروه‌های چپ، شخصیت ثابتی را اکثراً یـــک جانی و خبیث معرفـــی می‌کنند؟ که من هـــم در پاسخ گفتم: در گفت‌وگوهایم با بسیاری از اعضای سابق و مقامات ارشد ساواك همگی تأییـــدکرده‌اندکه ثابتی در تمام دوران خدمتش کارهای ستادی و بررسی کـــرده است و هیچ‌وقت با زندان و زندانی (جز در چند موردی که خود او در مصاحبـــه ذکر نموده) تماس و ملاقاتـــی نداشته است و او بیشتر فردی سیاسی و تحلیلگر بوده است نه امنیتی. با خواندن این کتاب، این موضوع به خواننده ارائه می‌شود که او یك منتقد اصولی در داخل سیستم و معتقـــد به فراهم کردن موجبات بیشتر برای مشارکت مردم درامور بوده اســـت که درکتاب در چندین مورد، نظریـــات او را در باره انتخابات و احـــزاب ملاحظه می‌کنید و روشن است که وی ابایی نداشته و نداردکه بگوید انتخابات آزاد در آن زمان در ایران نبوده ولی تأکیدکرده است که درجه آزادی‌ها در رژیم سابق در بین کشورهای منطقه از بسیاری ازکشورها بهتر بوده است. همکارانش می‌گویندکه او به اصول و موازین اخلاقی در برخورد با مسائل سیاسی پایبند بوده و در مصاحبه او در داخل کتاب هم ملاحظه می‌شود، موقعی که عباسعلی شهریاری (مرد هزار چهره) گرداننده تشکیـــلات حزب توده در ایران که مأمور ساواك بوده و می‌خواسته دکتر رادمنش (دبیرکل حزب توده) را ظاهراً مخفیانه برای تشکیل پلثوم حزبی

به ایران آورده و برگرداند به شرطی که دستگیر نشود، از ثابتی قول شرف شخصی برای این کار خواسته اما ثابتی موفق نشده موافقت شاه را به این کار جلب کند بنابر این حاضر نشده به وی قول شرف شخصی بدهد (و بعد از ورود رادمنش به ایران او دستگیر شود) و به همین دلیل شهریاری، رادمنش را به ایران نیاورده است.

و خاطـر نشان کردم کـه پرویز ثابتی با نعمت نصـیری (رئیس وقت ساواک) اختلاف نظر داشته، بیشتر مخالفین رژیم پیشین (دوران پهلوی) با پرویز ثابتی به علـت مصاحبه‌ها وگفت‌وگوهای رادیو و تلویزیونی که او در سال‌هـای قبل از انقـلاب ۱۳۵۷ شاید به دلایل امنیتی، علیه آن‌ها انجام می‌داد، دشمنی دارند و چون از جریانات پشت پرده داخل ساواک اطلاع ندارند، نمی‌دانندکه ثابتی چه برداشت متفاوتی با ارتشبد نصیری در مقابله با مخالفین رژیم داشته و حتی در موارد متعددی از اعمال فشار و تندروی‌هـای نصیری جلوگیری کرده. یکی از این مواردی راکه ثابتی در مصاحبه‌اش به عنوان نمونه ذکرکرده، اقدامات او از طریق امیرعباس هویدا (نخست‌وزیر) بودکه مانع از اعدام ده‌ها نفر از اعضای گروه‌های چریکی شدکه به‌وسیله دادگاه‌های نظامی محکوم به اعدام شده بودند: «پس از نجات جان ۳۳ نفر ازکسانی که در آن سال (۱۳۵۱) محکوم به اعدام شده بودند در چند سال بعد نیز بر اساس همان ضابطه و قواره‌ای که تصویب شده بود مجازات اعدام متجاوز از۴۰ نفر با یك درجه تخفیف به حبس ابد تبدیل شد و آن‌ها پس از انقلاب از زندان آزاد شدندکه از آن جمله‌اند ۳ نفر ازکسانی که به اتهام شرکت در توطئه‌گروگانگیری ملکه و ولیعهد محکوم به اعدام شده بودند ولی اعدام نشدند (رضا علامه‌زاده، عبـاس سماکار و طیفور بطحائی). حال اگر آن‌ها مدعی باشند از ابتدا نمی‌بایستـی آن‌ها محکوم به اعدام می‌شدنـد، آن دیگر مطلب دیگری اسـت... ولی امر مسلم، این است که چنان‌چه این ترتیبات داده نمی‌شد

حکم آن‌ها که قطعی بود انجام می‌شد.»

شب هم خواستم بخوابم که دیدم برخی از بچه‌های اتاق بنا به فتنه‌گری لات بی‌سروپای قُلدر (همان‌امیر) به امید اهانت‌ها کردند و با آن طفلک دعوا شروع شد و آن سر و صدا هم طبعاً مزاحم خواب بود. من هم سفیر صلح شدم که آشتی کنند و فضای اتاق از سنگین بودن رها شود، هرچند که براستی فضایی مسخره‌ای داشت...

۲۶

جمعه ۶ مرداد ۱۳۹۱

با دکـــتر مولوی در حیاط نشستـــه بودیم و یکی دو نفـــر از بچه‌های اتاق‌های دیگر هم دور مـــا بودند. بحث بود، از جاهای مختلف حرف می‌زدنـــدکه چرا برخی انسان‌های بیمار، دوســـت دارند از زندان ماندن بـــرای خود هویت بسازند. بعد از یکـــی از زندانیان یاد کردند که نامش بهنام الف بـــود... می گفتند بچه باز معروف، امروز در زندان شده فعال حقوق کودک؟، در جهان ســـوم از این نوع دفاع‌ها زیاد دیده است، یا کبودوند شارلاتان پـــس از ۶۰ روز اعتصاب غذا وکلی رسانه‌ای کردن، دنبال چیست؟، می گوید اعتصاب غذا اما یواشکی در زیر پتو، بیسکویت می‌خورد و چای می‌نوشد و ویتامین اماله می کند و... بعد هم اضافه وزن پیدا کرده در این مدت...

خلاصـــه از هـــر دری و درباره هـــرکسی، حرف زدنـــد و انگار موی ابراهیـــم‌زاده را آتش زده بودندکه ناگهان در حیـــاط ظاهر شد و ازکنار ما گذشت اما کسی تحویلش نگرفت...حال سخنان‌شان درست باشد یا غلط، هویت ســـازی و تهمت زدن ناحق یا به حـــق، حکایتی است در

روزگار ما...

دیشب هم حلـوای سالروز عملیات مرصـاد را در بین اتاق‌ها پخش می‌کردند و من نخوردم و حتی بشقاب دوم را دم در جلوی شخصی که توزیع می‌کرد. داخل سطل آشغال ریختم و البته عبدالله مومنی هم چنین کرد و ته دل به شرفش، درود فرستادم... اما داد و نعره رئیس دانا از اتاق ۹ بـه‌گوش می‌رسید که آقا بیاورید بخوریـم و چرا دور می‌ریزید حلوای مبارزها را؟

انگار رئیـس دانا، جناب پرفسور چپ‌ها، یـادش نیست که عملیات مرصـاد یا همان عملیات فروغ جاویدان، نبردی بود میان ارتش ایران و مجاهدین خلق که در اواخر جنـگ ایران و عراق، در همان سال ۱۳۶۷ درگرفت. پس از چند روز درگیری درنهایت نیروهای ارتش ایران، پیروز شدند و عملیاتی که توسط سازمان مجاهدین خلق طرح‌ریزی و اجرا شده بـود عملاً با شکست روبرو شد. تعداد زیادی از نیروهای مهاجم در این نبرد کشته شدند. شش روز پس از قبول قطعنامه توسط ایران و در شرایطی که نیروهای عراقی با زیر پـا گذاشتن توافقات ۵۹۸ مجدداً به خرمشهر حمله کرده و تا آستانه تصـرف آن پیش رفته بودند، سازمان مجاهدین، عملیاتی تروریستی و ویرانگر را با نام فروغ جاویدان، آغازکرد.

مسعـود رجوی، شوهر مریم، در شـب آغاز عملیات گفت: «براساس تقسیمات انجام شـده، ۴۸ ساعته به تهران خواهیم رسید... کاری که ما می‌خواهیـم انجام بدهیم در حد توان یـک ابرقدرت است، چون فقط یک ابرقدرت می‌تواند کشوری را ظرف این مدت تسخیرکند... از پایگاه نوژه هم ترسی نداشته باشید؛ هر سه ساعت به سه ساعت دستور می‌دهم هواپیماهـای عراقی بیایند و آن‌جا را بمباران کنند. پایگاه هوایی تبریز را هم با هواپیما هر سه ساعت به سه ساعت مورد هدف قرار خواهیم داد...

علاوه بر آن، ضد هوایی و موشک سام ۷ هم که داریم... هوانیروز عراق تا سرپل ذهاب به همراه ستون‌ها خواهد بود. از نظر هوایی ناراحت نباشید چون هواپیماهای عراقی پشتیبان ما هستند و تمام ماشین‌ها به صورت ستون حرکت می کنند.»... کسی هم نبود که بگوید آقای متوهم، زرشک!... این عملیات سه روز به طول انجامید. در روز اول هدف سدکردن هجوم مجاهدین خلق بود. در روز دوم، حرکت نیروی زمینی صورت گرفت که با پشتیبانی بسیار قوی نیروی هوایی و هوانیروز همراه شد و در روز سوم یگان‌های مجاهدین خلق به کلی منهدم شدند. فرماندهی این عملیات برعهده شادروان علی صیاد شیرازی بود که در سال ۱۳۷۸ توسط سازمان مجاهدین خلق ایران ترور شد... همواره شنیده‌ام که افسر لایق و باشرف و میهن پرستی بوده...

و واژه «مرصاد» هم به معنی کمین است. این نام بخاطرکمین برنامه‌ریزی شده‌ای که نیروهای نظامی انجام داده بودند برای این عملیات در نظر گرفته‌شده. در عملیات مرصاد بیش از ۴ هزار و ۸۰۰ نفر از نیروهای سازمان رجوی کشته و زخمی‌شدندکه البته در میان کشته شدگان و اسرا تعداد زیادی ازکادرهای سازمان و فرمانده‌های تیپ‌ها نیز وجود داشت و عملیات مرصاد، سازمان مجاهدین خلق ایران را به تحمل شکستی استراتژیک و ننگین وادارکرد که دل‌شان به هواپیما و نفربر بعث عراقی، خوش بود. پس از پایان عملیات، تنگه چهارزبر، تنگه مرصاد نام گرفت تا یادآورکمینگاهی جهنمی باشدکه با عملیات برنامه‌ریزی شده سرباز ایرانی، طومار نظامی سازمان مجاهدین خلق را درهم پیچیدند. بعد از آن هم، شغل شریف مسعود، تجاوز به زنان و دختران داخل کمپ اشرف بوده و از هیچ جنایتی فروگذاری نکرد و منفورترین سازمان سیاسی میان ایرانیان شدند...

غروب هم سلطانی نزد من آمد و از ابهام‌هایی که در مصاحبه من در

مجله مهرنامه برایش وجود داشت، سوال پرسید و من هم با تمام وجودم، برایش توضیح دادم. خدایا چــه انسان شریفی است این موجود... تنها برازنده اوست که دم از حقوق بشر بزند نه شارلاتان‌هایی مانند سیف‌زاده یا کبودوند.... گاهی به شوخی آقای دکتر شعله سعدی به وی می‌گفت که در کابینه آینده، شما را به عنوان وزیر دادگستری، تعیین می‌کنم، سلطانی هم با خنده‌ای که سراسر صورتش را می‌پوشاند، می‌گفت: بگذارید من همان وکالتم را بکنم... مرا به دولت و قدرت چه‌کار... فقط قول بدهید اگر رئیس جمهــور شدید، ما را به خاطر نقد قــدرت، دوباره به زندان نیاندازید!...

منـــم سرم را تکان دادم و دوباره گفتم: این قافله تا به روز حشر، لنگ است... به قول ملک‌الشعرای بهار:

آه از این مجلس و دولت که گویی
همه هستند به ویرانی کشور مأمورا!

۲۷

شنبه ۷ مرداد ۱۳۹۱

هــر روز زانو درد باعث می‌شدکه به‌همراه سلطانی حدود ۲۰ دقیقه‌ای دور حیاط پیاده‌روی کنیم وگاهی دستش را دورگردن من یا شاهرخ طائف می‌انداخت و خاطرات می گفت. از یک پسرکُرد مقیم نروژکه مدتی را در اوین گذرانیده... نمی‌دانم چه شد یاد نروژ افتادم. در زندان نروژ، زندانیان در انتخــاب نوع ورزش آزاد بودندکه می‌توانندکاراته یا شنا کارکنند و یا در جنگل مجاور زندان، گــردش و حتی قارچ جمع‌آوری کنند... اما هر رهگذر باتجربه‌ای متوجه می‌شودکه قانون بنیادی زندان عبارت است از زنده ماندن و استقامت به خرج دادن...

امروزکمی با شعله سعدی و سلطانی و مولوی بحث جدی بود.

هرچندکــه گوشم نزد آنان است، اما دلــم جای دگر.... چشم انتظارم، صبح، شب، عصر و... که کی از این تیمارستان رها می‌شوم؟، چرا این جا هستم؟ من در حق چه کسی بدی کردم؟... هر لحظه که صدای بلندگوی داخل حیاط بلند می‌شود، تصور می کنم که الان اسم مرا می‌خوانند.

یکــی از بچه‌ها آمد وگفت چرا با رئیس دانا مخالفم؟، می‌دانستم که

گرگ پیر، وی را تحریک کرده. گفتم وی برای "ایرن" زازیانس، هنرپیشه سکسی و ارمنی‌تبار بابلسری در همین نشریه دیواری زندان شعر سروده.... همـــان هنرپیشه فیلم مُحلل... می‌دانی که محلـــل چیست؟... (مُحَلّل در اسلام و سنت‌های اعراب دوران جاهلیت، مردی‌ست که با زن سه طلاقه ازدواج می‌کنـــد و او را طلاق می‌دهد تـــا آن زن بتواند دوباره با همسر پیشین خـــود ازدواج کند، مردی که بـــا ازدواج و همخوابگی با این زن موجب می‌شود تا امکـــان ازدواج دوباره او با شوهر سابقش فراهم آید مُحَلّل یعنی حلال‌کننده... و مهم‌ترین دلیل ممنوعیت ازدواج مجدد پس از سه طلاق همان آیه ۲۳۰ سوره بقره است) و در این شعر به مدح و ثنای این هنرپیشه پرداخته... آقای پروفسور شما!... بعد هر دو از این توضیحات شرِ و وِر، روده‌بر شده بودیم و می‌خندیدیم... او هم می‌گفت: حاج‌آقا!، خوب بلدی ها!

بعد می‌گویـــد واتسلاوهاول و نلسون ماندلا، افـــرادی خائن هستند. می‌دانی که هاول در سال ۱۹۹۰ در اولین انتخابات کشور جمهوری چک پس از انقلاب مخملین به عنـــوان رئیس جمهور برگزیده شد؟ از جمله اقدامات مهـــم وی در اولین دورهٔ ریاست جمهوری، فرمان عفو عمومی برای بسیاری از زندانیان و محکومان رژیم گذشته بود، اقدامی که به گفتهٔ بسیاری از منتقدانش، آمار جرم را بعد از آن سال‌ها بالا برد. هاول قضاوت محاکم ناعـــادل را قابل اعتماد نمی‌دانست. هـــاول مهمترین دستاورد دوران ریاســـت جمهوری خود را فسخ و انحلال پیمان ورشو می‌داند... مخالفت واتسلاوهاول با زدودن وکنارگذاردن مسئولان سیاسی حکومت کمونیستی در دوره‌های بعد از انقلاب ۱۹۸۹ باعث زیر سؤال رفتن نقش وی در ایـــن انقلاب مخملین و فروپاشی کمونیسم در آن کشور شده بود، ولی نتایج نظرسنجی سال ۲۰۰۵ واتسلاوهاول را سومین شخصیت محبوب کل تاریخ ملت چک معرفی کرد.

در سال ۲۰۰۳ او موفق به دریافت جایزه صلح گاندی از طرف حکومت هند به خاطر حمایت‌هایش از حقوق بشر در بدترین شرایط و فعالیت‌های صلح دوستانه شد. او از جمله شخصیت‌هایی بود که به حکومت جمهوری اسلامی برای آزادی اکبرگنجی اعتراض کرد و خواستار آزادی این روزنامه‌نگار منتقد از زندان شد. و در یک همایش بین‌المللی در پراگ به حمایت از نسرین ستوده وکیل دربند ایرانی پرداخت و خواستار آزادی فوری او از زندان شد.

یا ماندلا، مشهورترین چهرهٔ مبارزه علیه آپارتاید و صلح‌طلب درآفریقای جنوبی حالا از دید ایشان شده خائن؟... از طرفی دارد از بشار اسد، حمایت می‌کند و می‌گوید آمریکا حق دخالت در فروپاشی اسد را ندارد، انگار موافق اسد است... همین جوان‌های ناآگاه و عوام داخل بند را دور خودش در حیاط جمع می‌کند و می‌گوید: بایدکارگرها بروند وکارخانه‌ها را بگیرند... با داس و تبر و قمه و شمشیر از جنوب شهر بیایند و بروند منازل مردم را در شمال شهر تصرف کنند... این یعنی تشویق به ترور!

شعله سعدی هم به‌کمک من آمد وگفت: از دید ایشان هر جنبشی که مورد حمایت آمریکا باشد، فاسد است... پس فرق ایشان با خامنه‌ای چیست؟... من هم می‌گویم این بچه‌های ساده و بی‌مطالعه در دور و بر ایشان در خلا تئوریک و ایدئولوژیک هستند... به من هم می‌گوید "کاش می‌گذاشتند با خامنه‌ای در تلویزیون مناظره‌کنم." من هم در پاسخ گفته‌ام وقتی هر دو همسو و همنظر هستید دیگر چه مناظره‌ای ؟، شما هم مثل خامنه‌ای، جنبش سبز را مرده و غیر مردمی می‌دانید....

با این توضیحات، آن پسرک هم دید هواپس است، دم‌اش را روی کولش گذاشت و رفت... به ذهنم چند جمله، متبادر می‌شودکه برای یکی از بچه‌ها تعریف می‌کنم، «ملتی که‌کتاب نمی‌خواند، باید تمام تاریخ را تجربه‌کند...عقاب همیشه تنهاست اما لاشخورها همیشه با هم هستند...

چه بسیارند انسان‌هایی که بالای خط فقر هستند و زیر خط فهم‌اند...»

او هم جمله‌ای از احمدکسروی برایم خواند: «آخوندها دسته‌ای در این کشور هستندکه مُفت می‌خورند و تنها کاری که از دست‌شان برمی‌آید، ایستادگی در برابر پیشرفت است... اگر یک رفتگر، یک هفته اعتصاب کند، کوچه را بو می‌گیرد و اگر پزشکی سرکارش نرود، انسان‌ها می‌میرند... اما آخوند سال‌ها اعتصاب کند و سرکارش نرود، اتفاقی در جهان بشر نمی‌افتد!»...

نمی‌دانم چرا تصور می‌کردم آن فرد مذهبی است، اما وقتی از احمد کسروی یادکرد، به خطا بودن تصورم پی بردم. بعد از آن به کتابخانه رفتم.

درکتابخانه هم شعری از فردوسی را خواندم، در بخش سهراب، که مرگ انسان را زیر سوال می‌برد و جهان مابعد را...

اگر تندبادی براید زکنج
بخاک افگند نارسیده تُرنج
ستمکاره خوانیمش ار دادگر
هنرمند دانیمش ار بی‌هنر
اگر مرگ دادست بیداد چیست
ز داد این همه بانگ و فریاد چیست
ازین راز جان تو آگاه نیست
بدین پرده اندر ترا راه نیست
همه تا در آز رفته فراز
به‌کس بر نشد این در راز باز
چنان دان‌که دادست و بیداد نیست
چو داد آمدش جای فریاد نیست
دل از نور ایمان گر آگنده‌ای
ترا خامشی به‌که تو بنده‌ای
به‌گیتی در آن‌کوش چون بگذری
سرانجام نیکی بر خود بری

۲۸

یکشنبه ۸ مرداد ۱۳۹۱

صبح دکتر مولوی آمد داخل اتاقم و از من خداحافظی کرد. او هم مثل تصورات من و بنا به پیش‌بینی سلطانی، تصور داشت که امروز آزاد می‌شوم.

داخل حیاط رفتم و دم درکبودوند را دیدم که لابد انتظار داشت سلام کنم اما نکردم. چرا باید به فرد متوهمی که خودش را برای فردا روز آماده می‌کند که در عرصه سیاست کردستان نقش‌آفرینی کند، سلام کنم؟ لابد در رویایش می‌خواهد ماندلا شود و یا مانند رئیس دانا که دائم می گفت جانمان راکف دستمان گذاشته‌ایم و... برنامه عوام‌فریبی دارد. آن هم کسی که رفته قندیل نزد پ‌ک‌ک آموزش دیده، یک شبه شده حقوق بشری؟؛ یک بار ندیدم از برنامه‌ای ایرانی دفاع کند! ذهنیتی مملو از توهم دارد...

نماینده دادستان به زندان آمد و من هم رفتم و خدابخش را دیدم و انگار اسم من را می‌دانست، فوراً گفت: "عفو بنویس و بده!"... گفتم: "قربان ۲-۳ نامه تقاضای رسیدگی به وضعیتم را نوشته‌ام اما کو جواب؟"،

ناگهان گفت: تا این لحظه نامه‌ای به دست من نرسیده!... و در این حالت رئیس بند و کارمندش، نگاهی بهم انداختند. ظاهراً وزارت اطلاعات، نامه‌های زندانیان به دادستانی را ثبت و ضبط می‌کند به عبارت محترمانه، داخل سطل آشغال می‌اندازند.... من هم نمی‌دانستم نامه بنویسم یا ننویسم اما هرچه هست ۱۹ روز به صدور عفو مانده...

عصر به کتابخانه رفتم تا شایدکمی‌آرام شوم. خیلی بی‌تاب و بی‌قرار بودم... شاهرخ طائف، زندانی بهائی، انسانی مهربان و خوش قلب که هر روز صبح همراه من و سلطانی، پیاده‌روی می‌کرد، نشسته بود...

شاهرخ، فردی بهائی بود... اعضای جامعه بهائیان در ایران با ۳۰۰ هزار عضو، بزرگترین اقلیت مذهبی غیرمسلمان در ایران هستند. در سال‌های اخیر آزار و اذیت بهائیان با تخریب گورستان، بازداشت خودسرانه، یورش به منازل، مصادره اموال، اخراج ازکار و محرومیت از ابتدای‌ترین حقوق شهروندی شدت گرفته... جوانان بهایی در ایران از حق ادامه تحصیل در سطوح عالی محروم هستند و اگر در دانشگاهی دانشجوی بهایی مشغول به تحصیل باشد، او را اخراج می‌کنند. متخصصین بهایی از شغل‌های دولتی محروم هستند و برای فعالیت در بخش خصوصی نیز بخاطر اعتقادشان با تبعیض روبرو می‌شوند. بهائیان تحت آزار حتی مردم عادی هم هستند مثلاً ماشین و خانه‌های آن‌ها هر از گاهی مورد تخریب قرار می‌گیرد. حتی وکلایی که از آن‌ها دفاع می‌کنند هدف حملات قرار می‌گیرند. و ظاهراً تا امروز حداقل ۴۰ نفر از بهائیان در سراسرکشور در بازداشت بسر می‌برند...

هر چند شاهرخ، خودش، دریایی مشکلات و غم داشت... اما طائف کمی به من دلگرمی داد و به خاطر این که روحیه‌ام عوض شود، از حفظ شعری طنز را برایم خواند که گویا روزگاران قبل در نشریه توفیق، منتشر

شده:

«دل می‌رود ز دستم، صاحبدلان خدا را»
برد آن مینی ژوپ تو پاک آبروی ما را
دیدم چون ران لختت توی کوچه، گفتم
«دردا که راز پنهان، خواهد شد آشکارا»
مقدار دیگری هم بالا بزن، تو آن را
«باشد که باز بینم دیدار آشنا را»
با قوچعلی صفا کن، با سبزعلی وفا کن
«با دوستان مروت، با دشمنان مدارا»
دنبالت افتاده آن فعله با کلنگش
«روزی تفقدی کن درویش بی نوا را»
میوه فروش را گو، آن ماجرا را چه بود؟
«تا بر تو عرضه داد احوال ملک دارا را»
به سال دگر، به‌کلی زن‌ها شوند عریان
«ساقی بشارتی ده رندان پارسا را»
کوتاهتر از این هم، این بنده می‌پسندد
«گر تو نمی‌پسندی تغییر ده قضا را»
از دامن ۲ سانتی، من دست برندارم
«ای شیخ پاکدامن، معذور دار ما را»

از این نمونه شعرها که گویا از زمان نشریه توفیق همچنان به یاد داشت، خندیدیم. با آن صورت مهربان و دوست داشتنی‌اش که نشانگر قلب پاکش بود...

با روحیه‌ای تقریباً خوب به اتاقم بازگشتم و بدون آن‌که شام بخورم و یا با کسی حرف بزنم، داخل زاغه‌ام رفتم و پرده را کشیدم و خوابیدم....

انگـــار سال‌هاست نخوابیده‌ام و یا شاید تحمل کســـی را ندارم... مغزم به‌شدت مشغول است و نگران فردای مُبهم...

۲۹

دوشنبه ۹ مرداد ۱۳۹۱

امـــروز با اعصاب خرد بیدار شدم. در حیاط دوباره سلطانی و شاهرخ طائف با من حرف می‌زدند که آرام شوم و چندان سخت نگیریم. سلطانی هم کنار باغچه‌ای که تازه شاهرخ، آبیاری کرده بود؛ سیگارش را دود می‌کرد و معتقد بود که کشیدن سیگار و نوشیدن آب، روزه را باطل نمی‌کند و من هم به شوخی می‌گفتم بنـــده مُقلدِ آیت‌الله العظمی عبدالفتاح سلطانی هستم. حضرت آیت‌الله! نمی‌شود شراب هم نوشید و روزه هم بود؟.. که شاهرخ از شیطنت من می‌خندید... سلطانی هم می‌گفت: "دست خودش نیســـت، سُنی مذهب وکُرد از این بهتر نمی‌شود... خصوصاً در بلاد کفر و شیطان بـــزرگ هم درس خوانده باشد... کتـــاب ضاله با ثابتی را هم نوشته... می‌خوای هم شراب ننوشد؟... آن هم در ماه مبارک رمضان"... که از شیطنت‌اش، روده‌بر شده بودم و غش غش می‌خندیدم....

سپـــس سلطانی، شعری طنز از خیام خواندکه گویا از آن دنیا با محمد پیامبر، مشاعره کرده و به آن دنیا فاکس فرستاده وگفته:

«از من بر مصطفی رسانید سلام

وانگه بگوئید با عزاز تمام

که ای سیدهاشمی، چرا دوغ ترش

در شرع حلال است و می‌ناب، حرام؟»...

وگویا از طرف محمد هم به خیام نامه رسیده که:

«از من بر خیام رسانید سلام

وانگاه بگوئیدکه خامی، خیام؟

من کی گفتم که می، حرام است؟، ولی

بر نپخته حلال است و بر خام، حرام».

که در این لحظه دست اشاره‌اش به سوی خودش بود، وقتی گفت «خام» یعنی منظورش خودش بود... از این حرکتش، اشک در چشمانم جمع شد... از تواضع و فروتنی‌اش...

روز دوشنبه بود. همه زندانی‌ها داشتند آماده می‌شدند... صف حمام طولانی بود، بندهای رخت داخل حیاط مملو از حوله‌های خیس رنگارنگ که جلوی آفتاب، پهن بود... انگار همه تر و تمیز شده بودند... و بلندگو مرتباً اسامی گروه‌های ملاقات شونده را می‌خواند و من ملاقاتی نداشتم و خیلی حس بد و ناراحت‌کننده‌ای بود... دیگر از آزادی مأیوس شده بودم و ناامید. اما به ماندن در قفس هم باوری نداشتم... یک دقیقه‌اش هم برایم، حکم اتلاف وقت و عمر را داشت... گویا خواندن شعر حافظ هم فایده‌ای نداشت:

خوشتر از فکر می و جام چه خواهد بودن؟

تا ببینم که سرانجام چه خواهد بودن

غم دل چند توان خوردکه ایام نماند

گو نه دل باش و نه ایام چه خواهد بودن

مرغ کم حوصله را گو غم خود خورکه بر او

رحم آن کس که نهد دام چه خواهد بودن

باده خور غم مخور و پند مقلد منیوش

اعتبار سخن عام چه خواهد بودن

دست رنج تو همان به که شود صرف به کام

دانی آخر که به ناکام چه خواهد بودن

پیر میخانه همی‌خواند معمایی دوش

از خط جام که فرجام چه خواهد بودن

بردم از ره دل حافظ به دف و چنگ و غزل

تا جزای من بدنام چه خواهد بودن

ساعت حوالی دو و نیم بعد از ظهر بود که گفتند، علائی مسئول بند با من کار دارد... دوان دوان، داخل اتاقش رفتم وگفت: از ریاست مجلس شـــورای اسلامی دنبـــال کار تو هستند، خودت نامـــه داده‌ای؟ کی گفته بنویســـی؟... بارقه امیدی در دلم درخشیـــد و فهمیدم کار، کارِ طالبانی و دوستانش است و بی‌جهت گفته‌اند از مجلس... من هم در پاسخ گفتم: خبر ندارم که چه کسی نامه نوشته؟ شاید پدرم نوشته...

دیگر خیالم آسوده بـــود، چون هفته پیش مادرم گفت که علی مهربان و مریـــم نازنین، نامه مرا به محمد (دوست جلال طالبانی) رسانیده‌اند و می‌دانستم که او آنقدر باشرف و جوانمرد هست که نزد مقام‌های ایرانی سرزمینم، پیگیرکارم باشد و به هر مقامی‌هم در ایران شایسته باشد، تلفن می‌زند... ته دلم می‌گفتم: مرسی محمد! درود بر شرف‌ات و شیر مادرت حـــلال‌ات! که مرا از این دخمـــه و از دست این دیوانه‌های کینه‌توز، رها می‌کنی!...

خوشحال و خندان از اتاق خـــارج شدم، یارو (علائی) هم که چیزی از توضیحـــات من دستگیرش نشده بود. همانطـــور داشت هاژ و واژ به لبخنـــد من نگاه می‌کرد... اصلاً نمی‌دانم آن همه پله را چگونه پیمودم. رفتم داخل حیاط و درگوش دکتر مولوی نازنین، ماجرا را گفتم. او هم پیر

باتجربه بود، دود سیگارش را هوا داد و آرام گفت: "انشالله به زودی حل می‌شود. دل قوی دارکه سحر، نزدیک است!"... و بعد هم چشمکی زد، به معنی این که کار تمام است!...

هنوز ساعت ۴ عصر نشده بودکه دوباره صدایم زدند. از پله‌ها بالا رفتم و افسر نگهبان گفت: "آقای حمیدی، رئیس اجرای احکام زندان، زنگ زده وگفته که قانعی فــرد هر چه زودتر تقاضای مرخصی کند!"... دیگر باورم شده بودکه موضوع قابل حل شده...اماکمی تردید داشتم و ناگهان حس ناامیدی سراسر وجودم را فراگرفت و این که اگر وزارت اطلاعات کار شکنی کند، آن وقت چه؟.... در جمهوری اسلامی هیچ کس خط و ربط دیگری را نمی‌خوانـــد و هرکس برای خودش حکومتی دارد و هر یاردانقلی هم برای خودش حق امضایی و دستوری.... و چند دقیقه بعد آن شادی کودکانه دوبـــاره از وجودم رخت بر بست و رفت... اما دیوان حافظ، چیز دیگری می گفت:

می‌رسد مژده گل، بلبل خوش الحان را....
مضطرب حال مگردان، من سرگردان را....
وقت آن است که بدرودکنی زندان را...

بــه این جاکه رسیــدم، از ته دل سوال کردم که حافــظ جان!، «آخر، کی؟»... اما لطف داستان این بودکه درکنار دستم، یکی از بچه‌ها قرآن می‌خواند اما نکته بامزه این بودکه آخر همین غزل حافظ می‌فرمود:

حافظا می‌خور و رندی کن و خوش باش ولی
دام تزویر مکن، چون دگران قرآن را...

عصر هــم دیدم که در حیاط خیلی از زندانیــان "مرغ سحر و سرآمد زمستـــان" را با صدای بلند می‌خواندند و انگار نشانه نوعی اعتراض به رفتـــار تُند و بی‌ادبانه با قدیانی بودکه زندان‌بان‌ها در حق آن پیرمرد روا

داشته بودند... سرودکوهستـــان (شعر سعید سلطانپور) را می‌خواندند، انگارکســـی نمی‌دانست پس از انقـــلاب ۵۷ در مجموعه «شراره‌های آفتـــاب» تنظیم و ضبط شده و به واقعـــه تروریستی سیاهکل اشاره دارد که مخلـــوق چریک‌های فدایی خلق بود... پس از انتخابات ۸۸ توسط طرفدارهای سبز میرحسین موسوی، دوباره باز خوانده شد...

سر اومد زمستون شکفته بهارون
گل سرخ خورشید باز اومدو شب شدگریزون
کوه‌ها لاله زارن لاله‌ها بیدارن
... توکوه‌ها دارن گل گل گل آفتابو می کارن
توی کوهستون دلش بیداره تفنگ وگل وگندم داره میاره
توی سینه‌اش جان جان جان
یه جنگل ستاره داره، جان جان،
یه جنگل ستاره داره
سر اومد زمستون شکفته بهارون
گل سرخ خورشید باز اومدو شب شدگریزون
لبش خنده نور دلش شعله شور
صداش چشمه و یادش آهوی جنگل دور
توی کوهستون دلش بیداره تفنگ وگل وگندم داره میاره
توی سینه‌اش جان جان جان یه جنگل ستاره داره، جان جان،
یه جنگل ستاره داره

شـــب هم رادیو فرداگفت: بنا به‌گفته خانواده قدیانی، پزشک معالج به مأموران زندان‌گفته‌که اگر قدیانی را معاینه‌کند، او باید در بیمارستان بستری شود. مأموران زندان با بستری شدن قدیانی موافقت نکرده‌اند و او را باز به زندان اوین بازگردانده‌اند...زنش گفته: "وقتی به منزل رسیدم هم

به دادستانی و هم به زندان تلفن کردم. به دادستانی زنگ زدم وگفتم که می‌خواهم از رئیس زندان و مأموری که مسئول تیم ضرب و شتم کنندگان بوده وکسانی که با او همکاری کرده‌اند، شکایت کنم و عنوان شکایتم هم اقدام به قتل است، زیرا قدیانی بیمار قلبی است. آیا باید بیمار قلبی را با ضرب و شتم به بیمارستان ببرند؟ چرا باید او را به زور و به این صورت به بیمارستان منتقل کنند؟ این یک نوع شکنجه بوده و اقدام به قتل بوده... من به شدت نگرانم".

یاد عصر افتادم که در سالن قدیانی با صدای بلند فحش می‌داد: خامنه‌ای فلان فلان شده! و... یکی از هم اتاقی‌هایم نیز رویش را به طرف من برگرداند و گفت: قربون اون تخم‌هاش برم برای شجاعت‌اش!... از اظهار نظر عامیانه خانیان خنده‌ام گرفته بود... در ذهنم یک سؤال بود و آن که، علاج بیماری آن پیرمرد، این همه بگیر و ببند و دنگ و فنگ داشت؟ اَلم شَنگه راه انداختن که چه؟... دریغ از یک ذره عقل سالم!

۳۰

سه شنبه ۱۰ مرداد ۱۳۹۱

امروز هم خبری از آزادی نشدکه نشد!... دیگرکلافه شده بودم. ناگهان گفتند بارکشی است و باید میوه‌های خریداری شده را حمل کرد... هر روز افراد یک اتاق بارکشی می‌کردند و من هم به خاطر دردکمر و پا واقعاً نمی‌توانستم و از بهزاد، مسئول اتاق که کردزبان وکرمانشاهی بود، عذرخواهی کرده و از وی خواستم که می‌توانم در ازای بارکشی آن در شست و شوی ظروف اتاق به بچه‌ها کمک کنم، اما ظاهراً به گوشش نرفته بود و دیگران نیز نشنیدند وگویا یاسین خوانده بودم. ناگهان رضا، همان قلدر بی‌شخصیت و هرزه‌زبان اتاق، را داخل حیاط فرستادند و او هم چاک دهانش را بازکرد و هر اهانتی که مستحق خودش و تبارش بود، نثار من کرد!...

من هم از پله‌ها بالا رفتم و نزد مقیسه (وکیل بند) شکایت کردم که این لات‌بازی یعنی چه؟، اما دیدم که افسر نگهبان و او، از آن لات حمایت می‌کنند... جالب است که نماینده حضرات نابغه‌ی وزارت اطلاعات هم می‌دانست که سگ هاری را دم در بسته‌اند و توگویی در مملکت گل و

بُلبـــل، همه چیز باید به هم بیاید... تمام روز، حالم گرفته شد و روحیه‌ای برایم باقی نمانده بود...

ایـــن بار در حیاط بند، معلم نازنینی به نـــام قنبری، کنارم نشست و به صبوری دعوتم کرد. بعد از ماجرای رمالی و فال گیری سیف‌زاده و رئیس دائـــا در داخل حیاط، نسبت به من نوعی حس لطف و اُلفت پیدا کرده بود.

عبدالرضا قنـــبری ۴۴ ساله، معلم و ساکن محله فقیر نشین پاک‌دشت ورامـــین، آموزگار ادبیات فارسی یکی از مـــدارس، بیش از ۱۴ سال در مـــدارس و دانشگـــاه پیام نور تدریـــس کـــرده.... در تجمعات خیابانی ششـــم دی ماه سال ۸۸ (عاشورا) پس از انتخابات بازداشت شده همان تظاهرات جنبش سبز در تاسوعا و عاشورای ۱۳۸۸... و در تاریخ ۱۰ بهمن ماه، بدون اطلاع خانواده و داشتن وکیل، توسط قاضی صلواتی در شعبه ۱۵ دادگاه انقلاب اسلامی، بـــه اتهام محاربه از طریق شرکت در تجمع خیابانی روز عاشورا و ارتباط با گروه‌های معاند به اعدام محکوم شده... یکـــی از روزهای دوشنبه قبل از ملاقات، با خانواده‌اش، مسولان زندان به او خبر دادندکه درخواست عفو او رد شده. قنبری نیز در زمان ملاقات به خانواده‌اش این خبر را داده... آن‌ها هم شب و روز نگران هستندکه هر لحظه حکم اعدام عبدالرضا اجرا شود...

قنبری کنار دستم نشست و برایم با آن لهجه قائم شهری‌اش، توضیح داد که در تاسوعا و عاشورای ۱۳۸۸ و ادامه اعتراضات خیابانی چه گذشت و پیامدهای پس از آن چه بود... تظاهرات هواداران جنبش سبز در تاسوعا و عاشورا، به مجموعه اعتراضات خیابانی‌ای که مردم در روز تاسوعا (۵ دی ۱۳۸۸)، روز عاشـــورا (۶ دی ۱۳۸۸) و شب عاشورا (شام غریبان) برگزارکردند و شعارشان «مرگ بر دیکتاتور» و فلان و بهمان بوده....

رسانه‌های وابستـــه به جریان موسوم به جنبش سبـــز، می گفتند "این

تظاهرات در روز عاشورا به شکلی گسترده و با حضور مردم تهران و سایر شهرها صورت گرفته... درگیری‌های روز عاشورا، خونین‌ترین مواجهه بین مردم و نیروهای امنیتی ایران از زمان آغاز اعتراضات به نتیجه انتخابات ریاســت جمهوری خوانــده می‌شد... با توجه به اعتقــادات شیعیان به ممنــوع بودن هرگونه خشونت در روز مذهبــی عاشورا، سرکوب وکشته شدن معترضان توسط نیروهایی که منتسب به جمهوری اسلامی شمرده می‌شدند، احساسات ضد دولتی شدیدی را برانگیخت. (شهیدانی مانند مهدی فرهادی‌راد، محمدعلی راسخی‌نیا، امیر ارشدی، شهرام فرح‌زاده، سیدعلی موسوی حبیبی، جهانبخت پازوکی، شاهرخ رحمانی، مصطفی کریم‌بیگــی، شبنم سهرابی، امیر ارشد تاج‌مــیر و... که شبنم برای گرفتن نــذری از خانه خود خارج شده بود و یا چند نفرشان را خودروی نیروی انتظامی به زیرگرفته بود... و حضرات هم به خانواده‌ها فشار آورده بودند که به هیچ صورتی، رسانه‌ای نکنند...)" و...

قنبری برایم توضیح داد که وی اصلاً کاری به کسی و جایی نداشته و بعد از دستگیری چه فیلم‌هایی به اسم محاکمات بازی شده و خواسته‌اند تلویزیونی بشود و به گردن امامزاده‌هایی مانند تروریست‌های مجاهدین خلــق بیاندازند... چهره قنبری پاک بــود وکلامش صادقانه و به گمانم فهمیده‌اند انسانی ساده و آرام است، فریبش داده‌اند....

کله‌ام داغ شده بود از آن همه نامرادی و نامردی روزگار... آن روز عصر، حیــاط ۳۵۰ هم واقعاً مثل دیوانه خانه بود... اصلاً خود بازار شام بود... یکــی گیتار می‌زد... یکی فوتبال دستی بازی می‌کرد...و یکی هم آمد و گفت، "آقای قدیانی اعتصاب غذاکرده تا این زبان نفهم‌های آدمکش و عقده‌ای به خواسته‌اش توجه کنند".... دیگری می‌گفت، "اما این‌ها کینه توز و حیوانند و هیچ چیزی را نمی‌فهمند و... خلاصه فحش به مقامات مثل نقل و نبات از دهان اکثر افراد، بیرون می‌ریخت...

حوالی عصر هم با یکی از زندانیان کُرد زبان و اهل مهاباد به گفتگو نشستم. سمکو، دانشجوی دانشگاه شریف بوده و به خاطر جاسوسی برای حزب دمکرات دستگیر شده بود و ۱۵ سال حکم داشت... می گفت که از تأسیسات هسته‌ای جاسوسی کرده... من هم گفتم: آدم عاقل سرنوشتش را به خاطر مصطفی هجری تجزیه طلب و تروریست می‌سوزاند؟...

در حیاط حوالی غروب، یکی از هم اتاقی‌هایم (دادخواه) به همراه مولوی و سلطانی با من اخبار را مرور و تحلیل می کردند...

مرخصی نرگس محمدی و احمد زیدآبادی از زندان... سازمان ملل گفته هزاران نفر در حلب سوریه گرفتار شده‌اند... هفت عضو هلال احمر ایران در لیبی «ربوده» شدند... محکومیت ایران و القاعده به پرداخت ۶ میلیارد دلار غرامت در آمریکا.... یکی از مقام‌های اقتصادی ایران گفته: تحریم کمتر از جنگ نظامی نیست... ترکیه گفته ممکن است برای حفاظت از پناهندگان در سوریه مداخله کنیم... توافق نمایندگان کنگره آمریکا برسر لایحه جدید تشدید تحریم‌ها علیه ایران زیرا آمریکا گفته تحریم‌ها هرچند شاید به نظر نیاید، ولی بر ایران تأثیر دارد... «نبرد شدید» نیروهای ارتش سوریه و مخالفان مسلح در حلب... وزیرکشور خاتمی‌هم گفته، برنامه هسته‌ای از ابتدا تحت مدیریت مستقیم رهبری بوده است... محسنی اژه‌ای گفته شرایط موسوی وکروبی تغییر نمی کند.... چهار متهم اختلاس سه هزار میلیارد تومانی به «اعدام» محکوم شدند (اما مگر اعدام چاره درد است؟).... سازمان ملل متحدگفته ۲۰۰ هزار نفر از شهر «حلب» سوریه گریخته‌اند... دیوان عدالت اداری حریف مرتضوی و ریاستش بر تأمین اجتماعی نمی‌شود هرچند آن را «غیر قانونی» دانسته... قوه قضاییه از تشکیل پرونده «زمین‌خواری» برای جواد لاریجانی خبر داده... خامنه‌ای گفته ایران به صادرات نفت اعتیاد پیدا کرده... اما شاید تحریم جایگزین جنگ نیست، تسریع کننده جنگ است...اما آیا احتمال

فروپاشی جمهوری اسلامی بر اثر جنگ قـدرت وجود دارد؟... ابلاغ حــذف ارز مسافرتی از سوی بانک مرکــزی... قطع برق و خاموشی در برخی از شهرهای ایران... ایران گفته تغییر حکومت سوریه خیالی باطل و موهــوم است... (آیا تلاش برای سرنگونی اسد مقدمه منازعه با ایران است؟)... هشدار نماینده مجلس درباره احتمال کمبود گندم در ایران... ایجاد پایگاه سری مشترک ترکیه، عربستان و قطر برای کمک به مخالفان ســوری... در پی گرانی‌ها، سپاه پاسداران رسانه‌ها را به «بزرگ‌نمایی» متهم کرد... مشاور رهــبر ایران: مذاکرات با ۵+۱ تا حصول نتیجه ادامه خواهــد داشت... هشدار در مــورد درگیری نظامــی‌در خلیج فارس... برگزاری مراسم افتتاحیه مسابقات المپیک ۲۰۱۲ لندن.... حمله مسلحانه به یک مرغداری در استان هرمزگــان... ابراز نگرانی آمریکا از احتمال وقوع «قتل عــام» در حلب... موج تــازه بازداشت وبلاگ‌نویس‌های حامی محمــود احمدی‌نژاد.... پرونده مذاکرات اتمی در استانبول بسته شد... «افزایش حملات هوایی» ارتش سوریه علیه مخالفان در شهرهای مختلف... به بن‌بست رسیدن» تــلاش ایران برای فروش گاز به اروپا... موافقت رئیس کل بانک مرکزی ایران با حذف ارز مسافرتی... خامنه‌ای: فشارها موجب تجدید نظر در محاسبات ایران نمی‌شود و...

یکــی از بچه‌ها بــه اسم افشین هم که به مرخصی رفتــه بود به زندان بازگشت... قــرارگذاشته بودیم در فیس بوک به دوستانم و به ویژه بهناز اطلاع دهدکــه من خوبم، اما ظاهراً نتوانسته بود و از این بابت شرمنده بود، اما من بوسیدمــش وگفتم که موضوع را فراموش کند.... افکارش، طرفدار چپ بود و تنها چپی بود که در زندان با من عیاق و دوست بود...

از خواندن خبرها سرم دردگرفته بود و اکثر دوستانی که با ایشان در این روزها در زندان عیاق شده بودم، کار حکومت را تمام شده می‌دانستند...

اصولاً در زندان معتقدندکه "رژیم تا ۲ ساعت دیگر فرو می‌پاشد" و...

سرشمـــاری شد و پس از شام، درازکشیدم. بعد از مدتی، با همان سر درد، لای پتو رفتم و خوابم برد.... به‌کابوس عجیبی گرفتار شده بودم.... یاد شاملو افتاده بودم:

زمان سلطان محمود، می‌کشتند که شیعه است؛
زمان شاه سلیمان، می‌کشتند که سنی است؛
زمان ناصرالدین‌شاه، می‌کشتندکه بابی است؛
زمان محمدعلی شاه، می‌کشتندکه مشروطه‌طلب است؛
زمان رضاخان، می‌کشتندکه‌که مخالف سلطنت مشروطه است؛
زمان پسرش، می‌کشتندکه خرابکار است؛

امروز تـــوی دهن‌اش می‌زنندکه منافق است و فـــردا وارونه بر خرش می‌نشانند و شمـــع آجین‌اش می‌کنندکه لامذهب است... اگر هم اسم و اتهامش را در نظر نگیریم، چیزی عوض نمی‌شود:

درآلمان هیتلری می‌کشتندکه یهودی است؛
حالا در اسراییل می‌کشندکه طرفدار فلسطین است؛
حالا عرب‌ها می‌کشندکه جاسوس اسراییل است؛
حالا در اسراییل می‌کشندکه فاشسیت است؛
حالا فاشیست‌ها می‌کشندکه کمونیست است؛
حالاکمونیست‌ها می‌کشندکه آنارشیست است؛
حالا روس‌ها می‌کشندکه پدرسوخته از چین حمایت می‌کند؛
حالا چینی‌ها می‌کشندکه حرامزاده سنگ روسیه را به سینه می‌زند؛
و می‌کشند و می‌کشند و می‌کشند...
و چه قصاب‌خانه‌ای است این دنیای بشریت...

۳۱

یازدهم مرداد ۱۳۹۱

نمی‌دانم چـرا نمی‌توانستم از جایم بلند شـوم. چشم‌هایم به زور باز می‌شد، اما خوابم نمی‌آمد و انگار هم خوب نخوابیده بودم... روی دلم چیزی سنگینی می‌کرد. اما دیشـب شامی نخوردم و فقط از غذایی که رسـول و دادخواه درست کرده بودند کمی خـوردم که اسمش قفقازی بـود و عرب سرخی هم میهمان آنان بـود... از چهره‌های اصلاح طلب و عضو شورای مرکزی سازمان مجاهدین انقلاب اسلامی که در جریان بازداشت‌هـای پس از انتخابات دهم ریاست جمهوری در تیرماه ۱۳۸۸ بازداشـت و به اتهام اقدام علیه امنیت کشور و تبلیغ علیه نظام به ۶ سال حبس تعزیری محکوم شده....

قرص‌های من تمام شده... در ابتدا تصور می‌کردم که وقتی تمام نشده مـن از این دخمه آزادم... اما یک ماه از ۱۸ ماه حکم مسخره و فُکاهی حضرات مُقید به قضاوت و عدالت! در دادگاه انقلاب اسلامی گذشت... قیافه روستایی قاضی صلواتی در برابر چشمانم تداعی می‌شود و همچنان حرف‌ها و پوزخند روان پریشانه‌اش در گوشم پژواک دارد...

ظاهراً دادگاه انقلاب اسلامی پس از تصویب قانون اساسی، به عنوان یکی از دادگاه‌های بدنه دادگستری جمهوری اسلامی در آمد که حکومت مدعی است دارای صلاحیت ذاتی نسبت به دیگر دادگاه‌های دادگستری است اما انگار در عمل، بازیچه دست حضرات نابغه وزارت اطلاعات است... همان روزهای اول همهمه ۵۷ بنا به دستور خمینی در ۵ اسفند ۱۳۵۷، صادق خلخـــالی مأمور تشکیل دادگاه انقلاب اسلامی‌شد... آن هم چه امامزاده‌ای!... خلخالی و حاکم شرع دادگاه‌های انقلاب؟... از یاران نزدیک خمینی که بعدها طرفدار اصلاحات شده بود... چون پس از انشعـــاب در جامعه روحانیت مبارز تهـــران و ایجاد مجمع روحانیون مبارز به عضویت این جریان چپ گرا در آمد.... اوایل از مخالفان دوآتشه نهضـــت آزادی و مهدی بازرگان بود، امـــا در سال‌های آخر عمرش به ثناگویـــی و تمجید از مهدی بازرگان پرداخت و در تشییع جنازه وی هم گریست... شاید اشک تمساح بوده!...کتابی با عنوان «کوروش دروغین و جنایتکار» نگاشته و بـــه مناسبت جشن‌های ۲۵۰۰ ساله در ۵۷ صفحه منتشر ساختـــه... فُحش‌نامه‌ای است که در آن، کـــوروش را «سفاک و خونریـــز» نامید و به لواط و بی‌بندوباری متهم کرد و طرح عظمت او در ایـــران را سیاستی استعماری و توطئه یهـــود دانست و... مزخرفات تمام نشدنی... حاکی از ذهنی روان پریش و بیمار...

بعدها در بین مردم مشهور شدکه برخلاف او، دیوانه‌ای آوردن خمینی را طرح آمریکا دانست و جمهوری اسلامی را وابسته به شوروی نامید و روی عکس تظاهرات صدها هزار نفری پشت عکس خمینی، نوشته بود «یک مشت احمق فاقد شعور با سرنوشت چند نسل بازی کردن» و همین خلخـــالی وی را به تیربار بست وکشت... می گویندکه خودش شخصاً او را کشته و به مسلسل بسته... امـــا برخلاف او، دخترش «فاطمه صادقی خلخالی» استاد دانشگاه است و در زمینهٔ حقوق زنان فعالیت می کند و

سابقه همکاری با ماهنامه زنان را داشته و عضو تحریریه فصلنامه گفتگو است و مطالبی در دفاع از جنبش فمینیستی در ایران و علیه حجاب اجباری در سال ۱۳۸۷ ارائه کرد. و...

خلخالی کسی است که مقام‌های نظامی و لشکری مانند نعمت‌الله نصیری، غلامعلی اویسی، نادرجهانبانی، امیرحسین ربیعی، مهدی رحیمی، امین افشار، ناصر مقدم، جعفرقلی صدری، رضا ناجی، منوچهر خسروداد، حسن پاکروان، فخر مدرس و... چهره‌های سیاسی مانند امیر عباس هویدا، فَرُّخ‌رو پارسا، عباسعلی خلعتبری، غلامرضا کیانپور، غلامرضا نیک‌پی، منوچهر آزمون، سالار جاف و... را به سینه دیوارگذاشت وکشت... چه کسی؟، چه وکیلی؟، کدام عدالت؟، کدام حقوق؟... کدام انسانیت؟...

شاید به همین خاطر است که اکثر سیاسی‌ها و زندانی‌ها، می گویند دادگاه انقلاب و اقداماتش غیرقانونی است و همگی موهن و فاقد ارزش... چون امامزاده اول این دخمه، خلخالی بوده... و سنگ بنایش را کج نهاده...

هنوز از رختخواب بلند نشده و فکر خلخالی و دادگاه انقلاب زده به سرم زده با افکاری پریشان و یک مشت حرف‌های بیهوده... جالب این‌که سراسر شب را در آب وکشتی بودم و با بنی‌صدر حرف می‌زدم... خودم از خوابم خنده‌ام گرفته بود در میان آب‌های روشن و صاف و جوی روان... کشتی هم شاید پایگاهی بود که بر آن قرارگیرم تا از آب یا این مصیبت که به آن گرفتار شده‌ام، بگذرم... اما بنی‌صدر دیگر چرا، نمی‌دانم... شاید موجب شد که همین صبح به این چیزهای نامربوط فکر کنم، درباره خلخالی و دادگاه انقلاب و... این فکر هم انگار یک توسن وحشی است، نمی‌شود مهارش کرد...

اما صبح با ناله و فریاد یکی از هم اتاقی‌هایم، که نامش قوی‌دل است

از خــواب پریده بودم، انگار داشت خواب بد می‌دید... انسانی زحمت کــش است و مثل برگ‌ریزان پاییز و یا شُرشُر باران به جمهوری اسلامی فحش می‌دهد. او را به جــرم جاسوسی برای آذربایجان گرفته‌اند اما نه تحصیلاتــی دارد، نه زبان خارجی می‌داند، نــه سفر خارجی داشته، نه مقامــی بوده و نه اسراری می‌داند، تنها حفاری چاه می‌کرده و اهل گنبد و سُنی مذهب...

بــا زحمت رفتم زیر دوش، چون ســردرد امانم را بریده بود. به حیاط رفتم و با سلطانی و شاهرخ طائف مثل عادت روزهای گذشته پیاده‌روی را شــروع کردم. شاهرخ، باغچه را با چه عشقی آب می‌داد و با انگشت خاکش را تمیز می‌کرد و من هم خواستم کمک‌اش کنم که با خنده گفت: «گوسفند چرونی هزار تا قلق داره؛ هواپیما نیست که تر و تر برونی»... و بعد با آن خنده و سبیل تماشایی‌اش، روحیه‌ام را تغییر داد...

حــدود ۱۷-۱۸ روزی به عید فطــر مانده... دیدم پســر انصاری (که وصفش را قبلاً کردم) آمد داخل اتاق و از من اجازه گرفت که بنشیند... انگار می‌خواهد با این تعارف، به نوعی با من آشتی کند... دیوانه مشنگ! (تنها لغتی بود که در دلم به وی نثارکردم)... به حیاط رفتم...

مــن هم روی دیوار آجــری داخل حیاط بنــد ۳۵۰ داشتم کنجکاوی می‌کردم. یکی از زندانیان سابق، ده‌ها کالاشینکف را با ذغال طراحی و کشیــده بود... البته روی دیوارهای آجری بند ۳۵۰ زندان، ده‌ها یادگاری و نوشته هست... ۱۰ مثقال هروئین (سال ۱۳۷۴)، مرودشت (۱۳۷۱) و...

سلطانــی که کنارم نشسته بــود و بعد برای همراهی بــا بچه‌ها، وارد صف‌شان شد و او هم مرغ سحر می‌خواند، وقتی خواندن آن سرودهای با مضمون اعتراضی، تمام شد، آمدکنارم نشست وگفت: شاید الان معنی زندانی سیاسی را درک کنی!... من هم می‌خندیدم و سرم را تکان دادم کــه من از آن باشرف‌ها نیستم که چنین مقاوم باشم... باورکن دارم خفه

می‌شوم!... او هم می‌خندید و می‌گفت: تحمل کن! و صبور باش!...

کمی با دادخواه، حرف زدم. معتقد بود که حزب اتحادیه میهنی کردستان عراق در سال ۱۹۹۲ یکی از افراد حزب دمکرات بارزانی را ترور کرده و بعد، گردن اسلامی‌ها انداخته‌اند... تصور کردم که اصلاً نمی‌داند مام جلال طالبانی کیست و هیچ شناختی ندارد، و ادعای سفرهای مکررش به اسرائیل، بیشتر به یک شوخی می‌مانست!

دوباره به سراغ اتاق رئیس بند رفتم و کارم را پیگیری کردم و علایی که از سماجت و پیگیری من دیگر عاجز شده بود، گوشی را برداشت و به جائی تلفن زد و بعد از چند ثانیه، گوشی را گذاشت و گفت: می‌گویند هنوز در دادستانی است... من هم ناامید از اتاقش برگشتم و به حیاط رفتم... اما با مرخصی ۲-۱ نفر ظاهراً موافقت شده بود، گاهی برای زندانی پیشنهاد مدت مرخصی مجاز است اما به قول شعله سعدی "برای برخی افراد از تمدید امتناع می‌کنند و به‌هیچ‌وجه تمدید نمی‌شود و یا کسی مانند معاون موسوی، کاندیدای ریاست جمهوری و یا رفیق دوست، مرخصی مادام العمر می‌شود!"...

از بلندگو یک مجموعه اسامی را می‌خواندند که این افراد بروند و متقاضی عفو بشوند که رأفت اسلامی رهبری شامل آن‌ها بشود!...

۳۲

پنجشنبه ۱۲ مرداد ۱۳۹۱

امروز دیگر یک ماه گذشت و هیچ خبری هم نشد... ۱۹ تیر بود که یارو از وزارت اطلاعات، گفته بود که تلاشش را می کند... روز ۲۶ تیر ماه هم به مادرم گفته که قرار مرخصی دادستانی صادر شده و... فکرکنم روز چهارشنبه بود که با دادخواه درباره سوریه و عراق بحث می کردیم که داوری، از فعالان معلم‌های ایران، آمد و از رفتار و صبوری من در آن روزکه دوره گردی سیف‌زاده و رئیس دانا بود و لات بازی‌شان، تمجید و تشکرکرد... من هم تنها به لبخندی بسنده کردم....

بعد از صحبت با وی، که مرد بسیار محترمی هم بود و خوش‌قلب؛ دوباره رفتم سراغ حضرات تا ببینم سرنوشتم چه می‌شود. رئیس بند و افسر نگهبان وکارمند دفتری، فرمودندکه پنج‌شنبه است و دیگر خبری نیست تا روز شنبه.... مملکت به‌امان خدا رها شده... چند دقیقه‌ای هم محمدرضا مقیسه، از من به نوعی دلنوایی و دلجویی کرد و سپس از دوران سخت خاطراتش گفت که پس از ماجراهای ۱۳۸۸، چه بلاهایی بر سر او آورده‌اند... محمدرضا مقیسه، سرباز دوران جنگ عراق و ایران

و عضوکمیته پیگیری‌امور بازداشت‌شدگان و آسیب‌دیدگان بوده که پس از انتخابات ریاست‌جمهوری دوباره بازداشت شده... از حلقه اصلی یاران میرحسین موسوی به‌شمار می‌رفته و مدتی قبل با قید وثیقه از زندان آزاد و دوبـــاره بازداشت شده.... وقتی برایم گفت که برای آزار و شکنجه،وی را روی صندلی اعـــدام برده‌اند و بعد ۴۵ دقیقه به حال خودش رهایش کرده‌انـــد، ناگهان از تجسّم آن صحنه وحشتناک، تکان خوردم... خدایا این رفتار یعنی چه؟، این‌ها دیگرکیستند؟ از چه قومی و قماشی؟

در همین لحظه که داشت می‌گفت، "از تهمت چپ‌ها و فحاشی آن‌ها، ناراحت نبـــاش و بدون توجه به دیگران، کار خـــودت را ادامه بده!"... ناگهان یکی ازکنار دســـت ما رد شد و در ضمن پایین رفتن از پله‌ها، که انگار توصیه مشفقانه مقیسه را شنیده بـــود، اهانتی کرد... که مُقیسه هم صدایش را بلندکـــرد و داد زد: بروگمشو، جاسوس کثیف!...الهی آقای قانعی‌فرد، مأمـــور جمهوری اسلامی باشد اما جاسوس و وطن فروش و خائن به آب و خاکش نباشد!...

از برخورد نسنجیده آن زندانی و نیز از شنیدن ذکر مصیبت مقیسه، سرم دردگرفتـــه بود. به‌کتابخانه رفتـــم و آرشیو نشریات مهرنامه را می‌دیدم و ورق مـــی‌زدم و خودم را سرگرم‌کرده بودم تا شایدکمی این مغز صاحب مرده، آرام‌گیرد... مصاحبه فرزندکاشانی در یکی از شماره‌های آن مجله را می‌خوانـــدم و نیزگفت‌وگو با حاتم قادری را.... هر دو نظرشان درباره احمدی‌نژاد اول تاریخ معاصر ما، یعنی مصدق‌السلطنه، مشابه نظرهای من و ثابتی بود!

یک ساعتی عصر خوابیدم و دیدم‌که حمزه‌کرمی از مرخصی بازگشته، چون با صدای همهمه‌ی اتاق بیدار شدم... برایم گفت‌که نشریه مهرنامه در شهر غوغائی به پاکرده... فرزندان علی شریعتی به تک و تا افتاده‌اند..

دکان اسلام انقلابی پدرشان را ظاهراً تخته کرده‌ام اما مردم ما ذاتاً خرافی و مذهبی‌اند... حالا حالاها هم کاری نمی‌شود کرد...

یاد شعر طنز مانند پیرمرادم، محمد قاضی، افتادم بدین مضمون که، گر دانش فراگیرد این مُلک را، دیگر این هرزه‌زبانی‌ها و تندروی‌ها هم باقی نخواهد ماند. اما این مردمان‌کی از دین و مذهب که پیشکش، از خرافات و موهومات بگریزند، همان خدا داند و بس... فردوسی می گوید: خردمند کین داستان بشنود / به دانش گراید ز دین بگسلد... اما چون مبحثی پیچیده است، معمولاً از این نوع حرف‌ها گریزان بوده‌ام...

در همـــین حال که وی داشت حرف مـــی‌زد، پوزخند حامد را دیدم... یکـــی از هم اتاقی‌های من هم که شاید جاسوســـی درجه ۳ و بی‌ارزش باشد... با آن سرکچل که البتـــه از سراپای وجودش، هنری ندیدم. شاید انسان بدی نبود اما دوست داشت خود را خبیث نشان دهد... گفت "دلار شـــده ۲۰۲۰ تومان، این فاجعه است"... یکی از محکوم‌های به اعدام هم گفـــت: "دیگر پول ملی ما ارزشی ندارد، مدیریت امام زمان همین است و بس (که منظورش احمدی‌نژاد بود)... وقتی شاه از ایران رفت دلار ۷ تومان بود!" الهی هر شب جمعه نور به قبرش ببارد!...

شب هـــم در اخبار تلویزیون متوجه شدم کـــه گروهی از شورای عالی امنیـــت ملی به دیدار بشار اسد، رفته‌انـــد. من که چشمم آب نمی‌خورد سوریـــه به آرامش و استقرار برسد و تصاویر حاکی از برجای ماندن یک ویرانـــه است اما حضور اسد و هنوز سایه شوم حزب بعث، بر مردمان آن دیار باقی مانـــده و هست... سیستم پیچیده‌ای دارد به این سادگی‌ها هم فروپاشی نمی‌کند... مگر این که حمله خارجی صورت گیرد...

عصر هم در حیاط زندان، مراسم بزرگداشت مشروطه برگزار شد... فکر کنم شانس آوردم که از مدیریت جلسه و صحبت کردن کناره گیری کردم...

آن هم به خاطر وجود رئیس دانا، چیپ بازی و هرزه زبانی‌اش بود....

مثـــل بلشویک‌ها، پرچمی کج وکوله گذاشتـــه بودند و میکروفن که به دســـت رئیس دانا افتاد... یاد ابراهیم یونسی افتادم که درباره‌اش همیشه می گفـــت: "همواره این آقا دوست دارد که در هر محفلی، متکلم وحده باشد و همه مزخرفاتش را ملزم هستندکه بشنوند!"... علاقه شگفت‌انگیزی به خودنمایی داشت و همچنین فحاشی و تخریب دیگران!

اول قصـــد داشتم داخل حیاط نروم، اما نمی‌شد، بحث تاریخی بود و من هم علاقمند به این نوع مباحث... وارد حیاط شدم و از دور ایستادم و بیشـــتر دوست داشتم سخنان با ارزش دکـــتر مولوی و شعله سعدی را بشنوم... اما رئیس دانا طبق معمول لات بازی در آورد و به آمریکا پرید و به تعریف و تمجید از روسیه کبیر پرداخت... و بعد حضرات امنیتی زندان هم ظاهراً از دوربین، ماجرا را دیده بودند و فوراً دستور لغو بساط معرکه گیری را دادند....

وقتی که جمعیت داخل حیاط پراکنده شد، نزد مولوی و شعله سعدی رفتم تا روی‌شان را ببوسم و بگویم سخنان کوتاه آن‌ها عالی بود، هر دو زیر لـــب از لات بازی رئیس دانا و بی‌شخصیتی‌اش، شاکی بودند و غرولند می‌کردند... من هم که البته با آن‌ها همصدا شده بودم... از دور چشمک زدن و لبخنـــد علیرضا رجائی را دیدم، خنده‌ام گرفته بود. ظاهراً طفلک او هـــم با من هم‌عقیده بود، امـــا ادب و شخصیتش مانع از آن می‌شدکه واکنشی نشان دهد...

برخی اوقات هم، که ظاهراً یـــک رسم قدیمی در زندان‌های سیاسی هست، وقتی شخصی به مرخصی می‌آمـــد در موقع بازگشت، چند خبر کروبی و موسوی و هاشمی را جمع می کردند و می گفتندکه به خانواده ما زنگ زده وگفته‌اند می‌دانیم که زندانی شما حالش چنین و چنان است.... خلاصه گاهی از این خرده فرمایشات در زندان هست که طبعاً نشانه تنگ

نظـــری وکوچک بودن دنیای عقلی و ذهنی آن شخص مدعی است. به کرمـــی گفتم که مگر مجبوری آنقدر خودت را به رفسنجانی بچسبانی؟، چـــه سودی دارد؟... دادخـــواه هم زیر لب غرغر می کرد و می گفت "تو وقت نکردی بروی و هاشمی رفسنجانی را ببینی؟"... خلاصه حکایتی بود... همیشه این دو نفر، نسبت به هم حالت اعلان جنگ داشتند انگار دشمن خونی همدیگر بودند، اما هر چه بود حرکات و رفتار همدیگر را کاملاً زیر نظر داشتند...

شب نیز تا حـــدود ساعت‌های ۲-۳ نیمه شب بیدار بودم، کتاب قاسم غنی را می‌خواندم که درباره حافظ نوشته بود... که «چنین مذاق عوام را به لفظ متین شیرین کرده و دهان خواص را به معنی مبین نمکین داشته... خاص و عام را شامل و شایع است.. کلمات فصیحش چون انفاس مسیح، دل مرده را حیات می‌بخشد...با موافق و مخالف، به طنازی و رعنایی در آویخته و در مجلس خواص و عوام و خلوت سرای دین و دولت و پادشاه وگدا و عامی، بزم‌ها ساخته و در هر مقامی شورها انگیخته.... مصون و محـــروس مانده... دست تصرف بیگانه بـــه دامن عصمت‌اش نرسیده و گوشـــه طره عفت‌اش به سرانگشت خیانت کسی فرو نکشیده و رخساره احوالش از خجلت، عار و ضجرت طعـــن در عصمت وامانت، محفوظ مانده....» و....

غلام همت آنم که زیر چرخ کبود
ز هر چه رنگ تعلق پذیرد آزادست
مجو درستیِ عهد از جهانِ سستِ نَهاد
که این عَجوزْ عروسِ هزاردامادست
نشان عهد و وفا نیست در تَبَسُّم گل
بِنال بلبل بی‌دل، که جای فریادست!
حسد چه می‌بری ای سست نظم بر حافظ؟
قبولِ خاطر و لطفِ سخن، خدادادست!

۳۳

جمعه ۱۳ مرداد ۱۳۹۱

پاک ناامید شـــده‌ام از همه چیز!... امروز هــم جمعه و روز مزخرفی است... در زندان و حبس مانده باشی و ماه رمضان هم فرا رسیده باشد.... می‌شود حبس اندر حبس..؛ از هر دردی بدتر است. خصوصاً اگر ضعف جسمانی هم داشته باشی. یـــاد حرف چارلی چاپلین افتادم: "اگر پیامبر می‌بـــودم، رسالتم شادمانـــی بود و بشارتـــم آزادی و معجزه‌ام خنداندن کودکان... نه از جهنمی می‌ترساندم و نه به بهشتی وعده می‌دادم... و تنها می‌آموختم اندیشیدن و انسان بودن را"...

با دادخـــواه، پسر مودب هم اتاقی من، نشسته بودیـــم و درباره اخبار و بعد آینـــده‌ی سوریه حرف می‌زدیم... من هم اخبـــار را ورق می‌زدم: داویـــدگروسمن گفته نسل‌های آینده می‌پرسند چرا جلوی حمله به ایران را نگرفتیـــد... امام جمعه‌های ایران که «شبیه» یکدیگر سخن می گویند (انگـــار برای ریا نزد ارباب، همه خوشایند او سخن می‌رانند)...سازمان ملـــل قطعنامه علیـــه حکومت سوریـــه را به رأی می گـــذارد... یکی از نماینده‌های مجلس گفته که با بیمه نفت‌کش‌ها توانستیم تحریم‌ها را دور

بزنیم... آمریکا، روسیه و چین را مسئول شکست مأموریت کوفی عنان دانست.... ایران روزانه ۱۳۳ میلیون دلار ازکاهش صادرات نفت زیان می‌کند... توافق ایران و اتحادیه اروپا با از سرگیری مذاکرات هسته‌ای... رییس اسبق موسادگفته که ۱۲ هفته آینده برای ایران سرنوشت ساز است... رویترز هم گفته که ایران، نفت سوریه را می‌خرد... کوفی عنان هم از نمایندگی سازمان ملل برای حل بحران سوریه استعفا کرد... ابوالفضل قدیانی در پی اعتصاب غذا، به بیمارستان منتقل شده.... تحریم‌ها توسعه موشک‌های دوربُرد ایران را متوقف کرده است... قیمت دلار در ایران بار دیگر از مرز ۲۰۰۰ تومان گذشت... کشتار در دمشق» و حمله مخالفان به یک فرودگاه نظامی در حومه حلب... آفریقای جنوبی واردات نفت از ایران را در ماه ژوئن قطع کرد... کنگره آمریکا تحریم‌های جدید علیه ایران را تصویب کرد... جنجال بر سر ریاست مرتضوی بر سازمان تأمین اجتماعی... پکن خواستار لغو تحریم آمریکا علیه یک بانک چینی مرتبط با ایران شد... نتانیاهوگفته سیاستمداران درباره حمله به ایران تصمیم می‌گیرند نه نظامیان... فشار نیروهای امنیتی برای انحلال تشکل‌های کارگری... آمریکا هم گفته ایران همچنان فعال‌ترین کشور حامی تروریسم است...

سرگرم مرور این خبرها و حرف‌ها بودیم که آقایی از راه رسیدکه گویا قبلاً در قرارگاه رمضان سپاه پاسداران کارکرده و الان هم به دلایلی، که البته نمی‌دانستم چیست، زندانی شده... اسمش اطلسی بود اما دیده بودم که گاهی در حیاط گیتار می‌زند، اما قطعاً عقلش تمام وکمال نبود و پاره سنگ برمی‌داشت... راجع به کرمانشاه و آمدن جلال طالبانی در سال‌های ۱۳۶۵ و ۱۳۶۶ به ایران حرف می‌زد و... خلاصه نگذاشت که حرف‌های من و دادخواه به جایی برسد... حفظ احترام و ادب هم حکم می‌کرد تا حدی مراعات کنیم، که پس از چند دقیقه‌ای خالی شد

و رفـــت... اما آخرش به دادخواه گفتم که معتقدم ایران و سوریه ازکارت پ ک ک علیه ترکیه استفاده می کنند و هرچند وزیر خارجه ترکیه هم بدون اجازه حکومت مرکزی عراق وارد کرکوک شده اما این خلاف دیپلماسی است و ترکیه هم اکنون نوکری محلی به نام بارزانی دارد... البته بارزانی و قبیله‌اش رابطه را با حضرات نابغه وزارت اطلاعات ایران، همچنان نگه داشته و می‌دارد و طبق گفته سپاه، انگار نفع مالی برای برخی از حضرات نابغه وزارت اطلاعات دارد و...

ظهـــر با شعله سعدی و درباره همان خبرهـــا مولوی بحث می کردم... عصر هم برنامه گلگشت و موسیقی بچه‌ها شروع شد. گروهی هم موسیقی اعتراضی رپ اجرا کردند... درباره آزادی بود و احسان هم خوب آهنگ را تنظیم و هماهنگ کرده بود، پسری مؤدب و علاقمند به تاریخ معاصر بـــود و هر ازگاهی پای بحث‌های من و دکتر مولوی می‌نشست... سپس خواندن آواز دسته جمعی "ای ایران" بود...

«ای ایران ای مرز پرگهر...
ای خاکت، سرچشمه هنر...
دور از تو، اندیشه بدان...
پاینده مانی و جاودان...
ای دشمن ارتو سنگ خاره‌ای، من آهنم....
جان من، فدای خاك پاك میهنم...
مهر تو چون، شد پیشه‌ام...
دور از تو نیست، اندیشه‌ام...
در راه تو، کی ارزشی دارد این جان ما....
پاینده باد خاك ایران ما
و...»

دوباره‌اشک‌هایم بی‌اختیار جاری شـــد.. انگار دل نازک نشده‌ام، اما حقیقت امر آن‌که هـــر وقت اسمی از عظمت و خاک ایران می‌آید، دل و روحم جلا می‌یابد... به ایـــران و ایرانی بودنم مُفتخرم... سپس شعله سعدی، شعرخوانی کرد و با چه روحیه‌ای حماسی هم می‌خواند... بعد به وی گفتم: "آخر چرا در شعرت گفتی هزار جام شراب به پای یار ریزم... می‌دانی قیمت یـــک جام "شراب بوردو" چند یورو می‌شود؟ چرا حرام می‌کنی؟"... علیرضا رجائی از این حرف من خنده‌اش گرفته بود... شعله سعدی هم می‌گفت: "خوب پسر جان!، آبرو ریزی نکن!، من چه می‌دانم قیمت شراب چند است؟"... دکتر مولوی هم می‌خندید به ماجرا و...

شب هم بچه‌های اتاق، از تلویزیون المپیک ۲۰۱۲ لندن را نگاه می‌کردند و یـــک کرد کرمانشاهی مدال برنز وزنه‌برداری را دریافت کرد... در میان هیاهوی بچه‌ها و اظهار نظرهای‌شـــان راجع به مدال‌های ورزش ایران، چشمانم به خواب رفت....

۳۴

شنبه ۱۴ مرداد ۱۳۹۱

حدود ۱۳-۱۴ روز تا خبر شایع شده درباره‌ی اعلام عفوها مانده و من هم بدون هیچ سند و مدرک و سبب و علتی، ثانیه‌شماری می‌کنم که شاید اتفاقی بیفتد و قرعه به نام ما اُفتد، اما هیچ چیزی معلوم نیست... شاید هم نشود و یک سال و نیم در این دخمه به ناحق بمانم... ظاهراً مملکت گل و بلبل و سنبل همین است...

ساعت ۱۰ و نیم صبح بود که شاید برای صدمین بار نزد علائی رفتم که پرونده‌ی مرا پیگیری کند...

طرز رفتار و پوزخند تمسخرآمیز علائی در نظرم بسیار توهین‌آمیز بود و او را آدم بسیار رذلی می‌دانستم زیرا زندان‌بان است و از او و زندان و جنایت زندانی کردن انسان، متنفر بودم و او نیز طبعاً از این احساس من نسبت به خودش و مجموعه‌اش، کاملاً باخبر بود و البته شاید از نظر امنیتی، برای او آش دهن‌سوزی نبودم که فوراً گوشی را بردارد و زنگ بزند، اکثر روزها می‌گفت: انشالله پیگیری می‌کنم، چشم!... اما می‌دانستم از درکه خارج می‌شوم، هیچ کاری را انجام نمی‌دهد.

همیشه وارد اتاق علائی که می‌شدم، مودبانه خواسته‌ام را بیان می‌کردم و با آرامش به‌سر می‌رساندم، اما یک بارکاسه صبرم لبریز شد و خیره در چشمانش نگریستم و درباره رفتار و وعده‌های سرخرمنش، لب به انتقاد گشودم...

تنش عصبی‌ام چندان سخت بود که رفته‌رفته، جر و بحث‌مان درگرفت و در این‌جا بود که سدم در هم شکست و هرچه از بیزاری‌هایی که در دل داشتم، بیرون ریختم... رضا پسر مودب و با شخصیتی که همیشه دم در می‌نشست، مرا به آرامش دعوت کرد. غمخوار من شده بود آن روزها و براستی هم صورتش بیانگر قلب پاکش بود. اما من از علائی، صرفاً انتظار اجرای یک توصیه انسانی را داشتم نه چیز دیگری و تنها برای رسیدن به یک مقصود معمولی بود؛ آن‌هم تلفن زدن و پیگیری وضعیت پرونده مرا کردن... اما عصبانیتم برای خودم نیز شوکی هول انگیز بود، از بلند شدن سر و صدا اصلاً خوشم نمی‌آمد و تمام صحنه‌های مسخره دادگاه انقلاب مانند فیلم سینمائی مرتباً از ذهنم می‌گذشت و نمی‌توانستم رابطه‌ای عقلانی بیابم... ناگهان علیرضا رجائی که انگار داد و بیدادم را یک لحظه شنیده بود، کنار خود یافتم... آمد و با آن رفتار انسانی حاکی از قلب رئوف خود، به من گفت که شخصیتت آرام است و همیشه از سرشاخ شدن پرهیز می‌کنی، همین رویه را داشته باش، من هم دادگاه انقلاب رفتم و به یارو قاضی مسخره هم گفتم، هر غلطی می‌خواهید بکنید... اما اضافه بر این، باید قوی باشی، این روزهای تلخ هم می‌گذرد و وضع بر همین منوال نخواهد بود. تو را این‌جا آورده‌اندکه دیگر در این کشور، آفتابی نشوی، اصلاً هواپیما اگر خواست به طرف آسیا بیاید، همان یونان پیاده شو! و... بعد خنده‌ای زیبا و ملیح، سراسر صورتش را پوشانید... یاد شعری افتادم که پدرم همیشه موقع نصیحت کردن در دوران نوجوانی برایم می‌خواند:

اظهار عجز پیش ستمگر ز ابلهی است
اشک کباب موجب طغیان آتش است...

من هم از انسانیت و لطف رضا و رجائی تشکرکردم و تعهد من نسبت بـه خودم شدکه آرامشم را حفظ کنم، هـر چه باداباد!... گاهی سربه زیر بودن تنها راه سازش با دنیا است و ترجیح می‌دادم که در این ره سلامت باشم و دورنمائی بهتر برای خودم متصور باشم...

اعصابم خرد شده بود و به شستن لباس پرداختم... البته تنها یک شلوار و پیرهن بیشتر هم نداشتم... علی یکی از بچه‌های نازنین اتاق ۱۰ و امید هم اتاقی من آمدند تا کمی از خاطرات همین روزهای زندان را که نوشته‌ام، برای‌شان بخوانم... من هم چند ورقی را خواندم.... علی می گفت خوب است که این نوشته‌ها ۲۱۰ نفر شاهد دارد و واقعاً هر آن‌چه اتفاق افتاده و شنیده‌ای را نوشته‌ای گرچه شاید بعضی چیزها مطرح نمی‌شد، بهتر بود...

در حیـاط با یکی ازکارمندهـای وزارت کشور گپ مـی‌زدم و او از خاطرات و تجربه‌هایش می گفت... که "تابش، استاندار وقت کردستان، احمدی‌نژاد را وارد وزارت کشورکرده از روز اول استخدامی‌اش...دورانی کـه یارو، معاون سیاسی وزارت کشور بوده.... بعد او در اردبیل به نوائی می‌رسـد و پرونده فساد مالی او و محصولی هم از همان جا شروع شده و آغـاز دزدی های‌شان... بعدها احمدی‌نژاد نامردی کرده و از وزیرکردن تابش خودداری می‌نماید... مشائی هم یک روز در باغی در نزدیکی کرج همه را به نماز ایستانده آن هم در پشت سر یک جانماز خالی... و بعد به همه گفته که داریم پشت سرامام زمان نماز می‌خوانیم"...

رسانه‌های حکومت به این‌ها، جریان انحرافی می گفت... برای توصیف حلقه‌ای از نزدیکان و جریانی در دولت وی ابداع کرده‌اند... البته صادق زیباکلام (که به مأمور وراج و فحاش مربوط به انگلیس و مداح هاشمی رفسنجانی مشهور است) هم از مشایی، حمایت می کرد... همین گروه در

ویژه‌نامـــه ۲۵۸ صفحه‌ای روزنامه ایران به نام "ویژه‌نامه خاتون" در مرداد مـــاه ۱۳۹۰، مصاحبه مهدی کلهر را منتشرکردندکه رنگ سیاه چادر را تقلیدی از لباس مشکی مردان و زنان غربی در "مجلس‌های شبانه عیاشی اروپا" در زمان ناصرالدین شاه دانسته وگفته: "از لحاظ فلسفه حجاب که در قـــرآن آمده که زن خودش را در مقابل تیر نگاه هیز مردان قرار ندهد، قطعـــاً چادر بدترین پوشش است چون چهره زن را قاب می‌کند.... البته نرگس کلهر، دختر مهدی کلهر، بعد از شرکت در جشنواره فیلم حقوق بشر نورنبرگ درکشور آلمان، از آن کشور تقاضا پناهندگی سیاسی کرد. شاید از مشعشعات فکری پدرش به‌ستوه آمده بوده...

در ادامه حرف‌هایش گفت: "پس از موضع گیری حامیان خامنه‌ای علیه اسفندیـــار رحیم مشایی در اردیبهشـــت ۱۳۹۰، حدود ۲۵ نفر از مرتبطین با اسفندیار رحیم مشایی، توسط دستگاه‌های امنیتی بازداشت شدند.... فـــردی به نام عباس غفاری به جرم رمـــالی، جن گیری و تجاوز دستگیر شد"...

بعـــد آب دهان زبان روزه‌اش را قـــورت داد و گفت که "همین عباس غفاری شیطان‌پرست به یکـــی اظهارکرده که عروس شما، بنا به آنچه از چشم و ابرویش خوانده، حرامـــزاده است و عاقبت آنان، عروس‌شان یا همان زن را طلاق داده‌اند و اما بعد از چند روز آن دختر رعنا را به عقد خـــود درآورده تا شب، قلندر بی‌کار نباشد و میخ اسلام در جایی کوبیده شـــود... وقتی هم در زندان اوین بوده از مأمورها یک جلد قرآن را طلب می‌کند و بعـــد اوراق آن را به عنوان کاغذ توالـــت استفاده کرده و یا با مدفوعش بر روی دیـــوار زندان، آیه قرآن نوشته و.... ظاهراً این کارها را کرده که شیطان پرستی بفرماید" و...

بعد درباره «اُم الخبایث بزرگ» حرف زد، یعنی محمدرضا رحیمی... کـــه "وقتی وارد وزارت کشور شـــد او تنها دیپلم داشتم و آن زمان هم که

استانـــدارکردستان شد، شرکت‌های صـــوری درباره پروژه آبیدر ساخته و پرونـــده فساد مالی‌اش از همـــان دوران وزارت کشور تشکیل شده... اما کسی دستگیرش نکرد"...

رحیمی در ســـال ۱۳۸۵ در اجلاس سالانه مدیران دیوان محاسبات، با گفتن جملاتـــی در مدح و ثنای احمدی‌نژاد، بر زبان آورد که جنجالی شـــد. گفته بود: «در سوریه یکی از مسلمانان به من گفت که معتقدم اگر بنـــا بود بعد از پیامبر، پیامبری دیگر بیاید، قطعاً آن احمدی‌نژاد بود. این ابـــراز احساسات برای ما افتخار بزرگی است و به برکت وجود شما، ما را مـــورد نوازش و احترام قرار می‌دادند» در پی این سخنان، ۷۰ نماینده مجلس خواستار عزل رحیمی شدند و غلامحسین الهام سخنگوی دولت گفت: «باید به دهن متملق و چاپلوس خاک پاشید»... بعدها هم شنیده بـــودم در محافلی گفته «به نام خدا، مقام رهبری و رئیس جمهور" یعنی همـــان سلام دادن ایام قدیم و تداعی شدن "به نام خدا، شاه، میهن"!... البتـــه این دیوانـــه دزد، قبلاً در ســـال ۱۳۸۴ از هاشمـــی رفسنجانی در انتخابات ریاست‌جمهوری حمایت کرده بود و وقتی که هاشمی در زمان استانداری او به کردستان سفرکرد. رحیمی کشاورزان عامی و احساسی و ناآگاه کُرد را (با پرداخت کمی پول و دادن برنج و روغن و سیب‌زمینی) مجبور کرد که ده‌ها تراکتور خود را به گونه‌ای پارک کنندکه از بالا جمله «درود بر هاشمی» را شکل بدهند و در همین سفر نیز بر دستان هاشمی رفسنجانی بوسه‌ها زده بود.... هیچکس نمی‌داند این متقلب شیاد مدرک دکترای خود را از چه دانشگاهی گرفته و با مدرک دکترای کُردان مقایسه می‌شود... امـــا غلامعباس توسلی از چهره‌های جریـــان موسوم به ملی مذهبی تائیدکرده که دانشجوی وی بوده و... جل الخالق!... رحیمی (که آمر و طراح نقشه پرداخت چک ۵ میلیون تومانی به نمایندگان مجلس در ازای پـــس گیری استیضاح علی کردان بود) دارای اتهامات متعدد فساد

مالی و اختلاس کلان است اما خودش در عین فرصت طلبی، دلایل طعنه و اتهام‌هایی که به سمتش روانه شده را، «کُرد» بودن خود اعلام کرد. به این ترتیب رحیمی سعی کرد با پیش کشیدن مسائل قومیتی، حساسیت پرونده‌های قضایی که نام ایشان نیز برده شده را بالا ببرد... در حالی که کمترین منفعتی برای کُرد و کردستان نداشته...

از آن همه خاطره و ذکر مصیبت، شگفت‌زده شدم، راستی اگر روزی پرده‌ها کنار برود، چه‌ها شود... از نوچه‌های وی، بهرام ولدبیگی در کردستان چه جنایت‌ها که نکرد... نوکر مسعود بارزانی جنایتکار!...

کله‌ام از شنیدن آن روایات، داغ شد و نیز از خواندن خبرهای پراکنده... امروز شنبه اگر بیرون از زندان می‌بودم، نزد شاهرخ مهربان می‌بودم... دلم برای «حلقه رندان شنبه» تنگ شده و می‌گساری با شراب ناب... هزار بار یاد شاهرخ بخیر... انگار مرا مانند فرزندش، دوست دارد! هر چند که به جماعت هنرمند و روشنفکر چندان باوری ندارم، اصلاً نمی‌دانند اخلاق و معرفت یعنی چه و اکثراً موج سوار و منفعت طلب و عوامفریب!

امروز با کرمی، کمی حرفم شد و غرغرکردم. او هم برای من شده مورخ... گویا در ایامی که مرخصی بوده، در شهر جلسه‌ای گذاشته‌اند علیه کتاب ثابتی... اما به من چه مربوط؟...

دوباره رفتم و نماینده وزارت اطلاعات را دیدم... گفت که برایت خبر خوشی داریم... مرخصی متصل به آزادی... دیدم دوباره همان داستان "پر به دهان کشیدن" همیشگی است... دوباره نامه‌ای به حضرات نابغه وزارت اطلاعات نوشتم و مجدداً تقاضای تعیین تکلیف کردم که از این مسخره بازی رها شوم، اما به درد "دروغ گفتن و خود را عاقل و عالم دانستن به کل کائنات"، مبتلا هستند، نامه من هم طبعاً بی‌فایده بود... بعد که از اتاق وی بیرون آمدم دم در بیت العباس، (همان جائی که مذهبی‌ها

نماز و دعا می‌خواندند و مسجد مانند بود)، به یکی از هم اتاقی‌هایم که نامش رحمان بود تذکر دادم که پشت سرم مزخرفات نگوید... اما دیدم همان جعل بارزانی‌ها را تکرارکرد... که طالبانی کتاب خاطرات خود در ایران را تکذیب کرده... ظاهراً چشمانش آن همه خبر خبرگزاری‌های رسمی را ندیده بود که سفیر عراق و نماینده طالبانی درباره‌اش در اکثر رسانه‌ها، توضیحات گفته و یا جلال طالبانی رسماً کتابش را در نمایشگاه کتاب ۱۳۸۸ به روشنفکران ایرانی هدیه داده... و تنها به شایعه دروغ بارزانی‌ها دل خوش کرده بود که البته تنها در روزنامه تهران امروز آن خبر جعلی منتشر شده بود و بعدها هم خودشان عذرخواهی رسمی را هم منتشرکردند... رحمان، این متوهم مُتشرع مآب که خودش در دانشگاه امام صادق درس خوانده و الان هم دانشجوی مفید قم بود و برادرش نیز مجری مداح و عبوس و مذهبی تلویزیون جمهوری اسلامی تشریف داشت و عصرها هم با قدیانی در داخل حیاط قدم می‌زد، حالا برای من شده بود اپوزیسیون و مدعی آزادیخواهی... یاد حرف عیسی پژمان افتادم که قُمپوزیسیون!... بهرحال فردی بی‌شرم، کینه‌توز و حسود به نظرم آمد... اما جز آن تذکر، دیگر چیزی نگفتم...

غروب را هم با سلطانی و دکتر مولوی گذراندم... گاهی حس ساعت‌های آخر را دارم که انگار چند دقیقه بعد خلاص می‌شوم اما گاهی به خودم نهیب می‌زنم که بس کنم از وعده توخالی دادن به دلم... به قول شادروان داریوش همایون، همیشه دست به هرکاری زدم، پیش از موقع!... عقل و خرد هم خوب چیزی است و بهترین راهنمای عمل"... اما "وین طبع که من دارم با عقل نیامیزد!"... یک وبلاگ‌نویس طرفدار احمدی‌نژاد هم دستگیر شده بود و فعلاً در اتاق ماست که صدای زنانه‌اش و افکار خشک و مزخرفش اذیتم می‌کند... دیگر در قرن ۲۱ و طرفداری از احمدی نژاد، نوبر بود... فردی بچه عقل و به شدت بی‌سواد، خام و

شستشوی مغزی داده شده....

اخبار رادیو را ازکرمی گرفتم که بخوانم... روزنامه رسمی کشور گفته مرتضوی مدیرعامل تأمین اجتماعی نیست... وزیرخارجه جمهوری اسلامی، خواستار مداخله ترکیه برای آزادی گروگان‌های ایرانی در سوریه شد... تصویب قطعنامه علیه سوریه... سخنگوی وزارت خارجه گفته: بحران اقتصادی در ایران، دروغ است، جنتی هم گفته که در جنگ اقتصادی هستیم... کشف اختلاس ۱۵ میلیارد تومانی در بنیاد شهید... نخستین مدال برگردن ورزشکاران ایرانی در المپیک لندن... احمدی‌نژاد گفته درباره گرانی‌ها حرف‌هایی هست که نمی‌توانم بزنم... مجمع عمومی سازمان ملل هم دولت سوریه را محکوم کرد...

ساعت ۳ نیمه شب است و هنوز خوابم نبرده... فکرم به هزار جا می‌رود... اما همچنان گاه کتاب «ک گ در ایران»، نوشته ولادیمیر کوزیچکین را می‌خوانم...

۳۵

یکشنبه ۱۵ مرداد ۱۳۹۱

امروز هـــم ۱۳ روز به اعلام عفوها مانده که ظاهراً قرار است روز آخر ماه رمضان اعـــلام شود... صبح نشسته بودم در داخل راهرو. مقیسه مرا دید و گفت: امروز نیامدی پیش علائی... گفتم: خسته شده‌ام!... گفت: همین الان دوباره برو و پیگیری کن!، این‌جا خودت باید به فکر خودت باشی... گفتـــم: سر به سرم می گذاری!؟... مقیسه با لبخندی بر لب، در پاسخ و تشویق من به ادامه سماجت، گفت: به هیچ‌وجه!

سراغ علائی مسئول بند رفتم و او هم مجدداً به دادستانی زنگ زد... این بار، آن‌ها شماره تلفن پدرم را خواستند... گفتند که باید تجدید کفالت شود... بعد گفتند نامه‌ام روی میز است و از این دست دروغ‌ها و مزخرفات همیشگی... پَر به دهان کشیدن... اما اگر کفالت باشد دیگر چه نیازی به سند بود؟... دروغ گوهای بی‌شرم!

ناگهـــان ۱۱ و نیم صبح گفتند که افـــراد بهائی را به زندان رجائی شهر می‌برنـــد. شاهرخ طائف هم رفت... با آن لبخندهای همیشگی و هر روز

ظهـــر روزنامه آوردنش، دم در اتاق... درکتابخانه برایم شعر می‌خواند و قوت قلبم می‌داد و صبح‌ها هم درکنار سلطانی با من پیاده‌روی می‌کرد و از هر دری سخن می‌راند...

افشـــین هم رفت... تازه از مرخصی آمده بود. صبح هم درکنار آرش و فرشاد آمـــد و از من سوال کردکه عضو حزبی در آمریکا نشده‌ام؟ من از سوالش خنده‌ام گرفته بود...

همه بچه‌های بند، دم در جمـــع شدند دم در و دست می‌زدند و دسته جمعی آواز می‌خواندنـــد... "مرغ سحر، یاردبستانـــی و ای ایران" و... گروهی هم در جمع کردن وسایل آن زبان بسته‌ها کمک می‌کردند... رئیس دانا لحظـــه‌ای کنار دست من قرارگرفت، اما فوراً جابجا شد... اشک از چشمانم سرازیر بود و یک لحظه گریه امانم نمی‌داد.... انسان‌های محترم و با محبتی بودند وکسی هم از ایشان بدی ندیده بود... اول افشین و بعد هم شاهرخ را، محکم بغل کـــردم و بوسیدم و یک دل سیر، گریه کردم و های های سر دادم...

سپس حمید رضا (پسر لُری که برادرش هم قهرمان کُشتی بود و خودش ۸ جلـــد قرآن را، مهر باطل شد زده بود و به مقامات فرستاده بود) وقتی گریـــه‌ام را دید و صبوری‌ام داد. می‌خواست اشک‌هایم را پاک کنم و به خودم مسلط باشم...

غروب کمی ناآرام بودم، مولانـــا می‌خواندم، اما دیگرکتابخانه بدون وجود و حضور شاهـــرخ، لطف و صفائی نداشـــت... همین دیروز بود که شاهـــرخ می‌گفت: "مرا در روز قیامت غمی که هست این است / که روی خلق جهـــان را دوباره باید دیدن"... و یا "رقص عروسک" معینی کرمانشاهی را برایم می‌خواند:

در این خیمه شب بازی روزگار
درست است من هم عروسک شدم....

درست است در سلک بازیچگان
نمایان به ۱۰۰ رنگ و مسلک شدم...

کتاب غزلیات مولانا را بی‌اختیار گشودم و مولانا هم می‌فرمود:
خاک و خس این خانه همه عنبر و مشک است
بانگ و در این خـــانه همـــه بیت و ترانه است...
فی الجمله هرآن کس که در این خانه رهی یافت
سلطان زمین است و سلیمان زمانه است...

شام، مقیســه در اتاق ما به صرف شام، دعوت بود. آمد و گفت: "این هفته عرفان آزاد می‌شود"... دیگر خـــودم از این نوع حرف‌ها، خنده‌ام می‌گرفـــت!... برخی از بچه‌ها (مثل مجید و امیر و مهدی و ابراهیم) به شوخی به من می‌گفتند، آقای آزادی!...

شب به اتـــاق زاهد و دکتر مولوی رفتم. دم در اتـــاق، رسول مردانی، داد زد: مـــرگ بر قانعی‌فرد!... خل‌وضع بود، به دل نگرفتم، ۱۳ سال بود در آن زنـــدان عمرش را تلف کرده بود، بخاطر پرونده هواپیماربایی او و برادرانش دستگیر شده بودند، حاتمی‌کیا هم فیلم ارتفاع پست را از روی داستـــان آن‌ها ساخته بود... مسئول شستن لباس‌های زندانیان بود... کنار دکـــتر نشستم و بی‌توجه به رفتار رســـول... دکتر مولوی می‌گفت: هرچه خـــراط و خیاط و قـــراط و دباغ و صباغ است شده‌انـــد حاکم در این کشـــور... انسان‌های متخصص و عاقل و با ریشه همه رفته‌اند... وای به حال فردا روز این ملک و مملکت... خدا به خیرکند... در این لحظه که مـــا در گوشه اتاق سرگرم صحبت بودیم، ناگهان جیغ همه اتاق بلند شد، سوریان، قهرمان کشتـــی ایرانی در لندن مدال گرفت... دوباره وقتی اسم عظمـــت و پیروزی ایران آمد و پرچم ایـــران بلند شد، اشک از چشمانم سرازیـــر شد.. در اتاق ما هم گویـــا آذری‌ها حامی کشتی گیر آذربایجانی

بوده‌اند نه ایران...

شب هم فیلمی مستند از دست‌پخت حضرات نابغه وزارت اطلاعات از تلویزیون منتشر شدکه درباره جاسوس‌های دستگیر شده کومله و.. بود کــه متأسفانه همه کُرد زبان بودند و وزیر اطلاعات هم گفته بود که اقلیم کردستان عراق و بارزانی آدمکش، دانشمندان هسته‌ای ایران را به دستور اسرائیل ترورکرده و...

ساعت ۱۱ بود که به رختخواب رفتم... اما قبل از خواب، یاد حرف‌های زاهــد و سلطانی بودم. زاهدکه اهل شــیراز بود و به اعدام محکوم شده بود، از موقع اعدام بچه‌ها می‌گفت که بند با شنیدن خبر، چه حالی پیدا می‌کند و چگونه روحیه همگی به هم می‌ریزد و غم و ماتم چهره همه را می‌پوشاند... سلطانی هم می‌گفت که سال ۱۳۶۷ در جریان اعدام‌ها دو نفر را از راهرو سوله‌ای مانند عبور داده‌اندکه از هر تیرکی یکی اعدام شده و آویزان بوده و یکی هم دست و پا می‌زد و این شخص تا چند روز پس از دیدن این صحنه، روانی شده بود...

از شنیدن چنین صحنه‌هایی، مغزم انگار خالی شده بود، یاد دو صحنه دیگر می‌افتــادم... وقتی که شاملو در بیمارستان بــوده و پایش را قطع کرده‌انــد و او در پاسخ سیمین بهبهانی کــه حالش را پرسیده، گفته بود: "دوست داشتم وقتی به سیگار پُک می‌زنم و دوردست‌ها را نگاه می‌کنم، شیر پاک‌خورده‌ای، گلوله‌ای در مغزم خالی می‌کرد"...

صحنه دوم هم مربوط به اخباری بود که به نقل از دختر پورزند درباره‌ی سیامک پورزند شنیده بودم که عاقبــت در ۹ اردیبهشت ۱۳۹۰ از طبقه پنجم ساختمان خانه‌اش خود را به پایین پرتاب کرده بود و خواسته نسبت به وضعیت خودش، اعتراضی نشان دهد...

۳۶

دوشنبه ۱۶ مرداد ۱۳۹۱

حدود ۷ و نیم صبح بود که پس از سرشماری به حمام رفتم اما دیدم که مولوی هم از در وارد شد و من هم نوبت حمام خودم را به وی دادم. تنها دو تا حمام داشت که آب گرم از لوله‌ها می‌آمد مابقی سرد بود وکاری هم نمی‌شد کرد. گاهی همین داماد مهدی بازرگان با یک آچار به جان یکی از آب گرم‌ها می‌افتاد اما فایده‌ای نداشت. بعد از انتشار نشریه مهرنامه هم، دیگر سلام و علیکی میان ما نماند.... انگار پدرخانمش، خیلی به ایران خدمت کرده و باید نسل ما هم بدو تعظیم کنیم... نسل پدرم کافی نبوده...

برای خوردن صبحانه به اتاق دکتر مولوی رفتم و میهمان زاهد بودم. علی زاهد که هنوز لهجه شیرازی‌اش را تمام وکمال حفظ کرده بود، با آن خط خوشش برای من خوشنویسی کرده و نوشته بود «طاقت بیاور رفیق»... به جرم همان وقوع انفجار بمب در شیراز دستگیر شده و حکم اعدام گرفته بود...

قبلاً درباره‌اش می‌دانستم که حکم اعدامش به خاطر ۱۰۰ هزار تومان بوده «آیا واقعاً می‌توانست باور کند که این ۱۰۰ هزارتومان ناقابل، به قیمت

جانش تمام می‌شود؟ آن هم ۱۰۰ هزار تومانی که با واسطه قرض داد. علی زاهد، مهندس برق بود و برای اوقات فراغت خود درشیراز به محلی برای بازی پینگ پنگ می‌رفت. درآن جا با فردی آشنا شدکه از او طلب ۱۰۰ هزار تومان قرض کرد. علی زاهد این ۱۰۰ هزارتومان را به برادر او داد تا ازبازگشتش مطمئن باشد، اما درنهایت کاشف به عمل آمدکه این فرد یکی از افرادی است که به گفته مأمورین نابغه امنیتی درانفجار حسینیه شهدا، وابسته به کانون رهپویان وصال، دست داشته. زاهد، اردیبهشت ۱۳۸۷ توسط وزارت اطلاعات دستگیر و به اداره اطلاعات شیراز منتقل شد. البته ابتدا نظر مأموران نابغه امنیتی این بود که این ۱۰۰ هزارتومان را بی‌خیال شوند و او را آزادکنند و حتی برای او وثیقه هم تعیین شد اما مشخص نشد دیگر چه سیاستی در پشت پرده رخ دادکه نظرشان را تغییر داد و او را به بند ۲۰۹ زندان اوین منتقل کردند. پس از ۱۹ ماه بازداشت و بلاتکلیفی، در آذر ماه ۸۸ توسط قاضی صلواتی، با نسبت دادن اتهاماتی مانند عضویت در انجمن پادشاهی و مشارکت در بمب‌گذاری شیراز به اعدام محکوم شد. مشارکت او در این بمب‌گذاری هم البته ازنظر دادگاه همان ۱۰۰ هزارتومان بود. این روزها علی زاهد تقریباً از زندانیان باسابقه بند محسوب می‌شود و در بند ۳۵۰ زندان اوین، روزگار خود را به ورزش وکمک به دیگر زندانیان می‌گذراند. گاه‌گاهی هم صدایش، دلتنگی‌های زندانیان بند ۳۵۰ را به فراموشی می‌برد.

انجمن پادشاهی ایران هم نام گروهی بودکه فرود فولادوند (فتح‌الله منوچهری)، رهبری آن را بر عهده داشت (از سینماگرهای قدیمی که صدای مردانه با نفوذی داشت، اما در تلویزیون برنامه نفی دین اسلام اجرا می‌کرد. بعدها پسرش در رادیو فردا گفت که پدرش از لندن به ترکیه رفته و ناپدید شده و اکنون در زندان جمهوری اسلامی است و...). در ۲۴ فروردین ۱۳۸۷ انفجاری در حسینیه شهدا وابسته به کانون رهپویان وصال

در شهر شیراز رخ داد، که منجر به کشته‌شدن ۱۴ نفر و دست‌کم ۲۰۰ مجروح شد. هر چند در ۲۸ فروردین ۱۳۸۷ شورای عالی‌امنیت ملی هم، با صدور اطلاعیه‌ای، انفجار هرگونه بمب یا انتقال مواد انفجاری از بیرون توسط عوامــل و عناصر معاند اعم از داخلی و خارجی در حادثه انفجارکانون رهپویان وصال را منتفی دانست، اما در ۲۴ اردیبهشت ۱۳۸۷ سخنگوی قوه قضائیه از بازداشــت ۱۲ عامل انفجار خبر داد و گفت که این افراد، وابسته به انجمن پادشاهی ایران و از عوامل آمریکا و انگلیس بودند. در ۹ آذر ۱۳۸۷، شعبــه ۱۵ دادگاه انقلاب تهران، با مجرم شناختن ۳ نفر از متهمان انفجارکانون رهپویان وصال، حکم بر محارب بودن و اعدام در ملاعام را برای «محسن اسلامیان، علی‌اصغر پشتر و روزبه یحیی‌زاده» را صادر کرد که آن‌ها نهایتاً در ۲۱ فروردین ۱۳۸۸ در محل زندان عادل‌آباد شیراز اعدام شدند.

اما واقعیت ماجرا هرچــه هست، اهمیت ندارد، زاهد انسانی است با صفــا و خوش قلب و مهربان و انشالله موضوعش ختم به خیر شود و از این مهلکه بگریزد....

در راهــرو منتظر یک چیز موهوم نشسته بودم. چشمم به همان درکرم رنگ و باندهــای سبزش بود. همه ملاقاتی داشتنــد جز من... ناگهان مجید، یکی از هم اتاقی‌هایم، آمد وگفت که خانمش به وی خبر داده که مــادرم به همسرش زنگ زده وگفته که "حال همه ما خوب است و فقط نتوانسته‌ایم که برای ملاقــات عرفان به تهران بیائیم"... خانیان، یکی از هم‌اتاقی‌هایم که اهل همدان بود و به خاطر همان اعتراض‌های خیابانی پس از ۱۳۸۸ دستگیر شده بود، مانند من در راهرو نشسته و بیشتر از من، بی‌تاب و بی‌قرار بود.... لحظات بــدی گذشت. همه از ملاقات آمدند و چشم‌های‌شــان شاد شده بود و بــه همدیگر می گفتند: چشم و دل‌تان

روشن!...

طاقت نیاوردم و دوباره به نزد علائی رفتم... مثل این که دلش به حالم سوخـــت و به دادستانی تلفن زدکه ببیند جواب پیگیری‌های من چه شد و آن سنگ دل‌ها هم در پاسخ، مجدداً از آن دروغ‌ها و مزخرفات تکرار کردنـــد و گفتند: پرونده قانعی فرد در جریان اســـت... گفتم: "اما کدام جریان؟، خبری نشدکه نشد... در این دخمه مانده‌ام و نمی‌دانم چه کنم، دل و دستم به هیچ کاری نمی‌رود!"...

در آن ماه رمضان که ظاهراً همه باید روزه باشند، بسیاری از بچه‌ها ناهار گرم می‌کردند و من نیز هم. در اتاق هم مثل دزدها، درگوشه‌ای که دوربین اتـــاق نبیند، چیزی می‌شد خورد و... و اگر هم از دوربین کسی می‌دیدکه مشغول خوردن هستی، قطعـــاً می‌آمدند و تذکر می‌دادند... انگار به زور سرزمـــین ما، بلاد مسلمان‌ها شده است و انگـــار به دروغ متوسل شدن برای آن‌ها نوعی آرامش محسوب می‌شد... حوالی ۳ و نیم ظهر بودکه با عبدالله مومنی نشستم و حرف زدیم... از رتبه خوب کنکور فرزندش، شاد و مشعـــوف بود. کمی حرف زدیم... راستی نسل جوان آینده ایران را چه رقم خواهند زد؟... به چه خواهند اندیشید و مشت بازی با سایه قُمپزسیون (اپوزیسیون) ایرانیان خارج ازکشور را باور دارند یا درماندگی مردم صبور و چشم به انتظار بهار را؟... نمی‌دانم... که کی این مرز و بوم رنگ آرامش و آسایش را خواهد دید؟

ســـپس درباره پژوهش من وکتاب گفتگویم با پرویز ثابتی در باره علل و عوامل فروپاشی شاهنشاهی حرف زد و با جوانمردی گفت: انجام این کتاب، کاری ارزشمند و قابل تقدیر است بالاخره یک روایت تاریخی به تاریخ شفاهی مملکت اضافه شده!... نگران این پرخاش‌ها هم نباش، هر چه بود، ایجادگفتمان کرده است و تو به هدفت رسیدی!...

در این حین بود که کبودوند و نوچه‌اش عبور کردند و عبدالله گفت: وی را قبول ندارم، انسانی کوچک است و نمی‌تواند نماینده کردها باشد.... فرهاد خوب بود (منظورش همان کرد وابسته به پژاک بود که اعدام شد) و من هم گفتم که این بابا، انسانی متوهم است و الان هم اگر حرفی بزنیم این بی‌چشم و روهای وابسته پ ک ک و پژاک، شروع می‌کنند به فحش و ناسزا گفتن.

بـــرای عبدالله گفتم که ۷ سال پیش، در اولین روزهای فروردین ۱۳۸۳ (نوروز سال ۲۰۰۳) واژه پژاک پا به عرصه اخبار سیاسی درباره کردستان نهاد. با ۳۰۰ نفر کـــادر، کارش را آغاز کرد و ۲۰ شهریور همان سال بود که تشکیل گروه مسلح پژاک رسماً اعلام و کم کم لای خبرها این اسم برای کردها تکرار شد و انگـــار به پسوند کرد و کردستان نیاز داشت که مطرح شود. و امروز محال است در میان خبرهای مثلاً رادیوهای آلمان، بی بی سی، آمریکا، فردا و... واژگان ترور، اعدام، بمب با پژاک، همنشین نباشد! و آیا در کرد و کردستان، حرکتی جنجالی و مخرب مانند گروه مسلح پژاک تا این لحظه وجود داشته است؟ گروه مسلح پژاک که بنا به نوشته لوموند، در جهان به عنـــوان یک گروه تروریستی شناخته شده! و انگل کردستان هستند!

کسی منکر نوآوری نیست، خاصه در دنیای سیاست و دیپلماسی؛ اما بعـــد از این که حزب‌های تروریستـــی و تجزیه طلب کومله و دمکرات از کردستان ایران خارج شدند، در ابتدای امر هنوز طرفدارانی سینه چاک داشتنـــد و هوادارانی حرمت گذار، که بیشتر هـــم مردمانی عامی و اُمی و احساساتـــی و روستایی ساده‌دل بودنـــد مخالف یا موافق بودن‌شان با جمهوری نوپای اسلامی در سال‌های ۱۳۵۷ تا ۱۳۵۹، شاید چندان مهم نبود، اما وقتی که صدام حسین آتش جنگ را شعله‌ور ساخت و در میان این احزاب سیاسی کـــرد، برادرکشی درگرفت و کردها به روی همدیگر

تفنگ نشانه گرفتند و به برادرکشی پرداختند و این بار اوضاع، در افکار عمومی کردستـــان، تفاوت داشت و هنوز هم (بعـــد از سالیان) کومله و دمکرات (که رسانه‌های داخلی ایران آن‌ها را گروهک نامیده‌اند) در این باره، ترس و توهم دارندکه مبادا شرح جنایات‌شان افشا شود!... توهم از پرنفوذ بودن در داخل جامعه و ترس از پذیرفتن خطا و جنایت و آن هنگام که به دامان بعث و صدام حسین رفتند، دیگر احترامی باقی نماند و روز به روز راه اضمحلال را پیمودند؛ اما آیا گروه مسلح پژاک خبری نو برای کردها داشت؟ آیا همه این خبرها درباره گروه مسلح پژاک، دروغ است؟

در قدم اول می گویندکه "نیاز جامعه کردستان، موجب پیدایش پژاک شد"، امــا کردها به خون و خوش کشی و قتل وگلوله، چه نیازی دارند؟ عمری چکمه و پوتین و سرنیزه دیده‌اند،امروزه هم ترقه بازی پژاک را باید تحمل کنند؟، هویت و فرهنگ و زبان‌شان را می‌خواهند پاس بدارند اما بدور از نگاه امنیتی و حضور نظامی حکومت مرکزی، خواهان مشارکت سیاسی‌انـــد و رفع محرومیت و فقر زدایی و نیز مشارکت سیاسی و رشد فرهنگی هستند، اما حرکت مسلحانه بی‌هدف و بی‌بند و بار را چه سود؟، گروه مسلح پـــژاک یا حیات کردستان، آیا به پرورش و باز رشدکردستان منجـــر شد؟ یا گروه ضد حیات و زیستن سیاســـی کردستان شده؟ عامل نظامی امنیتی شدن منطقه کردستان نشده است؟

جامعه کردها هم مانند دیگـــر بخش‌های جامعه ایران، دوران‌های پر نشیب و فراز سال‌های دهه ۶۰-۷۰ را پیمودند و بیشترین هزینه را به خاطر وجود دوگروه تجزیه طلب و تروریست کومله و دمکرات، پرداخت کردند.

به هر حال، کومله و دمکرات در دهه ۸۰ دچار انشقاق‌ها و انشعاب‌های پـــی در پی و اضمحلال تدریجی بودندکه ناگاه گروه مسلح پژاک مانند قـــارچ سبز شد، آن‌هـــم در ایامی که دوران جمهـــوری خواهان آمریکا و نئوکان‌ها و راست‌های اسرائیلـــی بود و از دستگیری اوجالان هم مدت

زیادی نمی‌گذشت!.. در اوائل که بنا به گفته یکی از مقامات‌امنیتی ایران "ایـــران با بی‌اعتنایی به آن می‌نگریست و آن را خطری برای امنیت ملی نمی‌دانست که ارزش مقابله داشته باشد" اما از آن گفتار، مدت طولانی نگذشـــت که ایران به بمباران نوار مرزی کردستان عراق (از حاج عمران تـــا پنجوین) روی آورد و آن را تهدید رسمی برای امنیت خود دانست و حتی افراد دستگیر شده را به اتهام محاربه، یکی پس از دیگری به جوخه اعدام سپرد...هرچند اعدام نوباوگان ساده دل این مرز و بوم هم چاره درد نیست و تنها داغی بـــر دل مردمان می‌افزاید... مثلاً اواخر سال ۸۷ نوار مرزی راگلوله باران کردکه مقامات امنیتی عراقی ضمن اعتراض شدید به عملکرد ایران، اعلام کردندکه ایران وارد خاک عراق شده‌که البته سفیر ایران در پاسخ اظهـــار داشت "ما وارد خاک نشده ایم"... اما امروزه در ادبیـــات سیاسی ایران می‌توان فهمیدکه‌گروه مسلح پژاک درکردستان و جندالله در سیستان و بلوچستان، به خاطر تحرکات درون مرزی، خطر ساز و دردسری جدی است‌که البته تحلیل‌هایی متضاد هم هست‌که می‌شود شنید... مثلاً در مصاحبه‌ام با یکی از ماموران امنیتی فرانسه، او"از اشتیاق ایـــران برای حضورگروه مسلح پژاک در منطقه نام می‌برد و آن را مشابه تمایل ارتشی‌های ترکیه برای ادامه بقای پ ک ک می‌دانست، که هر دو بـــا استفاده از این دو پتک، هدایت شده، می‌توانند بر سر مخالفان خود بکوبند وکردها راکنترل‌کنند" اما این تحلیل شاید مطرح‌کردنش، برای مقامات ایران و ترکیـــه، چالش برانگیز باشد و چندان خوشایندشان هم نباشد...گرچه ژنرال ترک، باش بوغ، گفته بودکه ایران و ترکیه علیه این حزب، همکاری می‌کنند! وکارشناس‌امنیت مرزی در وزارت‌کشور ترکیه اظهـــار می‌دارد" محور دیپلماسی و امنیت میان ایران و ترکیه، برخورد با گروه مسلـــح پژاک و پ‌ک‌ک است و هر دوکشورگاهی مقامات اقلیم کردستان را متهم ساخته‌اندکه نسبت به پ‌ک‌ک وگروه مسلح تروریستی

پــژاک بی‌تفاوت است اما مسعود بارزانــی هر ازگاهی وعده همکاری می‌دهــد، اما حکایت پشت پرده این است کــه پ ک ک وگروه مسلح پژاک، شاید خارج از تــوان و سلطه اوست و او هم دل خوشی از آن‌ها نداشتــه و ندارد. گاردین هم نوشت که هدف ایران از بمباران و درگیری نظامی و آتش بار توپخانه و... شاید مقابله با حزب پژاک است و می‌داند عواقــب تحریک همسایگان را، اما می‌خواهد به مقامات اقلیم که سر و سری هم با اسرائیل دارنــد، هشدار دهد که همکاری‌اش برای مقابله با پــژاک ضروری است و یکی از مقامــات ارشدکشور عراق چنین اظهار کرد که "پ ک ک و پژاک، دو روی یک سکه‌اند، اما شاید بدون مجوز دولت اقلیم، فعالیت دارند و ما هم از حضور اسرائیل در کردستان، بی‌خبر نیستیم اما چه بایدکرد؟"

تفکرگروه مسلح تروریستی پژاک، شبه نظامی چپ گرا، اوجالان گرایی مطلق و منحط است که صرفاً به ترویج پیروی از افکار اوجالان می‌پردازد. گــروه مسلح پژاک، شاخه ایرانی پ ک ک مائوئیست، در بخش شرقی کوهستان‌هــای قندیل، فعالیت دارد که شاید ۵ ساعت پیاده از مرز ایران فاصلــه دارد. فعلا که مسئول گوریلاهای پــژاک را (که خودشان گریلا می‌خوانــد) عبدالرحمن حاج احمدی معرفی کرده‌اند، مشهور است که بــا وجودی که بارهــا انشعاب‌هایی رخ داده و افــرادی که صلاحیت و مشروعیت این شخص را به چالش می‌کشند، از پ ک ک جدا می‌شوند و بعــد در شرایطی نامعلوم و مشکوک، کشتــه می‌شوند و انشعاب‌های درونی مانند شبکه مافیایی، مطرح نمی‌شود و یا در نطفه خفه می‌شوند...

شایــد ماهیت گروه مسلــح پژاک هرگز شفاف و روشــن برای مردم کردستان (بیشتر انسان‌های ناآگاه و عوام که فوراً فریب می‌خورند) و یا جامعــه رسانه‌ای (که تحت تأثیر هجوم تبلیغات هستند)، تشریح نشده و انگار این ابهام ضروری است، اما هر ازگاهی فعالیت‌های عملیاتی گروه

مسلح پژاک علیه نیروهای نظامی‌امنیتی ایران، در رسانه‌ها مطرح می‌شود که به انفجار مین، کشته و مجروح شدن سربازان و حتی جنگل‌بان، پلیس، سرباز انتظامی، مامور راهنمایـــی و رانندگی و... مرتبط است و یا هر از گاهی کمپین‌های رسانه‌ای، بـــرای جلوگیری از اعدام یکی از افرادگروه مسلـــح پژاک در دنیای مجازی اینترنت و یا روزنامه‌های خارج ازکشور، ایجـــاد می‌شود و برای تهییج افکار عمومی و مظلوم نمایی، این افراد را اکثراً (به کذا) معلم، روزنامه‌نگار، فعال حقوق بشر، دانش‌آموز، دانشجو و... نامیده‌اند وکمترین مخالفتی هم، طبعاً با بیشترین هجمه فحاشی‌های رسانـــه‌ای مواجه بوده، اما آیا از این القاب و عناوین (ساخته و پرداخته) فرهنگی و نهادهای مدنی، سواستفـــاده نمی‌کند ؟... از ماجرای شوانه قادری (کمال اسفرم) که در سالروز ترور قاسلمو در مهاباد، کشته شد، و بعـــد او را قهرمان نامیدند، اما افکار عمومی کردستان، نظری خلاف آن داشت، و یا حکایت‌های افسانه‌ای درباره زندانیان پژاک و این حکایت شهید سازی جهان سومی همچنان باقی است...

فرقـــه تروریست پژاک از روز اول، شعارهـــای بزرگ و غیر عملی و متفاوتی را مطـــرح و رسانه‌ای کرده، مانند "مسالـــه کُرد در چهارچوب تحرکـــات دمکراتیک ایران" اما شاید بتـــوان این پرسش ساده را مطرح کـــرد که تحـــولات مسالمت آمیز و سیـــر جریان دمکراســـی در جامعه ایرانی، چه سنخیتی با تـــرور دارد؟... در بسیاری از مصاحبه‌هایی که با افراد فرقه تروریست پژاک شـــده، این جملات تکرار شده "می‌خواهیم در ایران دمکراســـی بیاوریم، ما قوی‌ترین اپوزیسیون در ایران هستیم، ما آزادی فکری و سیاسی می‌خواهیم و..." اما کدام دمکراسی در جهان از ماشه تفنگ و میدان مین و سلاح می‌گذرد؟ اپوزیسیون در داخل منازعه سیاسی کنار مردم جامعـــه، دارای ارزش است یا بیرون از مرزها؟ آن هم با تفکری تجزیه‌طلبانه!... اپوزیسیونی که ابزارش تولید فکر و ممارست

سیاسی و شیوه دیپلماتیک در رفتار با حکومت را در نظر دارد موفق می‌شود یا آن که به ترور دو مأمور نگهبانی و سرباز ساده در یک روستای دور افتاده دست می‌یازد؟ و....از طرفی ابراز می‌دارندکه کشور مستقل کردستان نمی‌خواهیم و از طرف دیگر مشهور است که نقشه کردستان بزرگ را منتشر و توزیع می‌کنند...تروریست‌های پژاک معتقد هستندکه میان روشنفکر و دانشجو و هنرمندان کردستان، محبوب قلب‌ها است‌اما کدام انسان اهل فکر و اندیشه و دلسوز مردم و جامعه مدافع ترور است و سوءاستفاده ازکُرد وکردستان در زیر لوای تروریسم و ضدامنیتی رفتار کردن؟

خود یک بار در سال ۱۳۸۶ به شمال حاج عمران و نزدیکی اردوگاه پژاک رفتم. مسئول رسانه‌ای سفارت آمریکا در بغداد هم همراه ما بود. آن روز سرکشی یک نیروی نظامی به داخل قندیل صورت می‌گرفت و اجازه ورود به ما ممکن نشد... [آنکس که پرس‌وجوکرد و پاسخ منفی به ورود ما را بیان داشت ازکُردهای سوریه بود و همکار مسلحش نیزکُرد ترکیه و هر دو به زور شاید ۱۸-۲۰ سال سن داشتند... کُرد ترکیه و سوریه و حضور در حزبی مدعی ایرانی بودن، برایم جالب بود و سال بعد از آن (بهار ۲۰۰۸) فرمانده پژاک، چیا (ازکُردهای ترکیه) در مریوان کشته شد، ترک‌ها چه نفوذی در داستان دارند؟!]... وقتی ماشین نظامی‌آمریکایی‌ها ازکنار پست بازرسی عبور می‌کرد، بادی از غرور به غبغب انداخته بودند و به ما تذکر می‌دادندکه زودتر از آن‌جا عبورکنیم و دور شویم، اما ماشین حامل ما هم مربوط به سفارت آمریکا در عراق بود، اما برای ما قضیه متفاوت بود، انگار اسم آمریکا برای‌شان نوعی اطمینان و تکیه‌گاه بود. یکی از ماموران امنیتی آمریکا در عراق، شب آن روز از تردیدهای زیاد آمریکا نسبت به این گروه تروریستی پرده برداشت که کمک فعالی ندارند و بعدها «سیمور هرش» در مجله نیویورکر نوشت که گروه مسلح پژاک از امریکا

و اسرائیل، کمــک دریافت می‌کند! و ۲۳ اکتــبر ۲۰۰۷ بود که نیویورک تایمزگزارش ویدئویی ازگفتگو با یکی از اعضای پژاک را منتشرکرد که "ما با آمریکا رابطــه داریم" و یکی از مقامات گروه مسلح پژاک هم در بولتن آتلانتیک اظهارکــرد که "ما با مقامات آمریکا گفتگوکرده‌ایم" اما آنچه از لفافه سخنان کارشناسان سیا مشخص شده است، حامیان آن‌ها، برخی از افراد نئوکان و تندرو آمریکایی هستند و سازمان سیا درگزارش محرمانــه خود به ریاست جمهوری، نظر مثبتی را درباره این گروه اظهار نداشتــه است و حتی درگفتگویم با ژنرال پترائوس او هم، اظهار داشت که "ایران بارها گفته است که بریتانیا و آمریکا از اینها حمایت می‌کند، من درباره بریتانیا حرفی ندارم، خودشان اعتراف کنند، اما ما نظر خود را قبلاً اظهارکرده‌ایــم و نیازی به تکرار نیست" و شاید منظورش همان گزارش شرق‌الاوسط از سخنان معاون خزانه‌داری آمریکا، استوارت لوی در اواخر ۸۷، باشــد که پژاک را تروریســت و قاچاقچی مواد مخدر نامید! و... ما مدتی بعد هم، از یکی ازکارشناسان پنتاگون سوال کردم و مرا به سخنان علی باباجان، وزیر خارجه ترکیه، حواله داد که به اسوشیتدپرس گفته بود "ترکیه و آمریکا در مبــارزه با پ ک ک همکاری می‌کنند" سپس گفت که گروه تروریست پژاک بــا آب و تاب از حمله نظامی امریکا به ایران دفاع می‌کند و توان خود را چند برابر نشان می‌دهد اما براندازی کشوری مانند ایران با مجاهدین خلق و پژاک و جندالله ممکن نیست، یک پروژه سنگین نظامی- سیاسی است و ما آن‌هــا را تشویق به حمله نکرده‌ایم، بلکه کاملاً برعکس بوده است. شاید در زمان‌های جداگانه کمک‌هایی توسط دوستان ما شده باشد، اما چندان قابل توجه نیست و از وسعت و میزان نفوذ آن‌ها هم در جامعه کردستان اطلاع داریم، آن‌ها حتی خواهان کمــک ما به پژاک برای انفجار مراکــز هسته‌ای و تأسیسات فنی ایران بوده‌اندکه نپذیرفته‌ایم" روزنامه لوموند هم بعدها نوشت که فرقه تروریست

پژاک ازکشورهای غربی مخالف برنامه هسته‌ای ایران خواسته‌اندکه آن‌ها راکمک کنند تا از لیست تروریست‌ها بیرون بیایند.

در دیدارم با عثمان اوجالان (برادر عبدالله)، در برابر همان خبر رابطه بـا آمریکا، لبخندی بر لب داشت ولی چیـزی را مطرح نکرد، شاید آن تبسم تایید رابطه پ‌ک‌ک با آمریکا بود و تابستان ۱۳۸۷ حاج احمدی در آمریکـا از دیدارهـای خود نام برد، اما کارشنـاس اینترپرایز انستیتو اظهار می‌داردکه "این دیدارها را دوستان اسرائیلی آمریکا تهیه و تدارک دیده‌انـد، ما حرف‌های پژاک را شنیدیـم، اما دلیلی نداردکه اسم آن‌ها را از فهرست تروریست‌ها حذف کنیم"؛ وکشورهای عضو اتحادیه اروپا و ناتو و ایران، هنوز هم فرقـه تروریست پ‌ک‌ک و پژاک را تروریست می‌دانند البته مبرهن است که در دستگاه دیپلماسی آمریکا همیشه این نوع رفتار دوگانه و متضاد، وجود داشته و به هر حال در جامعه چند صدایی، چنین‌امری غیر عادی نیست! در اواخر ۲۰۰۷ هم اردوغان در سفر به آمریکا و دیدار با بوش خواست که آمریکا از سیاستش رفع ابهام کندکه از سویی با پ‌ک‌ک مخالف است و از سوی دیگر با پژاک همکاری می‌کندکه بازوی ایرانی پ‌ک‌ک است. (بعدها العربیه هم منتشرکردکه پ‌ک‌ک با جمهوری اسلامی در ارتباط است و از آن‌ها سلاح می‌گیرد)

اما آمریکایی‌ها چندان تمایلی به ایجاد رابطه ندارند و از افشا وجود هر رابطه‌ای باگروه مسلح پژاک پرهیز دارند،اما خود افرادگروه مسلح پژاک با اغراق و دروغ و بزرگ‌نمایی سعی در افشای این قضیه دارند، و آن را کامـلاً رابطه‌ای جدی و تنگاتنگ می‌دانند. در سال ۸۶ علی لاریجانی آمریکا را متهم کردکه فرقه تروریستی پژاک را تقویت می‌کند و یکی از مقامات امنیتی ایران در رسانه‌ها اظهار می‌داردکه "همانطورکه ما پرهیزی ازکمک علنی به نیروهای حزب الله لبنان نداریم، اسرائیل هم برای مقابله با ما از این گروه حمایت می‌کند" و البته برخی از روزنامه‌نگاران عرب هم

در سال ۲۰۰۷ ضمن اشاره به جلسه اسرائیلی‌ها و آمریکایی‌ها با گروه مسلح پژاک در کرکـــوک، اظهار داشتندکه اسرائیل حامی مالی فرقه تروریستی پژاک است! و یکی از مقام‌های امنیتی یونان هم در گفتگویم ابراز داشت که "سیاست آمریکا سعی در دخالت قومیتی و خلق نوعی گسست قومی در ایران نیست". اما در گفتگویم با وزیر خارجه اسبق آمریکا، جیمز بیکر اظهار داشت که "آرامش و صلـــح در منطقه در اولویت سیاست آمریکا قرار دارد وگـــروه مسلح پژاک اولین حربه و دستاویزش بازی با الفاظ و فریب افکار عمومی کردستان است وگرنه برنامه‌ای روشن و مشخص نه در دیپلماسی خارجی و نـــه در رفتار با مردم کردستان ندارد"، آیا حق با اوست؟... ترور را به حقوق بشر، چکار؟...

فرقه تروریستی پژاک خود را شاخه کردی پ ک ک می‌نامد، از حمید درویش در سوریه شنیده‌ام که "اوجالان به کمک اداره امنیت سوریه، بیش از ۱۱۰۰۰ جوان کردستان سوریه را به خاطر آرمانی موهوم، گوشت دم توپ کرد وکردســـتان سوریه را خالی از نسل جوان و پتانسیل مخالفان کردها کرد" وامروزه هم فرقه تروریستی پژاک در روستاهای کردستان سعی در جذب نیرو دارد، اما با استقبال و مقبولیتی روبرو نشده. اوجالان در ابتدا سعـــی در تسلط بر هر ۴ منطقه کردنشـــین در کشورهای ترکیه و سوریه و ایران و عراق داشت، اما سخن عدنان مفتی (از مقامات اتحادیه میهنی کردستان عـــراق) جالب توجه است که "اول با ایران همکاری داشت و در عراق هم علیه صدام، ۱ گلوله شلیک نکرد" و اوجالان پس از حمایت سوریـــه، پشتیبانی نظامیان تندرو ترکیه را بـــه دست آورد و وقتی سخنان حاج احمدی منتشر شد، کسی نمی‌دانست که شاخه کردستان ایران، یعنی چه؟... کردستان ایران چرا باید طرفدار و پیرو اوجالان باشد؟ آن هم کسی که موقع دستگیری‌اش در برابـــر دادگاه ترکیه، گفت: من ترکم!.... حتی زبان کُردی نمی‌داند، چرا باید رهبرکُردهای ایران باشد؟...

براستی هنوز هم نمی‌شود درباره گروه مسلح پژاک نوشت؟، با وجود این اخبار رسانه‌ای، امروزه چه سخنی برای نسل جوان کردستان دارند؟ کوهستان قندیل با آرمان‌های موهومـــش، فرو می‌ریزد؟ شاید برگ‌های تاریخ، سخنی دیگر بگویند!... حاج احمدی برای کردستان، چه سخنی تـــازه‌ای دارد و یا اینکه کردستان و آرامش وامنیت آن را فدای ماموریت مافیایـــی خود می کنـــد؟، براستی چه بایدگفت؟، آیـــا مطرح کردن این پرسش‌ها، دشمنی با کرد وکردستان است ؟اما این همه شتاب و خشونت و شعار برای اثبات چیست؟، دو سه دهه هزینه دادن مردم کُرد به خاطر اتهام به همکاری با کومله و دمکرات کافی نیست، که امروزه هم ترقه بازی گروه مسلح پژاک برای مردم کردستان، این تهدید امنیتی را به ارمغان بیاورد؟ الان که نسل قبل از ما می گویند شانس آوردیم که چپ‌ها وکمونیست‌ها در ایران، قدرت را به دست نگرفتند، آیا نسل جدیدکردستان هم می‌تواند بگویدکه شانس آوردیم گروه مسلح پژاک اختیارکنترل کردستان ایران را در دست نگرفته؟، حال کاری به بودن یا نبودن جمهوری اسلامی نداریم، فرضاً دوران هخامنشی است یا نادر شاه افشار و یا کریم‌خان زند و یا رضا شاه اول، آیا امنیت و آرامش کردستان، قربانی مافیای گروه مسلح پژاک نشـــده؟ بودن یک فرقه تروریستی مانند پـــژاک جز منافع خودشان چه فایده و سودی برای کردستان دارد؟ این همه استعدادهای جوان آرمانگرا و احساســـی، چرا باید قربانی گروه مسلح پـــژاک شود؟ و یا مادرانی که منتظر اعدام جگـــرگوشه‌های فریب خورده‌شان هستنـــد، نمی‌توانند در بغض گلویشان فریاد برآورندکه عملیات ایذایی و نظامی برای آزادکردن کردستان است یاکسب سود قاچاق مواد مخدر در پناه ترور؟... نسل جوان هوشمند و فرهیخته و صادق، آینده‌ساز مملکت، چرا هزینه شما را بدهند؟ هزینـــه کوتوله‌هایی شیادکـــه ازکُرد و کردســـتان سوءاستفاده‌ها می کنند، هجری، شرفی، حسن‌زاده، گادانی، برادران مهتدی، علیزاده، ایلخانی‌زاده،

قطبی، حاج احمدی، علی قاضی، یزدان پناه و... آفت‌ها و سم‌های تاریخ معاصرکُرد وکردستان نیستندکه جریان فکری نسل جوان کرد را در جهت مطامع‌شـــان مسموم می‌کنند؟ مثل بارزانی در جهت مطامع اسرائیل کار کنند و خود را عین کُرد وکردستان بنامند، یعنی کردستان این‌قدر سرزمین کوتوله‌ها شده است و نسل جوان هم مردگانی بی‌تحرک؟... اما یقین دارم که نیک می‌دانند "فریبت می‌دهند این سرخی بعد از سحرگه نیست"! و...

و چـــه کسی بهتر از حاج احمـــدی و مافیایش، که آرام و بدون غلیان احساســات و آسمــان و ریسمان بهــم بافتن و توهــم، پاسخگوی این پرسش‌هـــای ابتدایی در هر ذهن پرسشگرکرد وکردستان باشند؟ نه آن‌که هوادارانـــش را مانند سگ‌هار در رسانه‌های مجازی رها کندکه تا پاسی از نیمه شب واق واق کنند، من مأمور وابسته به ناکجا آباد هم نیستم، اما مهم، شک کردن و پرسشگری اســـت... دنیای امروز، دنیای ترساندن و فحاشی و اتهام زنی نیست، دنیای منطق است وگفتگو و من مورخ درباره گروه مسلح پژاک درآینده چه بنویسم؟ شما هم مثل جمهوری اسلامی و هر حکومتی و هر حزب وگروه و سازمان دیگری در جهان، میهمان تاریخ هستید، که دیر یا زودش دیگر مهم نیست، درباره فرقه تروریستی پژاک چه باید نوشت؟ چه گفت؟ در این ۷ سال، چه دستاوردی برای مردم شریف و نجیب کردستان داشته‌اید؟... هر تهمتی می‌زنید، مهم نیست دیگر... در عین احترام و ادب وکُرنش به مردمان سرزمین مادری‌ام، حق دارم از شما مغول‌های تاراجگر و پر فریب سرزمینم، پرسش کنم...!...

انگـــار عبدالله، بسیاری از این مـــوارد را شنیده بود و شاید هم نکاتی برایـــش تازه بود، اما هر چه بود خوشـــش آمد و من هم حرفش را تأئید کردم که این جماعـــت در آینده کردستان، هیچ جایگاهـــی ندارند... و فقط امامزاده‌هایی مانند نوری‌زاده به دفاع از تروریست‌هایی مانندکومله

و دمکـــرات و پژاک برمی‌خیزد، مشهـــور است که حقوق بگیر تلویزیون مهتـــدی وکومله است، و با استخبارات عربستان هم نان و نمک دارد... شرم را خورده و آبرو را قی کرده... حتی می گویند روزگارانی هم مسئول سردبـــیر روزنامه الدستور حزب بعث عراق بـــود... اما جالب این که در رسانه‌ها، به دوستی‌اش با این گروه‌های تجزیه طلب و تروریست، مفتخر است... دیگرکجاست آن شرف و اخلاق ایرانی و انسانی؟!... روزگاری در بهار ۱۳۵۸، نشریه امید ایران را منتشر می کرد، سردبیرش بود، روی جلد عکـــس «حمید اشرف» را می گذارد و می‌نویسد «فدایی کبیر»... یک چریک فدایی خلق دیوانه و تروریست... امروز در حلقه لندن، هم پیاله با فرخ نگهدار است... واقعاً حکایتی است و او هم پدیده‌ای!!

عبداللـــه مومنی را دوست داشتم. آدمی اهل گفتمان بود. گاهی به من می گفت ناراحت نباش، بی‌خیال باش!... می گذره این دوران حبس!... من هم می گفتم: کی؟ چرا؟... می‌خندید فقط!... و می گفت: بمون با هم بکشیم، کجا می‌خوای بری؟

به قول شفیعی کدکنی:
تو درین انتظار پوسیدی
که کلیدِ رهایی‌ات را،
باد،
آرَد و افکند به دامانت...

از عبدالله خداحافظی کردم. وقتی هم می‌خواستم به دستشوئی بروم دیـــدم در راهرو و دم در اتاق ۹، سلطانی با رئیس دانا مشغول حرف زدن است تا که با من آشتی کند اما تا دیدم‌شان با گفتن سلامی به سلطانی، رد شدم و فقط صدای گوش خراش و لات مسلکی رئیس دانا را می‌شنیدم که می گفت: به تاریخ مبارزاتی ما توهین کرده؟... چپ چیپ عقده‌ای!... کدام مبارزه؟، لابد مبارزه زیر لحاف؟... حیف از شفقت و مهربانی یک آدم باشرف و صادق مانند سلطانی که وقتش خرج این لات بی شخصیت می‌شود...

۳۷

شنبه ۱۴ مرداد ۱۳۹۱

ساعت ۷ صبح از خواب بیدار شدم. امروز روز ۳۷ام است و مرا یاد ۳۷ روز نخست وزیری شاپور بختیار می‌اندازد.... که در "نشریه مهرنامه" درباره‌اش گفته بودم دفاعیه از شاپور بختیار و مصدق السلطنه، توهمی بیش نیست و حقایق مهم بهتر است با بازکاوی، مطرح شود «روحیه ریاکاری و تفکر نوکرمآبی شاپور بختیار؛ همکاری نزدیک با جرج براون (وزیر خارجه‌ی سابق انگلیس) و صدام حسین و تشویق او به حمله نظامی به ایران؛ مرکز رادیوئی بختیار در عراق؛ دریافت پول از شرکت نفت ایران و انگلیس؛ توصیه شرکت نفت برای وکالت بختیار در مجلس؛ استخدام درکارخانه شیشه قزوین بنا به خواست اسدالله رشیدیان با حقوقی ماهی بیست‌هزار تومان؛ نقش بختیار در اعتصابات دانشجویان دانشگاه تهران و حوادث اول بهمن ۱۳۴۰ و دخالت بختیار در این اعتصابات؛ نخست‌وزیری بختیار با واسطه‌گری فرح دیبا، ناصر مقدم و جرج براون» نکاتی نیست که غافل شویم.

یاد بی‌شرمی و بی‌اخلاقی علیرضا نوری‌زاده افتاده بودم که درکیهان

لندن نوشته بود «رژیم جمهوری اسلامی اما با تحریف این همه افرادی راکه عاشقانه وطن‌شان را دوست داشتند یکسره با تصویری مسخ شده در صف دزدان و خائنان و نوکران بیگانه جای می‌دهد و مؤلف جوانش نیز به جان آبرومندان تاریخ صد ساله می‌افتد تا هنگام تقسیم جایزه تحریف تاریخ از عباس سلیسی‌نسین و داماد قربانعلی ماستبند دری نجف‌آبادی و ناصـــر پورپیرار عقب نماند. کتاب راکه خواندم دلم گرفت»... اما روزی کـــه برادر نوری‌زاده مُرد از عراق بـــه او زنگ زدم و تسلیت گفتم... این انســـان فرصت‌طلب و بی‌چشم و رو، ذاتاً معنی انسانیت را نمی‌داند؟... نوکر عربستان شده...

رسانه‌هـــای داخل ایـــران هم در تهـــران مدعی شده بـــود که «مرکز پژوهش‌هـــای ایران و عرب یا CIAS» با حمایت مالی عربستان، توسط جعفـــر رائد بنیادگذاری شـــد و بالطبع این جلســـه قومیت‌ها هم برگزار می‌شـــود. [درباره جعفر رائد هم در اینترنت چنین آمده است که پس از تحصیلات دانشگاهی و عضویـــت در سازمان فراماسونری به استخدام وزارت امورخارجه ایران درآمد و به عنوان یک دیپلمات، فعالیت دولتی خود را آغازکرد. در طول دوران خدمت خود به کشورهای عراق، سوریه، اردن، لبنان، یمن و عربستان رفت. آخرین مأموریت رائد در عربستان بود، وی در۶ دی ۱۳۵۰ به عنوان سفیر شاه در دربار عربستان رفت و در هنگام اقامتش، موفق به ایجاد رابطه ای صمیمانه با ملک فیصل، پادشاه وقت عربستان، شد تا جایی که ملک فیصل از شاه خواست تا مأموریت وی را تمدیدکند. شاه این درخواست را پذیرفت و رائد تا بهمن ۱۳۵۷ سفیرکبیر ایران در عربستان بود. پـــس از پیروزی انقلاب، رائد به انگلستان رفت و بـــا عربستان هم مراوده داشت. ابتدا با پول عربستان «مرکز الدراسات العربیه- ایرانیه یا مرکز پژوهش‌های ایـــران و عرب یا CIAS» را برای تبلیغـــات عربستان در لندن ایجـــادکرد و چندین نشریه عـــرب زبان در

کشورهای اروپایی سازماندهی کرد. یعنی با بودجه عربستان مجلاتی با نام «الموجز» و «المجله» راکه موضع ضدانقلاب ۱۳۵۷ و ضدشیعه داشتند در تیراژ وسیع منتشر می‌ساخت. براساس نوشته هفته نامه کیهان، چاپ لندن (شماره ۵۳۸، به تاریخ ۱۳۷۳/۱۰/۱۵) وی با هدف بهره‌برداری از مسایل نژادی و دامن زدن به اندیشه قوم‌گرایی مانند پان‌عربیسم به تکاپو برخاست و افرادی را در جهت اهداف عربستان بسیج کرد و بدین جهت در نخستین گام «موسسه مطالعات ایران و اعراب» را در لندن پایه‌گذاری نمود. و رائد در فعالیت‌های پس از ۱۳۵۷، نگاه ویژه‌ای به روزنامه‌نگاران ایرانی اپوزیسیون داشت و به جذب و جلب عده‌ای از آنان (نوری‌زاده، اسماعیل پوروالی، نصیر امینی و مهرداد خوانساری و...) همت گماشت. نشریه عرب زبان الموجز عن ایران را راه‌اندازی کرد و به نوری‌زاده سپرد و پس از آن ماهنامه فارسی زبان روزگار نو را به مدیریت اسماعیل پوروالی تأسیس نمود و بخشی از سرمایه لازم برای انتشارهفته نامه نیمروز (مخارج انتشار ۱۵۰ شماره اولیه) را هم عربستان تأمین کرد و در اختیار پرویز اصفهانی گذاشت. این دیپلمات مسلط به زبان عربی و دارای پاسپورت دیپلماتیک عربستان، بعدها در لندن در دی ماه سال ۱۳۷۳ / ۱۹۹۴ درگذشت»...

آن‌چه درباره رائد از احمد سمیعی معاون منوچهر آزمون هم شنیده بودم، این است که [وی در لندن فرزندان پادشاه عربستان را سرپرستی می‌کرد. با کسروی حشر و نشر زیادی داشت. از مقامات بالا دستور داده بودندکه مأمور توزیع کتاب ۲۳ سال علی دشتی به روسای کاروان‌های حج شود. کتاب فوق را "گلدزهیر" یهودی نوشته بود مبنی بر این که پیامبر اسلام ۲۳ سال سلطنت کرده است و علی نقی منزوی این کتاب را به دشتی معرفی می‌کند و تحت عنوان ۲۳ سال منتشر می‌کند، اما کتاب در واقع به منزوی تعلق داشت و پس از انقلاب حزب توده تحت عنوان درس‌هایی

از اسلام بـــه اسم خود منزوی منتشرکرد که در رسانه‌ها آمده است که در سال ۱۳۵۹ علی‌نقی منزوی به توصیه آیت‌الله خمینی دستگیر شد، یکی از اتهامات منزوی تألیف کتاب بیست و سه سال (کتابی انتقادی درباره زندگی محمد پیامبر عرب) بودکه بر اثر همکاری او با علی دشتی شکل گرفته بود. و در زندان اوین هم مورد بازجویی عبدالکریم سروش (حسین حاج فرج دباغ) و هـــادی خامنه‌ای قرار می‌گیرد (بنا به مصاحبه من و مرحوم منزوی ـ که البته نمی‌خواست این نکته تا روز مرگش افشا شود).]
بنابراین مهم‌ترین مساله دوران سفارت رائد در عربستان، توزیع این کتاب ۲۳ سال بوده و جالب این‌که خود در برابر شاه عربستان دست به سینه و غلام‌وار می‌نشیند و بـــرای دل خوشی شاه، هر ازگاهی برای غبار روبی کعبه، جارو به دست می‌شود!...

از فکر نبش قبر شاپور بختیار و توهم نوری‌زاده بی‌شرم رها شدم... یادم هست بعدها برایم نوشت مثل پسرم می‌مانی وگوش‌ات را می‌کشم، مداد لای انگشتت می‌گذارم و دیگر مزخرفات از این دست... انسان به پسرش توهـــین می‌کند؟ و او را با حُسینیان، هم پیاله می‌کند؟... وقتی از پادشاه ظالـــم و خونخوار آل‌سُعود در عربستان یـــاد می‌کند انگار از یک فعال خیرخواه صلح مهاتما گاندی یاد می‌کند... به خاطر پول نمی‌گویدکه در عربستان چه خبر است... چه جنایاتی می‌کند این شاه ظالم آل سعود... و چقدر ضد ایران و ایرانی است...اماکجاست شرم و حیا؟...

داخل حیاط بند ۳۵۰ رفتم و با سیاوش حاتم (از بچه‌های دفتر تحکیم وحدت و دبیر سابق انجمن اسلامی در دانشگاه همدان) کمی پیاده‌روی می‌کردم. خـــودش و پدرش بارها گفته بودنـــد که صدور چنین حکمی غیرقانونی اســـت، اما کوگوش شنوا؟ کدام قضا وکدام قانون باید سخن راند؟

همچنان در حیاط بودم که ساعت ۱۱، یکی از پیرمردهای بندکه خودش

و فرزند و همسر و عروسش به خاطر رفتن به کمپ اشرف و دیدار از جگر گوشه‌های‌شان به اعدام محکوم شده بودند، مرا صدا زد وگفت: من در اتاق ۹ دیدم که ۵ میلیون تومان پول نقد است که کسی نمی‌داند چگونه در حساب واریزکند... اتاق ۷ می‌دانی که چگونه خوراکی‌ها را روی هوا می‌زنند و می‌قاپند؟ این آقایان میردامادی و رجائی و عرب‌سرخی و بهشتی و مقیسه چه می‌کنند؟... از ۵۰۰ گرم زعفران گرفته تا میوه خشک...

من هم فقط بله! – بله! می‌کردم... انگار دادگاه است و لایحه می‌نویسند... اما یک حرفش به دلم نشست، گفت: "کدام اصلاح‌طلب پسرم؟، یک عده آدم مشنگ و بی‌خرد و دروغگوکه فقط درد قدرت دارند، عوامفریب‌اند، فقط دوست دارند اُردنگی بخورند اما مطرح باشند و به بازی گرفته بشوند، صرفاً فاحشه امتیازگرفتن هستند، هیچ چیزی هم برایشان مهم نبوده و نیست" و... بهرحال بعد از چند دقیقه متوجه شدکه گوش مفت گیر آورده، ساکت شد و رفت... سپس قنبری کنارم نشست و خواست با خط خوش، برایش یادگاری بنویسم... من هم نوشتم... در این لحظه بود که رسول، هم اتاقی‌ام، ازکنارم رد شد و من هم نزد قنبری از غذای خوشمزه‌اش که قفقازی نام داشت، تعریف و تمجیدکردم و بعد رسول کنار دستم نشست وگفت که به اتهام ارتباط با سازمان موساد در آذربایجان دستگیر شده و به اتهام جاسوسی برای آن‌ها... اما هرچه بود یا نبود، انسانی خوش ذوق و هنرمند و باشخصیت بود و بسیار هم مودب و مأخوذ به حیا...

امروز هم خبری از علائی نبود... یارو جوانک نماینده حضرات نابغه وزارت اطلاعات هم نیست... بچه‌ها به شوخی می‌گویند از دست عرفان رفته و استعفایش را نوشته... هر روز می‌گفتم، "آقا سلام علیکم!، چه خبر؟"... ظاهراً قبل از من کسی سراغش نمی‌رفت... اما من دست بردار نبودم...

عصـــر مقیسه، وکیل بند، مـــرا دید که دوباره بی‌تـــاب و بی‌قرار روی صندلی‌هـــای راهرو نشسته‌ام و چشمم به در است... آمد و گفت: دوباره نامه بنویس! همچنان مرا به پیگیری و سمج بازی تشویق می‌کرد...

۳۸

چهارشنبه ۱۸ مرداد ۱۳۹۱

امروز حس و حالم خوب بود... می‌گفتند ۷-۸ نفر می‌روند مرخصی و از ته دلم می‌گفتم که انشالله اسم من هم داخل لیست باشد... اما اسم هـــرکه را خواندند، من نبودم و ۵-۶ نفر به مرخصی رفتند که اکثراً از هم اتاقی‌های من بودند...

کبوترهــای بالای حیاط بند ۳۵۰ را نگاه می‌کردم... سلطانی آمد و با مهربانی‌اش گفت، این دیوان حافظ را بده که برایت یک فال بگیرم و این شعر را با صدای نازنین‌اش خواند:

سحرم دولت بیدار به بالین آمد

گفت: برخیزکه آن خسرو شیرین آمد

قدحی درکش و سرخوش به تماشا بخرام

تا ببینی که نگارت به چه آیین آمد

گریه، آبی به رخ سوختگان باز آورد

ناله فریادرَس عاشق مسکین آمد

مرغ دل باز هوادارکمان ابرویست

ای کبوتر! نگران باش که شاهین آمد
ساقیا! می بده و غم مخور از دشمن و دوست
که به کام دل ما آن بشد و این آمد
رسم بدعهدی ایام چو دید ابر بهار
گریه‌اش بر سمن و سنبل و نسرین آمد

این غزل مرا یاد آن شب‌هایی انداخت که سال‌های قبل در سعادت‌آباد بـــه خانه دکتر بهمن می‌رفتم و استاد رامبد صدیف، همین غزل را با آواز می‌خوانـــد به شیوه‌هـــای آوازی اساتید بزرگ موسیقـــی ایران از جمله ابوالحسن اقبال آذر و عبدالله دوامی. (که سال ۱۳۶۸ هم به نام ترجیع‌بند در تـــالار وحدت تهران با همراهی مجیدکیانی برگـــزارکرده بود). با آن تحریرهای منحصر به فرد و بسیار متنوع، مرکب خوانی و بداهه خوانی به صورت همزمان، که به اصطلاح ابداع گرانه‌اش مرصع خوانی می کرد... از هم‌وطنان خوش قلب و باصفای اردبیلی...

در حیـــاط برخـــی از بچه‌ها، دیـــگ می‌شورند و گروهـــی هم فرش اتاق‌شان را... کمی با شعله سعدی درباره اصولگرایان و انتخابات آینده ریاست جمهوری ایـــران در بهار ۱۳۹۲ حرف زدیـــم، اما وی چندان به قضیه، خوش‌بینی نداشت... چرخش اصولگرایان از «شرط گذاری» به «حضـــور حداکثری» هم بی‌فایده است شاید... اما دورنمای انتخابات ریاست جمهوری سال ۱۳۹۲ در ایران تاریک است؟
گروهی هم دور هم جمع شده‌انـــد و خبرهای رادیو فردا را با صدای بلند برای همدیگر می‌خوانند، اما مـــن نزدکرمی آمدم و خبرهای رادیو فردا را در آرامش می‌خوانم: تاج‌زاده (از زندان دیوار به دیوار ما) به وزیر خارجه حکومت نوشته کـــه: به جای حراج کشور واقعیات جهانی را به

رهـــبر بگویید، (هنوز هم مانده‌ام کسی مثل او یا گنجی چگونه از زندان، چنین کارهایی می‌کنند؟ چرا دیگران نتوانسته‌اند؟)... کسانی که گفته‌اند خامنه‌ای هنگام تولد «یا علی» گفتـــه، مزخرف می‌گویند،... مخالفان بشار اســـد و ظاهراً فضای «عدم اعتماد» به جمهـــوری اسلامی ایران چندگروگان ایرانـــی در سوریه را «بازنشسته سپاه و ارتش» دانسته (اما کســـی نمی‌پرسد آن‌جا چه غلطی می‌کنند؟... به هر حال ایران دست به دامان ترکیه شده، ظاهراً)... مقامات ایران به همراه اسد بر «دموکراسی و احترام به انتخاب مردم» در سوریه تاکید فرموده‌اند (شاید ربوده شدن ۴۸ ایرانی در سوریه حاوی پیام‌هایی بوده... الله اعلم!)،... بخش خصوصی ایـــران زیر فشار شدید تحریم‌های خارجـــی،... کانادا از استرداد خاوری خودداری می‌کند،... جنبلاط گفته: قیمت مرغ در تهران از قیمت موشک گران‌تر است،... تیراژ پایین نشریات در ایران، خط قرمزها و چرخه معیوب اقتصادی؛... کمیسیون اصل نود مجلس ایران گفته مرتضوی باید برکنار شود... (معلوم نیست که چه کسی در پشت این یاروست؟)؛... نبود امنیت شغلی برای کارگران ایرانی؛... ۲۰۰ فعال مدنی خواستار تلاش بان گی‌مون بـــرای آزادی زندانیان سیاسی در ایران شدند؛... در بیش از ۶۰ دانشگاه کشور طرح تفکیک جنسیتی اجرا خواهد شد. (مثل احمق‌ها)؛... قیمت دلار در بازار آزاد ایران از مرز ۲۱۰۰ تومان گذشت؛... نخست‌وزیر سوریه برای پیوستن به مخالفان به اردن گریخت؛... رفسنجانی گفته: کشور نباید بـــه اقتصاد مقاومتی می‌رسید (ظاهراً خلاف خامنـــه‌ای حرف زده)؛... قطع درختان پارک جنگلی ناهارخوران گرگان برای ساخت «موزه دفاع مقدس» و...

درگرمـــای تابستان، اتاق‌ها به طور طاقت فرسائی خفقان‌آور می‌شود. درگوشـــه‌ای از حیاط نشسته بودم و یکی از شعارهای ریزکه روی آجری نوشته بود نظرم را به خود جلب کرد. ظاهرا اگر در حیاط شعار تندی داده

می‌شد تنها او نبود که عقوبت می‌دید، مابقی هم بی‌نصیب نمی‌ماندند. در این حین با هادوی دمخور شدم.

محمد امین هادوی (فرزند مهدی هادوی، اولین دادستان نظام) گاهی صبح‌ها با بهشتی و عرب‌سرخی فرشی را وسط حیاط پهن می‌کردند و با روحیه خاصی به نرمش می‌پرداختند. مهر ماه سال قبل از سوی مأموران در هنگام سفرکاری به دبی در فرودگاه دستگیر می‌شود. در بخش خصوصی فعالیت داشته و در اتاق بازرگانی بوده. در دوران بعد از انقلاب و شروع جنگ، از فرماندهان جنگ نامنظم تحت فرماندهی چمران بوده در فتح سوسنگــرد. چنین می‌نمود که بر پایه‌هایی از ایدئولوژیک باقی نمانده و علیه خامنه‌ای موضع گــیری و زاویه داشت. پدرش مدتی عضو شورای نگهبان قانون اساسی بــوده و بعد هم استعفا نوشته که: بعد از دو ماه و نیم به خاطر آخرت خویش استعفا داده و بعد به خاطر دستگیری پسرش محمدامین هــادوی نامه‌ای خطاب به وزیر اطلاعــات منتشرکرده بود. نامه‌ای خطاب به حیدر مصلحی، که نوشته بود: «هیچ دولتی نمی‌تواند مملکت را یواشکی و دزدانه اداره کند. تشکیلات رسمی نمی‌باید مانند دزدان مسلــح و آدم‌ربایان عمل کند. در هــرکجای دنیا برای دستگیری متهمین حکم قضایی نشان می‌دهند، اما در ایران دیگر چنین حکمی نشان داده نمی‌شود و مأموران هر رفتاری که بخواهند انجام می‌دهند. دستگاه قضا هیچ کاره است و قضات مأمور اجرای شما هستند».

گپ ما شروع شد. یک بار با وی شطرنج بازی کردم. اما انسان خوش حرفی بود. خوشرو می‌نمود اما رنگش پریده بود و وقتی که فهمیدکه به مطالعه تاریخی علاقه‌مندم، گفت: حاضر هم نیستم مزخرفات قالبی راکه در ایــن کتاب‌های سفارشی می‌نویسند، تکرارکنم و موضوع لوث شود. امــا این حضرات انگارکه اخلاق و انسانیت را خورده و خود را بی‌آبرو کرده‌اند و حتی اسلام را. حمایت بی‌قید و شرط از اختناق و مشارکت در

جنایت چه لطفی دارد؟

هادوی به افق شادی بخش برای آینده مشتاق‌تر بود اما انگار می‌خواست که ذهن مخاطبش را به ابتکار اندیشیدن راه‌های تازه تشویق کند، و این حرکتش تأثیر مطبوعی در من برجای گذاشت. گفت: این اعتقادات کورکورانه به قدرت و حاضر و ناظر بودن حضرات نابغه وزارت اطلاعات ماهرانه به خورد مردم می‌دادند و شاید برای منحرف کردن افکار عمومی که بهره‌برداری شود. به خاطر انگیزه‌هایی، برخی چیزها را لاپوشانی می کنند. اما حرف‌های‌شان دروغ محض است و واقعیت چیز دیگری است. اصولاً حضرات با خواست جامعه ما فاصله‌ها دارند. البته درباره حقایق هم قدری مبالغه شده. همین‌که قدری در سیستم کارکردید، متوجه می‌شوید که چی به چی هست. لابد حضرات می‌دانند ما کی هستیم و به چه اعتراض داریم. همکاری برپایه ترس و نه از روی اعتقادکه معمولاً بدفرجام است. این دشمنی و نفرت به سطوح پائین‌تر جامعه هم سرایت کرده. اما آب رفته به جوی هم باز نمی‌گردد آقای قانعی فرد. تنها مانده‌اند و بنایشان برآب است. یعنی نمی‌دانستند که این بدبختی دامنگیرشان می‌شود؟

هادوی با نهایت ادب و ابراز نگرانی، از فساد و نادرستی بیزار بود و حقایق عریانی از همین حضرات و جامعه را برمی‌شمارد و از آن کثافت کاری‌هایی که آن بالا بود که تا خرخره در فساد فرو رفته بودند. انگار زندان هم از فساد مصون نمانده بود. این همه فساد در اوین بود که درست زیرگوش حضرات بود اما به ظاهرکاری از دست آنان ساخته نبود. هیچ مجوزی برای مداخله در اختیار نداشتند. حرف‌های هادوی من را به یاد شوروی سابق انداخت. پس از هر اتفاقی اموال معترضان، مصادره شده و از خانه وکاشانه خود رانده شده بودند وکینه می‌ورزیدند و تشنه انتقام بودند و دستگاه به سربه نیست کردن کسانی پرداخت که خانواده‌هاشان

را نابود کرده بودند و این نفرت اولیه از سازمان امنیت مانند ک‌گ‌ب را پراکند پس از افشاگری‌های خروشچف کلیه کسانی که دست‌شان به خون آلوده بود از دستگاه ک گ ب رانده شدند.

در حیــاط هم آقایــی به اسم محمود دولت‌آبادی را تــازه به بند ۳۵۰ آورده بودند، سلامی کرد. انسان محترم و مودبی می‌نمود. شهرت و اسمی نداشت فقط نامش انسان را به یاد نویسنده کلیدر می انداخت...

۳۹

پنجشنبه ۱۹ مرداد ۱۳۹۱

امـــروز هم خبری نشد. اخبار سوریه در بند دهان به دهان می‌چرخد... اما من همچنان به دور از خُل وضعی‌ها، چشم انتظار سرنوشت خویشم... دیــدم روزنامه ایران هم خبر آزادی یکی از هم اتاقی‌های ما را نوشته که "الـف.ش. آزاد شده"... پسر بدبخت، شستشوی مغزی داده شده را این دولت احمدی‌نژاد چگونه مانند صدها نفر جوان ساده و محروم، فریب داده... (به قول دلا برویه: بزرگ‌ترین مصیبت برای یک انسان آن است که نه سوادکافی برای حرف زدن داشته باشد و نه شعور لازم برای خاموش ماندن!)

آمدم داخل اتاق و دیدم که همـــه ناهار خورده‌اند جز من... وقتی من ناهار راگرم می‌کنم به همه تعارف می‌کنم اما معلوم نیست این‌ها ازکدام قبیله یاجوج و ماجوج هستندکه حتی یک تعارفی هم ندارند... به هر حال به روی خودم نیاوردم...

عصر هم در داخل حیـــاط با دکتر مولوی بحث تاریخی می‌کردیم که امید هم‌اتاقی‌ام، ناگهان پرید وسط داستان و از فرقه دمکرات آذربایجان

در سال ۱۳۲۵ و نیز پیشه‌وری جنایتکار دفاع کرد!... ماجرای تأسیس و نابودی حکومت خودمختار آذربایجان توسط فرقه به بحران ایران که یکی از سرآغازهای جنگ سرد بود. تأسیس این فرقه بر اساس تصمیم دفتر سیاسی حزب کمونیست شوروی انجام شد و فرقه مورد حمایت شوروی قرار داشت... در تاریخ ۱۵ تیر ۱۳۲۴ دفتر سیاسی حزب کمونیست شوروی از میرجعفر باقراُف خواست که برای سازماندهی یک جنبش جدایی طلب در آذربایجان ایران و دیگر استان‌های شمالی ایران اقدامات لازم را بعمل آورد... عنایت‌الله رضا از جمله کسانی بود که عضو فرقه دموکرات آذربایجان بود که در شوروی اظهارکرد که تشکیل این فرقه (از اساس) خیانت بوده...

عصر هم در حیاط با محسن میردامادی بحث می‌کردم بیشتر درباره بحران تسخیر سفارت آمریکا (۴ نوامبر ۱۹۷۹) بود... سیاست آمریکا درباره ایران، آینده روابط دوکشور و بعد به برخی گاف‌های آمریکایی‌ها اشاره‌کرد... مانند ماجرای امیر عباس فخرآور...که البته بارها در واشنگتن از افراد مختلفی شنیده بودم که مثلاً متوهم یا شارلاتان است و تأیید سابقه فعالیت و مبارزات دانشجویی فخرآور در ایران، توسط فعالین مطرح دانشجویی از جمله افشاری و احمد باطبی به شدت مورد تردید قرارگرفته بود... هر چند افشاری هم خود از آن شارلاتان‌های بی‌اخلاق بود!

قبل از زندان چشمم به جمال گفتار و نوشتار افشاری، این مدعی آزادی و حقوق بشر، روشن شده بود و تصور ذهنی‌ام این بود که مثلاً در شب نامه‌ای حزبی و یا روزنامه کیهان منتشر شده اما دیدم نه در «رادیو زمانه، رادیوی حکومت هلند» که دور از جان! یا زبانم لال، برای دفاع از آزادی بیان و حقوق بشر در ایران» و به قلم علی افشاری، نوشته فحش‌نامه‌ای را منتشر می‌کند... و البته قطعاً بنا به تحریک سروش نوشته بود... زیرا همان‌طور که در تهران و مرکز تاریخ معاصر یکی از سخنران‌ها (حقانی)

انسانـــی متوهم بود و ابداً دانش تاریخی نداشت، افشاری هم با حقانی هم جهت شده بود و هر دو برای‌شان اولویت‌های فرقه‌ای – ایدئولوژیک و تفتیش عقیده مطرح بود که بالطبع برای پژوهش تاریخی، این امر کاملاً پـــوچ و بی‌معناست وانگهی، افشاری در این مطلب رادیو زمانه با همان آقا، هم‌داستان و هم‌صدا شده بود!، اما قضاوت تاریخی، دانش تخصصی می‌خواهد که افشاری و سروش، فارغ از آن بوده و هستند.

چـــون درباره "حسین حاج فرج دبـــاغ (یا همان سروش)" گفته‌ام که شادروان منـــزوی در مصاحبه گفته که این آقـــا، دورانی بازجوی زندان اویـــن بوده، شما شمشیرکشی را به خاطر دفـــاع از سروش (استاد هرزه زبـــان و هجوم) آغاز فرموده‌اید که البته اهمیتی ندارد. چه بخواهی و چه نخواهی، تاریخ خواهد نوشت که انقلاب فرهنگی در ایران، جز جنایت، هیچ سودی برای رشد و اعتلای فرهنگ و هنر ایران زمین نداشته. کاری به سفسطه کردن سروش و شما را هم ندارم، سروش شهامت عذرخواهی دراین باره و نقش محرزش را، نداشته و ندارد و ایرانیان را با بحث جعلی و بی‌سروته «روشنفکری دینی» سرگرم ساخته.

علـــی افشاری هم به شهـــادت همه دوستانش، کارمنـــد رسمی بنیاد مستضعفـــان انقلاب اسلامـــی در ایران و شرکت سایپا بـــوده، آن هم با حقوق عالی. اما هرگز درکارنامه خود به این دو نکته‌اشاره‌ای ندارد... در نشست‌هایـــی ضد ایرانی شرکت می‌فرماید. که قبلاً در باره یکی از آن‌ها در واشنگتن نوشته بودم جلسه اختاپوس‌ها!... با همه ادعاهای مبارزه در ایـــران، اما ممنوع‌الخروج نبوده و از فرودگاه، صاف و مستقیم به آمریکا تشریف برده.

یادم هست برایش نوشته بودم که «مثل شما نیستم که حرمت نان و نمک نداشته باشم، اما شما چون معامله‌چی و سوداگر هستید، حتی حاضرید مـــادر خانم خـــود (فریبا) را برای جلب یک خانـــم وابسته به گروهک

تروریستی و قاچاقچی مواد مخدر پژاک، وجه المصالحه قرار دهید و نزد ایشان هم از مادر خانم خود، بدگوئی‌ها بفرمائید. اما سوای این نکته غیر اخلاقی، مشکل هویتی هم داریدکه نشانه کمبود شخصیت و بی‌اخلاقی شما است، زیرا خود را به عنوان "یکی از رهبران جنبش دانشجویی ایران" معرفی می‌فرمائید آیا شما مگر دانشجوی ایرانی هستید؟، رهبری چه کسی را بر عهده دارید و اصلاً در ایران درکجای جنبش دانشجویی قرار دارید؟ (بماندکه واقعاً چنین جنبشی هست یا نیست ! و اگر هم هست برگرده جوانان پاک و زحمتکش و صادق داخل ایران است که هر هزینه‌ای را هم می‌پردازند). شما صرفاً یک فعال سیاسی اینترنتی هستید... چرا فکری برای ترخیص سند خانه فریبرز رئیس دانا نمی‌کنید که ضامن شما برای رهایی از زندان شد و چرا وقت مبارک خود را صرف گشت وگزار در سایت‌های اینترنت می‌فرمائید و به همه پرید!، اما این پیرمرد، باید آخر عمری بی‌خانه وکاشانه شود، این است دفاع از حقوق بشر؟، شما امروزه با اشک تمساح به فکر زندانی‌های ۴۰-۵۰ سال پیش افتاده‌اید؟، اما این پیرمرد از زندان آزاد شود که دیگر خانه وکاشانه‌ای ندارد.»

اما حیف از دفاعی که از شارلاتانی مانند رئیس داناکردم... قبل از زندان، نمی‌دانستم چه موجود خبیثی است؟!...

بعد از سخنان میردامادی و سیاست دوگانه آمریکا، در حیاط با شعله سعدی حرف زدم. و بعد هم با رضائی و عظیمی،که از فعالان ملی مذهبی بودند، اما واقعاً نمی‌دانم که در آینده ایران دیگر این گروه چه نقشی دارند و چه صیغه‌ای هستند، دمخور شدم...

شب هم به خوردن طالبی گذشت به جای شام البته... به شوخی کرمی می‌گفت: سیاست ریاضت اقتصادی و مقاومت اقتصادی است!... خانیان هم ضمن گاز زدن به طالبی و هورت کشیدن گفت: مقاربت اقتصادی!... بعد نیشش تا بناگوش باز شد!...

۴۰

جمعه ۲۰ مرداد ۱۳۹۱

صبح در حیاط قدم می‌زدم و ظهر هم نزد علی زاهد بودم... دوباره سرگذشت خود را برایم می‌گفت و براستی هم چه تلخ بود... انسان به خاطر پرداخت ۱۰۰ هزار تومان به اعدام محکوم شود...

در راهرو دوباره بی‌اختیار روی صندلی چشم به انتظار نشسته بودم که علیرضا رجائی عبور کرد و به متلک گفت: آژانس دم در منتظره؟ زنگ بزنم؟... بعدش می‌خندید و من هم لبخند می‌زدم. حمید مرادی، از دراویش زندانی و هم‌اتاق دکتر مولوی، از بهداری بازگشته بود و عصایی هم در دستش... پیرمردی مهربان، پر لطف، محترم و خوش‌اخلاق... براستی همه دراویش این خصایص را داشتند... عصر هم دوباره با عبدالله مومنی حرف می‌زدم و بعد با آقایان هاشمی و شیرازی... در حیاط هم دیدم که دور و بر خسروی نشسته‌اندکه به هر نوع ممکن که باشد با حضرات صحبت کند تا شاید از اعدامش جلوگیری شود... غلامرضا هر روز در حیاط که من از حمام بیرون می‌آمدم و حوله‌ام را رو به آفتاب پهن می‌کردم او را با قدم‌های استوار در حیاط قدم می‌زد و حیف بود

چنین جوانی ۴۶ ساله به خاطر سازمان موهوم مجاهدین خلق بالای دار برود... آن‌هم چه سازمانی، آش شله قلمکار رجوی... یادم هست وقتی برای سفر به اروپا رفته بودم، شنیده بودم چگونه زنان گریخته از این فرقه، مورد تجاوز قرارگرفته بودند. یکی مانند نسرین ابراهیمی، چه پرتویی به آن تاریک‌خانه انداخت و جریان نفله شدن و سوختن چه زنانی را باز می‌گفت!

۶ سپتامبر ۱۹۶۵ روز بنیانگذاری سازمان مجاهدین خلق؛ می۱۹۷۲ هم تلاش برای کشتن ژنرال هارولد پرایس، حمله به ایستگاه پلیس تهران، مجله این هفته، دفتر اطلاعات آمریکا، هتل اینترکنتیننتال، انجمن ایران و آمریکا، مقبره رضا شاه، و دفاتر جنرال موتورز، پپسی کولا، و شرکت نفت مارین؛ آگوست ۱۹۷۲ نیز بمب گذاری در سفارت اردن، کشتن سرلشگر طاهری، رئیس زندان؛ اوایل سپتامبر۱۹۷۲ – بمب‌گذاری در مرکز سازمان دفاع غیر نظامی، ایمپریال کلاب، فروشگاه شهرداری، محل نمایشگاه اداره صنایع نظامی، و مرکز تسلیحات پلیس در قم؛ ژوئن ۱۹۷۳ –کشتن کلنل آمریکایی لوئیزهاوکینز، بمب‌گذاری در ساختمان خطوط هوایی پان‌آمریکن، شرکت نفت شل، سینما رادیوسیتی، هتل اینترکنتیننتال، و یک شرکت صادرات، فوریه ۱۹۷۴ – حمله به ایستگاه پلیس در اصفهان؛ آوریل ۱۹۷۴ – بمب گذاری در دفاتر بانک عمران، شرکت نفت پان آمریکن، و ورودی سفارت بریتانیا؛ تلاش برای بمب گذاری در دانشگاه تهران؛ اواخر جون ۱۹۷۴ – بمبگذاری در پست ژاندارمری در تهران و دفاتر شرکت آمریکایی ITT؛ مارس ۱۹۷۵ –کشتن نگهبان زندان کمیته؛ می ۱۹۷۵ –کشتن کلنل های نیروی هوایی آمریکا جک ترنر و پل شافر ۳ جون ۱۹۷۵ –کشتن یک کارمند ایرانی سفارت آمریکا در تهران؛ ۲۸ آگوست ۱۹۷۶ –کشتن سه پیمانکار آمریکایی که با ارتش ایران کار می کردند؛ دسامبر ۱۹۷۸ – ترور شهروند آمریکایی پاول گریم،

مدیر اجرایی شرکت خدمات نفت ایران، در حین رانندگی به محل کار و... و حیف این جوان که فدای این دیوانه‌ها شود!

البتــه سر ماجرای کتاب ثابتی و جو ســازی رئیس دانا، چند نفری از سازمــان مجاهدین خلق وقتی با من روبــرو می‌شدند چنان تنفری علیه من ابــراز می‌داشتندکه بــاب هرگونه ایجاد رابطــه دوستانه‌ای مسدود می‌مانــد. یکی از آن‌ها دارای قدی متوسط و صورتی گرد و سری طاس بــود و قیافه‌ای بسیارکینه‌توز داشت و به قدری مغرور بود که حتی وقتی می‌نشست، به کسی که جلویش ایستاده بود، به نظر تحقیر نگاه می کرد. یکــی دیگرشان مرا به یاد یک شخصیت مشهور نمی‌اندازد. از نزدیک به وی نگاه کردم. سر طاس، پیشانی بلند، استخوان‌های برآمده گونه شبیه آسیائی‌ها و چشمانی که می‌خندید اما با حالتی وحشت‌زده در چشمانش. فرصتی برای جر و بحث نبود. اما در اشتباه بودند و من در این خصوص ترجیح دادم که ساکت بمانم و خونسردی‌ام را محفوظ بدارم. نمی‌بایست با آن‌ها دربیفتم. به همین نحو رفتارکردم تا دچار درگیری نشوم.

از جــر و بحث دست کشیدم و نشستــم و سکوت اختیارکردم... شاید کسی هم نمی‌توانست شنیدن مزخرفات قالبی و تکراری‌شان را تحمل کند. در این موردکوچک‌ترین شکی نداشتم که آن‌چه به آنان دیکته شده بــود، طوطی‌وار بر زبان می‌آورند. انگــار در آن‌جا حقیقت را نمی‌توان گفت. نوکرگوش به فرمان ارباب خویش بودند. سازمانی که آنان را گول زده و بــا تئوری‌های احمقانه دســت به سرکرده بود. یک دشمنی یک جانبه و ناروشن با اوهام داشتند. یک فعالیت تب آلود... باورهای جزمی برخی انسان را نمی‌تــوان براحتی زدود. هر چند در این مملکت انسان می‌توانــد رویای تحقق عدالت را داشته باشد. اما واقعا آزادکردن برخی انسان‌های نادان از زنجیر و بند تعصب و اوهام، مشکل است...

هرچــه بود، خیلی کج خلــق بودند. اما یکی از آنــان، آدم افسرده‌ای

نبود. مطبوع و خندان بود و با همه گرم می گرفت و حتی با حالت‌های هیجان‌زده، سرودهای میهنی را می‌خواند... انگار تفکر غالب داخل بند ایـــن بود که همه منتظر وقوع یک انقلاب یا تسویه خونین بودند... و در کنار این حرف‌هـــا، متوجه شدم که ترتیبات حفاظتی آن جا هم آنقدرها هم دقیق نیســـت. هرچند انتقال هرگونه کیف و... ممنوع بود. اما گاهی برخی می گفتند که اگر در جوف کـــارت شناسائی اسکناسی بگذاری، نگهبانان مربوطه اجازه داخل بردن برخی چیزها را می دهند. حضرات سعی می کردند که مبادا چیزی به بیرون بروز کند و اطلاعاتی فاش شود؛ در صورتـــی که هیچی هم وجود نداشت جز خبر اعتصاب و... اما گاهی بیانیه‌ای هم منتشر می‌شد که دیگر نمی‌دانم آن ازکدام سوراخ دعا صورت می گرفت. اما در واقع، زندانیان کاملاً آگاه بودند و اخبار را از مجراهای مختلف می‌شنیدند و تجزیه و تحلیل می کردند. گاهی هم اگر تلویزیون ایران و روزنامه چیزی خلاف تصور آنان می گفت یا می‌نوشت، در این‌جا بـــود که طوفان غـــیر قابل تصوری برپا می‌شد و با اصـــرار و ابرام تاکید می کردند که تصور آنان درست است.

صدای فحش‌های حردانی به همه، ذهنـــم را پرت کرد. البته ازکسی، کوچک‌ترین عکس‌العملی یا واکنشی بروز نمی کرد. چشمان نیمه بازش قیافـــه کین‌توزانه‌ای به او می‌داد اما سبک‌عقـــل می‌نمود. از طرز حرف زدنش معلوم بود که این‌جا رفتارش خیلی معمول است وکسی را متعجب نمی کند.

سراغ اخبار روز رفتـــم. اخبارها هم امروز اکثراً درباره سوریه بودند و من بی‌اختیار یاد شیطنت جوانی‌ام در سوریه افتادم که البته قبل‌ها در آبان ۱۳۸۶ ماجرایش را نوشته بودم. که به قسمتی از آن، این‌جا اشاره می کنم:

«یکـــی از نعمت‌هایی که در دوران شباب از جهان گرفته‌ام همین سفر کردن است وگاه دیدارهایم با چهره‌ها را صادقانه برای هم‌وطنانم بازگو

کرده‌ام. دوست دارم که با صدای بلند هر آن‌چه را دیدم بازگویم که همانا شرح حال پریشانی انسان‌های این دیار است. برای چند دیدار با مورخین سوری،امروز به شام- دمشق رسیده‌ام. سرزمینی است در آسیای غربی در حد فاصل دریای مدیترانه، سواحل غربی فرات، مرز شمالی حجاز، مرز جنوبی روم شرقی قدیم و ترکیه فعلی. که این سرزمین در حال حاضر شامل کشورهای سوریه، اردن، لبنان و فلسطین است.

در فرهنگ معین و تاریخ خلفا آمـــده است که: شام پس از درگذشت محمد، در سال چهاردهم هجرت در عصر خلافت ابوبکر فتح شد و باقی مناطق نیز به مرور زمان در عصر خلافت عمر تصرف شد. پس از شهادت علـــی، معاویه به حکومت رسید و شام را مرکز حکومت امویان قرار داد و تـــا سال ۱۲۷ قمری پایتخت باقی ماند. از آن پس عباسیان، حمدانیان، فاطمیان مصر، سلاجقه و عثمانیان بر آن دیار حکومت کردند تا این که در قرون اخیر پس از سلطه غربیان، این سرزمین از هم متلاشی و به چندکشور عربـــی تقسیم شد و مشهور است که «نام کنونی سوریه را فرانسویان پس از فروپاشی عثمانی و مستعمره نمودن این کشور از روی تاریخ کهن این بخش از جهان و آشوریان باستانی بر این سرزمین نهادند.

پیـــش از سلطه مسلمانان بر این کشور، اقوام مختلفی از جمله: سامی، آمـــوری، آرامی، مصری، آشوری، بابلی، یونانی، رومی و ایرانی که شاید گاه‌به‌گاه در این سرزمین سکنی گزیده‌اند؛ برای تاریخ، یادگاری از نشانه‌ها و یادگارهای تمدن و فرهنگ خود را به جای نهاده‌اند.

به شام آمده‌ام که گاه بویی از ایران و سرزمین مادری‌ام دارد؛ مانندکردها از تبار آریایی‌ها و آشوری و ارمنی که در میان عرب‌ها زندگی می کنند... اما چه زیستنی!... همان کردهای سیه‌روزی که در روزگاران خودکامگی بعث ســـوری هم در مرداب فقر و حرمـــان و سیاهی زیسته‌اند... مانند قامیشلـــی. که از مدنیت و شهرسازی دمشق و حلب و لاذقیه و حمص و

حماه و معمره النعمان فرسخ‌ها فاصله دارد... یاد شعر سایه می‌افتم که:

ارغوان!
این چه رازی است که هر سال بهار
با عزای دل ما می‌آید؟
که زمین هر سال از خون پرستوها رنگین است
وین چنین بر جگر سوختگان
داغ بر داغ می‌افزاید؟
ارغوان پنجه خونین زمین
دامن صبح بگیر
و ز سواران خرامنده خورشید بپرس
کی برین دره غم می‌گذرند؟

این‌جا هم، مانند بسیاری دیگر از شهرهای جهان عرب با خون بارها شسته شده است و چه بسیار جنگ شمشیر و نیزه و تصرف و سپاه و قشون‌کشی و اریکه شاهان و سلطه‌گری قدرت‌طلبان وکودتا و... به خود دیده است، حتا جنگ‌های صلیبی را و یا دوران گذر خونین کسانی چون نورالدین محمود زنگی، صلاح‌الدین ایوبی، ملک‌عادل ایوبی، ملک‌ظاهر بیبرس البندقداری، سیف‌الدوله حمدانی و...

به شام (دمشق) رسیده‌ام: به دیار غازی کنعان و الاسدها، همان شهری که پیغمبران جهان عرب روزگاری از آن گذشته‌اند و حتا اهل سنت علمای خود امام شافعی را از این بلاد برگزیده‌اند. در میان ۲۰ میلیون انسان زنده این سرزمین باستانی، تنها مستانه‌ای سوری همراه و ره‌نمای من شده است که از اقبالم، خوش الحان است، با صدایی صاف و بی‌خش، وحشی و رسا... قبلاً از «خسرو آواز ایران» شجریان بزرگ، شنیده بودم که سوری‌ها "اصاله نصری، شهد برمدا، لینا شمامیان و میاده بسیلیس" را

دارند... اما هرگه این جانانه سوری لب به آواز می‌گشاید «گریه شام و سحرم» یکی است مست از عهد شباب است و نشان از عقل و فرزانگی در کرشمه و رندی‌اش شاید نیست و یا من جز مستوری‌اش چیزی نمی‌بینم.

به شوق و اعجاز هم‌نشینی با او به عربی سخن می‌گویم وگرنه لایق اوست لسان عرب را زمزمه کردن!... گاه از شلوغی خانه‌اش اعتذار می‌کند، اما نزد من که منزل نیست، بارگه پادشه هم به چنین شکوهی نباشد... دکور خانه‌اش قدح و پیمانه است و جام و ساغر... هم‌چو من شیفته شراب است وگویی مجلس بزم و بانگ نوشانوشش هر شب به‌راه؛ در منزلی که بزرگی‌اش به اندازه دو پاره سنگ است و بزرگی دل صاحبش ازکران تا به کران، هم‌چو البرز...

شاید این همان آب پیکری است که روزگاری سعدی از این شهر شام گذشته‌اند او را به نگاهی آزموده‌اند و چه بسا سعدی که در روزگار سلطنت «اتابک ابوبکر بن سعد» به شیراز بازگشت، خواسته که میهمانش کند و به نام تحفه سوری به شیراز ببرد:

میلش از شام به شیراز به خسرو مانست
که به این اندیشه شیرین ز شکر باز آمد
سعدی اینک به قدم رفت و به سر باز آمد
مفتی ملت اصحاب نظر باز آمد
سال‌ها رفت مگر عقل و سکون آموزد
تا چه آموخت کز آن شیفته‌تر باز آمد
خاک شیراز همیشه گل خوش‌بوی دهد
لاجرم بلبل خوش‌گوی دگر باز آمد

اما شاید به یاد او در همین ایام دو اثر جاودان بوستان وگلستان را آفرید.

قیاس سخیفانه‌ای است، اما با سعدی در این سفرها چند تفاوت و تشابه دارم: او از شیراز به بغداد رفت و من هم؛ و او از بغداد به حجاز، شام و سوریه رفت و من هم و شاید سوریه او را پس از تحصیل، روانه سفر حج کرد، اما من ۱۲ سال پیش در روزگار دانش‌آموختگی‌ام حج رفتم... سعدی در شام به سخن‌رانی می‌پرداخت و من در شام لب می‌گزم که جز صدای سخن عشق گوشم را نیازارم!..

به شهری آمده‌ام که هم‌نسلانم فیلم «عمر مختار» کارگردان مشهور سوری (مصطفی عقاد) را دیده‌اند... به شهر شاعر بزرگ عرب، نزار قبانی آمده‌ام... در دمشق دروازه‌ها و بناهای رومی و دیوار بناهای تاریخی رخ می‌نماید.

سولاف خوابیده است و انگار در این سکوت شب، موجی خروشان از دریا گذشته است، در این چند روز از سیاست سخن نمی‌گوید هر چند پدرش را حافظ الاسد به زندان ابد محکوم کرد و اخرالامر از سرطان خون درگذشت و نوگل شکفته باغ زندگی‌اش را ندید. فقط کمی از گشایش اصلاحات اندک در دوران بشار الاسد سخن گفت، و من هم اصراری نکردم و چه بسا به صد سهو برگرداندم این شعر را که:

اندیشه مکن که شانه‌هایت سنگین شود

اندیشه مکن که ازکشیدن بار دیگران ناتوانی ....

و اکنون در نیمه‌های شبی آرام و صاف در شب قبل از میلادم: دارم شعری با ترجمه عبدالحسین فرزاد از «غاده السمان»ـ نویسنده، شاعر و متفکر سوری- را می‌خوانم که، جسارت زن بودن را وارد شعر عرب کرد:

زنی عاشق ورق‌های سپید

آمدم که بنویسم...

کاغذ، سفید بود

به سفیدی مطلق یاسمن‌ها
پاک، چونان برف
که حتا گنجشک هم برآن راه نرفته بود
با خود پیمان بستم که آن را نیالایم . . .
پگاه روز بعد، دزدانه به سراغش رفتم
برایم نوشته بود: ای زن ابله!
مرا بیالای تا زنده شوم و بیفروزم،
و به سوی چشم‌ها پروازکنم
و باشم. . .
من نمی‌خواهم برگ کاغذی باشم
دوشیزه و در خانه مانده!. . .

و امــا، امشب در میانه شب چه رقصی در میانه بود و چه طراوتی!. . . راستی انگار زیستن همین چند لحظه و سفر و دیدار است.. به قول شاعر: زندگی شاید همین باشد!»

گــاه در آن شب‌هــای دیجور زندان گروهــی از زندانیان عقیدتی، به بیت‌العباس می‌رفتند و صدای تجوید قرآن به گوش می‌رسید و گروهی هم آی‌پد و هدفون داشتند و ترانه‌های ترکی و عربی گوش می‌دادند و گاهی هم برخی از دانشجویان اشعار شاملو و... را می‌خواندند...

اما من با همان خاطره زیبا، به خواب رفتم... چشم انتظار فردا بودم...

۴۱

شنبه ۲۱ مرداد ۱۳۹۱

در حمام، سومین قالب صابونم نیز تمام شد. انگار روزها از پس روزها، به سرعت می‌گذرند. حیاط رفتم و جلوی آفتاب نشستم. ناگهان گفتند که "افرادی که حُکم شلاق دارند، باید بروند تا حکم‌شان اجرا شود"... سلطانی هم‌کنارم نشسته بود وگفت: "گاهی یکی از قضات مانند مقیسه (یکی از سه مرد خبیث دادگـاه انقلاب مانند صلواتی و پیرعباسی که به‌راحتـی آب خوردن حکم اعدام می‌دهنـد و درکمتر از ۳ دقیقه البته با پوزخنـدی بر لب، حکم ۱۵ سال زنـدان را امضا می‌کنند) خودش شلاق را به زندانی‌اش می‌زند و متوهم است که صواب اُخروی می‌برد... کـه حتی بعضی اوقات شلاق به خون زندانی هم آلوده می‌شود، اما او بـه دنبال منفعت‌طلبی و ثواب آن دنیای خـودش است"... براستی آیا روزگاری می‌رسدکه کسی این سه خبیث را دادگاهی و محاکمه‌کند؟

دوباره سراغ علائی رفتم و این بار شاید در دل سنگش اثرکند، اجازه داد تـا ۳ دقیقـه با پدرم حرف بزنم. تلفن راگرفتـم و صدای مردانه و جانسوز پدرم را شنیدم که گفت به تهران آمده و سندش را گرو حضرات

دادگـــاه انقلاب گذاشته... عرق شرم بر پیشانی‌ام آمد و خیس شد. از آن جوانمرد، خداحافظی کردم. طفلک ثمره زندگی‌اش بود و برای فرزندش چنین به گرو این حضرات نهاده بود... شاید جگرگوشه‌اش بودم اما هرگز برایش فایده‌ای نداشته‌ام، هر چند از صمیم قلب دوستش دارم و از همان نوجوانی از او بسیار نکته‌ها آموخته‌ام.

در حیاط، دکتر مولوی برایم تعریف می‌کرد که چگونه در بند ۲۴۰ این اســـتاد دانشگاه را درکنار یک لات اهـــل دروازه‌غارگذاشته‌اندکه مواد فروش بوده و بعد بازجو به دکترگفته که می‌خواهیم با این کار از خودت بیزار شوی!... بعد داستان موج و هیاهوی جریان انقلاب اسلامی ۱۳۵۷ ایـــران را برایم می‌گفـــت که مردم سوار موج شـــده بودند وکسی واقعاً نمی‌دانست چه خبر است و وقتی دیدندکه شاه قصد و اراده ماندن ندارد، همه خود را خفه کردند... روحیه ایرانی و فرصت‌طلبی و موج سواری... حتـــی خانم‌هایی بودندکه با پالتوی پوست و دامن کوتاه و ساکن شمال شهـــر، در جریان انقلاب اسلامی ۱۳۵۷ شرکت کردند و جنس جدید را نمی‌شناختند و درکنار دباغ و صباغ و بقال و... قرارگرفتند... بعد درباره اصالت سخن راند، که الان هم در بند ۳۵۰ ببینید چند نفر اهل بالای شهر هستند (و واقعاً هم شاید ۴ نفر نبودند) و اصالت مدنی و شهری دارند؟...

غـــروب هم با شعله سعدی بودم و از دعـــوای دوباره‌اش با هم اتاقی لاتش سخن راند، که گویا رئیس دانا وی را مأمور فرانسه خوانده بود!... اصولاً چپ‌ها عادت دارند همه را وابسته به جایی بنامند، خودش هم که هـــر روز عصر، می‌خوابیدکه لابد خواب استالین و لنین را می‌دید... بعد در حیاط داستان پرمشقت کاپیتان ملکی را شنیدم که چه بلاهایی سر او و فرزندش در ارومیـــه آورده‌اند. انسان باشخصیتی بود و شرح پریشانی روزگارش دل هر انسانی را به درد می‌آورد... در آموزش زبان انگلیسی به بچه‌های بند کمک می‌کرد...

به آشپزخانه رفتم. کاشی‌های آشپزخانه را شب قبلش با ابراهیم (دانشجوی فوق لیسانس زبان) شسته بودم اما پر از لک و چربی شده بود گرچه تهویه مطبوع داشتند اما طبق معمول کار نمی‌کرد. محیط به قدری کثیف و غذاها ناسالم بود که حال جنون به من دست می‌داد و ناخرسندانه زیر لب غرولند می‌کردم...

برای سرشماری وارد حیاط شدم. دم در یکی ایستاده بود که اسمش هیچ وقت در خاطرم نماند. یکی هم بود که به یک مردی بی‌رگ و ریشه می‌مانست که دوست داشت خودش را در گروه بزرگان جا بزند. واضح بود که جر و بحث با او نتیجه‌ای ندارد. جهل کامل سیاسی داشت.

گاهی در زندان کوچک‌ترین رفتارگاهی برایت مساله است. من هم واقعاً حس آرامش نداشتم. انگیزه و امیدم همان دلخوشی به عفوکذائی بود که البته نمی‌دانستم شامل حال من می‌شود یا خیر. حضرات هم انگار لذت می‌برند از این‌که شخص را در توهم و ترس و بلاتکلیفی نگه دارند...

وقتی به اتاق بازگشتم، کرمی را آشفته دیدم و انگار یاد رنج سرطان خانم و مرگ برادرش افتاده بود و جز همدردی کاری نمی‌توانستم بکنم... در این چند روز، اصلاً او را بی‌قرار ندیده بودم. همیشه سنگ صبور من بود و هر روز من بودم که به وی می‌گفتم: "حمزه! بی‌تابم!"...

خبرهای امروز هم نگران کننده بود: دو زمین لرزه پرقدرت آذربایجان شرقی را لرزاند... کلینتون هم گفته که هدف تحریم تازه مختل کردن ارتباط ایران، سوریه و حزب‌الله است و آمریکا هم تحریم‌های تازه‌ای علیه سوریه و حزب‌الله وضع کرده... اهود باراک، برنامه اتمی ایران و پیش‌بینی سقوط سریع اسد... افشای یک اختلاس دیگر در دولت نهم، این بار در بنیاد شهید... آمریکا هم گفته بر برنامه هسته‌ای ایران اشراف داریم.

روزنامــه مچاله شده کرمی را پیدا کردم که تهران امروز و کیهان درباره وی و نیک آهنگ کوثر نوشته بودند و من دیشب غفلتاً آن را مچاله کرده بــودم... بعدش درباره نیک آهنگ و اخلاق و رفتارش کمی فحش داد کــه گویا فردی خبیث و نامتعــادل و بی‌وفاست و... و من هم البته فقط می‌شنیــدم و واکنشی هم نداشتم و بعد در باره اوضــاع زندان و رفتار حضرات، می گفت که هیچ منطق و عقلانیتی وجود ندارد و معلوم نیست چه می‌شود، اما همه ما عید فطر می‌رویم!... شک نکن!... چون فضای جامعه ایران، التهاب دارد ...

یکی از بچه‌ها هم می گفت: "امیدوارم سیستمی در ایران امروز، حیات سیاسی داشته باشدکه حق انسانی نقد مخالفان را به‌عنوان یک شهروند پایمــال نکند، و منطــق تک قطبی و خودکامگــی وکینه‌توزی برکشور حکمفرما نباشد و مطبوعات و احــزاب و انتخابات بدون هوچی‌گری و تفتیش عقاید و بلندگوی قدرت شدن، فعال باشند اگر منظور برقراری و یا وجود دوران جمهوریت و مردم سالاری و قانونمداری است... کپی سازی دوران و عهد خلافــت و حکومت اسلامی دراین قرن جدید، به نوعی مشت بازی با سایه اســت و وارد دور باطل شدن... وگمان نکنم دستاورد رشد ۱۰۰ سال اخیر جامعه ایرانی اجازه چنین عقب‌گردی را بدهد و خود را رعیت و فرمانبر و غلام حاکمان و فرمانروایانی بدانندکه برای خود حق الهی و فراتر از قانون، قائل هستند".

با امید و کوروش پس از خوردن ناهار بحث داشتیم که کوروش پرسید مگــر روحانیت چه هزینه‌ای برای «جریان انقــلاب اسلامی» داده؟... گفتم: "بابا جان!، در واقــع، وقتی نویسنده‌ای، اثرش را خلق می کند و سپس در اختیار جامعه می گذارد به‌گمانم در جامعه جهان سومی که ما از آن برآمده‌ایم، بهترین سیاست، گوشه‌ای دنج نشستن و آرام گرفتن و دوباره خواندن و نوشتن است، یک بار در ایامی که هنوز ۲۰ سال داشتم، شادروان

محمد قاضی به من گفت: هرکسی حق دارد هر آنچه را می‌خواهد بگوید، اما در پشت گوش بگذار و چشمانت به سوی جلو باشد و هرکس هرچه گفت، خوب و بد، به جام می ببخش!... پس ازگفتار آن پیر مُراد، کم و بیش درکار حرفه‌ای‌ام ، بر آن رفتار باقی ماندم. و همیشه هم ابراهیم‌خان یونســی، مترجم همزبان تازه درگذشتــه‌ام، می گفت: «پسر جان!، یک ضربالمثل روسی می گوید وقتی در راهی به سوی مقصدی می‌روی، اگر بخواهی به پارس هر سگی برگردی و به پشت سر نگاه کنی، هیچوقت به مقصد نمی‌رسی.»... درکتاب خاطرات داستایوفسکی آورده بود. و من همواره مانندکرگدن سرم را پائین انداخته وکارم را می کنم.

دیگــر از شب عید ۱۳۹۱ هم که سکوت بیش از سه دهه پرویز ثابتی با این کتاب، شکسته شده بود، درگوشه‌ای ماندم و تنها نگاهم به هم‌نسلانم بودکه همراه من به بازخوانی و بازکاوی تاریخ معاصر سرزمین‌مان بنشینیم کــه چه شد و چه باید آموخت وکژ راهه‌هــا را بازشناخت. به دور از هر حــب و بغض ـ یاکارنامه و هویتی که نسل پدران ما هنوز هم گرفتار آن است و از آن حصار هم شاید هرگز بیرون نمی‌آیند، چون دیگر بخشی از هویت و فلسفه وجــودی ایشان است ـ به بازخوانی تاریخ و تطبیق آراء گوناگون پرداخت.

امــا رفتارهای عجیب و غریب گروه‌های درگــیر در ماجرای انقلاب اسلامی ۱۳۵۷ برایم قابل تأمل بود و از چپ‌های افراطی تا اسلامی گراهای دوآتشه، از مصدقی‌ها تا ملی‌مذهبی‌ها و از اول هم سایت‌های زنجیره‌ای داخل ایران، تریبون روحانیت و پیروان آیت‌الله خمینی شدندکه علیه این نویســنده وکتاب، موضع گیری شد و حتــی روزنامه جام‌جم در اقدامی غریب سعی بر آن داشت که تخریب را بیاغازد. و بعد به مرور ۱-۲ نشریه ویژه‌نامــه هم علیه این کتاب منتشر شــد و تنها ۲ مصاحبه از من بازتاب یافت: اعتماد و مهرنامه، که در اولی کل سخنانم درباره دهه ۱۳۳۰ و ۱۳۴۰

سانسور شد و در دومی هم سخنان بسیاری از افراد مخالف سرسخت ماجرا، منعکس شده بود و اطلاعیه هایی بود که از دفتر سید محمد بهشتی ـ که بنا به گفته ثابتی، رابط ساواک در آلمان بوده و بعدها مشهور به آیت‌الله بهشتی شده ـ و شجونی و ... در مخالفت و تکذیب با این کتاب منتشر می‌شد و البته یکی دو نشریه هم مانند اندیشه پویا آتش بیار معرکه شدند و دوباره شاید– به‌زعم من ـ یکطرفه به طرح موضوع پرداختندکه البته گله‌ها اهمیتی نداشت، پرداختن به موضوع مهم بوده و هست.

از ایجادگفتمان بدون احساسات و هیجان، استقبال می کردم. چون هدف من آشنائی‌زدایی بود و بس. (هرچندکه شجونی در محفل خصوصی گفته بود: ناز شستم و عجب چیزی بود؛ اما به‌طور رسمی عاقبت گفت: گول خورده‌ام) یا در این کتاب درباره سعیدی چنان گفته شد و شاهد از سخنان آیت‌الله منتظری آوردم که اکنون هم می‌بینیم که در کتاب شرح اسم (درباره زندگی خامنه‌ای) همین موضوع تلویحاً و ضمناً تائید شده. اما این پرسش پدید آمدکه اصلاً چرا همه مخالفان آن سیستم قبلی، حال از هر جریانی، این‌قدر حساسیت هیستیریک نسبت به ثابتی نشان می‌دهند، آیا یکی از دلایل‌اش مشهور بودن و رسانه‌ای بودن این شخصیت در آن زمان بوده است؟ یا چه؟ اما می گفتم این‌ها هم حق دارند حرف بزنند یا نه؟"؛ و با این جمله بود که همیشه خودم را آرام می‌کردم. و استاد نازنینم نادر انتصار هم همیشه می گفت: "سخنان هیچ کدام– نه ثابتی و نه معترضان– وحی منزل نیست؛ باز هم باید تلاش کرد... به این تهمت‌ها و برچسب‌ها و... هم توجه نکن، سند جدید بیاور برای اثبات گفته جدید!"؛ و باز هم این پژوهش ادامه دارد... که هم در سطح جامعه، ایجادگفتمان کند تا تاریکی‌های مانده در تاریخ معاصر ما و پستوهای غبارآلود ناروشن، عیان شوند.

درگفتگویم با دیگر چهره‌های امنیتی ایران در قبل از ماجرای انقلاب

اسلامی ۱۳۵۷ مانند منوچهر هاشمی، عیسی پژمان، حسن علوی کیا، مجتبی هاشمی، علی‌اکبر فرازیان، جمشید امانی و ... پرسش‌های ذهنی فراوانی درباره پرویز ثابتی مطرح شدکه ذکر آن‌ها را برای خوانندگان ارجمند در این سایت خالی از فایده نمی‌بینم. و این هم خلاصه‌ای از سخنان این اشخاص که شاید هرکدام از آن‌ها خود یک موضوع تحقیق جداگانه و مستلزم فرصت کافی برای پژوهشگران باشد. این ۱۱ نفرکه جزو افراد رده بالای ساواک بوده‌اند، معتقدند:

"دو سازمان مسلح چریک‌های فدائی خلق و مجاهدین خلق (برآمده از بطن نهضت آزادی) که هر دو وابسته به تفکرات چپی و اسلامی بودند در ایجاد انقلاب اسلامی ۱۳۵۷ نقش اساسی را برعهده داشتند و روحانیت بعدها این قصه را مصادره به مطلوب کرده... براستی روحانیت، تا چه اندازه در ماجرای انقلاب اسلامی ۱۳۵۷ هزینه‌ای پرداخت کرده است؟ براستی روحانیت در ساواک چندکشته داده و از واقعهٔ مسجد گوهرشاد مشهد در تیر ماه سال ۱۳۱۴ –که درکتاب‌های درسی نوشته‌اند ۲۰۰۰ نفرکشته شده– تا واقعه مدرسه فیضیه قم و اصطلاحاً قیام خونین ۱۵ خرداد ۱۳۴۲ و بعدها هم تا ۱۳۵۷، اسامی روحانیت کشته شده کدام است؟ اصولاً چرا امروزه جمهوری اسلامی در تبلیغات خود، ازکشته شدگان چپ و دیگر سازمان‌ها مثال می‌آورد؟ آیا در تهران امروز خیابانی به اسم جزنی یا حتی گلسرخی هست؟... غیر از امنیتی‌ها، بسیاری از جامعه‌شناسان و مورخان معتقدندکه روحانیت در ابتدا و میانه سده اخیر، بعد از نوسازی و مدرنیزاسیون ایران و آمدن دانشگاه و بالاتر رفتن سطح آگاهی و دانش جامعه و نظم اداری جدید، بیشترین ضرر را متحمل شد و بخش عظیمی از منافع اصلی خود را از دست داد و بنا به تحریک خوانین و اربابان زمین‌دار از اصلاحات اراضی از سایه به متن آمده و اسلام را دستاویز و ابزار تبلیغی خود قرار داده است و شاید حضور و فلسفه

وجـــودی روحانیت، چندان در جامعه مورد نیاز نبوده. روحانیتی که پس از ۱۳۵۷ اغلب به سوی بنیاد مستضعفان کشیده شدند و تا ایام طهماسب مظاهری، اکثراً درکارخانه‌ها و مراکز اقتصادی ایران را در اختیار داشتند، چـــه شهیدی را بـــرای واقعه سال ۱۳۵۷ فداکردنـــد؟... در همان بولتن محرمانـــه خبرگزاری‌ها (بولتن ۵ گانه) که به دعوای مهدوی کنی و هادی غفاری اشاره شدکه غفاری صراحتاً گفت: پدر من کی شهید شده؟، بلکه وی سکته کرده و مرده است و یا محمدرضا سعیدی که طبق گفته آیت‌الله منتظری به علت خونریزی بواسیر در زندان درگذشت. و یا بررسی شرح احوال اندرزگو، ما را به این نتیجه می‌رساندکه علت سوت وکف‌زدن مردم عـــادی در زمان کشته شدن وی در خانه مسکونی‌اش توسط مردم محل، چـــه پیامی داشته است و نمی‌دانم می‌تـــوان او را شهید روحانی قلمداد کـــرد یا خیر؟... در تلویزیون ایران که پخش شد. مثلاً معادی‌خواه (دائی کرباسچی، شهردار سابق) در پاسخ به یک خبرنگار در برنامه‌ای که سوال کرده "حاج آقا!، در زندان ساواک چطوری شما را شکنجه می‌کردند؟ یادتان هست که یک نمونه را ذکر بفرمائید؟"، می‌گوید: سیلی‌های متعدد خورده‌ام!؛ کـــه شاید اگر آن خبرنگار، به تاریخ معاصر علاقمند می‌بود، می‌توانســـت سوال کندکه کدام روحانی در سراســـر دوران ساواک – از ۱۳۳۶ تا ۱۳۵۷ – بهداری زندان را دیده است؟

شاید اگر حضور ثابتی نمی‌بود، چه بسیار استعدادها و افرادی که کشته می‌شدند و یا خانواده‌هایی که به خاطر فعالیت فرزندان‌شان تحت آزار و اذیت واقع می‌شدند. نمی‌خواست پدر و مادر و افراد درجه اول خانواده شخص، هدف باشند. مثلاً احمد اشرف – برادر حمید اشرف – با ثابتی دیـــدار می‌کرد و شام می‌خورد و حتی در استخدامش در سازمان برنامه مخالفت نکرد و البته در میهمانی‌ها هم خواهر اشرف را می‌دید وکاری به خانواده‌اش نداشت. جلوی خیلی از چیزها را می‌گرفت. مثلاً بنی‌صدر که

پدرش درگذشت ۵۰۰ هزارتومان – یا ۳۰۰ هزار فرانک – سهم‌الارث وی شده بود و ساواک همدان توقیف کرده وکیانپور وزیر دادگستری به ثابتی تلفن زده و ثابتی پا در میانی کرده و آزاد شده. که البته خروج ازکشور وی هــم با مداخله احسان نراقی نزد پاکروان صورت گرفته بود. خلاصه اگر ثابتی نبود –شاید شدت عمل‌ها علیه بسیاری از زندانیان بیشتر صورت می‌گرفت – او جلوگیری می کرد. مثلاً سال ۱۳۵۰ ـ در جریان برگزاری جشن‌های ۲۵۰۰ ساله شاهنشاهی با سپهبد مقدم (مدیر امنیت داخلی) که اصرار داشته که پدر و مادر عناصر شناخته شده و معتبرگروه‌های چریکی در طول جشن‌ها بازداشت شوند تا فرزندان آن‌ها دست به اقدام تروریستی نزننــد، ثابتی شدیداً درگیر شده وگفته است آن‌ها تاکنون با پدر و مادر و بستگان ما کاری نداشته‌اند ما نباید دست به چنین اقدام غیرقانونی بزنیم و بدعتی ایجادکنیم. ـ یا در سال ۱۳۴۸ موقعی که مقدم قصد داشته ۶۰ نفر از دانشجویان جوان دانشگاه پلی‌تکنیك را از دانشکده اخراج دایم کند، ثابتی با او سخت مخالفت کرده وگفته است اخراج دایم دانشجویی که با سختی فراوان وارد دانشگاه شده به معنی تشویق اوست که به گروه‌های تروریستــی بپیوندد. او (دانشجو) ترجیح خواهد داد ۲ یا ۳ سال زندانی شود تا از دانشکده اخراج دایم شود و بدین صورت، ثابتی مانع از اجرای این تصمیم مقدم می‌شود.

این موضوع که برخی ادعا کننده‌ها در آثارشان، مطرح می کنند مبنی بر این که ساواک سبب شد تا تحویل قدرت از شاه به روحانیت، سهل‌تر صــورت گیرد برمی گردد به بعد از بهــار ۱۳۵۷ که مقدم به دستگاه آمد. دستگاه ساواک هم از اواخر ۱۳۵۵ بنا به دستور خود شاه، کُند وکم کار شده بود. ثابتــی در ساواک – بخش امنیت داخلی همچنان به نظارت بر روحانیت تنــدرو یا رادیکال ادامه می‌دادکه یــا سوژه‌های مورد نظر یــا ممنوع‌المنبر یا تبعید می‌شدند و اصولاً چنــدان روحانیتی در زندان

نمی‌ماند. و اگر شاه مزاحم وی نمی‌شد، مراسم چهلم‌های پی‌درپی بعد از درگذشت فرزند خمینی، کار دست شاه نمی‌داد. ثابتی ضمن کنترل روحانیت، شأن آن‌ها و علاقه مردمان را هم در نظر می‌گرفت و این برنامه را ریخت که در سال ۵۷ دچار اخلال شد... همین بازرگان وقتی آمد فرانسه و با خمینی دیدارکرد، بعد به لندن رفت و برگشت ایران. خودش در همین بی‌بی‌سی گفت که با ماکاری نداشتند و تنها با جوانان برخورد می‌کردند، منظورش همین جوان‌های مغز شسته وابسته به چپ بود، غیر از این است؟... شاید ما با چپ‌ها برخورد داشتیم که طبق قانون مملکت ممنوع بود، اما واقعاً زندان برای اسلامی‌ها و مذهبی‌ها، هتل بود؟. در همین لندن من به شریف امامی بعد از انقلاب گفتم که تو به روحانیت پول دادی و متوقع کردی، حالا برو جواب بده!.

خمینی نقش اصلی را در شورش سال ۱۳۴۲ داشت که علیه اصلاحات ارضی بود. وقتی هم که رفت عراق، من یک بار مأموریت داشتم و معاون رئیس استخبارات به من گفت: آقا این کیست که فرستادی نجف؟ چه جور آدمی است؟... گفتم: یعنی چه؟، خمینی را نمی‌شناسی؟؛ گفت: نه... می‌شناسم، برایش خواسته‌ام کولر نصب کنم، یک تشکر هم نکرده... از این سخن این بابا و بعدها هم البته گزارش‌های متعددی که داشتیم، فهمیدم که واقعاً خمینی خودش را در اختیار صدام و رژیم عراق نگذاشته بود. حالا ما را بدبخت و در به درکرد، بماند. همین تیمور بختیارکه رئیس من بوده، پس از تیراندازی توسط عوامل ک گ ب (که البته همکاران من در ساواک معتقدندکار مأموران ساواک بوده که نبوده) در بیمارستان بستری شد و صدام نمی گذاشت برای معالجه بود سوئیس... که شاید اگر می گذاشت تیمور بختیار زنده می‌ماند. اما خمینی امتیاز از صدام گرفت، مثل رادیو بغداد، اما دیگر خودش را در اختیار صدام و استخبارات نگذاشت که... ساواک، درکنترل امنیت داخلی کشور هم

کارنامه‌ای مقبول و موفق از خود به جای نهاد. تفکرات وی موجب شد تا جنبش چریکی تا سال ۱۳۵۵ در حدود بیش از ۸۵٪ کنترل و حتی نابود و متلاشی شونـــد. در ایام ثابتی، جاسوس‌های کشورهای دیگر در ایران نمی‌توانست فعالیت داشته باشد و شاید ۷۰٪ اطلاعات را امنیت داخلی در اختیار اداره ضـــد جاسوسی می گذاشت و آن‌ها شاید ۳۰٪ مابقی را انجـــام می‌دادند. در مساله کنترل امنیـــت داخلی کسی از روشنفکران یا دانشمندان ترور نشدکه بعدها آن را به گردن گروهی دیگر بیاندازند.

ثابتی با مأمورین در هیچ عملیاتی یا دستگیری شرکت نکرده که ناظر چیـــزی باشد چون درعمرش، یک تیر شلیک نکـــرده. تعداد افرادی که دیـــده است مانند لاشائی، پارسانـــژاد، رضا براهنی، قلیچ‌خانی، عباس میلانـــی، بهزاد نبوی و... که آن هم برای دعوت به همکاری با دستگاه بوده است و جز این افراد بسیار محدود مشخصاً واکنش دیگری نداشته اســـت و در بسیاری از خاطرات منتشر شـــده در داخل و خارج ازکشور، برخی افراد برای پیداکردن اعتیار و وجهه، ازآوردن اسم او سود جسته‌اند (مانند خاطـــرات لاجوردی رئیس سابق زندان اوین پس از انقلاب)... از نکات مهم ، آمار و ارقامی است که مخالفین در باره تعداد زندانیان و کشته شدگان در مناسبت‌های مختلف (رخدادهای تاریخ معاصر) عنوان کرده‌انـــد، جملگی خلاف واقع و اغراق‌آمیز بوده است و آنچه ثابتی در این مصاحبه ذکرکرده، دقیقاً پس از انقلاب به تایید حتی مخالفین رژیم نیز رسیده. مثلاً تعداد زندانیـــان را مخالفین متجاوز از ۱۰۰ هزار نفر ذکر می‌کردنـــدکه ۳ هزار نفر بوده‌اند یا تعدادکشته شدگان در ۱۵ خرداد سال ۱۳۴۲ را ۳ هـــزار نفر می گفتندکـــه ۳۲ نفر بوده یا تعدادکشته شدگان ۱۷ شهریور ۱۳۵۷ را بین ۳ تا ۱۵ هزار نفر ادعا می‌کردندکه حدود ۸۰ نفر بوده و از این قبیل ارقام دیگر...

در ایران که پدیده جنگ‌های چریکی و خیابانی درست شد، حتی یك

نفر هم ناپدید نشده حتی مثلاً بعضی از زندانیان در بازدید صلیب سرخ از زندان به جهت اقدام علیه رژیم پهلوی نام افرادی راکه در زندان بوده و سپس آزاد شده و به‌گروه‌های مسلح و مخفی پیوسته و یا مبارزه را رها کرده و از ترس دوستان خود مخفی شده بودند به عنوان افرادی‌که بوسیله رژیم سر به نیست شده‌اند، ارائه داده بودندکه هیچ موردی از آن‌ها صحت و اعتبار نداشته‌که به عنوان نمونه می‌توان از فردی به نام «دادگر» وابسته به یکی ازگروه‌های چریکی نام بردکه مدعی بودند او ناپدید شده، وی‌که فرزند یکی از مدیران‌کل وزارت بهداری بود پس از انقلاب از مخفیگاه خارج و در این فاصله ازدواج‌کرده و صاحب زن و فرزند شده... ثابتی در سال‌هایی‌که او مسئول بوده هیچیك از فعالین جبهه ملی و نهضت آزادی با اینکه‌گاه جلسات و فعالیت‌هایی داشته‌اند بازداشت نگردیده‌اند و فقط در سال ۱۳۵۷ وقتی‌که آن‌ها دنباله‌رو خمینی شده و در اغتشاشات شرکت می‌کردند، او پیشنهاد دستگیری آن‌ها را نیزکردکه موافقت نشد. هیچ‌کدام از ملی‌ها آزار ندیده‌اند. مثلاً بازرگان در بی‌بی‌سی هم‌گفت که با ماکاری نداشت و با جوان‌ها کار داشتند. (منظور افراد وابسته به سازمان‌های چپی بوده) طبیعی بودکه رژیم خواستار چنین ضایعات و درگیری‌هایی نبود و ناچار بود با بمب‌گذاری و تخریب وآدم‌کشی مقابله کند. و در خاطراتش هم‌گفته: به سهم خود اگر شدت عملی نسبت به زندانیان صورت‌گرفته باشد را محکوم و از آن ابراز تأسف می‌کنم.

از دیگر نکات قابل توجه با اصرار ثابتی، ساواك در ۶ سال آخر از عضویت درکمیسیون نمایشات‌که پروانه برای فیلم‌های سینمایی صادر می‌کردکناره‌گیری نمود وکنترل مطبوعات نیز به طورکامل در اختیار وزارت اطلاعات و جهانگردی قرارگرفت و ساواك دیگر ارتباط مستقیم با مطبوعات نداشت و اگر به مواردی برمی‌خورد از طریق وزارت اطلاعات اقدام می‌کرد... بسیاری از روشنفکران هم از طرف دستگاه حمایت

می‌شدند و در شب‌های گوته بود که همه تب انقلابی گرفتند. هیچ وقت نویسنده به خاطر نویسندگی دستگیر نشده و مثلاً براهنی، تروتیستیسک بوده و یا سلطانپـور و... و حتی موضوع قومیتی مطرح نبود و برخی از زندانیـان هم به خاطر حزب توده دستگیر شده بودند. اما نه روشنفکران و نه جنبـش چریکی فهمی از دمکراسی نداشتنـد، اصلاً ما روشنفکر نداشتیـم... وقتی که مردم دیدند شاه اراده ماندن ندارد، موج راه افتاد و شـور انقلابی همه را گرفت.... (مانند غنی بلوریان و عزیز یوسفی که به غلط می گویند بـه خاطر حزب دمکرات دستگیر شده‌اند. در حالتی که خود قاسلمو هم عضوکمیته ایالتی کردستان (کاک) حزب توده بود)"و...

به هر حال جدای از شنیدن این نکات قابل تأمل و نظریات شخصی همکـاران ثابتی، بدون آن‌که قصد دفاعی از پرویز ثابتی یا آرا همکاران وی داشتـه باشم، صرفاً با نوشتن این کتاب، دوست داشتم روایت وی به عنوان یکی از مهمترین چهره‌های امنیتـی ایران برای آینده ثبت شود و قضاوت هم با محققان و پژوهشگـران تاریخ معاصر ایران که علاوه بر سخنان وی، گفتارها و ادعاهای همه جریان‌های فعال در ماجرای انقلاب اسلامی ۱۳۵۷ با هم تطبیق داده شوند. امیدوارم که «در دامگه حادثه» تلنگری برای «رهیدن از دامگه» افکـارگوناگونی باشدکه نسل جوان امروز ایران را محاصـره کرده است و آن هم تشویق به دوباره خواندن و بررسـی کردن و تطبیق دادن روایات مختلف و سره را از ناسره تشیخص دادن و اغراق‌هـا را زدودن... درکشورهـای پیشرفته برای ثروتمندکردن آرشیو تاریخ شفاهی کشورشان، تلاش‌ها می کنند و ما ایرانی‌ها هم افتان و لغزان، آن راه را می‌رویم و باید به قدر وسع کوشید تا نواقص را رفع کرد و هرچـه بیشتر به غنا و ثروت تاریخ شفاهی کشور افزود... که البته با من موافق و هم‌صدا بودند.

۴۲

یکشنبه ۲۲ مرداد ۱۳۹۱

امروز هم برخی دیگر از زندانی‌ها را بردند تا شلاق بخورند و شلاق دکتر ایازی را می گفتند خود نصیری‌پور زده بود تا گویی که در صف روز قیامت از صواب گرفتن به جا نماند... ناف زندان اوین را به اسم نصیری بسته‌اند... سلطانی را دیدم که می گفت انگار معنی پنج درصد از شرح جنایت این دخمه را فهمیده‌ای!... و سیامک، رحمان، ابراهیم، حسین، کورش، ناصر، هومان، مزدک، علیرضا کیا، امیر، اشکان، رسول، کامران و مجید زندانیانی بودندکه از مراسم شلاق خوران بازگشتند و بعضی از آن‌ها هم مثل پرگار، راه می‌رفتند... خوردن شلاق در ماه رمضان و شب‌های قدر؟... اما برخی از زندانیان با سابقه بند، معتقد بودندکه لابد عفوگسترده‌ای در راه است که خواسته‌اندکسی بدون شلاق از این‌جا بیرون نرود و همگی به نوعی، فیض برده باشند!...

بعد یکی از بچه‌ها که اسمش را نفهمیدم از شکنجه می گفت. داستان‌های زیادی از حیله‌های خاصی که در آن‌جا به کار می‌بستند از اشخاص مطلع شنیده بودم که در دادگاه و یا مأموران ۲۰۹ چه شده...

که شخصی را به راهروی شکنجه می‌فرستند و ناگهان چند نفر به سر و رویـــش می‌بارند و آن وقت چراغ‌ها روشن می‌شود... اما در واقع بهوش آمده‌ای و همه جای بدنت تیر می‌کشد و همان صندلی که رویش نشسته بودی به‌گوشه‌ای از اتاق پرتـــاب شده... داستان‌های دیگری هم از این قماش می‌گفتند... خدا را شکر می‌کردم که چیزی از این‌گونه برای من روی نداده بود و لااقل در داستان من هیچ حقه جاسوسی و امنیتی درکار نبود و همه چیز خیلی ساده برگذار شد.

کمی با معلم زندانی، داوری، نشستم و از هر دری سخن راندیم... وقتی که حرف زد دستش را جلوی ابروهایش گرفت وگوئی به نقطه دوردستی می‌نگـــرد و می‌خواهد از تابش نور آفتاب به چشمانش مانع شود. و بعد هـــم با رجائی و میردامادی... اما حواسم به فردا بود که قرار بود پدرم به دیدارم بیاید.

برای بار دوم کمی در حیـــاط زندان، والیبال بازی‌کردم و وسط بازی بود که دیدم بچه‌های برج مراقبت بازگشته‌اند و حواسم کمی پرت شدکه ناگهان، توپ محکم به پیشانی‌ام خورد و به خیرگذشت، اگر به عینک و چشمم می‌خورد ماجراهای ناخواسته می‌داشتم. مهدی و ابراهیم وامیر و مجید وارد حیاط شدند... پسران مؤدبی بودند و نبودشان هم واقعاً اتاق را خالی کرده بود...

رضا، یکی از بچه‌های علاقمند به تاریخ آمد و از من درباره بارزانی‌ها سوال کرد و من هم برایش اول حرف اوجالان را نقل کردم که در پاریس (۱۰ اوت ۱۹۹۲) گفتـــه بود «حزب بارزانی یک حزب عشیره‌ای است و بارزانی‌ها می‌خواهندکه همانند شاه، بر هر آن‌چه درکردستان می‌گذرد، کنترل داشته باشند... حکومت کُردی در اربیل، نمایندگی بخش مهمی ازجامعه را متضمن نمی‌باشد، این حکومت فاقد مشروعیت در نمایندگی مردم می‌باشد؛ فئودالیسم، هنوز موجود است.»

و بعـد برایش گفتم که: بارزانی می‌خواهد یکه تاز و تک سوار توسن قدرت در کردستان باشد، هماورد و رقیبی هم در برابر دیدگان و رویاروی خود نبیند و مبادا از نسل جوان هم کسی سربرآورد، بلکه باید بر آستانش کُرنـش کنند و بگویند «هر چه کرد دارد، مدیـون قدرت و مقام شامخ آن جنـاب اسـت» و خودش نیـز دُن کیشوت وار، خـود را عین کرد و کردستان بنامد و انگار حکـم خداوندی است که همه آن رهبر قبیله‌ای منحوس را جدی بگیرند و رهبری تحمیلی او را بپذیرند... کم‌ترین نقدی هـم، با واژگانی آشنا پاسخ داده می‌شـود: جاش (به معنی الا غ ماده)، وابستـه، خائن، جاسوس، خود فروخته، پلیـد و ...اما ریشه این توهم و خودبزرگ‌بینی در چیست؟ در آن‌که من فرزند مصطفی بارزانی هستم، ... یـک توهم و خودبزرگ‌بینی بیمارگونه کـه چنان از ۱۹۴۶ در مغز و اندیشه کردها، مانندکرم خاکی نفوذکرده است که با هزار آب وگلاب این زنگ‌زدگـی و عقب‌ماندگی ذهنی پاک نمی‌شود، و طبعاً به قول شاعر، پسر هم دارد نشان از پدر... مسعود هم راه مصطفی را می‌رود.

مصطفی بارزانی که کارگر سـاده جاده‌سازی در سلیمانیه بود، پس از شرکت در ماجرای عصیان شیخ سعید بیروکی، مصطفی بارزانی (فرزند شیـخ بابو) به کردستان ترکیه می‌رودکه شایـد چیزی به چنگ بیاورد و غنیمتی داشته باشد، چون وعده کمک مالی شیخ سعید را باورکرده بود، اما ماجرا سرکـوب شد و به عراق فراری داده می‌شود و انگلیسی‌ها هم او را دستگـیر و به سلیمانیه می‌برند... در آن‌جـا، برادرش شیخ احمد (که به کذا می گویند مذهبی و روحانی بوده است و...) دست به دامان انگلیسی‌هـا می‌شودکه مصطفی (که در آن ایـام ۳۰ سال سن داشت و فاقد هرگونه سوادی بودکه در ارتش حتی درجه گروهبانی هم بگیرد و یا مفید فایده‌ای باشد)، از سربازی معاف شود، که البته می‌شود و البته تبلیغ

کرده‌انـــد که در ۱۳ ژوئیه ۱۹۴۳ از زندان می‌گریزند، اما چنین نیست... و محمود ئاغا زیباری وی را فراری می‌دهد و جلال امین بیک هم، سناریو را اجرا می‌کند که ایشان به طور ساختگی از داخل خاک ایران، خود را به قصبه سنگلاخی بارزان برساند. سپس پاسگاه ژاندارمری شاندر را خلع سلاح کرد و دارای ۱۳ قبضه تفنگ شد و به مکاتبه با حکومت پرداخت و دوباره ترور ژاندارم‌ها و خلع سلاح پاسگاه‌ها ادامه یافت.

در فضـــای جامعه آن روز، نام بارزانـــی در میان عامه مردم مطرح شد و افسانـــه و اسطوره بارزانی شکل گرفت و آن‌چنان شاخ و برگ ناروا و نادرست بـــه وی و هویتش دادند که دیگر هویت و شخصیت و اصالت واقعی او گم شد، اما کارشناسان امنیتی ایران و ترکیه، او را فردی ابن‌الوقت، مفسده جو و کج فکر و فاسد معرفی کردند. عیسی پژمان، نماینده ساواک در کردستان عراق می‌گوید «مصطفی بابو بارزان، کسی است که هرگز به مدرســـه‌ای نرفت و سوادی نیاموخت و تا روز مرگش به‌جز یک امضای ناخوانا و بـــدون شکل، نوشته‌ای از او دیده نشد و پیران قدیم ده بارزان به‌کنایه به وی نام و لقب مُلا داده‌اند که گویی به خاطر تحصیلات حوزه و دینـــی، به درجه ملایی رسیده اما هرگز مرتبه‌ای از مراتب طلبگی علوم دینی را طی نکرده و استفاده از این لقب هم اجحاف در حق روحانیون اهل تسنن یا تشیع برجسته است». کلنل روبرت که سناریوی فرار بارزانی را فراهم کرده بود سرهنگ ادموندز، نماینده انگلیسی‌ها را مامور ارتباط با بارزانی قرار داده بود و هرچه حزب هیوا می‌خواست که بارزانی را به زیـــر پرچم خود فرا بخواند و در کوهستان نقش راهبری و استراتژیک را برای او بازی کند، اما بارزانی ممانعت و مقاومت کرد، زیرا در اوهامش آنـــان را وابسته به آمریکا می‌دانست. اما هیوا و روشنفکران ساده‌دل، در تبلیغات خود، بارزانی را رهبرکرد دارای نیروی نظامی در کوهستان مطرح کرده بود، اما بارزانی حتا علیه عامل فرار خود و محمود ئاغا زیباری هم

عصیان کرد. در عمرش برای هیچ چیز و هیچ کس، وفایی نداشت...

شاید انگلیسی‌ها می‌خواستندکــه شکل‌گیری حکومت کُردی مهاباد توسط قاضی محمد را متزلزل کنند، این بار ژنرال رنتن به تهدید هوایی و جنگ با بارزانی دست زد و بارزانی هم بر طبل جنگ کوبید... که کسی هنوز هم نپرسیده در آن ایام تأمین اسلحه و مهمات او، آیا تنها با راه‌زنی و تــرور سربازان فراری عراقی ممکن بـــوده؟ یا این که، به طور مخفیانه توسط انگلستان حمایــت شده است؟ وقتی در زمستـــان ۱۹۴۴، نوری سعید (نخست وزیــر) او را به بغداد دعوت کرد تا مذاکره بکنند، چنان شخصیت بارزی بود که با ماجد مصطفی وزیرکشور یا نخست وزیر بنشیند وگفت‌وگوکند؟ روشنفکران حزب هیوا، برای نخستین بار وی را انسانی دیکتاتـــور نامیدند که به صورت خشن و جنجـــالی مسئله خودمختاری کردستان را مطرح می‌کند و به هیچ‌وجه نمی‌خواست در گفت‌وگویی با دولت (حتا حمدی پاچچی هم) به توافق برسد زیرا برنامه‌ای دیگر در سر داشت و مأموریتی خاص!

در زمستان ۱۹۴۵ (۱۲ فوریه) بارزانی، حزب رزگاری (آزادی) را بنیان نهاد کــه به‌زودی در بین جامعه آن زمان شهرت یافته و بر جریان تبلیغات ناسیونالیستی کردی، مسلط شدنـــد و روشنفکران حزب هیوا هم عرصه رقابت با این شرور را ترک کردند و حزب اضمحلال یافت. بارزانی با حمله به مرکز پلیس، در اواخر آوریل ۱۹۴۵، منطقه بارزان را به ناآرامی کشانید و عراق هم دو ستون نظامی به آن منطقه فرستاد و به صورت صوری هم نـــیروی هوایی بریتانیا پشتیبانی کرد. در ۱۰ اوت ۱۹۴۵ قیام بارزان دوباره شروع شد و افسران انگلیسی (میجر مـــور وکاپیتان استاک) با بارزانی گفت‌وگوها کردند، سپاه عـــراق و فئودال‌های کرد هواخواه حکومت به فراری دادن بارزانی پرداختند.

ایجـــاد حرکت قاضی محمد امید تـــازه‌ای را در کردستان عراق پدید

آورده بود، خصوصاً روشن‌فکرانی مانند ابراهیم احمدکه به آن گرویده بودند. سپتامبر ۱۹۴۵ قاضی محمد سفر دومش را به آذربایجان شوروی انجام داد. روشنفکران کُرد هم آرزو و آمال‌های خود را در حمایت از قاضی محمد می‌دیدندکه این نقطه عطف سیاسی را نگه دارند و آن را پایگاهی برای توسعه سیاسی فرهنگی کردستان قرار دهند و حتا افرادی آن را فرصتی برای غنای ادب و فرهنگ کردستان می‌دانستند. هاشیموف کنسول روس در ارومیه، مرکز روابط فرهنگی مهاباد را تأسیس کرد و دستگاه‌های چاپ را از روس‌ها گرفت و در اختیارکردها نهاد.

روز ۷ یا ۱۱ اکتبر ۱۹۴۵ بارزانی به همراه عشیره‌اش به مهاباد وارد شد و گروهی با اغراق آن را ۳۵۰۰۰ وگروهی آن را ۹۰۰۰ و حتا ۳۰۰۰ نفر می‌دانند، اما به هر حال تا ۱۲۰۰ نفر برای بارزانی قابل شمارش بود، اما دعوتی از طرف قاضی محمد، درکار نبود. روس‌ها در مورد بارزانی شک و تردید داشتندکه شاید بنا به توطئه انگلیسی‌ها واردکردستان شده است و قاضی محمد هم ناچاراً این میهمان ناخوانده را به جایی فرستاد و ابراهیم احمد معتقد است که حدود ۴۵۰۰ نفر ازگرسنگی یا سرما و یا تیفوس درگذشتند و این بار سنگینی بود برای حرکت قاضی محمد. به هر حال قاضی محمد با احتیاط و حفظ احترام با بارزانی رفتار و با شریک تحمیلی و خودخوانده‌اش، تعامل کرد و بعد متوجه ناسازگاری بارزانی شد که خود را فرمانده لشکرکردستان نامید، و حتی ژنرال خودخوانده، که هرگز دانشکده‌ای نظامی را طی نکرده است و روس‌ها هم به وی چنین درجه و مدالی نداده‌اند، جز بدگویی وکارشکنی، کمکی به قاضی محمد نکرد.

بارزانی، حسادت فوق العاده‌ای به قاضی محمد داشت، بدون اطلاع قاضی محمد به پادگان روس‌ها در تبریز رفت و موجب تخریب شخصیتی قاضی شد و درکار و برنامه اوکارشکنی می‌کرد وگرچه قاضی محمد هم باور و اعتماد چندانی به مصطفی بارزانی نداشت و او را انگلیسی

می‌دانســـت، اما بنا به نجابت‌اش، چیزی نمی‌گفت... اما بارزانی هم در نزد مردمان عشایر، لب به انتقاد از قاضی محمدگشود و به قول آدامسون، وی را ترســو و زبون نامید... قاضی از اختلال بارزانی و عدم احترام او بــه قوانین و شرایط حکومت ایران و عدم تعــادل روحی ـ روانی‌اش، ناراضی بود و موجب تشویش خاطرش. وقتی‌که حزب دمکرات در برابر چشمــان بارزانی رشدکرد، بارزانی با هماهنگی روس‌ها سعی داشت‌که مشابــه آن را درکردستان عراق بســازد چراکه بارزانی می‌خواست رهبر بلامنــازع عرصه سیاسی کردستان باشد و به‌کمک ک‌گ‌ب نماینده‌ای فرستاد در ۱۹۴۶/۸/۱۶ حزب دمکرات کردستان (رتبه در ابتدا کُرد بود نه کردستان) اعلام شد و بارزانی را به عنوان رهبر اعلام‌کردند و از زمستان ۱۹۴۶ این حزب برکردستان سایه افکند یا بهتر است بگویم مثل بختک نحس بر آن مردم بیچاره نازل شد.

در ۹ مــه ۱۹۴۶ آخریــن سرباز روسی هم از ایــران خارج شد، قاضی محمد متوجه شدکه باید دوباره با حکومت و قدرت مرکزی ایران تعامل داشته باشد، بنابراین تصمیم گرفت‌که به استقبال ارتش برود و به ارتش کمک‌کند، و حتا سرلشکر همایونی درگفت‌وگوی خود با تاریخ شفاهی دانشگــاه هاروارد اعلام‌کرده است‌که وقتــی قاضی محمد به دیدار او رفته است، نیروهــای بارزانی به ماشین جیپ همایونی و قاضی محمد، تیراندازی‌کرده است و این سخن، کلیه داستان‌سرایی‌ها و مرثیه‌سرایی‌های تبلیغاتی هواخواهان بارزانی‌ها را باطل می‌گرداند.

بارزانــی با پیش فرض احتمال دستگیری، به تهران رفت و در رکن ۲ ارتش، هر آن‌چه بدگویی بود از قاضی محمدگفت و هر آن‌چه تهمت بود به آن مرد شریف، نسبت داد و به این بهانه‌که راهی بیابد تا از مهلکه حمله احتمالی ارتش ایران بگریزد، گرچه به خاطر رقابت با قاضی محمد ادعا کــردکه سفیر آمریکا را هم دیده اســت و شاه را هم، اما در هیچ سندی

رسمـــی، صحت این ادعا اثبات نشد و صرفـــاً دروغ بود. در ۱۷ دسامبر ۱۹۴۶ جمهـــوری مهاباد پس از ۱۱ ماه سقوط کرد و چند روز بعد قاضی محمد دستگیر شد و بارزانی با وجـــود در اختیار داشتن نیروی نظامی، هیچ کمکی برای آزادی وی انجام نداد و ۳۱ مارس ۱۹۴۷ اعدام شدندکه البتـــه رزم آرا و شاید هم همایونی، برخلاف میل شاه، دستور اعدام وی را صادرکرده بودند اما نفوذ انگلیسی‌ها را هم نمی‌توان بی‌تاثیر دانست. وقتی به بارزانی گفتندکـــه قاضی اعدام شد، فوراً صدایش را بلندکرد و گفـــت: «شما چرا ناراحتید؟ حکومت آن‌ها را به خیانت متهم کرده . . . آن‌هـــا بارگرانی روی شانه ما بودنـــد..و درکتاب آدامسون آمده است که بارزانی، رسماً قاضی محمد را انسانی ترسو و جبون نامید.

بارزانی تا فروپاشی مهاباد، به انگلیسی‌ها باور داشت، اما در مهاباد هم سعی داشت بنا به روحیه فرصت‌طلبی و ابن‌الوقتی که داشت و روس‌ها را نیز آزموده بود، می‌خواست به آن‌جا برود، بارزانی که گویی مأموریتش در مهابـــاد برای انگیسی‌ها تمام شده بود، راه شوروی را در پیش گرفت و به آغوش روس‌ها رفت. بارزانـــی در نامه‌ای به امیر بوتان (در سوریه، که ظاهراً شخصیتی با اسم مستعار است) نوشته است که «یاغی بودن در شمال عراق تنها برای تفریح و خوشی زندگی ماست، انگار تو بسیار خل وضـــع و احمق هستی که باورکرده‌ای ما برای آن خواب و رویای دست نیافتنی تشکیـــل کردستان بزرگ، جنگ می کنیم. و تاکنون ما در تاریخ نشنیده و نخوانده‌ایم که روزی روزگاری کشوری باشدکه نامش کردستان باشد و هیچ چیزی که سبب مادی و معنوی داشته باشد برای آن چه که ما کردستان می‌نامیم، وجود ندارد. . . در پایان از تو می‌خواهم که به ارسال نامه‌های مزخرف خود ادامه ندهی که از ما می‌خواهی که سهیم و شریک شوی در آن خوابی که می‌بینیم و ما چه بسیار افرادی مانند تو را آزمایش کرده‌ایم، حتا امپراتور پیر را که بریتانیای کبیر نام دارد، که به ما وعده داد

و چنان کرد که ما در دام بیفتیم و سپس دست از ما شست و رفت.» در کتاب زندگی‌نامه عمر شیخ موس هم آمده... در روسیه هم، یک سال قبل از بازگشتش به عراق (۱۹۵۷) به جلال طالبانی گفته بود: «سعی کنید به سمت آمریکا بروید، روس‌ها را آزموده‌ایم و برای ما چیزی ندارد.»

آن‌گاه برای به دست آوردن رضایت فرزندان قاضی محمد، شاه آن‌ها را بورسیه ساواک کرد که برای ادامه تحصیل به اروپا بروند. بارزانی‌ها پس بهم ریختن اوضاع امنیتی منطقه (بنا به حمله به نیروهایی ایرانی) در کوه‌های نقده، پناه گرفتند و در این اثنا هم سران ایل مامش و منگور در صوفیان و لاجان، جلسه‌ای داشتندکه به ارتش ایران برای حمله به بارزانی‌ها، کمک کنند و خود بارزانی با چند نفر تفنگ‌چی ازکوهستان پائین آمد و همه آنان را به رگبارگلوله بست! و این ایجاد دلهره و ارعاب و زهره چشم گرفتن، و مداحی و تمجید و اغراق، از آن روز، جزو سیاست و استراتژی این حزب و فرزندانش شد!... از روزی که نشریه تایم آمریکا نوشته است ملای سرخ، سال‌ها می‌گذرد، اما هنوز دستار قرمز در این حزب مرسوم است و شیوه‌های کمونیستی هم برقرار. که هرکس منتقد این خانواده باشد، نیست و نابود خواهد شد و نامش و اعمالش بر صفحه روزگار، محو می‌گردد... وکردستان، هرگز چنین سفاکی و خونخواری را به خود ندیده!

در جامعه عوام و توسعه نیافته آن روزگاران کردستان و شاید امروز هم، برای مقابله با تبلیغات کمونیست‌ها، هرچه اغراق و بزرگ نمایی ممکن بود، برای مصطفی بارزانی ساخته و پرداخته کردند، اما او در روسیه تنها در یک قصابی کارگری می‌کرد، او را ژنرال برجسته‌ای نامیدندکه هر روز افسران ارشد ک‌گ‌ب به دستبوسش می‌روند و به قول پریماکف، صرفاً یک روز بنا به علاقه شخصی‌اش لباس یک نظامی را به تن کرد و عکاسی انگلیسی از وی عکسی گرفت، و ماجرای ژنرال – ژنرال هم

از آنجا شروع شد! از داشتن لقب ملا و ژنرال و قهرمان و... که به اول یا پایان نامش افزوده می‌شد، خشنود وگونه‌هایش سرخ می‌شد!... کردستان ایران هم پس از اعدام ناجوانمردانه قاضی محمد، اسطوره‌ای به خود ندیده بود، جامعه‌ای هواخواه و دوستدار قهرمان، و این در به عراق بازگشت!.. همان روز اول، روشنفکرانی مانند ابراهیم احمد، متوجه شدند که آن آهنگ تک تازی را درست ننواخته‌اند، مردی جاه‌طلب و فاقد هر فکر و اندیشه است، اما با زرنگی فعلاً سوار موج هیجان و احساسات مردمی متعصب و ناآگاه... و بارزانی هم متوجه دریافت ابراهیم احمد شد، اما دیوار غرورش را بالاتر برد و سعی در تخریب او داشت...

کم‌کم قیام عشایر اربیل شروع شد و تضادها با عبدالکریم قاسم، بارزانی که نمی‌خواست دل حاکم را از خود برنجاند، فعلاً به آن حزب دلخوش بود و خانه و پولی که در اختیارش نهاده بودند و نمی‌خواست وضع را بر هم بزند... تا این که شاه ایران و ساواک، تصمیم‌شان این بود که آن‌ها قیام و عصیان کردها را جهت و حرکتی بدهندکه در راستای منافع ایران باشد، و چه کسی بهتر از یک رئیس عشیره جاه طلب... و همیشه سعی در اختفای کمک ساواک به این حرکت مسلحانه داشتند و هنوز هم... آن را نزد مردمان ساده و عوام، جنبش ملی گرایی و استقلال طلبی مردم کُرد نامیدند، اما کسی در ساواک وعده‌ای نداده بود که کردستان بزرگ در عراق درست شود، هر وقت برای دست‌بوسی مقامات ساواک به تهران می‌آمد، می گفت: ما کرد ایرانی هستیم و هرچه امر اعلیحضرت است، همان است!... گاه برای مبارک باد و جلب اعتماد شاه و ساواک هم به اقدام‌هایی با شکوه دست می‌زد، مانند کشتن و ترور ۵۰ نفر از افراد حزب دمکرات کردستان ایران... چرا که ساواک کشف کرده بود که همسر روسی‌اش گاه به گاه، نامه و پول روس‌ها را به وی می‌رساند و حتی عبدالرحمن شرفکندی (هه ژار مکریانی) را به سفارت مصر فرستاده

که اگر مصر پول بیشتری می‌دهد، تا جنگ را به خاک ایران ببریم و شاه را برنجانیـــم... گرچه قبلاً هم قرآنی را امضا کرده بود که به شاه و ایران، وفادار باشد،...اما کدام وفای به عهد؟...

منتقدان و معترضانش (مانند ابراهیم احمد و جلال طالبانی و....) را به ایـــران فراری داد، قشون‌کشی کرده بود که همه آن‌ها را تیرباران کنند، چرا که به وی و دیکتاتوری‌اش اعتراض کرده‌اند. از یک سو به ساواک هشدار می‌داد که آن‌ها را تحویل دهد، یا ازکرد وکردستان دورکند که مزاحم اوینـــد و از دیگر سو به مردمان می‌گفت: آن‌ها خائن و جاش (وابسته به حکومت) و حرامزاده و همجنس‌گرا و دزد و... هستند که البته هیچ بیمار مالیخولیایی هم چنین فرمایشاتـــی را نمی‌کند!... و بعد مهر ملوکانه هم شامل شد تا در زمستان سال ۱۹۶۵ آن‌ها را به‌کردستان برگرداند و این بار می‌خواست که توسط ادریس، جلال طالبانی را به قتل برساند...که آن‌ها از تـــرس جان، به آغوش حکومت مرکزی خود، پناه بردند... ۱۹۷۰ از راه رسید و او از قبل، کمک‌های اسرائیل و آمریکا را هم دریافت کرده بود و سرمست از قدرت، حساب بانکی سوئیس هم که مملو از دلار شده بود و درکوهستان هم خون مردمان بدبخت و سیه روز به زمین ریخته می‌شد و او بـــر اسب مراد سوار بود!... بعـــد از توافق با صدام، فساد مالی اوج گرفت...اتومبیل و طلا و پول از بعث گرفتن، از ساواک و اسرائیل وامریکا هـــم باج گرفتن: زهی سعادت!... هیچ کسی در کردستان، چنین بلیط‌اش نبرده بود... خود و خانواده‌اش زندگی آسوده و سر و سامان و بی‌اعتنا به مـــردم... در برابر چشمان مردمان منفور شدند و در آنجا بود که تغییر در فضای سیاسی کردستان، کم‌کم داشت شکل می‌گرفت و همه مخالفانش را هـــم پراکنده کرده بود، حتی قاسملو را از بغداد اخراج کرده بود، حتی سعید الجی در ترکیه می‌خواهد که دکتر شوان ــ حزب دمکرات کردستان ترکیه ــ را متقاعد سازد و از بارزانی داوری و قضاوت می‌خواهد، اما به

دست شوان به قتل می‌رسد و شوان هم به دستان بارزانی و پیشمرگانش در ۱۶ نوامبر ۱۹۷۱ ترور می‌شود... و چه قضاوتی از این ساده‌تر!...

حرکت مسلحانه بنا بـــه درخواست ساواک دوبـــاره شروع می‌شود، شـــاه هشیار بود و می‌دانست که عـــراق بعثی تمامیت ارضی کشورش را به مخاطـــره خواهد انداخت، بارزانی هم سخـــت برآشفته بود که مبادا توافق‌هایی صورت گیرد، و درباریان چاپلوس هم چنان به وی تلقین کرده بودندکه افکار عمومی چه اهمیتی دارد و همه مردم غلام و رعیت این رهبر زعیم کردستان هستند و همیشه خواهان ناآرامی‌و اغتشاش در فضای کرد وکردستان بود که خود مطرح باشد و به نوایی و سودی و منفعتی برسد و کرد وکردستان، بهانه‌ای بود صرفاً برای دست‌یابی به منافع شخصی خود و خانواده‌اش...تا سال ۱۹۷۵ که بعد فرصت زرین رهبری قیام، ازکف‌اش رفت... دیگر روی دیدن مردمانش را نداشت، که به خاطر دریایی دروغ و تهمـــت و اوهام، آن‌هـــا را به عملگی قیام مسلحانه فراخوانده بود و با آرمـــان و اعتقاد مردمان شریف و نجیب و هوشمندکردستان، بازی کرده بـــود، اولین نفربود که وسایلش را جمع کرد و به کرج فرارکرد، اما قبل از رفتن، همه افراد احتمالی شعله‌ورکردن قیام را تیرباران کرد و به دستبوسی اعلیحضرت همایونی محمد رضا شاه پهلـــوی، به کرج رفت! و پسرش ادریس، آن را ئاش به تال (آسیاب ازکار افتاده) نامید! که مردمان عقب مانده و نادان و بیچاره، بداننده امـــر، امر همایونی است!... رفت به کاخ نیاوران، خود را به دست و پای شاه انداخت وگفت تو پدر این مردمانی، و هرچـــه توگویی، چشم!؛ مبادا تو ناراحت باشی از نوکر خانزادت!... و دستـــش بوسید و رفت و در روزنامه اطلاعات گفت: کار، کار خدا بود و من رهبر نیستم و هرچه هست امر اعلیحضـــرت!... و ناامیدی و یاس و حرمـــان را بر نسلی از جوانان کرد ارزانی بخشید و سپس روز پس دادن تـــاوان فرا رسید، به سرطان مبتلا شـــد و با کمک شاه راهی آمریکا شد،

نزدیک انقلاب، دوباره در اوج چاپلوسی و خودستایی، نمکدان شکست وگفـت: شاه وکسینجر به کرد خیانت کردنـد!... و پسرانش نیز در ایران گفتند: عیسی پژمان، کردها را فروخت! هر چندکه پژمان سال‌ها بود که از ساواک رفته بود اما همچنان رابطه‌اش را با پاکروان حفظ کرده بود... و ۱ مارس ۱۹۷۹ مرد که ۱-۲ ماهی از انقلاب گذشته بود...

به هرکسی که ظنین می‌شد و یا هماورد و رقیب بالقوه خود می‌دید، کسی که لیاقت و صلاحیت و مشروعیت و پایه قدرتی در کردستان داشت را، کنار می‌زد که مبادا در میان مردم، محبوبیتی را به دست بیاورند وگوشش بدهکار مردم نبود، بی‌اعتنا به افکار عمومی و خواست مردم، صرفاً تملق گویـان در حال معلق زدن را دوست داشت و همیشه با عصبانیت و تند خویی از نقدها می‌گریخت و ترور فیزیکی و شخصیتی، تنها حربه‌ای بود که می‌دانست و به مداحانش آموخته بود که مبادا کم بیاورند! علاقه ذاتی به درگـیری داشت از هر ضابطه و اصولی که به مذاقش خوش نمی‌آمد و دسـت و پای او را می‌بست، بیـزار بود!..سرنوشت کرد وکردستان هم برایـش اهمیتی نداشت و روز مرگش حزبی هیـچ کاره و خان خانی و دچار هرج و مرج و بی‌انضبـاط را به جای نهاد و دریایی نفرت در دل مردمانی دلسرد و واخورده و فریب خورده، پدید آورد...

او به گور رفت و فرزندانش، مسعود و ادریس ماندند...

اسفند ۱۳۵۳، مصطفی بارزانی در تهران سرگردان است، هر دم از هتل به دفتر نعمت‌اله نصیری زنگ می‌زنند، یک بار هم از دفتر سرلشکر علی معتضـد (قائم مقام ساواک) به آن‌ها تذکر داده می‌شود که «تا بازگشت اعلی‌حضرت، شما باید در تهران بمانید! و منتظر باشید!»

شاه با صـدام به توافق رسیده است و به تهران می‌رسد. شاه وعده‌ای به کُردها نداده بود، ساواک هم تعهد استقلالی... این مصطفی بارزانی بود که برای شست‌وشوی مغزی و فریب جوانان کرد، اجرای تعهد خود و

مأموریتش برای ساواک، به تبلیغات دست زد و آن را قیام ملی گرایی کرد نامید و وعده استقلال کردستان. اما آن روز در هتل، دم به دم به محمود عثمان می گفت: «حال به مردم چه باید بگوییم؟ چه کنیم؟...»

از آن‌جا که محمود عثمان، منـــش پایداری ندارد و بنا به منافعش هر لحظه ممکن است در رسانه‌ای برعکس نظر ۵ دقیقه پیش خود، گفتاری برعکـــس به زبان بیاورد، اما در مصاحبه حضـــوری‌ام با او (حال بدون توجه به مطالب کتابش در لندن) شرح ماجرا را بازگفت «به کاخ رفتیم، شـــاه گفت من با صدام به توافق رسیده‌ام، به شما هم که وعده‌ای درباره استقـــلال کردستان نداده‌ام، اما می‌توانید به کرج بیایید و چون مدتی در جهت اهداف ما حرکـــت کرده‌اید، شرط انسانی است که به شما کمک مـــالی بشود... بارزانی گفت: شما شهنشاها! پدرکرد وکردستان هستید، و درکردستـــان کسی روی فرمایش شمـــا سخنی نخواهدگفت!.. اما من اعـــتراض کردم وگفتم: شما کردهـــا را فروختید! که شاه از این جمله من برافروخته شد و بارزانـــی، بعد از این که می‌خواستیم اتاق را ترک کنیم، خود را به پای شاه انداخت و نه ۱ یا ۲ یا ۳ بار، بلکه بوسه‌های پی‌درپی به دستان شاه زد! و درآن‌جا بود که به کلی بت افسانه‌ای بارزانی در برابر چشمانم فرو ریخت!... وقتی داخل جیپ شدیم که از حیاط کاخ بیرون بیاییم، داد و هوار بارزانی روی سر من بود و با قیل و قال او جیپ به راه افتاد و ما را به هتل رسانید... کلی پول وامکانات داشتیم و می‌توانستیم قیـــام علیه صدام ظالم را، ادامه دهیم امـــا بارزانی نمی‌خواست و آن را نوعی توطئه وطرح جهانی می‌دانست و اولین نفر بود که وسایلش را جمع کرد و به کرج فرار نمود» و دیگر برای او، آبرو و اعتباری بین مردمان کرد نمانده بود!

البته یک سال قبل از توافق الجزایر از آمریکا تقاضای پناهندگی می کند که پاسخی دریافت نمی کند و ۲۹ اسفند ۱۳۵۳ بارزانی به کرج می‌رسد و

شاید ۳۷ سال گذشته است از آن روز شوم... شوم از آن لحاظ که به یک نسل دروغ گفته شد، شوم از آن که به یک نسل یاس و حرمان و ناامیدی به ارمغان آورد. احساس کرد که مبادا کسی شعله جنگ را برافروخته کند، به مسعود و ادریس (مسوولان وقت پاراستن، اداره امنیت حزب بارزانی) دستور داد که خانواده میرگــه سوری تیرباران شوند و بدین سبب احمد آغامیرگه سور و چهار فرزندش، جمیل میرگه سوری ترور شدند. بارزانی به تهران رسیــد و در روزنامه کیهان به‌امیر طاهری گفت: دیگر جنبش و حرکــت کردها تمام شده است و من نه رهبرکُردم و نه بزرگ آن، کار من تمام شد! و هر چه لطف اعلیحضرت است برای ما حجت است!»

اما تمام امکانات مالی دریافت شده برای جنبش کردی، در حساب‌های بانکی سویس باقی ماند و البته او باید تاوان آن همه خون و خون کشی را به دست حقیقت، بازپس می‌داد. البته کم جنایت و آدمکشی نکرده‌اند از آدم‌ربایی و سرنگون کردن جوانان و فعالان و روشن‌فکران کرد نمونه‌های بسیــاری درکارنامه ایشان ثبت است: «عثمــان عزیزی، علی حمدی، محمــود حاج توفیق، فاخر میرگه سوری، خلیل سلطان، جوهرـ مجیدـ ڕشید – سعیدـ نزار میرگه سوری، خلو براده‌ۆستی، توفیق کاک‌خان، نظیر عمر، صــلاح هه‌ورامی، کریم عثمانی، حســن ماملی، حسن کویستانی، ڕئــوف کامیل ئاکره‌یی، دکتر سیروان، دکتر نافع ئاکره یی، سعیدکاڵ کاڵ، سید ڕسوڵ بابی گه‌وره، سلیمان معینی، خلیل شه‌وباش، اسعد خدایاری، دکتر عبدالستار طاهر شریف و...اما برای مــا کردها ایران، شاید اعدام دسته‌جمعــی کردهای مخالف نظام شاهنشاهی و تحویل کردهای حزب دمکرات به ساواک مهابــاد، قابل تأمل باشدکه بارزانی مگرکیست، که موافق یا مخالف حرکت سیاسی کردهای ایران باشد؟

روز سه‌شنبــه، ۱۱ خرداد (۱۳۵۵ برابر با ۱ ژوئن ۱۹۷۶) به کمک حافظ اسد، حــزب اتحادیه میهنی کردستان عراق تشکیل شد. جلال طالبانی،

توسط ابراهیم احمد نامه‌ای به بارزانی فرستاد، خشمگین شد، می‌خواست درکـــرد وکردستان جنجال و ناآرامی باشد و تنها او مرجع و رهبر، وگرنه کرد وکردستان که اهمیتی نداشت.

دروغ روزنامه کیهان را فراموش کرده بود، انگار برای به دست آوردن دل شـــاه و ساواک بـــود و بس. رضایت اداره ۸ ســـاواک جلب شد و قیاده موقت تشکیل شدکه مبادا اتحادیه میهنی کردستان برکرسی قدرت کردســـان تکیه بزند و یک عامل بالقوه قدرت‌مند هم در خارج ازکشور بـــود و آن عبدالرحمن قاسلمو بود. بارزانی سرطان گرفت و به واشنگتن رفت... تصورش این بودکه تأسیس هر حزبی درکردستان برای مخالفت کردن با اوســـت. در آمریکا نامه‌هایی به کارتر و سیا و سناتورها نوشت. سامی عبدالرحمـــن گفت که «بارزانی در واشنگتن به وی گفته است که دیگر، عقیـــده و باوری به جدی بودن مقاومت و مبـــارزه دوباره کردها نـــدارد.» نمی‌خواست خود را از تک و تا بیانـــدازد و تا روزی که زنده بود هیچ توافق و رابطه‌ای مسالمت‌آمیز با حزبی دیگرامضا نشد. و شاید تنها وصیتش بـــرای فرزندانش همان بودکه یکه تاز باشند و سال ۱۹۶۶ را خیانت ملـــی کرد بنامند و ملی هم یعنی خود شخص بارزانی! یعنی کســـی که به وی اعتراض داشته، به کل کُرد وکردستان خیانت کرده و آن را خیانت ملی نامیده!... و امروزه روز هم بخشیدن آن گناه است، چرا که بارزانی، خود را عین کرد وکردستان می‌نامید و هر نوع نقدی به بارزانی، مساوی است با خیانت به آرمان کردها... و این تفکر و رفتار نفرت‌انگیز و سخـــن وهم آلود، هنوز هم در سیاســـت کردستان معاصر، انگار نقش دارد... و بت‌پرستی اجباری.

ادریس بارزانی، افرادی را به کردستان عراق می‌فرستد، ساواک به وی اخطار می‌دهدکه هرگونه فعالیت سیاسی، ممنوع است. مسعود بارزانی هم خـــود را به سوریه رسانیدکه سهمی‌از سفره خـــان ببرد، از دیگر سو

کردهای آرمان‌گرای اتحادیه میهنی کردستان می‌خواستندکه سلاح‌های مرحمتــی حافظ اسد را به‌کردستان برساننــد، اما ادریس و جوهر نامق و سامی‌عبدالرحمــن و... در بهــار ۱۹۷۸ طالبانــی را متهم می‌کنندکه می‌خواهنــد بادینان را از وجود بارزانی‌هــا پاک گردانند و ده‌ها نفرکرد را به این اتهام واهی، تیربــاران کردند!... زمزمه‌های دگرگونی در ایران است، بارزانی به‌کمک ساواک و سیا، در حال دیدار سه ماهه توریستی از ایالت‌هــای آمریکاست و به مامور ساواک می‌گویدکه هنوز می‌تواند سرباز اعلی‌حضرت باشد، اما مامور ساواک سخنش را جدی نمی‌گیرد و تصورش بر آن است‌که اداره امنیت داخلی ساواک، دیدگاهی درست‌تر از تفکر قبیله‌ای یک آواره رانده شده ازکردستان را دارد. مصطفی بارزانی در بیمارستان واشنگتن بستری می‌شود و از درد سرطان به خود می‌پیچد و توگویی این خون‌ریزی جدیدکردها هم دوای درد بی‌درمان او نیست.

انقلاب ایران در بهمن ۱۳۵۷ – فوریه ۱۹۷۹ پیروز می‌شود، و پنج شنبه، ۱۰ اسفنــد ۱۳۵۷ بارزانی، با عزراییل هم‌پیمان شد و درگور جای گرفت، دولت موقت ایران، سعی کردکه جنازه او را از آمریکا به ایران بیاورد.اما وقــت برگشت جنازه، در بــین راه به دست پیش‌مرگــان ملا بختیار (از دوستان طالبانی) به جنازه‌اش تیراندازی می‌شود، تا داغ دل خود را کمی آرام کنند. پــس از مرگ مصطفی بارزانی فرزندان فرصت‌طلب بارزانی (ادریس و مسعــود) تنها راه چاره را در نزدیک شدن به حکومت پیروز شده انقلاب اسلامی دیدندکــه با کسب حمایت آن‌ها، دوباره برکرسی قدرت درکردستان عراق تکیه بزنند. گرچه در دوران شاهنشاهی پهلوی، اداره ۸ ســاواک، اعتمادی به فرزندان بارزانــی نداشت و هر ازگاهی گزارش‌های مختلفی درباره آفتابی شدن ایشان در محله‌های بدنام شهر، دریافت می‌کرد، اما نمی‌خواســت که برای آنان نقشی را متصور باشد، گرچه ادریس سعی بسیار داشت‌که خود را منوچهر هاشمی- رییس اداره

۸-نزدیـــک کند، اما وی هرگز چنین اعتمادی به وی نداشت. اما مسعود بارزانی به محض بازگشت به دیدار مقامات وقت ایران (چمران، رجایی، بهشتـــی، رفسنجانی و خامنه‌ای و...) رفت تا بخشی از سلاح‌هایی راکه که ایام شاه، توقیف کرده بودند بازپس گیرند،اماکدام سلاح؟ سلاحی که خود شاه به آنان داده بود. چند نفر تندرو شاید در دستگاه نظامی و امنیتی وقت ایران، دوست‌دار ترقه‌بازی بودندـ که امروزه خود مقامات طراز اول ایران، آن را تندرویی می‌خوانندـ سخن بارزانی‌ها را جدی گرفتندکه به پاک‌سازی عناصر چپ درکردستان، یاری برسانند! و پرده نمایش خونین قتل‌عام مردم کردستان، کلید خورد! که هنوز هم کسی نمی‌داند مسبب که بود و چرا و چگونه؟اما در تابستان ۱۳۵۸ بودکه قاسملو پسران بارزانی را جاش و مزدور نامید!... واژه‌ای آشناکه تنها یادگار مصطفی بارزانی در ادبیات سیاسی کردستان است، و ناگاه غنی بلوریان هم قاسملو را جاش و مزدور صدام نامید!

درکردستان ایران گروه‌های مسلح سعی کردندکه به‌کمک حزب بعث، دولـــت جدید ایران را به چالش بکشند، گرچه در آن ایام، جلال طالبانی هـــم به‌کومله و دمکرات یاری می‌رسانید، اما قیاده موقت بارزانی‌ها (به عبارتی دنباله‌ی همان حزب دمکرات کردستان عراق‌که سال ۱۹۷۵ بعد از پایان حمایت ساواک و موساد اسراییل، بلا استفاده مانده بود) هم‌پیمان سپـــاه پاسداران شدکـــه در عقب راندن نیروهای کـــرد ایرانی به داخل خاک عراق یاری برسانند اما چنان بر تندروی و اغراق پای فشردندکه به کردکشی دست زدند و سپاه هم تا امروز، گاه انگشت اتهام کردهای ایران را به سوی خود می‌بیند، اما هرچه می‌گویند ما ازکردستان شناخت عمیق نداشتیـــم و این فاجعه هم ثمره رفتار احساسی و هیجانی ما بودکه چنین شد، هنوز مقبول طبع افکار عمومی کردستان نشده است و شاید سال‌ها بایـــدکه این حقیقت از ره افسانه، دور شـــود. کار تا آن‌جا بالا گرفت که

نمایندگان کرد ایرانی در مذاکرات خود با نمایندگان جمهوری اسلامی، خواهـــان اخراج قیاده موقت ازکردستان ایران شدند و حتا قاسملو آن‌ها را جماعت آدم‌خوار نامید و فروهر و سحابی عبارت او را نقدکردند. اما جدای از عبارت تلخ قاسملو، خون‌هایی از مردمان کرد در شهرهای ایران بـــه زمین ریخته شدکه نه ملت و نه دولت، در تصورشان نمی گنجید، اما شاید مسوولا ن لب حسرت گزیدنداما دیگر چاره‌ای نمانده بود گویا. در ایـــام جنگ با عراق، بارزانی‌ها تا مرز پیرانشهر به نیروهای ایرانی کمک کردنـــد، گویی تنها تا جایی که به راه خود نزدیـــک شوند و پس از آن، سربازان ایرانی را رها کردند و چنین بود که شادروان صیاد شیرازی آن‌ها را بـــه فرصت‌طلبی و نفع‌جویی شخصی متهم کرد، اما در آن هیاهوکسی نمی‌شنید.

پاییز ۱۳۵۸ ادریس و مسعـــود کنگره حزبی را تشکیل می‌دهند و بعد در جنـــگ ایران و عراق، هم‌پیمان ایران می‌شوندو ماجراهای بعد... در دوران جنـــگ، از شهریور ۱۳۵۹ تا مرداد ۱۳۶۷، نیروهای سپاه پاسداران جمهوری اسلامی به دنبال کسب حمایت نیروهای محلی و قومی‌عراق بودنـــد تا ضربه بهتری را به صدام حسین واردکنند،اما اختلافات درونی کردهـــا، گاهی معضل بود و یکـــی از آن‌ها اختلاف کینه توزانه و عمیق اتحادیه میهنی کردستان و پارت دمکرات کردستان بود و یکی از افرادی که همواره مانع اجرای صلح میـــان این دو حزب اصلی کردستان عراق بود، ادریس بارزانی بود که جلال طالبانی او را به سلاخی و تیرباران ۱۰۰۰ نفر از پیش‌مرگ‌های حـــزب طالبانی در مرز ترکیه و عراق متهم می کرد و ادریـــس هم جلال طالبانی را فاحشه سیاسی نامیدکه طنز تاریخ آن‌جا بود که این عبارت هـــم روزی در نماز جمعه از زبان‌هاشمی رفسنجانی تکـــرار شد اما طالبانی، مسعود بارزانی را چهره نرم‌تر و قابل انعطاف‌تر می‌دانست. تندروی‌ها و خشونت نابه‌هنگام وگاه بی‌سبب و علت ادریس،

مورد توجه بسیاری از مقامات امنیتی و نظامی ایران هم قرارگرفته بود... از دیگر سو اختلافات داخل عشیره هم مزید بر علت بود. گرچه هر دو برادر خود را جانشین پدر می‌دانستنداما یکی باید بر دیگری غلبه می‌کرد و در نظام عشیره‌ای، تعامل معنی و مفهومی ندارد. ادریس بارزانی به شیوه‌ای مرموزانه در روز شنبه، ۱۱ بهمن ۱۳۶۵ در سیلوانای ارومیه کشته شد و در رسانه‌ها اعلام کردندکه وی سکته قلبی کرده است، اما شاهدهای داخل عشـــیره هم هر یک به طریقی، از سر راه برداشته شدند و کینه این ماجرا در دل نچـــیروان بارزانی باقی ماند. مدتی بعد مصالحه بین احزاب کرد، امضا شد.

و از ســـال ۱۹۹۱ به بعدکه حکومت اقلیم کردستان تشکیل شد، مافیای فرهنگـــی هم شکل گرفت که در افسانه‌ســـازی بارزانی تلاش کنند و آن را خـــط قرمز بنامند و اگر روشن‌فکـــری، شاعری، مورخی، نویسنده‌ای، هنرمندی و... بر خلاف آن بت‌پرستـــی بود، او را رسوای خاص و عام کنند و همان لغت منفور ذهن بیمـــار مصطفی بارزانی را برایش به‌کار ببرند: «جاش!» (الاغ ماده)... و تفاوتی هم نداردکه مکان جغرافیایی کجاست؟ ایـــران، ترکیه، سوریه و...اما خود و فرزندانش (طبق ادبیات لاتی خودش) جاش (مأمور) ســـاواک باشند و افرادی مانند معینی‌ها را بکشنـــد، و بعدها هم «جنایت‌های قیاده موقت درکردستان»، انگار کـــه مهم نیست! جاش میت ترکیه باشند وامثـــال دکتر شوان را بکشند، اهمیتی ندارد! و یا جاش سوریه باشند، مهم نیست، یا جاش صدام باشند و جنایـــت بشری ۳۱ اوت ۱۹۹۶ و قتـــل ۱۱۰۰۰ کرد را خلق کنند، نباید در باره‌اش حرف زد! جاش اسراییل باشند و حامی پ‌ک‌ک و پژاک، وگاه بالعکس دشمن آنان؛ اصلاً مطرح نیست! و یا دست‌شان از دور و نزدیک به ترورها رنگین!... این‌ها اسمـــش و خدمت به کرد وکردستان است؟ و فقـــط به هر دروغی پناه ببرند و این بـــبرکاغذی و قداست ساختگی

بارزانـــی، پایدار بماند و این قبیلـــه حاکم برکرد وکردستان و تعیین‌کننده سرنوشت‌شان باشند. و ما کردهـــای ایران هم حق نقد نداریم، زیرا باید افسانه دروغین مثلاً وجود حسن رابطه بارزانی و قاضی محمد را باورکنیم وکسی هم نمی‌پرسد، که این سادیسم تقدس مآبی و داشتن حق الهی، از کجا شکل می گیرد؟ این وجه تشابه درکجاست؟ اما این گره‌کور سلطنت عشیره‌ای، کی باز می‌شود، هنوز هم معلوم نیست...

نچیروان (فرزند ادریس و متولد ۱۹۶۶، اسمش به معنای نخچیربان یا شکاربان، در آغاز دهه ۱۹۹۰ سعی داشت‌که در منازعه‌های سیاسی حزب پارتـــی حضور داشته باشد و مراحل رشـــد را بپیماید و هم‌چنان مترصد فرصت انتقام مانـــد و در سال ۱۹۹۶ به نخست وزیـــری اقلیم کردستان منصـــوب شد و تا سال ۲۰۰۹ هم در این شغـــل باقی ماند. اما مسعود به فرزنـــدش مسرور دل‌بسته بود و او را از همان آغـــاز در اداره امنیت این حزب (پاراستن) به‌کارگمارد. از روزی مسعود بارزانی خود را حاکم اقلیم کردستـــان عراق نامیده است و مداحان او در مناطق کردنشین کشورهای پیرامون هم در برنامه تبلیغاتی۔ رسانه‌ای، سعی در نوشتن تاریخ دروغین پر سلحشوری و مملو از اغراق داشته‌اند و همواره با سانسور خبری مطلق، نخواسته‌اندکه خبری از درون این عشیره به بیرون و به خصوص رسانه‌ها درز پیداکند.

واقعیـــت از زبـــان یکـــی ازکارشناسان‌امنیتی چنین اســـت «یکی از مشکل‌هـــای مسعود بارزانی، منازعه و رقابت مسرور و نچیروان است‌که اولی می‌خواهدکه به‌کمک نهادامنیتی، نچیروان را محدود وکنترل‌کند و دومی‌می‌خواهدکه هم سلطه عمویش۔ مسعود۔ و هم فرزندش راکاهش دهد و هنوز هم مترصر فرصت انتقام خون پدر است..زیرا معتقد است‌که پدرش۔ ادریس۔ قربانی یک نزاع قدرت درون‌خانوادگی شد. در داخل عشیره هم اختلافات مالی و سیاسی وامنیتی چشم‌گیر است. در سال ۲۰۰۹

به مسعود تیرانـــدازی شد، و یکی از افراد خانواده‌اش می‌خواستند او را تـــرورکنند، اما رسانه‌های حزبی آن را اتهام نامیدند و سال گذشته هم در واشنگتن نچیروان به خاطر تذکر اخلاقی به یکی از بستگانش- بر اساس بی‌بنـــد و باری دخترش- مورد اصابـــت ضربات چاقو قرارگرفت و این جنگ تن‌به‌تن وگاه مشهود وگاه مخفی هم‌چنان برقرار است».

نگاه مسعود بارزانی، سنتی و قبیله‌ای است و خواهان ادامه حکمرانی موروثی هستند و رحـــم و شفقتی هم در آن متصور نیستند. شاید امروزه روز تنها نهادامنیتی این حزب که در سال ۱۹۶۷ توسط اسراییلی‌ها تأسیس شده است، عامل و رمز بقای ساختار این حزب بیات شده باشد، و هنوز ساختار ببرکاغذی سلطه را نگه داشته است، اما منازعه و رقابت بین این خانواده برای کسب قدرت و ثروت هم‌چنان باقی است و مسعود هم جز تبلیغ رسانه‌ای، باور و اعتقادی به ترک قدرت به شیوه دمکراتیک ندارد هم از رقبای سیاسی وحشت دارد و هم از اختلاف درون عشیره‌ای و هم از رقابت قدرتی داخل خانواده‌اش. و هم‌چنان کارت‌های بازی او، حزب و پاراستن است.اما آیا جامعه کردستان، وجود بارزانی ۴ را می‌پذیرد؟ آیا دوران قـــدرت موروثی شاهنشاهی، در داخل یک عشیره یا قبیله وحشی ممکن است؟

امـــروزه صرفاً با پول نفت و تاراج ثروت مردم کُرد، سعی دارند اذهان اکثر جامعه را به خود جلب کنند... و متأسفانه در اکثر رسانه‌های فارسی زبان هم فرستاده دارند! و نمی‌شود در این رسانه‌های مثلاً آزاد، حرف زد و واقعیت پشت پرده این مافیا را رسواکرد!

وقتی از توضیحات تقریباً جامع وکامل من کیفور یا شاید هم گیج شده بود، به وی گفتم با خضوع باید بگویم که هر آنچه را آموخته‌ام در مکتب عیسی خـــان پژمان آموخته‌ام که در ساواک، مسئول پرونده به کلی سری

کردستان بوده و تـــا آخر عمر مدیون ایشان بوده و هستم. سپس صورت رضـــا را بوسیدم و آرزوی خوابی آرام و عمیـــق برایش کردم و هر دو به اتاق‌های خودمان رفتیم.

یـــاد دوست و همکار نازنینم علی عبداللهی افتـــاده بودم که یک بار ناراحت بودم و به من می گفت: مثل کرگدن باید سر پیش انداخت و کار کـــرد. نیازی نیست که به همه چیز فکرکند آدم به بازتاب‌های گوناگون. ضرب‌المثل روسی می گوید، وقتی در راهی به سوی مقصدی می‌روی، اگر بخواهی به پارس هر سگی برگردی و به پشت سر نگاه کنی، هیچوقت به مقصد نمی‌رسی. این را همشهـــری‌ات مترجم تازه درگذشته ابراهیم یونسی درکتاب خاطرات داستایوفسکی آورده...

۴۳

دوشنبه ۲۳ مرداد ۱۳۹۱

صبح درحیاط بودم و مجید، یکی از زندانی‌های آرام با صورتی ساده و مهربـــان که دانشجـــوی رشته اقتصاد بود، سه‌تار مـــی‌زد و چه زیبا هم می‌نواخـــت. فکرکنم در آواز بیات تـــرک و زیر مجموعه شور بود... من را یاد جـــلال ذوالفنون انداخته بود... که ۲۸ اسفند ۱۳۹۰، درکرج فوت کرده و آن‌شب هم به یادش با بهرام مشیری درکالیفرنیا درباره‌اش حرف می‌زدیم و از روحیه و لطافت طبعش می گفتیم... البته در صبح شنیدن آن آهنگ، پکر می کرد و بهتر می‌بود که در همایون می‌نواخت و مثلاً گوشه چکاوک یا شوشتری می‌زد... ولی بهرحـــال بنا به روحیه‌اش، آن آواز را می‌نواخت...

دوباره دوشنبه بود و روز ملاقات، ناگهان اسامی زندانیان را خواندند کـــه برای گروه اول به ملاقات بروند. رفتم و غم و نگرانی را در صورت پدرم دیدم وگفت که "این‌جا مـــردان بزرگ تاریخ ایران بوده‌اند و مبادا ضعـــف نشان دهی و مرد بـــاش!"... می‌خواستم از پشت شیشه صورت

مردانه‌اش و دستش را ببوسم... که نان بی‌شرمی به سفره خانواده ما نیاورد و همیشه از فحش‌های بی‌ربطی که قبیله وحشی بارزانی و یا تروریست‌های تجزیه‌طلب مانند، کومله و دمکرات و پژاک به من می‌دادند، ناراحت و غمگین بود و دلش می‌شکست و عکس من و محسن رضائی را بهانه کرده بودند، اما من ۸۰۰ عکس با ۸۰۰ نفر مختلف داشتم اما فاشیست‌ها تنها به آوردن یک عکس بسنده می‌کردند... به قصد زندان اجتماعی ساختن، و طبعاً، در میان جامعه‌ای هیجان‌زده حس و حالی مزخرف است... گفتم امیدوارم که عید فطر رها شوم و بعدگوشی را به مادرم داد و دوست داشتم که این امکان را می‌داشتم تا خم شوم و پای آن زن باشرف را هم ببوسم که جوانی و زندگی‌اش را به پای من و برادرانم (عدنان و لُقمان) نهاده بود و همیشه خدا، من در غربت و سفر و حضر بوده‌ام و او چشم به انتظار بازگشت من و اکنون هم پشت میله زندان، رخساره‌ام را می‌دید و... خداحافظی کردیم و سپس با مینی‌بوس به بند بازگشتم...

اول در راهرو با میردامادی حرف زدم و او هم مشتاق بود که کتاب گفتگوی من و عیسی پژمان، تندباد حوادث، را بخواندکه اسرار ساواک را درباره حرکت مسلحانه کردها در عراق افشاکرده... اسدالله علم در آخر جلد ۳ و اوایل جلد ۴ یادداشت‌هایش اشاره‌هایی کرده که شاه افسوس خورده از این که نمی‌شود مسائل را موشکافی و در سطح افکار عمومی مطرح کرد... و سپس در حیاط با ابراهیمی، دوست خانواده رفسنجانی بودم و درد دل‌هایش را شنیدم و موضوع مادران داغدار بعد از انتخابات و... البته یخچال‌ها و فرش‌های داخل زندان اوین را هم یکی از دوستان رفسنجانی، به نام مرعشی، خریداری و هدیه کرده بود. خدا پدر و مادرش را بیامرزد!...

در حیاط دوباره کاپیتان ملکی برایم از سیه روزی‌هایش سخن گفت.

در ایـــن حال بود که یکی از بچه‌ها گفت، نماینده حضرات نابغه وزارت اطلاعـــات یا همان نماینده بند ۲۰۹ آمده... من هم سراغش رفتم و به او فهماندم که می‌دانم دروغ می‌بافند و پر به دهان می‌کشند... عصبیت من را فهمید و دیگر چیزی نگفت و فقط در جوابم گفت: "زبانم روزه است و دروغی ندارم"!...

آن قـــدر سردرد داشتم که برای دومین بار در زندان، عصر خوابیدم. در حیاط هم قوی دل ماجرای خرافه‌پرستی ایرانیان و ترویج امامزاده‌سازی و امامزاده‌ها را برایم می گفت، "معلوم نیست قبرکفتار است یا امامزاده... در دنیای ماهواره و سفینه فرستادن به فضا، درکشور امامزاده‌ها بودن؟"

پدیده امام‌زاده ســازی در ایران هم خود حکایتی است مقبره اعراب شورشی شمشیر به‌دست که وارد ایـــران شدند تا مردم زرتشت ایرانی با ضـــرب شمشیر به اسلام بگروند و همان عرب‌های مهاجم کشته شده به اسم صحابه رسول‌الله دفن کردنـــد و از مردم می‌خواستندکه مقبره آن‌ها مورد احترام قـــرارگیرد و چنین بود حکایت اولیه ساخت این خرافات و موهومات... من هم ته دلم گفتم، وای اگر به مردمان عامی و عادی چنین سخنی بگوئی، با لنگه کفش می کشند... بهرحال، بحثی بود و من هم به ناچار شنیدم، هرچند هرگـــز وارد بحث‌هایی چنین فرسایشی و اعتقادی نمی‌شوم اما از پیرمرادم، محمد قاضی، به یاد دارم که چاره درد این است که تنها "دانش و فرهنگ فرا گیرد این مُلک را"...

دروغ و خالی‌بندی سیف‌زاده مبنی بر این که وکالت ۶۰۰۰ زندانی را به رایگان انجام داده... در بند بین همه زندانی‌ها، دهان به دهان می‌چرخد... نمی‌دانم چه نیازی به این همه دروغ گفتن داشت... و ادعای دوستی با شیرین عبادی...

یـــاد ماجرای ۴ جـــوان عرب افتادم کـــه در اوایل تابستـــان ۱۳۹۱ در خوزستان اعدام شدند و بعد تجزیه‌طلبانی مانند بنی‌طرف که الحمدالله

بی‌بی‌سی فارسی هـــم تریبون آنان است، شیرین عبادی را جلو انداخت که از مراسم عزاداری اعدام ۴ فعال حقوق بشری جلوگیری شده، آن هم طبق گفته و بیانیه دوستان پان‌ایرانیســـت من، این افراد دارای ۱۲ پرونده مفتوح در دادگستری بودنـــد و سارق و خلافکار و کیف قاپ و زورگیر و... تشریف داشتند... به ناآگاهی و بی‌خردی این افراد معرکه گیر درباره مسائل سیاسی منطقه باید چه گفت؟... تا هر شارلاتانی دستگیر می‌شود بنا به این فضای توهم‌آلود وکثیف رسانه‌ای، یک فعال حقوق بشر و فعال اجتماعی و... را برایش می‌تراشند و می‌سازند... مثل کردستان ما، که یارو بمب گذار یـــا تروریست است، آن وقت می‌شود زندانی سیاسی یا فعال حقوق بشر!

امروز دو نفر هم می‌خواستندکه زیر نظر علیرضا رجائی در نشریه دیواری زندان، درباره ۲۸ مرداد نقل‌هایی بنویسم از موافقان و مخالفان موضوع ۲۸ مـــرداد اما نمی‌دانم چرا نشد و چون منتظر دریافت کتاب‌هایی بودم که قرار بود یکی از زندانیان به محض خروج به اطلاع یکی از ناشران برسانـــد و او هم آن کتاب‌ها را به زنـــدان بفرستد اما آن‌قدر امروز و فردا کردندکه نمی‌دانم رسید یا خیر. اما سر دواندم دست و دلم به نوشتن نبش قبر نمی‌رفت که دوباره اهانت بشنوم.

مطالبی که برای هفته‌نامه دیواری زندان نوشته می‌شد، توسط علیرضا رجائی نظارت می‌شد و انسان محترمی بود و طبعاً من هرچه می‌نوشتم، خصوصاً درباره تاریخ معاصرکه موضوع مورد علاقه خودش بود، قطعاً مخالفتی نداشت و اگر هم داشت دو تا متلک را یواشکی درگوش خودم می‌گفت و سرش را با خنده تکان می‌داد و موضوع فیصله می‌یافت. اما مشکل من این گروه هوچی و هتاک چپ در زندان بودکه خود را فعالان ملی قومی رادیکال چپ و دمکـــرات و آزادیخواه و... با یک وانت بار صفت و قید و عناوین دیگر بود.

این‌ها از هر بهانه‌ای سود می‌جستند و دوست داشتندکه کل بند هر روز با یاد رفیق استالین، بیدار شوند و... همیشه در حرف‌های‌شان می گفتند جریان غالب برای سانسور ما بر بند حکمفرما شده و... داخل آن نشریه هم مطالب‌شان علناً بوی تجزیه‌طلبی می‌داد انگار برای یارگیری، به این فالگیری هم نیاز بود. در هفته‌نامه دیواری داخل بند هم همیشه رجائی و دوستانش سعی می کردندکه از انتشار اباطیل جلوگیری شود اما فایده‌ای نداشت و جالب این‌که مشتری‌ها و خواننده‌های پر و پا قرص این نشریه هم، اغلب همین چپول‌های چیپ بود. وقتی هم‌که مطلبی منتشر نمی‌شد علنـــاً در راهرو یا آشپزخانه شلوغ می‌کردنـــد و می گفتندکه "این طیف دوستدار حکومت و مأمور و عامل خودفروخته، به خبرچینی علیه زندانیان چپ و قومی و رادیکال مشغول هستند و... این‌ها مدعی آزادی و اسلام و عدالتند اما با این رفتارهای انحصارطلبانه و موج‌سواری، خودشان را بر صدر جنبش اعتراضی مردم ایران بگذارند و..."، بعد هم وقتی کوهشان می‌لرزید، موش می‌زائید!، رئیس دانا شعر در وصف ایران می گفت!...

از دیدگاه حرفه‌ای فقط یک نتیجه را می‌شد استنباط کرد، کاملاً برای رجائی و آن دو دوست نازنین، واضح بودکه می‌خواهم بی‌آن‌که تعهدم را انجام دهم از پذیرفتن داستان‌که مسئولیت نوشتن درباره واقعه ۲۸ مرداد بود، در بروم.

رفتم و خودم را با ظرف شستن سرگرم‌کردم وته دلم می گفتم اگر بنویسم "در روز ۱۴آذر ۱۳۳۰ شعبـــان جعفری و همراهانش به دفاتر روزنامه‌های چپ و توده‌ای مخالف دولت مصدق حمله‌کردند و پس از ضرب و شتم کارکنـــان روزنامه‌ها و غارت وسایل و اثاثیـــه، آن‌جا را به آتش‌کشیدند، روزنامه‌هایی‌که مورد حمله قرارگرفتند عبارت بودند از: فرمان، داد، آتش، سیاسی، طلوع، چلنگـــر و... بر اثر این حـــوادث سرهنگ نوری شاد از نیروهای شهربانی کشته و بسیاری ازکارکنان روزنامه‌ها زخمی و مجروح

شدند. این واقعه بازتاب گسترده‌ای در مجلس داشت، و به درگیری‌های لفظی و حتی فیزیکی نمایندگان انجامید. در ۱۷ آذر ۱۳۳۰ و در صحن علنی مجلس، آقای آشتیانی‌زاده با طوماری بلند به پشت تریبون رفت وگفت: «حوادث ۱۴آذر برای دومین بار لکه بدنامی را به دامن آقای مصدق زد و دست این مرد را بر خون بی‌گناهان آغشته ساخت.» سپس به زمان رضاشاه اشاره کرد وگفت: تا به رضاشاه در مجلس سنگ و آجر نزدند، دستور حمله نداد ولی یاللعجب که مصدق چنین می‌کند، زیرا شعار این دولت فحش دادن- ترساندن- خفه کردن مردم شده است. آقای مصدق طاقت ندارد مخالفین او حرف بزنند چیز بنویسند و میتینگ بدهند. اگر شما ادعا داریدکه مردم طرفدار شما هستند پس از چند هزار نفر چه ترسی دارید؟ من خودم روز پنجشنبه دیدم که روزنامه طلوع را غارت کردند ولی مسخره این است که رئیس شهربانی از چاقوکش‌ها به عنوان مردم شرافتمند تهران تشکر می‌کند ولی نخست وزیرگفت خسارت را می‌دهم... این شهربانی به چه درد مردم می‌خورد ای خاك بر سر این تشکیلاتی که بخواهد بوسیله چاقوکش با حزب توده مبارزه کند. حقیقت این است که این اتفاق‌ها برای انتخابات می‌افتد... حوادث ۱۴ آذر برای دومین بار لکه بدنامی را به دامن مصدق زد و دست این مرد را بر خون بی‌گناهان آغشته ساخت... ما نباید بگذاریم رجاله و اوباش به ما حکومت کنند. شنیدم وقتی که مصدق شنیدکه یك افسر شهربانی کشته شده گریه کرد، منهم گریه کردم ولی آیا ایشان برای کارکنان مجروح و زخمی شده روزنامه‌ها هم گریه کردند؟!. بعد جمال امامی سخنرانی کرد، ایشان قسمتی از سر مقاله روزنامه دولتی کیهان را خواندکه در آن آمده بود «حمله به دفاتر روزنامه‌ها به دستور پلیس و شخص مصدق بوده است... در کجای دنیا دیده‌ایدکه دولت غارت کند؟!»... بعد از او عبدالغدیرآزاد پشت تریبون مجلس آمد وگفت، من تاکنون نسبت به شخص مصدق

سکوت کـــردم اما حالا دیگر سکوت خود را می‌شکنم زیرا کار نفت به جایی نرسیـــده و هم‌چنین دولت بر اوضاع مسلط نیست سپس اشاره به جریـــان روز ۵ شنبه کرد و پاره‌ای از مشاهدات خود را شرح داد و مدعی شدکه مکی را دیده که به شعبان بی‌مخ دستور می‌داده است.. چرا مصدق جلوگیری نمی‌کنـــد و اگر قادر نیست چرا استعفا نمی‌دهد و گفت تا به حـــال مصدق هرچه گفته دروغ گفته مرام عقیـــده ایشان گول زدن مردم اســـت و بس. مجلس مانند شاه‌سلطان حســـین نشسته و دولت هرکاری می‌کند، مجلس هیچ نمی‌گوید"و....

همین‌طـــور که داشتم ظرف می‌شستم، امید هم‌اتاقی من که قرار بود در شســـتن ظرف به من کمک کند، آمد و گفت: خیلی فکر می‌کنی، خوب بـــرو درباره انقلاب ایران بنویس... گفتم: بنویسم چپ‌ها در ایام همهمه ۱۳۵۷ چه می‌کردند؟

این‌هـــا فهم رویداد تاریخی ندارنـــد و برای‌شان اخلاق مهم نیست و اسمش را رویکرد و مقتضای کار چریکـــی می‌گذارند. بی‌خیال!، آئین این‌ها دشنام و فحش است. همیشه عطش انتقام دارند.

گفت: تو خیلی توقع داری... مگر این‌جا سوئیس است. ببین عبدالله تو اتاق ۹ جزو دفتر تحکیم وحدت هست اما با رئیس دانا پیرو چپ هم نشست و برخواست دارد، اما تو نمی‌توانی؟، می‌دانی بعدها رسانه‌ها چه خواهندگفت؟

گفتم: "امید جان اولا من مرده و تو زنده می‌مانی، عاقبت این جوان‌های اتـــاق ۹، این چپ‌ها را از اتـــاق می‌اندازند بیرون!، یارو هنوز دستشوئی می‌رود، دستش را نمی‌شورد!... کثیف واقعی!...این واقعیت را بپذیریم که این‌ها پایگاه اجتماعی ندارند. من را هم اینقدر از رسانه نترسان... کدام رسانه؟، با این فضای محفلی و سم‌آلود و ناپخته مطبوعات و رسانه‌های

داخـــل و خارج، کدام رسانه مستقل؟، همین آدم‌های رسانه‌های مزخرف داخلـــی راهی خارج ازکشور شده‌اند و الان هم ذات واقعی خودشان را نشان داده‌اند آن‌هم با یک فضای شبه شارلاتانی. بیشتر روی چهره‌هایی کار می‌کنند تا رسانه‌ای شوند. از احسان بارها شنیده‌ام درباره دروغ‌های کبودوند و اعتصاب‌هایش... همین پسر روزنامه نگار، یعنی مزدک، یکی از بچه‌هـــا گفت که دو ماه دستش فلج بوده عصب‌هایش کار نمی‌کرده، یکـــی از این بی‌غیرت‌ها نوشت؟، همین رادیو فـــردا را ببین که هر شب بچه‌ها می‌شنوند، اخبار همه زندانی‌ها یکسان منعکس می‌شود؟، یکی از نشریـــه زردی مثل نامه، چاپ داخل رفته است به رادیو فردا اما دراین‌جا شغل و سرگرمی‌اش چه بود؟ جز این‌که دوست دختر این و آن را تصرف کند و پشت سر این و آن مزخرفات ببافد؟... حالا شده آزادیخواه و مدافع حقوق زن؟ .. ول کن آقا!... خیلی‌ها هم در این زندان چشم انتظار آینده نزاع قـــدرت در ایران هستندکه در تقسیم قدرت، جایگاهی پیدا کنند... مـــن شیفته همین جوان‌های ناشناس و متواضـــع و ساده هستم که همین رسانه‌ها نمی‌دانند اسم و رسم این‌ها چیست... این‌ها آزادی و دمکراسی است؟"...

طفلک امید، هاژ و واژ داشت به من نگاه می‌کرد. و عینکش را روی دماغـــش جابجا کرد و مشغول آب کشیـــدن ظروف شد و زیر لب گفت: بـــرای همین است که من هم سرم در لاک خـــودم است و بیشتر سرگرم مطالعه شدم که از این کثافت کاری‌ها به دور باشم...

۴۴

سه شنبه ۲۴ مرداد ۱۳۹۱

صبح در حیاط با دوست عزیز و نجیب، علیرضا رجایی نشسته بودم و با من مثل همیشه شوخی می‌کرد مثلاً می‌گفت الان از دوربین حیاط، حضرات دارند تو را می‌بینندکه با من نشسته‌ای، آن وقت مرخصی‌ات را لغو می‌کنند و... در همین لحظه بود که گفتند جمالی از زندان آزاد می‌شود. علی، عضو شورای مرکزی و دبیرکمیته سیاسی سازمان ادوار تحکیم وحدت... به همراه سازمان دانش آموختگان ایران در انتخابات ریاست جمهوری سال ۸۸ با راه اندازی ستاد شهروندآزاد ازکاندیداتوری مهدی کروبی حمایت کرده بودند. جمالی و خانواده‌اش همواره پس از کودتای انتخاباتی سال ۸۸ مورد تهدید و آزار نهادهای امنیتی واقع شدند و بالاخره در روز ۳۱ مرداد سال ۸۹ در حالی که بنا بود اعضای سازمان ادوار برای دیدار و دلجویی از خانواده دکتر زیدآبادی در ماه رمضان، در منزل ایشان حضور به هم رسانند، در خیابان توسط نیروهای امنیتی ربوده شد.. علی بیش از یك ماه را در سلول‌های انفرادی بند ۲۰۹ گذراند و ۲۱ مهر ماه هم به اولین جلسه دادگاه در شعبه ۲۸ دادگاه انقلاب به ریاست

"مقیسه" رفته بود. دبیر سیاسی سازمان ادوار در این دادگاه به اتهام توهین به رهبری، توهین به رییس جمهور، تبلیغ علیه نظام و همچنین تجمع و تبانی برای بر هم زدن امنیت داخلی، در پانزده دقیقه محاکمه، و به چهار سال حبس محکوم شد... هر چند شب آخرش شام میهمان اتاق ما بود.... موقع خداحافظی با وی، قرارمان را در مگ هیل کانادا گذاشتیم.... البته درنهان، نظرش با من درباره‌ی چپ‌ها یکی بود، اما بروز نمی‌داد، بهرحال سیاست ایرانی‌هاست!... اما انسان محترمی بود...

موقع بدرقه وی، کوروش دوباره مرا به صرف ناهار به اتاق ۱۰ دعوت کرد... دوباره بحث کبودوند مطرح شدکه آن شب که بچه‌های ایران در المپیک لندن مدال گرفته‌اند، ناگهان تلویزیون را خاموش کرده و ورزشکارها را خائن نامیده زیرا دل جمهوری اسلامی را شاد می کنند....

روز ۳ خرداد هم در زندان با افراد مجاهدین خلق همصدا شده بود و مراسم آزاد سازی خرمشهر را تحریم کرده بود... این گروه‌های مسلح و تروریست و تجزیه طلب کرد (مانندکومله و دمکرات و پژاک) اصولاً ضد ایران و ایرانی‌اند و با وجود این که کارنامه آن‌ها برای همگان روشن است اما در خارج ازکشور، کاری هم نمی‌شود کرد و همیشه مثل گربه مرتضی علی هستند، نان به نرخ روز خوردن و ابن‌الوقت... به عبارتی به خاطر حلقه لندن به هر جایی می‌آویزند!

مثل همیشه روزنامه‌های روز را آوردند و در صفحه اول روزنامه اطلاعات دیدم که یادمان پنجمین سالروز درگذشت ادب است... ذهنم، ناخودآگاه به نزد او رفت و خاطره‌هایم با او... در دوران پنج مجلس – ۱۳۲۰ تا ۱۳۳۲ – غالباً، مالکان محافظه کارکرد (سردار معظم کردستانی – آصف) نمایندگی کردستان را بر عهده داشتند وکردها از سنت سیاسی پخته و توسعه یافته و دارای تجربه مانند دیگر بخش‌های کشور برخوردار نبودند. در مجلس‌های شورای ملی، نمایندگان منتخب کردستان، اکثراً از

طبقه اشراف بودند و توجه زیادی به منافع آتی و آنی خود و مصالح اعوان و انصار وابسته به خود و دلبستگی به مصونیت مالکیت‌های خصوصی خـــود در جامعه سنتی داشتند و نماینده‌های مصلحت‌گرای کرد، چندان نفوذ و اعتباری نداشتند، حامیان غیرمتعهد الگوی سلطنت مشروطه بودند و از دور هم دل درگرو سیاست لندن داشتند. اکثر نمایندگان کرد مجلس، در دوران قاجـــار و پهلوی اول، بنا بـــه گسترش پیوند شخصی، دریافت مساعدت، تامین منافع و در اختیار داشتن منابع قدرت و مشاغل کلیدی، انواع روابط مبتنی بر بده بستان‌های گوناگون، نوعی حس سرسپردگی و مدیون بودن به قدرت مرکزی داشتند: برای حفظ تشریفات و موقعیت خـــود، نه نصیب و بهره‌یی از روحیه همکـــاری و هماهنگی درونی و نه مشارکتی در تعیین سیاست حکومـــت داشتند و بنا به موقعیت سست و نامشخـــص و مبهم آنان درکابینه یا مجلس، همواره از شبح عدم اعتماد حکومت مرکزی نسبت به آنان آسایش خاطر هم نداشتند. مثلاً آصف از دوره ۷ تا ۱۵ در مجلس بود و در ۳۰ سال نمایندگی مجلس شورا و سنا، هیچگاه نطقی در مجلس ایراد نکرد و همیشه جزو نظر غالب و اکثریت مجلس بود و در محافظه‌کاری ـ پیش از انقلاب ـ مانندی نداشت.

از دوره ۱ تـــا دوره ۲۴ مجلـــس (۱۳ مهر ۱۲۸۵ تـــا ۱۲ بهمن ۱۳۵۷) هیچ نمایـــنده‌کردی در سطح نواب رییسی، کارپردازی، منشی و ریاست مجلس نبود. در آن ۶۰ سال و ۲۴ دوره، ۲۰ شخصیت نسبتاً هماهنگ اما متفاوت، نمایندگی شهر سنندج را عهده‌دار بوده‌اند: میرزا حاج اسدا... خان کردستان، آقاخان اعزازالسلطنه، میرزا فرج آصف سردار معظم، حاج محمدخان حبیبی، میرزا محمدخـــان وکیل الملك، اسماعیل رحیم‌زاده، نصرت الله صادق وزیری اعزازالملك، عبدالحمید سنندجی سالارسعید، ناصر قلی خان اردلان، حسین وکیل، محمدرضا آصف، امان الله اردلان، دکتر محمدهاشـــم وکیل، عباسقلـــی اردلان، مهدی شیـــخ الاسلامی،

هوشنگ کمانگر، محمد اصولی، محمدعابد سراج الدینی، فرخ‌لقا بابان، حبیب‌الله‌امام مردوخ. و اینکه در تاریخ پهلوی چه اقدامی برای کردستان کردند در جایی دیگر می‌توان بحث کرد. بعدها در میان نمایندگان مجلس در سنندج یا دیگر شهرهای کردنشین، کمتر چهره‌یی، برای تاثیر درکنش و رشد جامعه، درصدد دفاع از هویت در چارچوب قانون اساسی بود و نمایندگان کرد در خلاف جهت این تفکر غالب سنتی، کمتر جریانی مثمرثمر آغازیدند و گاه جزم اندیشی و عدم تصمیم گیری، تسلیم بی‌قید و شرط به تفکر سنتی، نیندیشیدن به شکل و محتوای مسوولیت، زبان به تحریف و تفسیر و توجیه گشودن و مرتکب خواص پروردن و عوام فریفتن به قصد اعمال قدرت و مشروعیت به خویش بخشیدن، آفات این آرمان مردمی بود و طی یك قرن آرزوی مردم تخریب شد و کمتر چهره‌یی برخاست تا جبران مافات دیگران کند، و حال با شناخت چنین معضلاتی خود را به نمایندگی مردم رساندن و قصد حرکتی برخلاف جریان مرسوم داشتن یا از بزرگان رفته راه هم فراتر رفتن، جسارتی خاص می‌طلبد، آن هم با از یاد نبردن زیست بوم و هزینه کردن ثروت شخصی برای رواج اندیشه راهنما و درست.

بهاءالدین ادب بنا به این دلایل، از دیگران متمایز شد و نزد مردم قابل احترام. گرچه بسیار بودند خوش خط و خال‌هایی که درآستینش، نیشش زدند تا به سم بیالایندش (مانند دار و دسته بارزانی در ایران، ولدبیگی نوکر محمدرضا رحیمی و جلال جلالی‌زاده که هر دو وابسته به مسعود بارزانی بودند)، یا نظر او را به یك قبیله آن سوتر جلب کنند، اما ادب نگاهش به ایران و ایرانی بود و می‌دانست همین مناظره، چالش و نوشته‌ها و تلاش بیشتر در تزریق اندیشه راهنما، جامعه را به شناخت بهتر سوق می‌دهد تا با نگرش نو و چرخش بنیادین و حرکت تدریجی فرهنگ سازی و ترویج مفاهیم مدرن، در وطن خود، با پیشبرد منافع روبرو سازند

و به بالیدن و رشد منزلت جامعه کردها (در آغاز دوره جدید) کمک کنند و بـــا گذشت زمان و دگرگونی ایـــام، انگاره و پیش فرض قدرت مسلط زمانـــه را تغییر دهند. ادب همواره معتقد بود که عملکرد فعلی و معاصر بعضی از فعالان سیاسی کرد، درس روشن و آموزنده‌یی برای نسل جوان امروزکردستان است و بـــا شناخت از آن و نقد فعالیت ایشان، مشارکت در بازســـازی هویت خود کرده‌اند و از رمز تاریخ درس گرفته‌اند و بعد از ذکـــر و شناخت عیب‌ها و طرح نظریه‌ها و برنامه‌هاست که نسل نو، دوره شکل گیری و تحقق و روشنگـــری را بیاغازد و بر اساس مداخله انسان دوستانـــه و پرهیز از تحجر و هیجان و احساسات، در رقم زدن سرنوشت خود تاثیرگذار باشند. ادب، در مجلس همواره بر آموزش و بسط فرهنگ گســـتری در جامعه اصـــرار داشت: و خود هم در لا بـــه‌لای کار اجرایی عمرش را به سرمایـــه گذاری در این راه گذرانید و با صراحت می گفت که برای نسل جوان اهل تحقیق، شایسته و واجب است که به رمز آموزش و فرهنـــگ سازی باور داشته باشد. کنـــون پنج سال است که مردی را با هزار خاطره به دامان شهر آبیدر سپرده‌ایم، آبیدری که سال‌هاست به مردم شهـــرش، تك درختی را می‌نمایاند تا بگوید، برای درست تعریف کردن و زنـــده نگه داشتن هویت مردم باید قوام و دوام داشت. یادش گرامی و راهش پردوام... حیف که در رابطه من و او، این دار و دسته بارزانی، چه فتنه‌ها که برانگیختند...

در حیـــاط هم مساله نامه نوشتن به بان کی مـــون، رئیس سازمان ملل متحـــد، بین زندانی‌ها، مطرح بود که قبـــل از سران اجلاس غیرمتعهدها به دست وی و سفارت‌ها رسانده شـــود، اما من بی‌فایده می‌دیدم چون می‌دانستم که همه آن‌ها از این حکایت‌ها اطلا ع دارند...

بعد با سمکو حرف زدم و توصیه کردم که جوانی‌اش را فدای چیزهای

موهوم نکند. برایم گفت که چگونه چکو رحیمی و مصطفی هجری در حزب دمکرات، خودشان این جوانان را به اداره امنیت ایران می‌فروشند و سبیل‌شان را چرب می کنند حضرات... او را دیروز هم برای گرفتن نوار ویدئویی برده بودند و امیدوارم بزودی خلاص شود...

خاطرات و نوشته‌هایم را نزد محمد بردم که از فراری‌های مجاهدین خلق از عراق بود و ۷ سال حکم داشت... آن را در داخل شلوارم دوخت، تا بتوانم (این روز نوشت‌هایم را) از آن دخمه خارج کنم... سپس گفت: وقتی به آمریکا رسیدی پرچم آمریکا را ببوس البته به خاطر آزادی و دمکراسی آن کشور، آن پرچم را ببوس وامیدکه روزی کشور ما هم چنین شود وگرنه من شیفته ایران و ایرانی‌ام...

در دلم «آمین» گفتم، و این که «قافله، تا به روز حشر، لنگ است»... قنبری هم خیالش راحت شد از این که دیگر دست‌نوشته‌هایم محفوظ می‌ماند...

ناگهان بمب‌های پشت تپه‌های اوین منفجر شدند و از ۴-۵ جای مختلف می‌شدکه دود را مشاهده کرد... برخی هم به این طرف و آن طرف می‌دویدند و یاد بمباران بی‌هدف سال‌های ۱۳۶۶ افتاده بودم که در مدرسه بودم و پدرم را به دوره آموزش نظامی برده بودند... برای سیاهی لشکر جبهه‌ها، دیگر نوبت به کارمندها رسیده بود و ناگهان روزی هواپیما به بمباران پادگان سنندج پرداخت و بمبی هم در ان اطراف در میان خانه‌های مسکونی منفجر شده بود و مردم شهرگریان و سرگردان به این طرف و آن طرف می‌دویدند. هنوز پیرمردی را به یاد دارم که سرتاپایش خونین بود و فریاد می کشید: خدا این ظلم را قبول نکن!... در آن کوچه تنگ و باریک خانه ما، نمی‌توانستم چه کنیم و نمی‌دانستیم که کجا برویم، فقط فریاد پدربزرگم را به یاد دارم که درکوپه پیچید: الهی این مملکت از شر مُلا و آخوند پاک بشه، نور به قبرت بباره رضاشاه که تخم و ترکه این

حیوان‌هـــا را برچیدی... و یکی از همسایگانم اصرار داشت که جمعیت داخل کوچه برود... با تـــرس و لرز می گفت: بهتره از این‌جا بروید الا ن پاسدارهـــا می‌ریزند این‌جا و هرکه را ببینند دستگیر می کنند... اما گوش کسی در ان هیر و ویر بدهکار نبود... و نزدیکی‌های غروب بود که پدرم به خانه برگشت و معنای بودن و ماندن را حس کردم و به شادی تولد دوباره، توانستیـــم شام بخوریم وگریه‌های پنهان مادرم در کنج آشپزخانه آن خانه قدیمی را به یاد دارم.... در این مرور خاطرات دور بودم که دیدم یکی از هم‌اتاقی‌هایم می گوید این همه به این طرف و آن طرف دویدیم که ببینیم چه شده، همین بود؟، لابدگنجشکی چیزی رفته روی سیم...

۴۵

چهارشنبه ۲۵ مرداد ۱۳۹۱

دیگر خاطـرات و نوشته‌هایم در داخل شلـوارم دوخته شده بود و با خـودم در همه جا، همراهم بود. یکی از بچه‌های داخل حیاط از دست ابراهیم‌زاده، نوچه کبودوند، شاکی بود که وی برای‌شان با چه آب و تابی داستانی تعریف کرده که در روستایش چگونه با الاغ ماده، سکس داشته و... من هم فقط گوش کردم و عبور از حلقه غیبت کردن آن‌ها...

حمیـد هم با شورت رنگی‌اش در داخل حیاط گیتار می‌زد. آدم حکم اعـدام داشته باشد و چنین روحیه و حس و حال نوازندگی داشته باشد، براستی جای تقدیر است.

حمـزه بازهم دربـاره نیک آهنگ کوثر یکهو داغ کـرد و شروع کرد به حرف زدن که "آقا!، چی بگـم؟ از نامردی، بی‌اخلاقی، بی‌شرافتی، پفیـوزی، کینه‌شتری، سوءاستفاده، فرصت طلبی و ...چی بگم؟" و.. من هم گفتم آقا جان، بی‌خیـال!... من که این بنده خدا را نمی‌شناسم... به من چه مربوط؟!

واقعـاً آن روز دیگـر حمزه بی‌قرار بود نه من. چـون اکثراً من به وی

می گفتم: حمزه! بی قرارم... انگار خیال‌اش راحت بود که آزاد می‌شود. مرتبــا به این سو و آن سو و این طرف و آن طرف می‌رفت. مرتباً از اتاق بیرون می‌رفت و سپس برمی گشت و درباره همه چیز حرف می‌زد، انگار که دیگرکسی را نخواهد دید.

میردامادی که اکثراً در اتاقش مشغول مطالعه بود اما گاهی بعد از ورزش به حیاط هم می‌آمد. و هر ازگاهی با هم همصحبت می‌شدیم و من هم از روی شیطنت و یا پرسش‌های ذهنی‌ام بیشتر تمرکز می کردم روی موضوع رابطه ایران و آمریکــا. انگار میردامادی دل‌خونی از فخرآور داشت و یا آن‌ها را نهایت کج سلیقگی آمریکائی‌ها می‌دانست که چنین خالی‌بند و روان‌پریشی را تحویل گرفته‌اند. بهرحال روزهایی درکنار این چهره‌ها با هم محشور بودیم هرچند بسیاری از ایشان یک توهم ذهنی داشتند.

در حیاط کمی با علیرضا بهشتی نشستم و برایم می گفت: تصور نمی کنم امــروز عفو اعلام شود و اگر هم اعلام شود، افراد مشخص و مشهور در آن لیســت نیستند مثل نبوی یا قدیانی و... و تنهــا با آزادی آنهاست که مردم باور می کنندگشایش شده و یا موسوی را از حصر خانگی آزادکنند تــا جامعه را برای شرکت در انتخابات به حرکــت در بیاورند و بگویند گذشته‌هــا گذشته و... اما خامنه‌ای قدرت تصمیــم گیری ندارد... وقتی کسی پیش‌بینی می کندکه چه اتفاقی می‌افتد آخرش می گوید خدا کریم است... مثل جلال طالبانی که همیشه می گوید «خدا از سلطان محمود، بزرگ‌تر است»... اما از تبعیض وی خوشم نیامد. خوب هر زندانی هم برای خودش شخصیتی داشت و انسانی بود و تفاوتی با موسوی وکروبی نداشت اما به هر حال نظری ندادم و به اتاق برگشتم...

شعلــه سعدی را دیدم که اتاق به اتاق می گشت و خداحافظی می کرد و جلسه‌ای در حیاط گذاشت که همراه وی به حیاط برگشتم و دور میزی نشستیــم. وی می گفت که "سخن در خفا ارزش ندارد و اگرکسی نقدی

از وی دارد اظهـــارکند و اخلاق ایرانی‌ها و پشت سر حرف زدن، چندان جالـــب نیست" و... عبداللـــه مومنی، محققی، عـــرب سرخی، داوری، رجائی و قنبری و... هرکدام نظری در باره او و اندیشه‌هایش دادند. من هـــم بین سلطانی و ایازی نشسته بودم و بعـــدگفتم: "همه ما که از زندان مرخص می‌شویـــم، کار و بار مشخصی نداریم و بهتر است در مرودشت در زمین‌های آقای شعله سعدی، کشاورزی کنیم و انگور وگندم بکاریم"... خنـــده سلطانی و رجائی باعث شد همه معنی متلک من را بگیرند (که منظـــور عرق گندم و شراب است)، ناگهان شعله سعدی به شوخی گفت "عرفان و سلطانی و رجائی آن‌جا بحث سیاسی می کنند، نمی‌شود!"... رجائـــی هم در عین ادب و متانتش درگوش من گفت: "آخر عمری یک شغلی پیدا کردیم، تو هم آن را بهم زدی!" و....

نعیمی‌پـــور، پسر مودب و بـــا شخصیتی بود درگوش مـــن که بعد از پایـــان جلسه در حیاط بود، سلامی کرد و طـــرز سلامش مرا به یاد سال ۱۳۷۰ انداخـــت که در ایام امتحان ثلث ســـوم دبیرستان آقای طهمورث معتمدهاشمـــی به همان شیـــوه در روز آخر بـــا شاگردانش خداحافظی می کرد... در دلم گفتم انشاالله روز آخر است؟

کمی به بازی تنیس عبدالله مومنی نگاه کردم. می گفت که خواسته نام پسرش را عرفان بگذارد اما نشده ظاهراً....

در بند حس و حال عجیبـــی بود... با عرب سرخی هم چند دقیقه‌ای پیاده‌روی کردم و او هم از مصاحبه من در مهرنامه شاکی بود وکتاب ثابتی و زیر سوال بردن نقش مذهبیون و روحانیون در انقلاب ایران و.... را به مصلحت نمی‌دانست و می گفت که خود او هم شکنجه شده و آیت‌الله فـــلان و بهمان نیـــز و... اما از احترام و لطفش شـــاد شده بودم و تشکر کردم... بهرحال نظرش محترم بود! و چیزی درباره توهم و دروغ شکنجه روحانیت در زندان، نگفتم. حفظ احترام کردم.

یکـــی به خنده می گفت کـــه "می‌دانی خانیان، هم اتاقـــی ما را چرا دستگیرکرده‌اند؟، ســـال ۱۳۸۸ رفته مسجد و جلوی امام جمعه گفته که قربان عرضی دارم... و بعد تریبون را در اختیار وی گذاشته‌اند و او هم از تریبون مسجد خطاب به رئیس بسیج همدان گفته: این آقا خیلی جاکش اســـت!... به همین دلیـــل دستگیر شده". و خـــودش از این نقل خاطره غش‌غش می‌خندید و خانیان، اسم خودش را پلنگ همدان نامیده بود... امـــا من حواسم به کرمی بود که موی ســـرش راکوتاه کرد و بعد ازگرفتن دوش، حوله‌اش را پهن می کرد...

ناگهـــان ۶ و نیم عصر بود که صدای خدابخـــش نماینده دادستان از بلندگو شنیده شـــد و گفت "اسامی زندانیان عفو شده را می‌خوانم" و... وقتی خواندن اسامـــی را شروع کرد، همه ساکت و آرام در هر جایی که بودند، نشستند و بیشتر هـــم روی راه پله... گاهی نام یکی را می‌خواند، هـــورا می کشید، یکی جیغ می‌زد، یکی به دیگری تبریک می گفت و... شماره ۴۹ هم من بودم واشک از چشمانم بی‌اختیار جاری شد و سلطانی را محکم بغل کردم و بوسیدم... شعله سعدی که حکمش تمام شده بود اما وقتی اسم دکتر مولوی را خواندند، صدای های‌های گریه‌اش به کُلی مُنقلبم کرده بود...

فقط حمیدرضا (ماهان) را دیدم و بغل‌اش کردم. همان قهرمان کشتی. کـــه همیشه می گفت، "چون آفت جمهوری اسلامی طوری جامعه ایران را بیمارکرده که انحطـــاط و زوال انسانیت رخدادی فراگیر و خواستنی است.... سیاست محملی شده برای توجیه بیماری حسادت، توجیه ارضاء بی‌حد و حصر جاه‌طلبی، توجیه سوءاستفاده از حسن‌نیت‌ها، توجیه فریب افکار برای رسیدن به شهرت و توجیه هتک حرمت و ناروایی با ویترین روشنفکـــری"... او را به خدا سپردم و آرزوکردم که جان سالم به در ببرد. انسانی مودب و با شخصیت بود. هیچ ادعائی هم نداشت. مبهوت است،

خوب حرف می‌زند اما گاهی تمرکزش را از دست می‌دهد. برایم گفته بود بعد از ۷ سال تنها سهم او از زندگی ۱۰ روز مرخصی بوده...

شام آخر هم کسی سفره را جمع نکرد... هرچند شعله سعدی هم میهمان اتاق ما بود اما همه ذهن‌ها به پریدن به آن طرف در بود... نعمت آزادی و رها شدن از بند... انگار برای زندانی، تنها شانسی است که در عمرش نصیب شده... بخت با من یار شده بود...

علاقــه خاصی به آن‌جا نداشتم و در واقع از این که زندانی هم نامیده شوم، اعصابم خرد می‌شد. یادم هست، یکی از زندانیان که اهل کرمانشاه بود و دانشجــوی سابق دوره فوق لیسانس دانشگــاه شریف و به جرم جاسوسی گرفته بودند، دستش را به کف اتاق می‌کوبید و می‌گفت، آقا جــان واقعیت را بپذیر این جا زندان اویــن است باورکن!... خودت را برای ۱۸ ماه آماده کن!... اینقدر هم جلیزولیز نکن!.. سخت می‌گذره ها!، گفته باشم!... هیچ کسی هم هیچ کاری برای تو انجام نمی‌دهد!

روز خداحافظی چشمان حسرت بار بهزاد را فراموش نمی‌کنم، خیلی مضطــرب شده بود، ناگهان ۱۲ نفر از اتاق ۲۲ نفری رفتند و او ماند و ۱۰ نفر دیگر... شاید منتظر عفو بود اما هرچه بود من نتوانستم چشمانش را نگــاه کنم، چون حالم بد می‌شد...و او هم کــه تا آن روزکمتر دیده بودم سیگار بکشد، مرتباً سیگار دود می‌کرد... و ساعت ۱۰ و نیم شب سری اول زندانیان وارد حیاط دم در بند شدند... روی راه پله‌ها سرودهای انقلابی خوانــده می‌شد و من شاید نفر دوم بودم که از در اول بند، خارج شدم و البته مُقیسه دستم را گرفت...

همه زندانیــان هیجــان‌زده در راهرو ازدحــام کرده بودنــد و سرود می‌خواندند و شاید من هم می‌خواستم درست و حسابی خداحافظی کنم اما مقیسه، آستینم را کشید و بنا به توفیق اجباری شاید جزو اولین نفراتی بودم که به آن طرف درکرم رنگ به نزد میز نگهبان رفتم...

زودتـــر از همه داخل آن طرف شـــدم و اولین نفر بودم و تحمل و توان قبلی شنیدن ابراز احساسات دیگران را نداشتم که پاک و معصوم و از ته حنجره‌شان می‌خواندند و می سرودند....

کتاب خاطـرات ولادیمیرکوزیچکین (افســر سابق ک‌گ‌ب) تحت عنوان ک‌گ‌ب در ایران، که بعد از خواندنش در دلم چنگ انداخته بود را نیز برای قنبری فرستادم. دیگر بار و بنه‌ای نداشتم جز یک حوله و یک مسواک.

می‌گشت و ترسیدم که شلوارم و زیر شکمم را هم بازرسی کندکه همه چیـــز لو برود و شکر ایـــزد که آن نشد. لابد آن همـــه زندانی مرخص و آزاد شده را نمی‌توانستنـــدکه وجب وجب بگردند اما یک تکه روزنامه اطلاعات و رسالت را داشتم که آن را برداشت وکپی حکم زندان را هم درآورد که خدا را شکر یک کپی دیگر به همراه داشتم.

تظاهـــر می‌کردندکه پشـــه را روی هوا نعل می‌کنند و خیلی نکته‌سنج هستند. مثل روسیه قدیم که زندانیان می‌کوشیدندکه شغال‌های ک‌گ‌ب راگـــول بزنند و مثلاً ودکـــا را در داخل قوطی کنسرو می‌ریختند و لحیم می‌کردند! و یا به جای آب، نمک روی خیار شور می‌ریختند.

اما وقتی لیست زندانیانی را خواندندکه باید سوار مینی‌بوس می‌شدند، اسم من داخل آن نبود و وقتی مینی‌بوس اول که اکثراً جوانان زیر ۳۰ سال بودنـــد، به حرکت درآمد صدای هورای آنـــان در اوین پیچید... و من با اتوبوس دوم به سمت در حرکت کردم.... و عبدالله مومنی بدرقه‌ام کرد... و آخرین زندانی بودکه بوسیدمش و برایش آرزوی موفقیت کردم...

دراتوبوس ما چندان سکوتی هم حکمفرما نبود و ظاهراً همه با قیافه‌های جدی نشسته بودیم اما این‌بار می‌دانستیم که ما را به‌کجا می‌برند. در برابر دروازه بلندی ایستادیم که آن سویش چیزی دیده نمی‌شد اما دروازه برای ورود مـــا باز شـــد و بعد از اتوبوس پیاده شدیـــم... درکنار یک محوطه

پارکینگ اتوبوس ایستادکه یکی گفـت، ظاهراً اعدام‌ها این‌جا صورت می‌گیرد... سخنش بی‌معنا بود، چون هیچ‌کسی به آن توجهی نکرد.

سپس از راهروئی گذشتیم و برابرگیشه‌ای باید می‌ایستادیم. در راهروئی که فضای ماتم‌بـار و سردی و سنگینی و مـرگ را داشت با آن حباب چراغ‌های سفیـد و زردکه از سقف آویزان شده بود. به صف ایستادیم. عـده‌ای ظاهراً منتظـر ورود بودند جزوکارگرانی کـه صبح‌ها به سرکار می‌رونـد و شب‌ها به اوین باز می‌گردند و اکثـراً جزو بند جرایم مالی هستند... یعنی عده زیادی از زندانیانی که روزانه سرکار می‌روند و شبانه به زندان باز می‌گردند هم ازدحامی درست کرده بودند و اول کار آنان را راه انداخت تا عده‌کمتری در راهرو تردد کنند...

نگهبان تذکر دادکه همه تا فرا رسیدن نوبت‌شان باید سکوت را رعایت کنند، اما محتاج نبود ما را به سکوت دعوت کنند چون شوق رفتن ما را حرف زدن بازداشته بود. به یکی از بچه‌ها هم گفته بودند عفو شدی که دم در به وی گفتند: نخیر در داخل سیستم نوشته مرخصی ۲۰ روزه!... هر چه اعتراض کرد فایده‌ای نداشت...با قضاوتی سطحی می‌توان گفت که مانند احشام با زندانی رفتار می‌کنند اما قضیه به آن سادگی نیست و البته شاید هم هرگز نمی‌توان زندان‌بـان را از این که چنین قالب ذهنی دارد، سرزنش کرد...

منتظـر فرا رسیدن نوبت خودم ماندم. بزودی مرا صدا زدند. وقتی من جلو رفتم و به عبارتی نوبت من شده بود، زودتر ماجرا را به پایان رساندم. هیچ‌کس هم مرا زیاد معطل نکرد ظاهراً در هیچ‌کدام ازکارهایم مشکل خاصی وجود نداشت. دیدم مرحله آخـرکار است. فقط برگه را دادم و نگهبان با قیافه اخم‌آلود مرا وراندازکرد و در چشمانم نگریست و سپس امـا با رضایت سری تکـان داد وکنار رفتم. مردی ریزنقش و پیزوری با موهای تُنُک خاکستری و قهوه‌ای و صورتی بسیار چروکیده که لباسش

نسبت به سن و سالش بی‌تناسب می‌نمود و رفتاری وسواسی داشت. در کارش خونسرد بود و اعتماد به نفس داشت.

تپش قلبم تندتـــر شده بود و نمی‌توانستم هیچ اندیشـــه‌ای را از ذهنم بگذرانـــم. یـــک سربازکه قدی کوتـــاه و صورتی گـــرد و بینی سربالا و چشمانـــی دور از هم و لبخندی خفیف بر لب داشت، انگشتم را گرفت که روی مهر بگذارم و امضا کنم و بیرون بروم. مرد بلند قامت با ابروهای سیاه و چشمان گود افتاده و ظاهری آرام و صورت ظاهرش به جنوبی‌ها می‌مانست اما مبایلـــم را پس نداد. خلاصه بنا بر ملاحظات امنیتی، یا هرچه که نفهمیدم چی هســـت، مبایل را پس ندادند و آن را به چند روز دیگر موکول کردند.

از پله‌ها پائین آمدم. ازکنار عکسی از خامنه‌ای که به دیوار آویخته شده بـــود عبورکردم. دیگر لحظه نجاتم وقتی فرا رسیدکه در آهنی باز شد.... چند لحظـــه گذشت و صدای برخورد فلز به گـــوش رسید و در باز شد. انگارقفل، صدای مخصوصی می‌کـــرد و بعد با پیچاندن دستگیره باز می‌شد... منتظر بودم که این رنج زندان، روزی تمام شود. فقط می‌خواستم از آن جا خارج شوم. انگار بار غم و محنتی از دوشم برداشته شد و نفس عمیقی کشیدم.

دم در رسیدیـــم. نگهبـــان برگه مرا ورانداز کرد و بـــا تأنی قیافه‌ام را با مشخصات داخل دستگاهش مطابقت داد و یک دوبار دیگر در چشمانم نگریست و بعدگذاشت که از آن مانع بگذرم...

ساعـــت ۱۱ شب بـــود که پایم را از آن جهنم بـــیرون گذاشتم و از دور، اتوبان و مردمی را دم در دیدم خیلی از خانواده‌های زندانی‌ها آمده بودند و از اخبار رادیو و تلویزیون شنیده بودندکه زندانیان سیاسی مشمول عفو شده‌انـــد... اولین کسی که در جلـــوی چشمانم ظاهر شد امید بود، همان پسری که نامه نجاتم را بـــیرون برده بود و محکم بغل‌اش کردم. بعد هم

از هم‌اتاقی‌های سابقم، امید نوروزیان که با همسرش دم در بود را دیدم، کسی که بعد از مرخصی‌اش، در زاغه او می‌خوابیدم، مبایلش را به دستم داد و من هم به پدرم زنگ زدم وگفتم، از اوین آزاد شدم! و صدای پدرم، خوشحال بود و فقط می گفت: خدایا شکرت!...

پدر و مادری را دیدم که التماس می کردند و بازویم را چسبیدندکه ببیند از جگرگوشه آنان خبر دارم یا نه، اما نمی‌شناختم و فقط گفتم نمی‌دانم مادر جان!... مردمانی که چشم انتظار دیدن جگرگوشه‌های‌شان بودند و چیـزی از آن‌چه در آن سوی دیوار می گذرد نمی‌توانند ببینند... اما چشم می گرداندند... در آن حین که گروهی دم در عکس یادگاری می گرفتند، دختری با چادر، دم در ایستاده بود، آن هم با چهره‌ای نجیب و چشمانی باهوش، اما منتظر... نمی‌دانم چرا اما قیافه‌اش برایم آشنا می‌نمود اما او را بـه یاد نمی‌آوردم. یکی هم دم در ایستاده بود و اسامی آزاد شدگان را یادداشت می کرد.

موقـع بیرون آمدن حمزه نگران من بـود که شب راکجا خواهم رفت و من هم به وی گفتـم که خانه یکی از دوستان مادرم می‌روم تمایلی به اصرارش نداشتم و سپس از یکدیگر جدا شدیم...

با پای پیاده تـا نزدیکی یک آژانس تاکسی درکنار برج‌های آتی‌ساز (یک خیابان در نزدیکی پل کناری زندان اوین) رفتم. کارت پول زندان کار نکرد و یک قران هم پول نداشتم، رمزکارت یادم رفته بود... اما خدا رحم کرد که کـارت یک بانک دیگر را در جیبم داشتم. تاکسی حرکت کردم... خـودم نیزبه آسانی توانستم مسیرم را تشخیص بدهم سال‌ها در سعادت آباد زندگی کرده بودم...

ترافیـک تهران مثل همیشه نامنظم بود و در رعایت مقررات رانندگی اصـلا کسی توجهی نـدارد وگوئی همه با هم مسابقـه گذاشته‌اند و به سرعت و ماهرانه در میان هـرج و مرج می‌راند... راننده تاکسی آژانس

آتی‌ساز، نیشش تا بناگـــوش باز بود. با بینی پهن که در چشمانش برقی از بدخواهـــی و بدگمانی می‌درخشید... راننده تاکسی با لبخند شیطنت آمیز و موذیانه‌ای پرسید، "خونه دوست دخترت می‌ری؟" و بعد لبخندی زد. خیلی ناقلا به نظرم رسید اما لبخندی زدم و تصور می‌کردم که شاید جزو همان رانندگانی باشدکه جزو حضرات نابغه وزارت اطلاعات است. چیزی نگفتـــم. کم‌کم داشت عصبانی‌ام می‌کرد، میل شدیدی مرا وادار کردکه نگویم اصلاًکجا می‌روم... تصمیم گرفتم که جانب احتیاط را نگه دارم و این بودکه سکوت کردم.

بعد در پشت چراغ قرمزکه یک فرد معتاد ژنده‌پوش رد شد، جملاتی کامـــلاً برعکس بر زبان رانـــد وگفت: در حکومـــت اسلامی، شادی ممنوع!، موفقیت در زندگی ممنوع!، باسوادی ممنوع!، اعتراض ممنوع!، خوشگلی ممنوع!، مستی ممنوع!، کلاً هر لذت سالمی ممنوع!... انگار که فقط می‌توانید معتاد بشوید! آقا معتاد باشید تا دیگر صدایی از شما بـــه گوش نرسد و آقایان و شرکاء، با خیال راحت به ظلم و ستم و چپاول مملکـــت ادامه دهند!، به لطف پاپتی‌ها، مـــواد مخدر به وفور در سطح کشور هست!، در این مملکت آخوند زده، از نان و سبزی خریدن سریع‌تر و ساده‌تر هســـت.... من هم در پاسخش هیچ چیزی را بر زبان نیاوردم. حس جالبی به وی نداشتم که اعتمادکنم. بعد از چند دقیقه‌ای زنگ در خانه مریم را به صدا درآوردم و بعد به خانه رفتم...

و پس از مدت‌ها روی بالش خانه خودم خوابیدم... شبی به دور از شحنه وگزمـــه و حبس و آن چراغ زرد رنگ لعنتی بـــالای سرم که دائماً روشن بود!... همیشه خدا هم یک لامپ بالای سقف روشن بود حباب‌های برق زرد رنگی از سقف آویزان بود با یک نوار مشکی پیرامونش و مثل بختک دایم جلوی چشمان من بود و از این که امشب داخل زاغه نباید می‌رفتم و می‌توانستم به دور از آن نور مسخره و دوربین بخوابم، خوشحال بودم...

پایان

صبـــح روز پـــس از آزادی همه چیـــز به‌طور طبیعـــی در جریان بود، خوشحالی غیرقابل وصفی توأم با آسودگی به من دست داد و فقط یک چیـــز خیالم را ناراحت می‌کرد این هـــم احساس وجود همیشگی گروه تعقیب و مراقبت را تجربه‌کردن بود. همین تنش موجب می‌شود که گاهی یا دائماً می خواهی برگردی و به پشت سرت نگاه‌کنی و ببینی چه‌کسی تو را دنبال می‌کندکه البته بیشتر یک بیماری فکری و خیالی است و در ذهـــن‌ات دو نفر دائماً تو را تحت تعقیـــب و مراقبت قرار می‌دهند و آن مأموران خیالی تقریباً همدم دائمی خیابانی من شدند. گرچه می‌دانستم یک‌درصد هم واقعیت ندارد، اما بهرحال در ذهنم بود.

اما انگار مسائل روزمره زندگی هم جائی برای آن در ذهن نمی‌گذارد اما تا مدت‌ها آثارش هست و مدت‌ها بعد هم ناگهان تصور می‌کنی در سلول هستی و نیمه‌های شب از خواب می‌پری...

۲۵ مـــرداد: صبح، پس از مدت‌ها، کامپیوتـــر را روشن‌کردم، دیدم‌که

حضـــرات نابغه وزارت اطلاعات، تمـــام ایمیل‌های من را چک کرده و حتی همـــه draftهای من را هم پاک کرده‌اند...بـــه قول اسداله علم در یادداشت‌هایش: «بنازم این همه عظمت و وسعت تسلط‌امنیتی!» را...

قبل از حرکتم به سمت محل قرار با مهدی، رفتم و شماره تلفنی جدید گرفتم که شاید تا چنـــد روزی از شر شنود تا چند روزی خلاص شوم... حرفـــی برای پنهان‌کردن نداشتم اما دیگـــر از محدودیت وکنترل ذهناً و روحاً فراری و منزجر بودم...

ساعت ۱۲ ظهر به همراه مهدی که او هم همراه من از اوین آزاد شده و همسرش سنندجی بود، به طرف سنندج به راه افتادیم و وقتی وارد اتوبان قزوین شدیم، سبقت اتومبیل‌ها توجه مرا به خود جلب کرده بود... انگار روزها بود که دلم برای دیدن این صحنه تنگ شده بود.

وقتی که به همدان رسیدیم. پیشنهـــادکردم که خانواده خانیان زندانی هم‌اتاقی‌مـــان را پیـــداکنیم و به آن‌ها سری بزنیم کـــه می‌دانم خوشحال می‌شوند و مهدی هم پذیرفت و پرسان پرسان، سراغ نشانی و آدرس وی گشتیـــم که طفلک هنوز در بند مانده و حبس‌اش را می گذرانید... وقتی دختر و پسرکوچک وی در را بازکردند، حالت انتظار را در چشمان معصوم آن‌ها دیدم و همسرش نیز با چادری سفید به دم در آمد و موقعی که پرسید خانیان چرا آزاد نشد؟، براستی هیچ پاسخی نداشتیم و تنها اظهارامیدواری کردیم که بزودی مرخص شود، اما شاید در میان‌اشک‌هایش، دلخوشی دادن‌هـــای ما هم چندان مفید فایده نبود... شک نـــدارم که آوردن خبر سلامتی‌اش، لااقل کمی آرامش خاطر داشت... من چه می‌دانستم شرح دل آن زن جوان و بچه‌های معصوم چیست؟...

۸ غروب که دیگر خورشید به پشت کوه‌ها رفته بود، بالای گردنه صلوات آباد مشرف به سنندج رسیدیـــم... جائی که شاید نغمه‌ها و آواهای سید

علی‌اصغـــرکردستانی را در سینه نهان دارد.. صدایی مانند جویبار جاری کوهســـاران کردستان که می‌جوشید و می‌خروشیـــد... وی در سال ۱۳۱۵ وفـــات یافت و در زادگاهش (صلـــوات آباد) به خاک سپرده شد و باید مدیون عارف قزوینی بود که وی را به ضبط آن صفحه‌های آوازی تشویق کـــرده بود... چیزی به شب نمانده بود کـــه به سنندج رسیدیم... ازگردنه صلوات‌آباد چراغ‌های رنگ و وارنگ شهرکه آمیزه‌ای از درخشندگی را به نمایش می‌گذاشت... دریایی از نور در پای کوه آبیدر... باورم نمی‌شد کـــه این روشنایی همیشه به این شکل زیبا، وجود داشته باشد اما بود که به قول اخوان ثالث، آنگارگردن‌آویز درخشان آبیدر است... بعد مجسمه آزادی، ساخت مجسمه‌ساز مشهور همشهری و همزبانم، هادی ضیاالدینی، روحیه‌ام را عوض کرد... چه عظمت و هیبتی دارد آن سنگ وگچ سفید...

چند لحظه بعد، از مهدی خداحافظی کردم و همدیگر را به خدا سپردیم و وقتـــی زنگ در خانه پدرم را زدم، ناگهـــان در باز شد و پدرم و مادرم و برادرانـــم را بوسیدم و بوئیدم... اشک‌های من با صورت خیس ازگریه شوق مادرم، درهم آمیخـــت... بغل‌شان کرده بودم و انگار هنوز باورمان نشده بود که طعم آزادی را چشیده‌ام... چه طعم و مزه‌ای داشت، بوسیدن طولانی مادرم و مژه‌های خیس از اشک شوق... موجود مقدس و پاک زندگی من!...

۲۷ مـــرداد: دومین صبحی بود که چشمم بـــه دور از دخمه زندان، از خـــواب باز می‌شد، اما این بار در خانه پـــدری‌ام و استشمام هوای تازه آبیدر از لای پنجره، ریه‌هایم را صفا و جلا داده بود. داخل حیاط رفتم تا درکنار درخت انار، نفس عمیقی بکشم و جلوی آفتاب، موهای سرم را خشـــک کنم... چند ساعت بعد به همراه برادرم عدنان به کوه رفتیم و زیگـــزاگ‌وار ازکوه آبیدر، بالا می‌رفتیم... از دوران صباوت پیاده‌روی و

کوه‌پیمائی را دوست داشته‌ام و با پدرم خاطرات بی‌شمار از این دست دارم... امین، شوهر خاله‌ام، که انسانی خوش قلب و دوست داشتنی است، همراه ما بود،...

در کامپیوتر برادرم، پس از مدت‌ها سایت‌های خبری را دیدم و دیدم که فهرست اسامی زندانیان آزاد شده انتشار یافته بود... انگار هرچه حضرات نابغه‌ی وزارت اطلاعات زور زده‌اند که اسامی رسانه‌ای نشود اما عاقبت شد و اسم همگان درز پیدا کرد و دیگر احدالناس و دیار بشری نیست که از ماجرا باخبر نشده باشد... «بگوش هرکه در عالم رسید این آواز پنهان» و شب‌های ظلمت و "وحشت زندان سکندر" هم پایان می‌یافت... دخمه‌ای تعفن‌آلود که شرح پریشانی درحصار میله‌ها را نمی‌توان بازگفت، کابوسی ویرانگر است آن پوزخندهای ظفرمند بر لب بازجوهای حق به جانب که خود را خدا و صاحب اختیار روح، زندگی و افکار تو می‌دانند!

۲۹ و ۳۰ مرداد: خانه مادر بزرگ رفتم به همراه خاله‌هایم... و او هم تندیس مهربانی و صفا... جریان مرگ پدربزرگم را تعریف کرد که چقدر بی‌منت و آرام مُرده. شب در خانه پدر ماندم و فردایش به تهران بازگشتم....

۳۱ مرداد: امروز راننده آژانس تاکسی، مردی خوش‌قیافه بود و شلواری خاکستری که برایش کوتاه بود به پا داشت. گفت در صندوق عقب ماشین کمی کنیاک هست، باید خروج شما را جشن بگیریم. باز هم خندیدم وگفتم ۹ صبح است و برای پیاله نوشی زود است. یاد داخل کوپه از آلمان به فرانسه افتادم که با یک فیلسوف آشنا شده بودم وکتاب ارنست بلوخ دستش بود و در همان ۸ صبح می گفت: آدم باید بداندکه در هر زمان و در هر جا و با هرکسی، چگونه بنوشد... راننده موذیانه خندید و

تقاضایش را تکرارکرد که این بار من هم خنده‌ام گرفته بود...

رفتم تا مبایلم را از حضرات زندان اوین پس بگیرم و دیدم که در این مدت روشن شده و شماره‌هایش را هم تخلیه کرده‌اند... حتی تماس تلفنی بهناز را بی‌پاسخ گذاشته بودند اما Missed call افتاده و همچنان باقی مانده بود...

دم در رفتم یک در آهنی کرم رنگ وکوچک که برای مراجعان تعبیه شده بود و زنگی نبود تا فشار دهم. قیافه یک سرباز جلوی چشمانم ظاهر شد و با لهجه مشهدی در حینی که داشت قفلی را در میان دستانش باز و بسته می کرد، مبایلم را گرفت و برد... در دل خودم گفتم این چه شغلی است که هر روز عده‌ای را داخل می‌برد یا بیرون می‌آورد... بدرقه می کند و پیشواز می کند؛ الهی سگ هم‌چنین زبون نشود و این زندگی قسمتش نشود... ۴۵ دقیقه‌ای معطل ماندم و عاقبت مبایلم را پس دادند...

از تعجب شاخ درآوردم، پوشش چرمی‌اش پاره شده بود و وقتی روشن کردم دیدم که از این مبایل استفاده شده است... وقتی مبایل را نگاه می کردم، اعصابم بیشتر خرد می‌شد اما در دلم به هوشمندی بهناز آفرین گفتم که چنین مدرکی را به دستم داده بود که دیگر حضرات با این missed call نمی‌توانستند حاشا کنند... باورم نمی‌شد چیزی در مبایل تعبیه نکرده باشند، اما پس از چند روزی باید برای همیشه از شرش خلاص می‌شدم تا «دشمن، بوئی نبرد»...

وقتی که تاکسی حرکت کرد، منظره خیابان منتهی به اوین، در پشت سرم ناپدید شد و شاید اوین را برای همیشه، پشت سرگذاشته بودم...

آن روز، دکتر غارتی به من زنگ زد. خیلی وی را دوست داشتم و پزشکی نازنین بود و خانواده‌ای با محبت هم داشت که در خانه مهندس بها، همشهری و هم‌زبانم، با وی آشنا شده بودم. مهندس بها هم انسانی بود که خانه‌اش میعادگاه آدم‌های اهل دل بود و من هم براستی شیفته مرام

و انسانیـــت او بودم و برایش خیلـــی حرمت خاصی قائل بودم و مسبب آشنایی من هم با هر دو، سعید فرجپوری بامهر و خوش قلب بود که البته همیشه وی و شاهرخ به شوخی می گفتند یا داماد دکتر غارتی خواهی شد یا مهندس بها و من هم می گفتم: عجب!

پـــس از حـــال و احوال، دکترگفت: می خواهـــم گوشی را به یکی از دوستانم بدهم به اسم دکتر شجاع‌الدین شیخ‌الاسلام‌زاده!. من هم گوشی راگرفتم و پس از احوالپرسی مختصرگفت: آقا این کتاب شما و آقای ثابتی را خواندم. البته تا ۷۰ درصد آن درست است و ۳۰ درصد آن هم واقعیت ندارد. من خودم اوین بوده‌ام و از ۳۳۰۰ زندانی، حدود ۱۵۰۰ نفر شکنجه شده بودند وگزارش را هم به هویدا فرستاده بودم و عاقبت هم شاه گفته که آقا فضولی نکنید! و ... ثابتی با من دشمنی خاص داشت و حتی به نصیری گفته که می‌خواهد مرا بکشد و بعد بیندازد گردن خرابکارها و...

مـــن هم البته می‌دانستم که این دکتر، چه امامزاده‌ای است، آمدن تاکسی را بهانه کردم و با گفتن "انشاءالله زیارت می کنیم از نزدیک" ، گوشی را قطع کردم. وقتی که داشتم از آسانسور پائین می‌رفتم به یاد یکی از سخنان دوستان ثابتی در لندن افتـــادم که می گفت: شیخ‌الاسلام‌زاده، آدم رذلی بود. در مراسم تولد ۷۰ سالگی مادر هویدا شرکت کرده و یک رقص بسیار مبتذل و زننده و جلفی اجرا کرد و لابد می‌خواست نزد هویدا دلبری کند. با یکی از معاونان وزارت بهداشت به اسم اسد آرام، مرتب در تماس‌های تلفنی چرندیات می گفتند هرچند شاید نمی‌دانستند که تلفن خانه آن‌ها کنترل است و حتی از شایعه رابطه نزدیک دکتر اقبال با فریده دیبا حرف زده بودند و...

وقتی که در ماشـــین را بازکردم، گفتن سلام راننده و صدای جان‌فزای هایده، رشته افکـــارم را پاره کرد. البته بعدش رانـــنـــده سوال کرد که آقا، راســـت است که وقتی جبرئیل به محمدگفت، بخوان و اوگفت خواندن

را نمی‌دانـــم هـــزار و صد و شصت و یک سال بـــود که کوروش منشور حقوق بشر را نوشته بود...! گفتـــم: نمی‌دانم! بعدش ادامه داد و گفت: امـــا در این مملکت از این دلقک‌ها زیـــاد داریم چه در حکومت و چه در اپوزیسیون، اما مثلاً کسانی که سال‌ها پیش صبح خیلی زود از خیابان ظفـــرگذر می کردند، خانم مسنی را می‌دیدندکه با فولکس قورباغه‌ایش بـــه سمت بیمارستان علی‌اصغر می‌رفت. زنی ساده‌پوش و زلال که برای من نماد همیشگی عشق‌ورزی بی‌دریغ محسوب می‌شود. پروفسور پروانه وثوق تنها پروفسور بیماری‌های خون کودکان در ایران است و بیش از نیم قـــرن عاشقانه مرهم کودکان سرطانی‌ست. استاد هیچگاه ازدواج نکرده اســـت. شاید او هـــم همچون مادر ترزا زمانی بر ســـر دو راهه‌ی زندگی و عشق ایستاده و عشـــق را برگزیده باشد... شنیده‌ام استاد تاکنون حتی یـــک ریال کارانه بیمارستانی دریافت نمی‌کند. تمام درآمد یک پزشک ازکارانـــه‌ی بیمارستانیش تأمین می‌شـــود و او از این نفع گذشته است تا فشاری برکودکان و خانواده‌های‌شان نیاید. پروفسور پروانه وثوق یکی از بانیان بیمارستان فوق تخصصی سرطان‌کودکان تهران (محک) می‌باشد. او ساده و بی‌آلایش خدمت رایگان به‌کودکان سرطانی وطنش را برگزیده و چـــه بسیار دختران و زنانی هستنـــدکه حتی اسمش را نشنیده‌اند اما او همچنان متواضع و فروتن وگوشه‌گیر به زندگی پربارش می‌پردازد و ادعایی هـــم ندارد!... این شیر زنان و ده‌ها شیر زن دیگرکه گمنام در نزدیکی‌مان می‌زیند عاشقانی بی‌متاینـــد و باید بیشتر بشناسیم‌شان... زندگی عشقی است پر مخاطره و او به قمارش گذاشته... من هم از حرف‌هایش خوشم می‌آمد اما خدا خدا می کردم که هرچه زودتر به دادگاه انقلاب برسم.

به دادسرا رفتم تا نامه خدابخش و دهقانپور راگرفتم تا سند خانه پدری را آزادکنـــم. خدابخش انسانی فهمیده و خـــوش قلب به نظر می‌رسید. نامـــه‌ای داد و گفت که به اتاق خدابخش رجوع کنم. فوراً از پله‌ها پایین

آمدم. دم در ایستادم و دیدم که چند نفری در صف هستند و اما با اولین نگاه خدَابخش وارد اتاق شدم و نامه دهقانپور را جلوی دستش گذاشتم و او هم لبخندی زد و امضا کرد. انگار از عفو شدنم دیگر بهانه‌ای نداشت وگرنه باید ماه‌ها و روزها آن خیابان منتهی به دادگستری را گز می کردم!

عصر هم نزد شاهـــرخ رفتم که پس از مدت‌ها «حلقه اصحاب رندان شنبه» جمع شوند و او هم ابراز شادی و محبت می کرد وگفتم که یکی از زندانیان برای شجریان پیام داده... فوراً از مبایلش به کالیفرنیا تلفن زد که شجریان خودش گوشی را برداشت و من هم برایش گفتم: استاد!، روزی در حمام به تقلید از شما، آواز خوانده‌ام و یکی از هم اتاقی‌هایم به اسم قوی‌دل، پیامی داده وگفته «در این روزگار محبس هر شب با صدای تو می‌خوابـــد و اگر شما را ببینم به نیابـــت از او، کف دست شما را ببوسم و بگویم حنجـــره‌ات، صدای آزادی ایران است و ســـروش مردمان»... شجریان هم خیلی جوانمردانه، ابراز محبت کرد.. عشق غریبی به صدای این مرد داشتم، صدایی که با آن زندگی کرده‌ام، با آن که بسیاری کرکس‌ها سعی کردندکه روابط عاطفی‌ام و عشقم به این هنرمند را تخریب کنند.. هرچنـــد با شجریان حرف زده بودم، امـــا از شفیعی کدکنی شعری را که دوست داشتم به یاد آورده بودم که اگر شجریان را ببینم و به او بگویم:

مردی‌ست می‌سراید، خورشید درگلویش
تیر تبار تهمت هر سو روان به سویش
ای دلقکان تاریخ! مشاطگان ابلیس!
کامروز می‌هراسید ز آوازگرم پویش
سرخیل عاشقانش خواهید بود فردا
روزی که گل برآید از با غ آرزویش
خاشاک چشم اویید، امروز و روز دیگر،
همچون خسی بر امواج، در جوی جست و جویش

مابیم چون غباران، در چار چار باران
و او پرشکوه کوهی، بنشسته بر سکویش.

مـــزدک ما را به خانـــه شاهرخ رسانید و دوست دخـــترش، آزاده، نیز در پشـــت سر ما را اسکورت می کـــرد، انگارکه ساواک به دنبال ماشین ک گ ب بود... آرام اتومبیل به حرکت در آمد و مست در خیابان مشجر دروس تهران، شب پس از زندان... چراغ روشن یکی رستوران‌های مملو از مشـــتری، نظرم را جلب کرده بـــود...در سال‌های قبل از انقلاب، اکثر مردم شهـــرگاهی اوقات برای می گساری و سر شـــب به آن رستوران‌ها می‌رفتند. مانند رستوران‌هـــای پشت اوین که معمولاً جای عشاق جوان است. نوشیدن شراب بـــرای من حکم همان شعر سعدی بود: "غنیمت دان اگر روزی به شادی در رسی ای دل! پس از چندین تحمل‌ها که زیر بار غم کردی" ... و من هم نزد شاهرخ، زیاده‌روی کردم... در واقع با او و مزدک و آزاده، شادخواری کردیم.

با پیچیدن صدای نـــوار مرکب‌خوانی و نوای شجریان با همراهی نی محمد موسوی، ماشین حرکت کرد... و به سمت خانه شاهرخ رفتیم و تنها صدای شجریان بود که در ماشین شنیده می‌شد.

غم زمانه خورم یا فراق یارکشم
به طاقتی که ندارم کدام بارکشم
نه قوتی که توانم کناره جستن از او
نه قدرتی که به شوخیش درکنارکشم
نه دست صبرکه در آستین عقل برم
نه پای عقل که در دامن قرارکشم
چو می‌توان به صبوری کشید جور عدو
چرا صبور نباشم که جور یارکشم
شراب خورده ساقی ز جامِ صافیِ وصل

ضرورتست که درد سر خمارکشم
گلی چو روی توگر در چمن به دست آید
کمینه دیده سعدیش پیش خارکشم.
شب هم خانه شاهرخ ماندم و خوابیدم!...

۱ شهریور: صبح زود بدون آن که کسی را بیدارکنم از خانه تویسرکانی، خارج شدم. می‌دانستم که گلریز مهربان با زحمت و سفره‌آرایی و میزبانی، شرمنده‌ام می کنـــد... روزنامه اعتماد هم اسامـــی زندانیان عفو شده را منتشرکرده بود... هروقت حضرات نابغـــه وزارت اطلاعات خواسته‌اند چیزی بی‌نام و نشان شود، قطعاً نامدار خواهد شد... ناگهان عصر خسرو معتضد به مبایلم زنگ زدکـــه "آقا در روزنامه امید جوان به شما فحش داده‌ام به خاطر این که درکتاب ثابتی مرا میرزا بنویس جمهوری اسلامی خوانده‌ای" و... من هم تنها بله ـ بله گفتم و رهایش کردم به‌امید خدا... هر چند توسط یکی از افراد ســـاواک، برای پرویز ثابتی پیغام داده و با تملق، کلی ازکتـــاب تمجیدکرده بود!... اما او در مقایسه با بهنود شرف داشت، لااقل مستقیم تلفن کرده و حرفش را زد، نه این که مانند مسعود بهنود در پشت سرم در BBC، حکایت‌ها ببافد و در Facebook فحش‌ها نثارم کند... خوب به من چه مربوط با ساواک همکار بوده و ثابتی داستان خصوصی و راز سر به مُهرش را افشا کرده؟!...

۴-۵ شهریور: به دیدن فیلم سینمایی شورشیرین رفتم. البته یک‌درصد جنایـــات دو گروه تروریستی و تجزیه‌طلـــب و نوکر بعث عراق (کومله و دمکـــرات) را به نمایش نگذاشته بود. عصر فردایش با دوست نازنین و سالیانم، علیرضا سمیع آذر به کلاس کیارستمی‌رفتم و غروبی خوش با هر دو هنرمند مهربان، گذرانیدم.

۷-۸ شهریور: نزد محمد، دوست طالبانی رفتم و او هم شرح مردانگی و جوانمـــردی‌اش را در آزادی من بازگوکرد و براستی نمی‌دانستم به چه زبانی می‌بایست از بزرگی و لطفـــش تشکر می‌کردم، از این که کمکی بـــزرگ در حقم کرده بود که رها شوم، سپاسگـــزاری کردم می‌دانستم از کتـــاب تاریخ معاصر خوشش می‌آید به‌رســـم هدیه، کتاب ثابتی را به او تقدیم داشتم... به عـــراق هم تلفن زدم و با عادل مراد، مشاور و دوست جلال طالبانی حرف زدم و بعد هم با ناظم دباغ نماینده طالبانی در تهران دیدارکردم و دو سایت خبری کردستان عراق هم نوشته بودندکه "بارزانی بـــه زندانش افکنده و طالبانی، قانعی‌فرد را از زنـــدان آزادکرده" و... در واقع بارها بارزانی از ایران تقاضای دستگیری مراکرده بود... از طرفی مرا عامـــل ایران می‌نامید و از طرف دیگر مرا وابسته به اجانب و CIA... در آدم فروشی و خیانت، تاریخ معاصرکردستان، چنین قبیله‌ای وحشی به خود ندیده اســـت... و رسانه هم در اختیار دارد و چنین در رسانه‌های فارسی هم نفوذ دارد، عین مرض ایدز در اکثر رسانه‌های فارسی خارج ازکشور، پخش شده و مأمور حقوق بگیر دارد!...

۱۳-۱۴ شـــهریور: ۱۱ صبح، محمد مجید الشیخ (سفیر عراق در تهران) تلفن زدکه، ویزایم حاضر است... پاسپوریم را نگاه‌کردم، مثل همیشه روی ویزا نوشته شده: بتوصیه من السید رئیس الجمهوریه فخامه الرئیس جلال طالبانی،... انگار برایم نه مجوزی رسمی، بلکه برگه‌ای تاریخی است تا دوباره بعد از مدت‌ها بـــودن در حصار موسم عسرت در آسمان بی‌مرز، بـــال و پر بگشایم و پروازکنم که تـــوگویی سفر، جزئی جدانشدنی است از زندگـــی‌ام... مام جلال (عمو جلال) هم از سفرش به اروپا برگشته!... امیدوارم وی را ببینم!... در تغییر مسیر زندگی و اندیشه من، تأثیر فراوان

داشت...

۱۵-۱۶ شهریور: صبح هم با تلفن حمید متبسم از خواب بیدار شدم و نوازنده با فهم و شعوری است و بعد هم عصر، سعید فرجپوری زنگ زد و او را هم خالصانه و عاشقانه دوست دارم و از او و خانواده و همسر نازنین و مهربانش، شهره، خاطره‌های خوش بی‌شمار دارم. بلیط عراق را خریدم. روز بعد پس از خریدن بلیط از خیابان ویلا پیاده به خیابان کریمخان رفتم و در میان کتابفروشی‌ها پرسه می‌زدم... یکی از پیاده‌روها یکی بساط کرده بود و آهسته می گفت: کتاب خاطرات ثابتی را داریم... جرأت نداشتم نزدیک شوم کافی بود یکی مرا با کتاب خودم ببیند و کارم شاید خراب می‌شد... البته می‌دانستم توهم است وکسی به دنبال من نیست، اما وقتی بر ذهن چیزی مستولی می‌شود، بی‌فایده است و عقل هیچکاره...

در یکی ازکتابفروشی‌های خیابان کریمخان... کتابفروش با لحن معناداری گفت: خیلی نویسنده با دل و جرأتی است!.. آبروی آخوندها را برده!... شکل و شمائل مرا به یاد نمی‌آورد و دلیلی هم نداشت که خودم را به خاطرش بیاورم. داشت با مشتری‌اش که آخوند بود در داخل مغازه حرف می‌زد که وی هم مشتاق خواندن کتاب بود.

من فقط در این فکر بودم که می‌بایست فوراً اقدام کنم و تصمیمی بگیرم و تعیین راه خروجم از ایران. البته وسوسه شدم که بلیط مستقیم امریکا را بگیرم شاید در فرودگاه امام موانع جدی پدید آید و یا مزاحمم شوند... تدارک جزئیات نقشه‌ام را با حالتی کاملاً آرام پیش بردم و می‌دانستم که درست‌ترین تصمیم را گرفته‌ام و حتی یک بار هم کوچک‌ترین تردیدی به دلم راه نیافت...

ناگهان کتابفروش به من اصرارکرد که او را در بحث همراهی کنم و این مطلب برایم حالت هشدار دهنده داشت، شاید هم قصد خاصی دربین

نبود... چه می‌دانستم... خداحافظی کردم و از مغازه‌اش بیرون رفتم... زیر پل کریمخان با اولین تاکسی دربستی، به سوی رستورانی به راه افتادم که با تیرداد قرار داشتم. انسان با مهر و محبتی است و از دوستان اصفهانی مـــن که توسط فیس بوک او را یافته بودم و همیشه هم بنا به الطفاتش با من همدلی و مشورت می کرد...

شنیدم که شمس‌الدین مفتی مُرده... رابط ساواک و بارزانی در حرکت مسلحانه کردها در عـــراق از ۱۹۶۱ تا ۱۹۷۵ بود... انسان باشرفی بود، اما دهـــن لق... حتی نزد معتضد در ســـاواک از پژمان بدگویی کرده بود در حالی که شب‌ها در خانه پژمان در تهران می‌خوابید. اما حیف مصاحبه‌ام با وی انجام نشدکه نشد... عصر هم، بعد از مدت‌ها با یار همنواز و همدل در روزهای زنـــدان دکتر رضا مولوی، استاد دانشگـــاه دُرهام انگلستان Durham's Centre for Iranian Studies دیـــدارکردم و عکسی هم به یادگارگرفتیم... این بار هم در حیاط با یک پیرهن آبی!... اما حیاطی که دیگر آسمان و ستارگانش پیداست با نفس گرم و عمیق...

۱۸-۱۹ مـــرداد: اول به دیدار دکتر حمید عضدانلو رفتم. جامعه‌شناسی اســـت که دوستش دارم و دوست مشترک من و او، رامین جهانبگلوست، فیلسوف دوست داشتنی،... و بعد غـــروب هم در دفتر شاهرخ با مجید درخشانی گذشت... غروبی دلنشین و حالی خوش با زخمه‌های تار مجید درخشانـــی مهربان و نازنین... انگار محفل زیبا و صمیمانه شاهرخ، تنها لحن داوودی استاد شجریان را کم داشت!... نمی‌دانم شاید اگر در آن‌جا می‌بود، حافظ می‌خواند:

روز هجران و شب فرقت یار آخر شد

باورم نیست ز بدعهدی ایام هنوز

قصه غصه که در دولت یار آخر شد

ساقیا لطف نمودی قدحت پرمی باد
که به تدبیر تو تشویش خمار آخر شد...

و روز بعدش نیز صرفاً به دنبال رفع ممنوع الخروجی‌ام رفتم و البته چند ساعتی هم پاسپورتم را در اداره گذرنامه (خیابان ستارخان) ضبط کردند و عاقبت ۳ عصر دوباره به من بازگرداندند... دیگر مجاز به سفر شده‌ام انگار...

۲۰-۲۱ مرداد: ظهر با حمزه کرمی، هم‌اتاقی من در روزهای زندان، دیدارکردم. که او هم از بند آزاد شده بود و در درکه، واقع در پشت دیوارهای نکبتی اوین، در رستوران سپیدر با وی میرزا قاسمی وکباب مرغ خوردم... همان غذایی که مشابهش را روز اول با وی در اوین و اتاق ۸ خورده بودم... فردایش نیز به دیدار احمد، دوست دیگر طالبانی، رفتم و از الطاف حضرات نابغه وزارت اطلاعات در حق من حرف زد! که با بارزانی‌ها زد و بند مالی دارند و می گفت، "از سال ۸۲ این حکم را مانند شمشیر بالای سرت نگه داشته‌اند تا موقع مناسب برسد... وکتاب ثابتی را بهانه کرده‌اند"...

۲۴-۲۵-۲۶ مرداد: وسایل خانه‌ام را جمع کردم و در داخل کارتن، بسته‌بندی کردم و همه را شبانه در پارکینگ خانه‌ام گذاشتم که فردا به خاوری بدهم تا به یک انباری منتقلش کنم... چند ساعت بعد نیز با صاحب خانه‌ام دکتر دانایی (حقوقدان اهل شیرازکه انسان باصفایی هم بود) تسویه حساب کردم تا همان روز راهی سنندج شوم... شاید بیشتر صبر یا تأخیر می کردم شانس موفقیتم کاهش می‌یافت... شاید اگر بیشتر تأخیر می کردم تمامی نقشه‌های آینده‌ام بهم می‌خورد بنابراین فرصت را

غنیمت شمردم و ساعت ۵ عصر بود که آپارتمانم را برای همیشه پشت سرگذاشتم... تنش عصبی‌ام رفته رفته ظاهر شد، اما هرچه بیشتر در این باره می‌اندیشیدم، بیشتر به این نتیجه می‌رسیدم که جز مهاجرت راه و چاره دیگری ندارم... همین علاقه بار دیگر مرا متقاعد ساخت که انتخابم درست است...

روز یکشنبه با تاکسی به سمت فرودگاه مهرآباد براه افتادم و تنها خاطره‌ای که در ذهنم مانده بنای یادبود مجسمه میدان آزادی بود که به یاد ۲۵۰۰ ساله شاهنشاهی ایران سال ۱۹۷۳ ساخته شده بود و اوایل نامش شهیاد بود و معروف بود که چکسلواکی‌ها آن را ساخته‌اند و نشانه اعتلای ناسیونالیسم ایرانی است اما هرچه بود خداحافظی باشکوه و بی‌نظیری از تهران بود... راننده ارمنی در پائین آوردن ساک‌هایم کمک کرد...

در فرودگاه، مجید و ابراهیم و مهدی از دوستان هم‌بند من و جزو کارمندان برج مراقبت فرودگاه مهرآباد تهران به دیدارم آمدند و خداحافظی کردند... انگار یک ندای قلبی، به من دستور داده باشدکه از هرگونه ارتباطی با همه بپرهیزم، دیگر به محض خروج، سعی کردم که از برقرار کردن هرگونه ارتباطی با افراد بپرهیزم و بگریزم تا زمانی که ازکشور خارج می‌شوم که مباداکسی از برنامه زندگی شخصی‌ام بوئی ببرد که تمایلی هم به این کار نداشتم، اما صرفاً دکتر مولوی وکرمی را دیدم و روز آخر هم در فرودگاه، آن سه نفر از هم اتاقی‌هایم را. تا وقوع آزادی هم وضع بر همین منوال ماند... و پس از چند لحظه هواپیما از باند فرودگاه مهرآباد بلند شد و یک ساعت بعد در سنندج فرود آمد و موقع خروج دیدم که پدرم به دنبالم آمده و از داخل مسافرها، دنبال من می گشت... ناگهان تلفنم به صدا درآمد، خبرنگار خبرگزاری ایسنا بود که از سرنوشت کتاب ثابتی «در دامگه حادثه» پرسید: گفتم آقا!، هیچ!... وزارت فرهنگ و ارشاد، گفته: غیرقابل چاپ!...

۲۸ ـ ۲۹ مرداد: ساعت ۵ و نیم صبح بیدار شدم... البته انگار به خودم اجــازه داده بودم که ۲ ساعت بخوابم اما در خواب انگار هواپیمایم رفته بود... با اضطراب و سرعتی که داشتم، چرتم پاره شد و به حمام رفتم... انگار هر طور شده بود نمی‌بایست بگذارم که چنین چیزی اتفاق بیفتد... آخرین حمامــم را در خانه پدری انجــام دادم... پاسداران انقلاب هم درست دم در ایستاده بودند... شاید منتظرگشودن درگیت بودند اما ته دلم می گفتند اگر یکهو بی‌سیم یکی از آنان سر و صدا کرد، چه کنم؟... گاهی هــم بی‌سیم شان سوتی می‌زد و هرچه در درونم بود فرو ریخت... وقتی به طرف هواپیما رفتیم ترجیح می‌دادم درباره آن‌چه می‌خواست رخ دهد فکر نکنم... می‌دانستم پریشانم و فکر بی‌خودی دارم... با پدرم شروع به حرف زدن کرده بودم، اما برای پنهان کردن هیجانم یک کلمه در آن باره حرف نــزدم... و می گفتم اگر چمدانم را بخواهند تفتیش کنند و دست نوشته‌های خاطرات زندانم یافت شود، چه کنم؟... اما خوشبختانه کسی هم پیدایش نشد... در فرودگاه سنندج از پدرم خداحافظی کردم... او را بوسیدم... انســان باشرف و دارای عزت نفسی است و تنها من می‌دانم که برای بزرگ کردن من و برادرانم چه زحمت‌ها، رنج‌ها و مرارت‌هایی کشیــده... این ایام زندان هم خیلی او را اذیت کــرد و روحش را آزرده بود... قلباً دوستش دارم و برایم همیشه معلم و الگو بوده...

پاسپورت مهــر شد اما دهشت دیگری هم در انتظارم بود و این اینکه مردی ریشو آمد نشست دم در، تا موقعی که همه باید سوار هواپیما بشوند ظاهراً در بسته بماند... من هم از دور به صورت مرد ریشو و پیشانی‌اش که جای مهر بود اصطلاحاً، خیره شدم هرچند او نگاهش ثابت نمی‌ماند و مسافران را برانداز می کرد و همواره به جائی دیگر نگاه می کرد ... افسر نگهبان قبل از حرکت من به طرف اتاق انتظار، از من خواست که با این

ویـــزا حق سفر به بغداد را نداری... من هم مقصودش را نفهمیده بودم، صرفاً به گفتن چشم اکتفا کردم ...

عاقبت در سالن باز شد و وقتی که هنگام خروج شد، پاسپورت برخی را دوبـــاره نگاه می کردند... مرد ریشو پاسپورت مرا با خونسردی گرفت، قدری با صفحاتش ور رفت و مدتی به عکس گذرنامه‌ام نگاه انداخت و بعد دوباره تمام صفحاتش را مرورکرد و سپس به دستم بازگرداند و گفت: به سلامت!... چند دقیقه‌ای که همچون ابدیت بر من گذشت...

انگار همه چیز مرتب بود و نمی‌دانم چرا همه دغدغه من شده بود که مبادا بی‌سیم شود و هنوز هم نمی‌دانم چرا می‌ترسیدم اما بی‌سیم هرگز به صـــدا در نیامد و فوراً به طرف پلکان هواپیما رفتم... به عقب نگاه کردم و مأمـــوران حفاظت فرودگاه در جنـــب و جوش بودند و انگار همه چیز به‌سادگـــی و درکمال آرامش پشت سرگـــذارده بودم... اما موقع بالا رفتن از پلکـــان و ورود به هواپیما، میهماندارکه کفشش را غفلتاً روی پای من گذاشت، لبخندی پوزش خواهانـــه زد و مرا به طرف صندلی‌ام هدایت کـــرد... وقتی هواپیما بلند شد، نفس بلندی کشیدم و موقع نگاه کردن به آبیدر، اندیشه از مغزم گذشت، که من هم قلباً و روحاً به مام میهنم وابسته‌ام و شاید الان جسماً به سرزمینی دیگر می‌روم تا مدتی در دیار بیگانه رحل اقامـــت بیفکنم... که چیزی بر خلاف وجدانم انجام ندهم و دل و زبانم یکی باشد و آزادی روحی را تجربه کنم... دیگر احساس در وطن خویش غریب بودن را نداشته باشم...

پـــرواز شایدکمتر از یک ساعت بـــه درازا کشید و چیزی در حدود ۴۵ دقیقـــه... درهای هواپیما باز شد و به محض اینکه بر پلکان هواپیما قدم گذاشتـــم، بوی دیگری به بینی‌ام هجوم آورد که شاید حاصل ازگاز مواد نفتی بـــود... شاید تازه در سلیمانیه همه از خـــواب بیدار شده بودندکه مسافـــران هواپیما وارد ورودی فرودگاه شدند و عکس بزرگ مام جلال

خودنمائی می‌کرد و مأمور فرودگاه، اسمم را پرسید و سپس مُهر درشتی بر وسط پاسپورتم کوبید... یک افسر جوان و خوش لباس... از دختران شوخ و شنگ سلیمانیه... اما دیگر نگاهی دقیق به من کرد و سپس با تبسمی بر لبانش، اجازه دادکه خارج شوم. من هم رفتم و بار و بنه‌ام را جمع کردم و به سوی خروجی براه افتادم... در آن حول و حوش تاکسی دیده نمی‌شد اما هنوز چند دقیقه‌ای نگذشته بود پیش از آن که بفهمم چه می‌گذرد، در تاکسی نشسته بودم و به سوی هتل وسط شهر – سلیمانی پالاس – حرکت کردم که در روبروی در هتل، عکس بزرگ قاضی محمد بر دیوار آویخته شده است... بنای یادبود ۴ افسر شهید دوران بازگشت به عراق هم در پارک روبرویش نصب شده... و ساعت ۱۰ صبح وارد عراق شدم. در سلیمانیه لحظه‌ای بیرون رفتم تا روزنامه‌های تازه انتشار یافته شهر را بخرم. دیگر از این که آزادانه درگوشه‌ای دارم پرسه می‌زنم وکتاب می‌خرم، اعصابم آرام می‌گرفت.... دوست داشتم یکباره زمام عقل را از دست بدهم و چندین کتاب بخرم که انگار سال‌هاست چیزی نخوانده‌ام... مثل افرادی که آنقدر طلا به خودشان آویزان می‌کنندکه کسی باورش نمی‌شود اصل است... اما دور اندیشی کردم و تنها ۱-۲ کتاب جدید خریدم... دیدم که در روزنامه بیان، صفحه اول عکس و مصاحبه مرا منتشرکرده‌اند. به هتل برگشتم. احساس خستگی به من دست داد و چشمانم خود به خود بسته می‌شد. احساس کردم دیگر امکان ندارد که بتوانم بیدار بمانم. اما دیگر هیجان سفر مرا از پا درآورده بود و در تختخواب هتل، به خوابی عمیق رفتم... شاید هم از حال رفتم...

فردایش به خانه دوست نازنینم، دکترکریم رئوف رفتم... احمد میره و باقر هیمن از دوستان من در نشریه LEVIN کردستان عراق به دیدارم آمدند. انسان‌هایی شجاع هستندکه در خفقان اقلیم کردستان و حکومت دیکتاتوری قبیله بارزانی، باز هم کار روشنگری و خبررسانی انجام

می‌دهنـــد... عصر هم به همراه دکترکریم به دیدار عادل مراد رفتم، سلام، منشی دکـــترکمال فواد هم به دیدارم آمد و ســـلام، برایم تعریف کرد که دکـــترکمال فواد در آلمان بستری اســـت و... سخت نگران سلامتی وی بـــودم، شخصیتی دوست داشتنی و قابل احـــترام. در این حین بود که از دکـــترکریم شنیدم که یکی از بهترین دوست‌هایـــم، کریم خان برادوست، درگذشتـــه!... یکی از شریف‌ترین و باوفاتریـــن دوست‌هایم... از ریش سپیـــدان کُرد و بزرگ عشیره برادوست عراق... باورم نیست ز بد عهدی ایام هنوز!... اواخر شهریـــور ۱۳۸۷ بود که پای صحبت‌هایش نشستم و ساعت‌ها صدایش را ضبط کـــردم و از وی نکته‌های زیادی را درباره‌ی تاریـــخ معاصرکردستان آموختم!... حکایت این کتاب «پس از ۶۰ سال» چـــه بود، نمی‌دانم... سپس به دیدار، ماموستـــا جعفر رفتم... از دوستان طالبانی... انسان خوش قلب و آگاهی است و بابت انجام کتاب عیسی پژمان از من تشکرکرد و من هم از تواضع‌اش، سپاسگزاری کردم...

۳۱ شـــهریور، ۱ مهر: ناگهان ۳ و نیم نیمه شب با اصرار دکترکریم از سلیمانیه به سمت بغداد حرکت کـــردم... بعد از اوین، شبانه از خانه‌اش بـــیرون رفتم، آن هم به خاطر هراس از تعقیب آدمکش‌های بارزانی... که البته یک محافظ مسلح را هم به همـــراه من روانه کرد... ظاهراً بارزانی حکم دستگیری مرا صادرکرده و اداره امنیت حزب طالبانی، به ماجرا پی برده بود... ۹ صبح، به بغداد رسیدم و وقتی راننده تاکسی داخل فرودگاه مرا به محل پذیرش مسافر می‌برد، از صدام و روزگار او تعریف می‌کرد... می‌گفت: «وقتی آمریکا آمد، این کشور ویران شد... شده سرزمین دزدها و تروریست‌ها... صدام، مرد بود» و... پولش را پرداختم و ۱۵۰۰ دینار هم اضافه‌تر انعام دادم... طفلک، هنـــوز به شوق صدام، زندگی می‌کرد!... داخـــل فرودگاه شدم و ۴ عصر هم به سمت استانبول حرکت کردم. شب

در هتل فرودگاه مانـــدم. ۱ مهر، هم وارد هواپیما شدم و البته مجموعاً با پرداخت جریمه و هزینـــه ۹۰۰ دلاری در تغییر بلیط دیگر، چندان مزه‌ای برایم نداشت...

داخل هواپیما هم فیلم The Dictator اثر Larry Charles را دیدم و به گمانم متلکی به قذافی و شاید دیگر دیکتاتورها بود... یاد سخن موسوی افتادم که در سال ۱۳۸۸ در اوج قیام مردمی جنبش سبزگفت، می‌خواهیم به دوران طلائی حضرت امـــام برگردیم وکروبی هم می گفت که محال است از چهارچوب نظام مقدس جمهوری اسلامی عبور کنیم و... اما در زنـــدان شعله سعدی برایم می گفت: «آقا جان ما از هر دوی این‌ها عبور کرده‌ایم!... اما کوگوش شنوا!؟... در ایران مجلس شورای ملی در جریان جنبش مشروطه و بر پایه اولین قانون اساسی تشکیل شد و همراه با مجلس سنا «مجلسین»، در حکم پارلمان ایـــران بودند. (در دوران‌های آغازین مجلس، به احترام فرمان مشروطیت مظفرالدین‌شاه به مجلس شورای ملی ایـــران در سال ۱۲۸۵ «دارالظفر» نیز می گفتند. که البته در میان برخی از این دوره‌ها ایام فترت پیش می‌آمـــد و کشور بدون مجلس می‌ماند) اما پارلمان هندوستان عالی‌ترین نهاد قانونگذاری و نیرومندترین نهاد سیاسی در هندوســـتان در سال ۱۹۱۹ برپا شـــده و امروز بهترین دمکراسی جهان است، یعنی ما از هند عقب مانده‌ایم»...

اصـــلاً نمی‌دانم چرا یاد آن حرف‌ها افتاده بودم، جام شراب چشمک می‌زد!، فیلم پر متلک و خنده‌داری بود... یاد شعر شفیعی کدکنی می‌افتم که:

هیچ می‌دانی چرا چون موج
درگریز از خویشتن پیوسته می کاهم؟
زانکه بر این پرده‌ی تاریک
این خاموشی نزدیک

آن‌چه می‌خواهم نمی‌بینم
و آن‌چه می بینم، نمی‌خواهم!...

بعد ازگذشـــت چند ساعت، ۴ عصر وارد لـــس آنجلس شدم. وقتی در فرودگاه لس‌آنجلس پیاده شـــدم یا دیدن زندگی آرام و سنجیده یک جامعه متمدن و دمکرات از وضعی که ناخواسته مردمان سرزمین من با آن دست به‌گریبانند به تلخی احساس اندوه‌کردم ،که چرا باید چنین محنت جابرانـــه‌ای را مردمان آب و خاکم سال‌ها متحمل شوند؟... به قول پدر بزرگم، میرزا طاهر، مگر این‌که غضب قادر متعال را برانگیخته‌اندکه چنین مجازاتی رواست؟ مهدی به استقبالم آمده بود، جوان خوش سر و زبانی است و بعد از پنج ماه، دوباره به شرکت کتاب رفتم و بیژن خلیلی را دیدم و دست دورگردن هم انداختیم... یک کُرد یهودی مهربان.

۲-۳ مهر: با پرویزخان ثابتی حرف زدم و ظاهراً دیگر خیالش راحت شـــدکه صحیح و سالم به آمریکا بازگشته‌ام. بعد هم تلفنی، صدای پدر و مـــادرم را هم شنیدم و خوشحال بودم‌که آن‌هـــا از این‌که دیگر در جای امنی هستم خیلی خرسند هستند... به قول دوست روزنامه‌نگار و هنرمندم، کـــه کاریکاتوریست معروفی و انسانی مهربان و نازنین (فیروزه مظفری) است، «قبلاً برای نفرین می‌گفتند الهی بری و برنگردی، اما الان برای نشان دادن مهربانی، هم دوست دارند، فرزند جگرگوشه‌شان از مملکت بـــرود!!»... سپس با شعله سعدی تلفنی حرف زدم. به فرانسه رفته بود. مـــرد خوبی بود، باهوش و مطلع و شوخ طبع.... روابط ما هم حسنه بود و اغلب اوقات با هم بودیم... روز آخر زندان، شعله سعدی به من گفت: توانستی ایـــن دخمه را ببینی نه به عنوان بازرسی بلکه به عنوان زندانی و در این فرصت‌کوتاه... این نعمت بزرگی برای تو بود و به تو شناخت

دیگـــری از جامعه سیاسی ایران داد... البتــه تا حدی توانستم افرادی را بشناسم و دوست بدارم... قبل از خروج از زندان هم گفت، خوب موفق باشی و سپس دست مرا فشرد... دیگر او را ندیدم. وقتی که گوشی تلفن را گذاشتم دیدم که یکی پشت کامپیوتر دارد تبریک می‌نویسد... معلومم شــدکه پیام از طرف سام است، از دوستان سردبیر صفحه تاریخ روزنامه شرق بود. از تبریک‌اش خوشحال شدم. برام از توهم زندانی‌ها حرف زد. خودش روزگاری را در بند ۳۵۰ زندان اوین گذرانیده بود. درباره معدودی از روزنامه‌نگاران زندانی گفــت، "همه سر و ته یک کرباس‌اند، رحمان هـــم مثل فرشاد، یک حرومزاده است... برادرش هم یکی از مجری‌های رمـــال و مداح صـــدا و سیما... اما من با این تفکرکـــه در زندان همه به نوعـــی متوهم می‌شوند و تصور می کنندکه همه حرامزاده و جاسوس‌اند و..."، تشکـــرکردم... اصولاً تمایل ندارم که سخنان زشت درباره کرامت انسان‌هـــا بشنوم. ناگهان به یاد این ســـوال مضحک افتادم که قهرمانان واقعی داستان‌های ادبیات می‌پرسند... اگر او بود چه می کرد؟... اما در ذهنم به روشنی صدا می‌زد... به خودگفتم، نه این من نیستم...

۱۱-۱۲ مهر: با عیسی پژمان حرف زدم وگفت که سرهنگ مجتبی پاشایی درگذشتـــه... خیلی از شنیدن آن خبر ناراحت و متأثر شدم... خواهرزاده یزدان‌پناه بود که محمدرضا شاه را به شاهی برگردانده بود، اما سر ماجرای تیمـــور بختیار شاه لج کرد و دکتر پاشایـــی را ۴۰ سال به دانمارک تبعید کرده بـــود و شاید نیازی هم به این جفا نبـــود... با شعله سعدی حرف زدم که در مسافرتی برای دیـــدار با فرزندانش به فرانسه آمده است، کار جهان، بامزه است... چند روز پیش در میان دیوارهای اوین بودیم و حرف می‌زدیـــم و این بار او در فرانسه و مـــن در آمریکا... مجله آرش را دیدم. خزعبلات استفراغ گونه و روان پریشان طرفدار چپ... که ارزش خواندن

هم نداشت... شیادهای بازار مکاره سیاست قومپوزسیون که با تحریک فرخ نگهدار، این فحش‌نامه را نوشته بودند... برای شهادت هم دست به دامان کومله و دمکرات شده بودند...

هر چند قبلاً دیدم که بیژن مهر، یکی از افراد بازاری جبهه ملی که مدعی رهـبری هم هست، در سایت بی در و پیکرش نقدهای پرویز انصاری را گذاشتـه است. به‌گمانم از این کـه درکتاب ثابتی کمی درباره نخستین احمدی‌نژاد قرن حاضر، یعنی مصـدق السلطنه، افشاگری شده و دیگر بت مصدق این Cult از بین رفته و فرو ریخته، نگران و معترض‌اند... اما حقیقت از همه محترم‌تر است و یادم هست که یکی از مقام‌های ساواک در اروپـا برایم گفت «این که یک سروان در اداره رکن ۲ ارتش و منشی مقدم که بازجو بـوده و در ارتش به دروغگوئی و شارلاتانیسم معروف بـوده و امروز شده منتقد، خنده‌ام می گرفـت... یادم هست در یکی از پرونده‌ها خواندم که بازجوی پرونـده دزدی افسران نیروی دریایی بوده و از رمـزی عطائی و ناخدا شفائی بعد از بازداشت، بازجوئی کرده و در بازجوئی‌ها از خودش رذالتی نشان داده که به دور از شأن هر انسانی است چه رسد به ایرانی و مسلمان...

خبر تجـاوز به عنف و سرقت اموال توسـط وی، وقتی به‌گوش شاه رسیـد، شاه هم از فرط عصبیت گفته، این رذالت‌ها را چه کسی کرده؟... طبـق معمول و بنا به روحیه فریب و ریاکـاری و دروغ پیشه گی مقدم، گنـاه را به‌گردن دادستان ارتش انداختـه بودند و بین سپهبد بهزادی و مقدم، دعوائی درگرفت... به خاطر رذالت این سروان بی‌شخصیت ارتش ایران... خودکشی فرد قربانی ماجرا هم رخ داد.

تا این‌که روزی مقدم هم نامه‌ای به نصیری نوشت... و خواسته بود که چنـد بازجو از ساواک به ارتـش مأمور شوند و نصیری هم گفته بود که

ساواک، کمبود بازجو دارد و نداریم که مأمور کنیم... اما ثابتی خواسته که سرهنگ هرمز آیروم برود، زیرا هم از دوستان مقدم است و از فامیل‌های سببی رشیدیان. عاقبت ساواک وی را به آن‌جا قرض داد و سرپرست بازجوئی شد و همین سروان انصاری کنار گذاشته شد... زیرا مشهور خاص و عام شد که چرا شفائی خودکشی کرده است؟ اما براستی یک سروان چه جایگاهی در ارتش ایران می‌تواند داشته باشد!، در همان ماه‌های آخر مقدم که بنا به طینت بد و سرشت منفی‌اش با روحانیون ایران، کنار آمد و عاقبت هم به خاطر عدم افشای رازهای انقلاب ۱۳۵۷، تحویل دادگاه انقلاب اسلامی شد و علی‌رغم کوشش‌هایی که توسط مهدی بازرگان نخست‌وزیر دولت موقت انقلاب برای جلوگیری از محاکمه وی به عمل آمد، جزو اولین گروه از مقامات نظام پیشین بود که محکوم به اعدام شد و حکم اعدام وی در بامداد ۲۲ فروردین ۱۳۵۸ به اجرا درآمد... اما در آن گیر و دار از چند نفر از سران رژیم شاه، بازپرسی فرموده و زیرمیزی دریافت داشته... سال‌های پس از انقلاب هم به آمریکا آمد تا برای جمهوری اسلامی، کالاهایی خاص را خریداری کند اما توسط FBI گیر افتاد و در فرودگاه نیویورک بازداشت شده و فوراً توافق کرده که همکاری کند، اما وی در دادگاه محکوم شد و چند ماهی هم زندان ماند که ماند...» که سخنان آن فرد نازنین هنوز هم در گوشم پژواک دارد و البته طرف این که در خاطرات ری‌شهری، وزیر سابق اطلاعات، هم آمده که این سروان، در ماجرای کودتای نوژه، مأمور رژیم جمهوری اسلامی بوده... سند از این بالاتر!؟... بعدها هم در فرانسه به اشرف، نزدیک شد وکلاهبرداری مجدد...

بعد در شرکت کتاب، مجله آرش را که بوسیله پرویز قلیچ‌خانی، از فعالین چریک‌های فدائی خلق، در خارج منتشر می‌شود و فرخ نگهدار و سایر رهبران فدائیان خلق در آن مقاله می‌نویسند، را دیدم که در شماره ۱۰۸

آن مقالاتی علیه کتــاب «در دامگه حادثه» و ثابتی و من نوشته بودند. به یاد سخنان یکی از اعضای قدیمی چریک‌های فدایی افتادم که گفته «این حضرت از تجزیه‌طلب‌های ضد ایران و ایرانی مانندکومله و حزب دموکــرات کردستان که سال‌ها مأمور حزب بعث عراق بوده‌اند، حمایت می‌کند. اولاً بازرگان را سازش‌کار نامید، خواهان اعدام بدون محاکمه افراد ارتش شاهنشاهی بود بعــد با بهشتی زد و بند داشت و بعدها هم دیدیم که به خامنه‌ای نامه می‌نویسد».

فرخ نگهــدار پس از سقوط رژیم سابق رهــبر بلامنازع چریک‌های فدایی خلــق شد، ولی چون شخصیت و قابلیت رهــبری را نداشت در داخل سازمان اختلافات شدیدی بروزکرد و در نتیجه سازمان به دو شاخه تقسیم شد و چون نگهدار این زمان در ارتباط گسترده با سفارت شوروی در تهران بود با اقتباس از انشعاب حزب کمونیست شوروی که در آستانه انقلاب کبیر ۱۹۱۷ به بلشویک (اکثریت) و منشویک (اقلیت) دو شاخه فدائیان خلق نیز عناوین اکثریت و اقلیت را برگزیدند و فرخ نگهدار رهبر فدائیان خلق اکثریت شد. همسر بیژن جزنی درکتاب خاطرات خود، فرخ نگهدار را فردی نالایق و بی‌کفایت خوانده که سازمان را به بیراه برد.

فــرخ نگهدار با تبعیت از دستورات مقالات K.G.B با حزب توده به رهــبری نورالدین کیانوری موتلف شد و این دو سازمان به مدت متجاوز از دو سال حامــی و پشتیبان جمهوری اسلامی بودنــد. اولین حمله به سفــارت امریکا در تهران ۴ روز پس از پیروزی انقلاب در روز ۱۴ بهمن سال ۱۳۵۷ بوسیله چریک‌های فدایی خلق و با کارگردانی فرخ نگهدار صــورت گرفت و سپس این سازمان و حــزب توده زمانی که در ۱۳ آبان ســال ۱۳۵۸ دانشجویان به اصطلاح طرفــدار خط امام سفارت امریکا در تهــران را اشغال و دیپلمات‌هــای امریکایی را به گروگان گرفتند این عمــل را قویاً تأئید و این حرکت تروریستی و ضد منافع و حیثیت ملی را

اقدامی تحسین‌آمیز علیه امریکای جهانخوار و امپریالیسیم خواندند ولی آخوندهای قدرت‌طلب از معلق و پشتک و وارو زن آن‌ها تا تسلط کامل بر اوضاع استفــاده و پس از استفاده ابزاری از آن‌ها از سهیم کردن آنان در قــدرت خودداری و آن‌ها را سرکوب و تارومارکردند. در نتیجه سران و فعالــین چریک‌های فدایی خلق عازم خانــه «عمو یوسف» شدند و مقامات شوروی آن‌ها را در ازبکستان استقرار دادند.

اسنــاد و مدارک معتبر انتشار یافته نشان می‌دهــدکه فرخ نگهدار در سال‌های اقامت در شــوروی همه فعالیت‌های چریک‌های فدایی خلق اکثریت در داخل ایران را زیرنظر مقامات KCB انجام می‌داده و صدها جوان فریب خورده را در ایران بدام انداخته و به‌کشتن داده است.

پــس از فروپاشی بهشت موعود و سقوط رژیم کمونیستی در روسیه به فرخ نگهدار و سایــر همکارانش عازم کشورهای امپریالیستی شده و در کشورهــای اروپایی و امریکا استقرار یافتند و فرخ نگهدار خود در یکی از پرسابقه‌ترین کشورهای امپریالیستی و استعمارگر یعنی انگلستان اقامت گزیده است و حالا طرفدار دمکراسی و حقوق بشر شده است.

از چنــد نفر در خارج ازکشور شنیــدم که "نگهدار در انگلستان نهایتاً عاقبــت به‌خیر شده است و بــا وزارت اطلاعات جمهوری اسلامی در ارتباط قرارگرفته و همکاری با آن‌ها را آغازکرده است. او با باقری داماد خامنــه‌ای در ارتباط تنگاتنگ است. باقری کــه برادرش معاون جلیلی در شــورای امنیت ملی است با فرخ نگهــدار در حلقه ارتباطی خاصی قرارگرفته‌اند زیرا هر دوی آن‌هــا با مقامات اطلاعاتی روسیه و سازمان اطلاعاتی آن‌که جانشین KGB شده است در ارتباط می‌باشند. نگهدار با عطاءاله مهاجرانی که پیوسته وفاداری خود را به خامنه‌ای نشان داده است نیز همکاری و ارتباط نزدیک دارد."

یا یکــی از دیگر از آن‌ها می گفت "حلقه ارتباط فرخ نگهدار با رژیم

جمهوری اسلامی بنا به اظهار افراد بسیار موثر و معتبر چریک‌های فدایی خلق به وسیله دایی او بنام «انصاری» برقرار شده است که از طرف وزارت اطلاعات و امنیت جمهوری اسلامی (واجا) و رژیم ایران در ونزوئلا مأمور اجرای یک پروژه یک میلیارد دلاری خانه سازی برای طرفداری هوگوچاوز است. انصاری پسر فرخ نگهدار را نیز با خود به ونزوئلا برده است که در اجرای پروژه بادکمک کند."... الله اعلم!

یکی از مقام‌های نظامی هم می‌گفت "همکاری فرخ نگهدار و جمهوری اسلامی بجایی رسیده است که او دیگر ابائی ندارد و علناً در مصاحبه‌ها و مقالات از جمهوری اسلامی حمایت می‌کند و حتی به دوستان و هم‌فکران خود علناً می‌گوید که کارهای او با رژیم در تهران هم‌آهنگ است و آن‌ها به او می‌گویند فدائیان خلق چه فعالیت‌هایی را انجام و چه اقداماتی را انجام ندهند... و متأسفانه هم خود و سازمانش در BBC فارسی، نفوذ دارند." و...

بنا به گفته دوستان نزدیک وی اخیراً همسر فرخ نگهدار نیز به ایران رفت وآمد می‌کند. در نشریه آرش علاوه بر مقالات فعالین فدائیان خلق مقاله‌ای نیز به امضای شخصی بنام پرویز انصاری انتشار یافته و ظاهراً این افسر سابق ارتش نیز به جرگه فدائیان خلق پیوسته است. پرویز انصاری سلسله مقالاتی علیه کتاب «در دامگه حادثه» و ثابتی و من نوشته است که در سایت «جبهه ملی ایران» و یک روزنامه محلی واشنگتن انتشار یافته است.

من از آقای ثابتی درباره این شخص سئوال کردم که "اوکیست و سابقه‌اش چیست تا به حملاتی که او به من و شما وکتاب کرده، پاسخ دهم". ثابتی هم در پاسخ گفت، "او فردی حقیر و عقده‌ای است و مأمور است و معذور، به اوکاری نداشته باشید، چون او با نوشتن این مقالات خود را رسوا و بی‌اعتبارکرده است و مطالب او ارزش پاسخگویی

ندارد."...

اما براستی این حلقه لندن، لجن است... نوری‌زاده، نگهدار و... حال سخنـــان ثابتی و روایت او از تاریخ معاصر، درست بود یا غلط، اما هیچ تفاوتـــی میان رفتـــارکمونیست‌ها و تروریست‌هـــا و چپ‌ها با جمهوری اسلامی و مذهبیون نسبت به کتاب ثابتی نبود!، چرا؟... راستی چرا هنوز در ایـــران ما، نقد دوران طفولیت خود را می گذارند و به شیوه توده‌های سابق، اول به اتهام پناه می‌برند؟

یاد شعری از سید اشرف‌الدین می‌افتم:

دست مزن، چشم، دو دستم ببست
راه مرو، چشم، دوپایم شکست
حرف مزن، قطع نمودم سخن
نطق مکن، چشم ، ببستم دهن
هیچ نفهم! این سخن عنوان مکن
خواهش بی‌فهمی انسان مکن
لال شوم، کور شوم، کر شوم
لیک محال است که من خـــر شوم
چند روی همچو خران زیر بار
سر ز فضای بشریت بر آر!!

انگـــار برشت هم شنیده بود که می گفت: بدتریـــن بی‌سواد، بی‌سواد سیاســـی است و وی هیچ چیزی نمی‌شنـــود و هیچ چیزی نمی‌بیند و در زندگی سیاسی هم مشارکتی نمی کند... نمی‌داند تصمیم سیاسی یعنی چه و حتی به جهالت سیاسی‌اش هم افتخار می کند و سینه‌اش را جلو می‌دهد و ادعا می کندکـــه از سیاست بیزار است... آدم سبک مغز و بی‌توجه به سیاست....

هنگامی که داشتم از شرکت کتاب خارج می‌شدم، یکی از مصاحبه‌های شادروان داریوش همایون، نظرم را جلب کرد: "ایران؛ همه آن چیزهایی است که داریم... آینده ایران به دمکراسی لیبرال... محمد؛ یکی از پیروزترین سیاست پیشه‌های دین،... جمهوری ایرانی؛ گمراه... پُست مدرن؛ ارتجاع عصرنو" و... درودی بر روان پیر فرزانه ناسیونال- دمکرات فرستادم...

پس از چند روز، در گوشه‌ای از آمریکا وارد خانه‌ای شدم و شروع زندگی جدید... و آینده‌ای که نمی‌دانم چیست... شب‌ها با وجدانی آسوده سر بربالش تنهایی‌ام می گذارم... هر چند پس ازکتاب‌هایم (گفتگو با جلال طالبانی، عیسی پژمان و پرویز ثابتی) هزاران فحش و ناسزا و تهمت شنیدم، اما به دور از بازار مکاره سیاست و هوچی گری‌های مقطعی ماندم وکاری با کسی نداشتم و ندارم، همچنان وفادار به مصالح و منافع آب و خاک‌ام، خواهم ماند... اما از خودم پرسیدم، کتاب بعدی‌ام، چه خواهد بود؟!... تحقیق و پژوهش بعدی‌ام در باره تاریخ سرزمین جاودانه‌ام، چیست؟...

تا جوهر در قلم باشد، حکایت همچنان باقی است... اما هرچه هست، کابوس اوین، تمام شده...و این هم شرح صادقانه آن چه بود که به گوش‌هایم شنیدم و به چشمان خویش دیدم و توسن فکرم به آن جاها قدم نهاد و شاید مرکب عقل و دیوانگی‌ام با هم در نزاع بودند، اما هرچه بود شرح نزاع ذهنی‌ام بود.

پاینده باد ایران و ایرانی...، که همچنان با عزت و غرور و مقاومت، راه توسعه و صلح و رشد را بپیماید و از پیچ‌های خطرناک بگریزد و بگذرد...

تصویرها

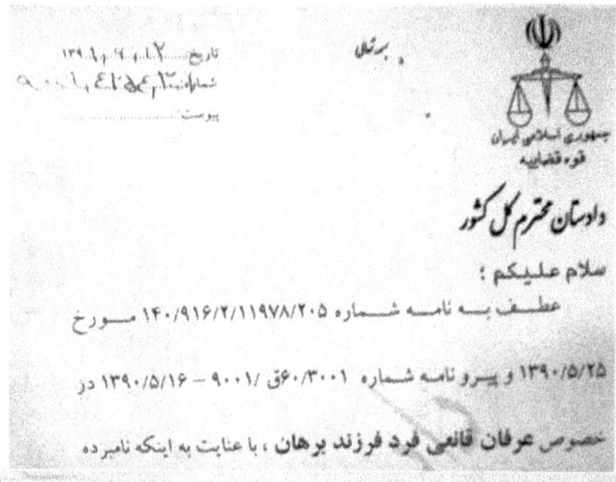

بسمه تعالی

جمهوری اسلامی ایران
قوه قضاییه

تاریخ: ۱۳۹۰/۰۶/۰۲
شماره: ۹۰۰۱/۴۲۵۶۳
پیوست: ...

دادستان محترم کل کشور

سلام علیکم؛

عطف به نامه شماره ۱۴۰/۹۱۶/۲/۱۱۹۷۸/۲۰۵ مورخ ۱۳۹۰/۵/۲۵ و پیرو نامه شماره ۶۰/۳۰۰۱ق /۹۰۰۱ – ۱۳۹۰/۵/۱۶ در خصوص عرفان قانعی فرد فرزند برهان، با عنایت به اینکه نامبرده

اعلام وضعیت زندانی

شماره صفحه: ۱ تاریخ گزارش: ۹۱/۰۵/۱۶

شماره عکس: ۱۲۵۲۲۲۷۵۶۵ محل نگهداری: اندرزگاه ۳ سالن ۱
نام و نام خانوادگی: عرفان قانعی فرد نام پدر: برهان ش.ش: ۲۸۸ سال تولد: ۱۳۵۵
محل تولد: سنندج وضعیت زندانی: غیرشاغل حاضردربند(غیررای بازبانیمه باز) تاریخ آخرین وضعیت ۹۱/۰۳/۱۲

قرار ردیف: ۱
وضعیت قضایی: محکوم و شماره نامه محکومیت ۶۵۲/ح/۸۹ تاریخ نامه محکومیت: ۹۱/۰۲/۱۲
شعبه اجرای احکام دادیار ش.ا.د.ن ۳۳ از قرار شماره ۶۵۲/ح/۸۹ مورخ ۹۱/۰۲/۱۲ از شعبه دادیار شعبه ۱ ناحیه ۳۳
اتهامات، فعالیت تبلیغی علیه نظام و توهین به مسوولین عالی نظام دادگاه /دادسرا دادسرای عمومی ناحیه ۳۳ مقدس
مبلغ ۰۰۰ ریال محکوم و آخرین وضعیت قرار محکوم صادر شده است
وطی نامه شماره ۶۵۲/ح/۸۹ به ۱ سال و ۶ ماه و ۰ روز حبس و مبلغ ۰۰۰
ریال جریمه و ضربه شلاق محکوم گردیده است.
اعدام ندارد ابد ندارد ق.نفس ندارد ردمال ندارد شاکی دارد دیه ندارد م.مالی ندارد طرد ندارد تبعید ندارد
تاریخ شروع محکومیت: ۹۱/۰۴/۱۲ تاریخ پایان حبس: ۹۳/۱۰/۰۲ تاریخ پایان جریمه: ۹۳/۱۰/۰۲
توضیحات:

(جمع بندی)

نامبرده کلا بابت محکومیتهای فوق به ۱ سال و ۶ ماه و ۰ روز حبس و ۰۰۰
ریال جزای نقدی محکوم گردیده است. پرداختی جریمه توسط زندانی: ۰۰۰
<<تاریخ شروع محکومیت ۹۱/۰۴/۱۲ و تاریخ آزادی نامبرده فوق(فقط حبس)مورخ ۹۳/۱۰/۰۲ تقویم شده است.>>
<<در صورت عدم پرداخت جریمه تاریخ آزادی حبس بدل از جریمه مورخ ۹۳/۱۰/۰۲ تقویم شده است.>>

تعداد سابقه قبلی: ۰ فقره. شماره شورا:
تعداد سابقه مشابه: ۰ فقره. مدت ایام بازداشت قبلی ۰

Certificate of prison which declaring the status, in the first day in Evin

برگه‌های **اعلام وضعیت زندانی** و بعدها **نامه عفو** دادستانی

طاقت بیار رفیق

دلم از وحشت زندان سکندر بگرفت

خرم آن روز کزین منزل ویران بروم

علی زاهد

۹۱/۵/۲۳

نمونه خط **علی زاهد**– زندانی محکوم به اعدام

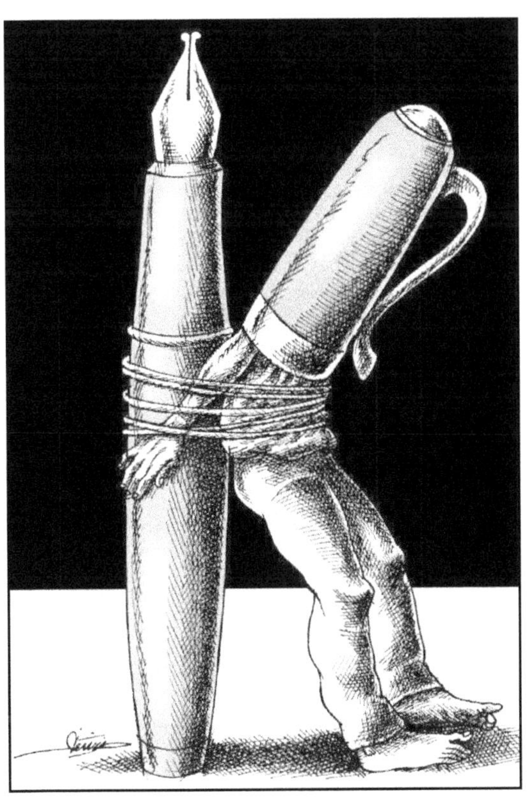

کاری از مانا نیستانی

از چپ به راست- عکس اول: **ابوالقاسم صلواتی**، قاضی رئیس شعبه ۱۵، مشهور به قاضی مرگ، **محمد مقیسه**، قاضی رئیس شعبه ۲۸، **حسن حداد**، قاضی شعبه ۲۶

عباس جعفری دولت آبادی- دادستان تهران، **غلامحسین محسنی اژه‌ای** - دادستان کل کشور

حیدر مصلحی، وزیراطلاعات (واجا)، بازداشتگاه **اوین**

آغاز گفتگو با **جلال طالبانی jalal talebani** برای انتشار خاطرات رسمی وی، پس از ۶۰ سال- تابستان ۱۳۸۶

طارق هاشمی، معاون سابق رئیس جمهور عراق

عادل عبد المهدی، معاون سابق رئیس جمهور عراق

دکتر کمال فواد، از مقام‌های حزب اتحادیه میهنی کردستان و مسئول پروژه خاطرات طالبانی

زنده‌یاد **کریم خان برادوست**، رئیس عشیره برادوست کردستان عراق و سخنانش درباره اشتباه آمریکا و پل برمر در ساختن دیکتاتوری بارزانی

سردار جاف، برادر **سالار جاف** (نماینده مجلس که ۱۳۵۷ به دست خلخالی اعدام شد) اربیل، تابستان ۱۳۸۷

نوشیروان مصطفی امین، رئیس حزب گوران (تغییر)، کردستان عراق

گلاویژ احمد (همسر **ابراهیم احمد** و مادر همسر جلال طالبانی) و رئیس دانشگاه سلیمانیه

پس از سرنگونی **صدام حسین** (مارس ۲۰۰۳)، کاخ صدام، بغداد

یک ساعت قبل از شروع **کنفرانس خبری جرج بوش** George Bush **و مام جلال** و یک روز قبل از پرتاب کفش خبرنگار عراقی به او - بغداد، کاخ ریاست جمهوری

آمدن **اوباما** Obama به عراق در ایام کاندیدارتوری ریاست جمهوری و استقبال **برهم صالح** و کاخ ریاست جمهوری

زنده‌یاد **جوهر نامیق**، عضو حزب دمکرات و نخستین رئیس پارلمان محلی کردستان عراق و امیدواری‌اش به آینده روشن کردستان به دور از احزاب فرصت طلب و تروریست و تفکر عشیره‌ای

محمد حاجی محمود، رهبر حزب سوسیالیست و **عبدالرزاق توفیق کوئی**، نماینده طالبانی در سوریه

مسعود بارزانی، مسئول حزب پارتی

زنده‌یاد **عصمت شریف وانلی** از چهره‌های مشهور کُرد ترکیه

فواد عارف، وزیر کُرد در کابینه صدام حسین

صالح الخرسان - مورخ و نویسنده کُرد سوریه

با **کریس کوچرا** Chris Kutschera (نویسنده فرانسوی) و همسرش و میان آن دو هم **دکتر نوری طالبانی** - زمستان

اعضای حزب اتحادیه میهنی کردستان (محسن، ماموستا جعفر، **دکتر کریم رئوف**) و **مارتین وان برونسن** Martin van Bruinessen

عبدالرزاق توفیق کوئی (نماینده طالبانی)، **عثمان اوجالان** (برادر عبدالله اوجالان رهبر حزب تروریست پ‌ک‌ک)

عیسی پژمان (نماینده شاه و ساواک) و اطلاعاتش درباره پرونده فوق سری عملیات مسلحانه کردهای عراق از ۱۹۶۱ تا ۱۹۷۵ (قرارداد الجزایر)- به همراه جلال طالبانی

صارم‌الدین صادق وزیری و داستان‌های کمیته ایالتی کردستان در حزب توده که بعدها حزب دمکرات کردستان ایران شد. سوئیس زمستان ۱۳۸۴

عبدالحمید درویش، حزب دمکرات کردستان سوریه و اسرار کمک های ایران و اسد به پ ک ک علیه ترکیه

حسن دانایی فر، سفیر ایران در عراق که گفتگویی دوستانه بود و بعدها در روزنامه اعتماد در تهران منتشر شد

محمد مجید الشیخ، سفیر عراق در طی پروژه خاطرات رسمی جلال طالبانی، بسیار به من کمک کرد.

شام در روزنامه شرق به همراه **ناظم دباغ**، نماینده جلال طالبانی در ایران – به همراه دوستان روزنامه‌نگار

جرالد شالیاند، Gérard Chaliand. مورخ و محقق امنیتی

جاناتان رندل JONATHAN C. RANDAL – نویسنده آمریکایی درباره کردها

مایکل رابین Michael Rubin و دوست نازنین **علی الفونه**
(امریکن اینترپرایز The American Enterprise Institute)

مایکل لدین، Michael Arthur Ledeen اولین آمریکایی که سال ۲۰۰۷ با وی گفتگو کردم

پاتریک واژمن Patrick Wajsman روزنامه نگار سرشناس فرانسه

نوام چامسکی Noam Chomsky، زبان شناس و منتقد مشهور جهان - دانشگاه ام آی تی؛ مصاحبه با وی تحت عنوان «مردم ایران در جستجوی آزادی‌اند و نیزه و سرکوب هم بی‌فایده» - انتشار در روزنامه اعتماد ملی (مهدی کروبی) پس از انتخابات ۱۳۸۸

آنتونی کورزدمن Anthony H. Cordesman استراتژی دفاعی آمریکا در خاورمیانه و خلیج فارس – موسسه CSIS

امین فروغی (نماینده سابق ساواک در کشورهای عربی) و **رابرت آرمائو** Robert F. Armao که درباره اسرار انقلاب ایران و نقش آمریکا صحبت کرد

برژیسنکی Zbigniew Kazimierz Brzezinski، سیاستمدار مشهور آمریکا – موسسه CSIS

کنت پولاک Kenneth Michael Pollack، مشاور سیا و پنتاگون که کتاب معمای ایرانی او را به فارسی ترجمه کردم و وزارت ارشاد هرگز مجوز نشرش را نداد و علاوه بر اینترنت، به صورت سریالی در روزنامه‌های اعتماد و کارگزاران منتشر شدند

آخرین گفتگویم در کتاب جلال طالبانی با **رایس** Condoleezza Rice بود... زنی مهربان و دانا درباره ایران

گری سیک Gary G. Sick مشاور سابق شورای امنیت و دانسته‌هایش درباره ایران و انقلاب

اعتراض ایرانیان علیه تقلب در انتخابات ریاست جمهوری ایران در ۱۳۸۸ – نیویورک (با حضور اکبر گنجی، محمد رضا براهنی، حمید دباشی و سخنرانی چامسکی)

دسته گلی روی سنگ قبر **عبدالرحمن قاسملو** که در ماجرای گفتگو با جمهوری اسلامی، به طرز مشکوکی ترور شد

علی یار، فرمانده نظامی نیروی نظامی گروه‌های مسلح کُرد درباره زمینه‌های رویایی حکومت و کردها پس از انقلاب سخن می گوید

زنده‌یاد **داریوش همایون**، یکی از شخصیت‌های آگاه و سیاستمدار ایرانی و از بنیانگذاران حزب مشروطه ایران

اردشیر زاهدی، وزیر خارجه و سفیر سابق ایران در آمریکا... انسانی جوانمرد و دوست داشتنی

رضا پهلوی، سیاستمدار ایرانی و فرزند آخرین شاه ایران

غلامرضا پهلوی فرزند رضا شاه پهلوی - **امین فروغی**

حسن علوی کیا، معاون ژنرال پاکروان و رئیس بخش خارجی ساواک

زنده‌یاد **دکتر سرهنگ مجتبی پاشائی**، بخش خارجی ساواک که از دوران تیمور بختیار تا روز مرگ از ایران تبعید بود

جمشید امانی، جانشین سرهنگ عیسی پژمان در ساواک ومسئول پرونده کردستان تا روز انقلاب ۱۳۵۷

پس از زندان و عصری زیبا با ۲ دوست هنرمند؛ **عباس کیارستمی** و **علیرضا سمیع آذر**

با حنجره زیبای ایران، **محمد رضا شجریان** و اجرای تفنگت را زمین بگذار که انگار سفیر صلح ایرانیان بود

علی اکبر فرازیان، ژنرال بخش خارجی ساواک

ابوالحسن بنی صدر، نخستین رئیس جمهور ایران

جلسه سخنرانی دکتر **احمد کریمی حکاک** – به همراه دکتر **حسین سیف‌زاده** (استاد علوم سیاسی دانشگاه تهران) و دکتر **آرام حسامی** (فعال سیاسی)

شیخ مهدی کروبی، یکی از رهبران جنبش اعتراضی ایرانیان... پرسش ذهنم بود که آیا از مرز سیاسی و عقیدتی جمهوری اسلامی فراتر می‌رود؟ - تهران بهار ۱۳۸۴

سید محمد خاتمی... خواستم درباره فرصت گفتگو با بیل کلینتون حرف بزنم اما مصلحت ندانست... در ذهنم انسانی متناقض است.... هم به مجلس ترحیم خلخالی و لاجوردی می‌رود و هم دم از گفتگوی تمدن‌ها می‌زند... آیا انسانی فرصت سوز با ۲۵ میلیون رای یا فرصت طلب یا منجی؟

دکتر مصطفی معین، کاندیدای ریاست جمهوری... اصلاح طلبان و تنها وعده آزادی دادن؟

ماجرای تحقیق من درباره خاطرات جلال طالبانی در صدای آمریکا، به اطلاع همگان رسید و درباره تاریخ کردستان مصاحبه کردم - با **بیژن فرهودی** - خرداد ۱۳۷۷

پەیامی سەرۆک کۆماری عێراق
بۆ پێشانگەی نێودەوڵەتیی کتێب لە تاران

لبخند لاریجانی به مولف

طالبانی بازیگر قدرت ماهری است

کوردستانی نوێ

نگاهی به کتاب خاطرات جلال طالبانی - بخش اول

نفوذ در جنبش سیاسی کردهای عراق

معادلات پیچیده تاریخ سیاسی معاصر کردستان

در ایران روزنامه اعتماد ملی با بیانیه رسمی حزب اتحادیه میهنی کردستان و سپس روزنامه کردستان نو (ارگان رسمی حزب طالبانی) با من مصاحبه کردند و آنگاه در هنگام انتشار، جلال طالبانی آن را به روشنفکران ایرانی تقدیم کرد- بهار ۱۳۸۸

دکتر **محمدرضا باطنی**، زبان شناس ایرانی...
به عشق وجود او زبان شناسی خواندم

33

ΘΑ ΚΥΚΛΟΦΟΡΗΣΕΙ ΑΡΧΕΣ ΤΟΥ 2007

Φαρσί τα ελληνικά!

Το πρώτο ελληνοπερσικό λεξικό συνέταξε Ιρανός γλωσσολόγος - μεταφραστής

[illegible]

«Γέφυρα»

[illegible]

35.000 λέξεις

[illegible]

اولین فرهنگ یونانی - فارسی که نوشتم و موجب دریافت فرصت مطالعاتی از وزیر علوم یونان شد.

پرفسور نادر انتصار، رئیس دانشکده علوم سیاسی دانشگاه آلاباما South Alabama University و نویسنده کتاب سیاست کردها در خاورمیانه

پس از ۳ سال تحقیق در برنامه ای از صدای آمریکا، گفتگویم با پرویز ثابتی ، رئیس اداره امنیت داخلی ساواک، افشا شد. برنامه ای که آب در لانه مورچگان ریخت و تا ۶ ماه بعد از همان تلویزیون واکنش داشت و... با دوست نازنین و ارجمند **سیامک دهقانپور**

در گفتگوهایم با جناب پرویز ثابتی که در کتاب «در دامگه حادثه» منتشر شد، بسیار از راز ها برملا شد... شروع ترور توسط سازمان های تروریستی چریک‌های فدائی خلق و مجاهدین خلق؛ شروع شکنجه از ایام مصدق السلطنه؛ عدم باور CIA از حمایت KGB از سازمان های تروریستی؛ بی ارادگی شاه به ماندن در ایران ؛ حمایت آمریکا و انگلستان از سرکار آمدن روحانیت؛ خرافی بودن جامعه سنتی ایرانی و ...

اول جمهوری اسلامی واکنش نشان داد؛ و هم زمان و هم نوا با آن‌ها سازمان‌های تروریستی چریک‌های فدائی خلق و مجاهدین خلق؛ ملی مذهبی‌ها و اسلامی‌های تندرو و... همه از افشاگری‌ها و فرو ریختن بت‌ها و شکستن توهم‌ها نگران بودند...

دیدار با **محسن رضائی** از چگونگی ادامه طرح ساواک پس از انقلاب سخن می‌گوید و نفوذ سپاه در کردهای عراق... که بارزانی از این عکس سوءاستفاده کرد و برای ابراز مخالفت با من به شیوه فاشیستی از این عکس بارها و بارها استفاده کرد که مرا به زور تبلیغ رسانه وابسته به جمهوری اسلامی نشان دهد. (در اصل، خودم بهار ۱۳۸۴ در سایت گویا این عکس را منتشر کردم)

ابتدا در اوایل شهریور ۱۳۸۱ در نامه سرگشاده‌ای به رییس جمهورمحمد خاتمی، نسبت به مقوله‌ی سانسور و سیاست‌های غلط وزارت فرهنگ و ارشاد اسلامی در صدور مجوز برای انتشار کتاب اعتراض کردم و بعد از مصاحبه من با نشریه **لفین** هم، حکم ترور مرا صادر کردند و جالب این که در سایت جنبش راه سبز هم نفوذ کردند و در روزنامه شرق هم بنا به دستور وزارت اطلاعات، با اسم مستعار علیه من مطالبی منتشر کردند و نامه اعتراضی به وزیر ارشاد نوشتند...

روزنامه شرق

گفت‌وگوی چهار ساعته

گری سیک به «شرق»، از تصمیم عملی نشده امریکا گفت

آگاه‌سازی ایران از حمله صدام

روزنامه شرق

جزییات آزادی دو زندانی آمریکایی

آمریکا و ایران نیاز به گفت‌وگو دارند

روزنامه شرق

نارضایتی احمدی‌نژاد

وظیفه روشنفکر نقد قدرت مسلط است

گفت‌وگوی عرفان ثابتی‌فرد با نوام چامسکی - بخش اول

انزوای ایران به چه قیمت؟

روزنامه شرق

هشدار رهبری به آمریکا

انقلاب به روایت مشاور آمریکایی شاه

اعتماد

احمدی مقدم: من و رادان در کهریزک نقشی نداشتیم

برژینسکی در گفت‌وگو با «اعتماد» مطرح کرد

ارتباط ناتمام ایران و امریکا

کارخانه ساخته نشده برچیده شد

گفتگوهای من به عنوان پژوهشگر تاریخ معاصر با چهره‌های مشهور سیاست آمریکا در روزنامه‌های شرق و اعتماد منتشر شدند... که شاید سخن دل خود را بتوان از زبان آنان به ایرانیان زد...(زیرا هرگز در عمرم خبرنگار و روزنامه نگار نبوده‌ام)

خودنویس

رسانه‌های خودمانی | پادکست | کارتونستان | بلاگستان | مکتب‌خانه

دولتی که با انتشار یک کتاب، فرو پاشد؛ هر چه سریعتر، بهتر!

درست بهار ۱۳۸۶ بود ... که ۲ سال از آمدن احمدی‌نژاد می‌گذشت و صفار هرندی وزیر ارشادش - در گفتگو با ایلنا گفتم: «ممیزی ها باعث منزه بودن نمی‌شود و نمی‌شود مانع تفکر آزاد مردم جامعه شد. اما امروز، رفتار اداره کتاب وزارت فرهنگ و ارشاد ما در این مملکت، مایه تهوع شده است. به‌راستی در ایام خاتمی و مهاجرانی و مسجد جامعی چنین هنگامی نبود و به این شوری هم نبود.

۱۰

ممیزی ها در وزارت ارشاد باعث منزه بودن مردم نمی شود!

ISNA

خبرگزاری دانشجویان ایران، ایسنا

Iranian Students' News Agency

The Epoch Times | Canada Calls for Prosecution of Iranian Official - Windows Internet Explorer

File Edit View Favorites Tools Help

The Epoch Times

Home | World | Human Rights | Canada

Printer version | E-Mail article | Give feedback

Canada Calls for Prosecution of Iranian Official

Epoch Times Staff — Jun 29, 2006

Nearly three years after the controversial death of Canadian citizen Zahra Kazemi in Iran, Canada is trying to press charges against Saeed Mortazavi, a senior Iranian official blamed for Kazemi's torture and death.

Canadian-Iranian photojournalist Zahra Kazemi was arrested in Tehran in 2003 while she was taking pictures outside of Iran's notorious Evin prison. She later died in the custody of Iranian officials.

Tehran's chief prosecutor Saeed Mortazavi (Behrouz Mehri/AFP/Getty Images)

"We have reason to believe that the individual in question should face very serious international charges, and we're appealing to the international community to use all manner of law available to detain this individual and have him face justice," Canadian Prime Minister Stephen Harper said last week, when Tehran's chief prosecutor Saeed Mortazavi was in Geneva to attend a meeting of the new U.N. Human Rights Council.

Canadian Foreign Affairs Minister Peter MacKay also asked German authorities on Thursday to arrest Mortazavi if he stopped there on his way home from Geneva. Mortazavi, however, flew directly to Iran from Geneva, where he had diplomatic immunity.

Earlier in the week, McKay condemned the presence of Mortazavi as part of Iran's delegation to the newly-formed U.N. human rights body and said that by including Mortazavi in its delegation, "Iran is trying to discredit the Council and deflect attention from the Council's goal of ensuring greater respect for human rights."

Comments similar to MacKay's were echoed by many human rights organizations around the world.

"Iran's decision to send Mortazavi to Geneva demonstrates utter contempt for human rights and for the new council," said Joe Stork from Human Rights Watch in a news release.

Mortazavi is prominently known for his role in the closure of over 80 publications while he was the head of Iran's press court. Most recently, he was involved in the violent confrontation and detainment of Tehran's bus drivers who were demanding their wages in January of this year.

Speaking with the official IRNA news agency, Iranian Foreign Minister Manouchehr Mottaki rejected Canada's call for the prosecution of Mortazavi, and called their claims "illogical and illegal."

Making the Headlines

اعتراض من در روزنامه آفتاب یزد به سانسور در وزارت ارشاد اسلامی و سیاست غلط و توهم‌آلود اداره کتاب و فاجعه خفگی خلاقیت ادبی. در این روزنامه نسبت به توهم روزنامه کیهان و شخصی مانند مرتضوی در دستگیری رامین جهانبگلو، فیلسوف آزادیخواه ایرانی و اهانت‌های نماینده رهبری در روزنامه کیهان، اعتراض کردم.

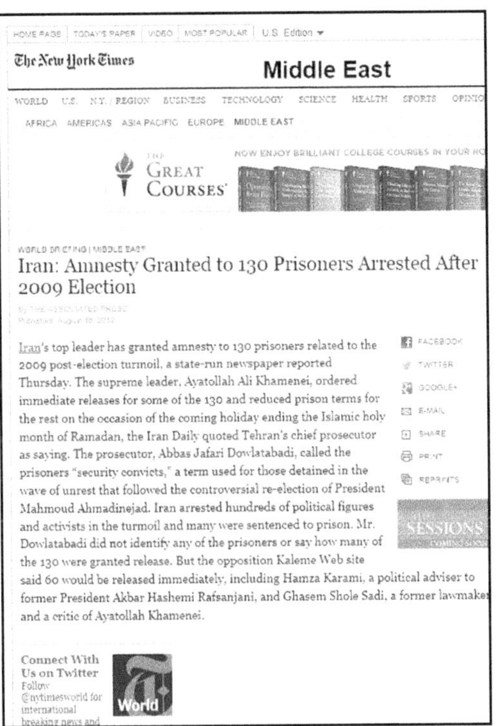

HOME PAGE | TODAY'S PAPER | VIDEO | MOST POPULAR | U.S. Edition

The New York Times — Middle East

WORLD U.S. N.Y. / REGION BUSINESS TECHNOLOGY SCIENCE HEALTH SPORTS OPINIO

AFRICA AMERICAS ASIA PACIFIC EUROPE MIDDLE EAST

WORLD BRIEFING | MIDDLE EAST

Iran: Amnesty Granted to 130 Prisoners Arrested After 2009 Election

Iran's top leader has granted amnesty to 130 prisoners related to the 2009 post-election turmoil, a state-run newspaper reported Thursday. The supreme leader, Ayatollah Ali Khamenei, ordered immediate releases for some of the 130 and reduced prison terms for the rest on the occasion of the coming holiday ending the Islamic holy month of Ramadan, the Iran Daily quoted Tehran's chief prosecutor as saying. The prosecutor, Abbas Jafari Dowlatabadi, called the prisoners "security convicts," a term used for those detained in the wave of unrest that followed the controversial re-election of President Mahmoud Ahmadinejad. Iran arrested hundreds of political figures and activists in the turmoil and many were sentenced to prison. Mr. Dowlatabadi did not identify any of the prisoners or say how many of the 130 were granted release. But the opposition Kaleme Web site said 60 would be released immediately, including Hamza Karami, a political adviser to former President Akbar Hashemi Rafsanjani, and Ghasem Shole Sadi, a former lawmaker and a critic of Ayatollah Khamenei.

FACEBOOK | TWITTER | GOOGLE+ | E-MAIL | SHARE | PRINT | REPRINTS

Connect With Us on Twitter
Follow @nytimesworld for international breaking news and

خبر عفو زندانیان سیاسی در اکثر روزنامه‌های جهان مانند نیویورک تایمز منتشر شد... چند روز قبل از کنفرانس کشورهای غیر متعهد در تهران

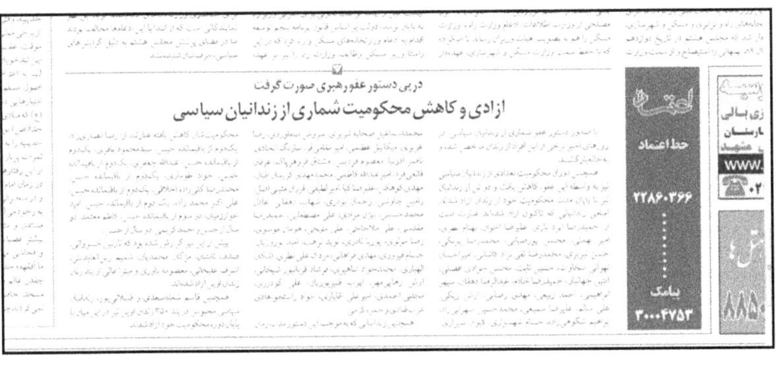

در پی دستور عفو رهبری صورت گرفت

ازادی و کاهش محکومیت شماری از زندانیان سیاسی

در روزنامه اعتماد با وجود ممانعت‌ها، اسامی زندانیان منتشر شد.

با حمزه کرمی، هم اتاقی من در زندان اوین که به رستورانی در درکه رفتیم، پشت همان دیوارهای اوین!

با چند نفری که در زندان شب و روز عیاق بودم... **قاسم شعله سعدی، رضا مولوی، عبدالفتاح سلطانی، قنبری، علیرضا رجائی**

و خداحافظی با **پرفسور مولوی** پس از آزادی از زندان... که می‌خواست اسم خاطراتم سکوت بره‌ها! باشد.

ایرج کشکولی، چگونه نسل‌هایی از سرزمینم گرایش به افکار چپگرایانه یافتند و به حزب توده یا سازمان انقلابی حزب توده ایران پیوستند و نسل‌هایی فنا شدند... آیا تفکر چپ توده‌ای هنوز در سیاست ایران باقی است؟

در خرابه‌های **تخت جمشید** یا پارسه Persepolis...
به عظمت تاریخ ایران و ایرانی بودنم، افتخار می‌کنم ..
کردها هر کجا باشند، ایرانی‌اند!

سخنرانی در مراسم درگذشت جامعه شناس فقید، دکتر **امیرحسین آریانپور**.... روز ما فرداست و فردا، روشن است... اما آیا نسل من آن روز را خواهد دید؟ .. آینده نسل من و ایران، چه می‌شود ؟ – سال ۱۳۸۲

من اینجا ریشه در خاک‌ام!... **پرویز کلانتری** (نقاش)، **محمد سریر** (موسیقی‌دان)، **ایرج پارسی‌نژاد** (استاد ادبیات)... تهران، زمستان ۱۳۹۰

همراه با دکتر **احسان یارشاطر**، دوست مشترک‌مان دکتر جلیل دوستخواه بود و هر دو در حق من جز لطف و انسانیت، خاطره‌ای به جا ننهادند.

دیداری با **دکتر جلال خالقی مطلق**، از مشوق‌های من برای پایان فرهنگ یونانی به فارسی؛ انسانی که سال‌های عمرش را صرف شاهنامه کرد (عکس از نوشین شاهرخی از منتقدان برجسته ادبی

آخرین عکس با پیر مرادم، **محمد قاضی**، مترجم بزرگ و انسانی شریف که از او بسی نکته‌ها آموختم. (عکس از دکتر مجدالدین کیوانی)

عکسی با **دکتر اسعد اردلان** و **یحیی‌خان صادق وزیری** از چهره‌های نامدار سیاست کردستان و آخرین وزیر دادگستری دوران قبل از ماجرای انقلاب ۱۳۵۷ و آخرین وزیر اهل سنت ایران. (عکس از آرتیکاس معتمد وزیری)

عکسی با **ابراهیم یونسی**، از مترجمان و نویسندگان نامدار کردستان ایران که همواره منتقد صادق من بود و به خاطر بسیاری نکته‌ها به وی مدیونم.

غروبی دلپذیر در خبرگزاری ایلنا- مراسم بزرگداشت **احمد میرعلائی**، به همراه شادروان **محمد حقوقی**، **دکتر محمدرضا باطنی** و **دکتر ضیا موحد** - زمستان ۱۳۸۵

یک عصر در کردستان عراق که از محفل سیاسیون گریخته و در دفتر کار **شیرکو بی‌کس**، شاعر معروف کرد، پای سخنانش نشسته بودم و در عالمی دیگر سیر می‌کردیم.... جهان اشعارش، عالم غریبی بود مملو از تصویر سازی‌های بکر...

شامی درمنزل شادروان **نصرت‌الله امینی**، انسان محترم و با اخلاق که از دوران مصدق، خاطره‌های بکر داشت اما برایم آن روز از آشنائی‌اش با **علی‌اکبر دهخدا** خاطره‌ها بازمی‌گفت.

پس از رفتن به منزل بانوی عزل ایران، **سیمین بهبهانی**، غروبی دلنشین پای صحبت‌های دوست و استاد نازنینم، دکتر **حمید عضدانلو**، جامعه‌شناس و مترجم.

زمستان ۱۳۹۰ - دیداری با احسان نراقی، جامعه شناس و روشنفکری که از روحیه فرصت طلبی و ناآگاهی و بی‌مرامی برخی از سیاسیون سخن می‌راند (عکس از آناهیتا بهمن‌پور)

عصری با دوستان نازنین و ارجمندم، پس از درگذشت **ایرج گرگین** که انگار جایش در آن کافه، خالی بود. از راست به چپ: **علی سجادی، نازی عظیما، دکتر رسول نفیسی**

دکتر عباس میلانی، استاد ارجمند تاریخ که برای شخصیت و دانش او، احترام زیادی دارم. فردی است دل‌سوخته و خوش انصاف.

مراسم نقد کتاب ثابتی در تهران در کنار دوستانم: **دکتر مجید تفرشی، مرتضی رسولی‌پور، احمد سمیعی**.

زیر باران، با چتر شکسته زنی باشرف و با محبت، به نام **مهرانگیز کار** که برای خودش و همسر زجر کشیده‌اش، بسیار حرمت دارم و شاید حق مسلم او بود که جایزه نوبل صلح را دریافت کند.

با دوست و خویشاوندی مهربان و دوست داشتنی، استاد **سعید فرجپوری**؛ نوازنده با فهم و درایت که نوای سازش من شنونده را بارها مسحور ساخته...

پس از آزادی‌ام در تهران، دفتر کار شاهرخ تویسرکانی و شنیدن ساز دانشین تار استاد **مجید درخشانی** (عکس از انسیه ملکان – داستان نویس)

شبی در منزل **شاهرخ تویسرکانی** که او را امام عشق و مستی خواندم به همراه دکتر **بهروز بهزادی**، استاد **داریوش پیرنیاکان** و **امامی**. (عکس از گلریز توکلی)

آخرین سفر به عراق و دیدار با **عادل مراد**، از مقام های برجسته اتحادیه میهنی کردستان و دوستان نزدیک جلال طالبانی

یادگاری استاد اسرافیل شیرچی

کارنامه زندگی‌ام از ۱۳۷۴ تا ۱۳۹۱

against state security" or "disseminating harmful propaganda" are not specific charges for which a legitimate defense can be prepared, nor are they clearly defined in Iran's criminal code. Nonetheless, they are among the most widely used charges against political prisoners in Iran.

Erfan Qaneei Fard was never informed by the Iranian authorities as to why he was arrested and taken to "Ward 350" in Evin prison. Perhaps a combination of factors, including Qaneei Fard's published writings and numerous interviews with Iranian and Western personalities were deemed to have created a "threat to state security." Most likely, Qaneei Fard's book, In the Net of Events, was the proverbial straw that broke the camel's back. This book, which was based on Qaneei Fard's interview with Parviz Sabeti, the head of SAVAK's influential Third Division during the reign of Mohammad Reza Shah Pahlavi, irritated a number of individuals and groups, both inside and outside Iran. As is the case with any good writing of oral history, the author must convey the interviewee's statements as told and not rewrite them to satisfy this or that individual. Sabeti's trenchant criticism of personalities in the Islamic Republic of Iran and the old guard opposition resulted in an avalanche of ad hominem attacks against Qaneei Fard. In other words, rather than providing critical commentaries on Sabeti's statements, the critics attacked the messenger.

Qaneei Fard was fortunate that through the intervention of Iraqi President Jalal Talebani he was ultimately released from Evin and was able to write a memoir of his prison days.

Nader Entessar
University of South Alabama
Aban 1391 (November 2012)

Introduction

The Evin prison in northern Tehran has a long and shameful history in contemporary Iran. Many of the country's best and the brightest minds have spent part of their lives as political prisoners in Evin and its infamous "Ward 350." Evin has also been the final destination of several political prisoners who were ultimately executed there. Prisons in Iran, as in many other parts of the world, are reflections of the society's socioeconomic and political shortcomings. They are also laboratories for experimentation on humanity's cruelty towards fellow human beings.

This book by Erfan Qaneei Fard, a young Iranian Kurdish historian, is more than a simple diary of the author's stay at Ward 350 of Evin prison. In this highly readable book, Qaneei Fard portrays a fascinating story of the trials and tribulations of life in one of Iran's most notorious prisons. As the author points out, many of the political prisoners are not informed of the specific charges against them. As any lawyer can attest, it is next to impossible to prepare a credible defense if you do not know about your client's charges and are not privy to state evidence against the accused. Broad charges, such as "threat

Nightmare of Evin

Memoirs of a Political Prisoner at Evin, Ward 350

Erfan Qhaneei Fard

With Introduction of Prof. Nader Entessar

I S B N: 978-1-59584-379-1

Manufactured in the United States of America

Library of Congress cataloging-in-publication Information

Subject: Memoir's of The Political Prisoner at Evin, Ward 350

Ketab Corp.
1419 Westwood Blvd.
Los Angeles, CA 90024 U.S.A.
Tel: (310) 477-7477
Fax: (310) 444-7176

www.Ketab.com
Ketab1@Ketab.com

Nightmare of Evin

Memoir's of A Political Prisoner at Evin, Ward 350

Erfan Q.Fard

With an introduction by:
Prof. Nader Entessar

www.ketab.com